U0039813

梁實秋 主編

莎士比亞誕辰四百週年紀念集

中華書局印行

本書初版由聯合國教育科學文化組織補助出版謹此致謝

WILLIAM SHAKESPEARE

A MISCELLANY

IN CELEBRATION OF THE 400th ANNIVERSARY
OF THE POET'S BIRTH

Edited by
LIANG SHIH-CHIU

Published by

THE NATIONAL INSTITUTE FOR COMPILATION AND
TRANSLATION

Printed by

CHUNG HWA BOOK COMPANY, LIMITED
TAIWAN

PUBLISHED BY THE GOVERNMENT OF
THE REPUBLIC OF CHINA WITH THE
FINANCIAL ASSISTANCE OF UNESCO

莎士比亞誕辰四百週年紀念集

目次

莎士比亞誕辰四百週年紀念

梁實秋

莎士比亞於一五六四年四月二十六日在教堂領洗，大概是生於三天之前，所以按照當時習慣推想，二十三就是他的生日，距今正好四百年，他在塵世間的壽命只有五十二歲，可是他的身後之名永垂不朽，而且打破一切國界，成爲全世界的家喩戶曉的人物。今年四百週年紀念，全世界各地都在同時熱烈舉行慶祝，活動的中心當然是英國，尤其是莎士比亞的誕生地之愛文河上的斯特拉福。英國今年期待着二百萬觀光旅行客從世界各地到那聖地去巡禮。將有五十七個劇團常川駐院演劇的劇院，以及許多業餘劇團準備着分別把莎士比亞的全部三十七齣戲劇搬上舞台。同時英國的王家莎士比亞劇團，也要派出一百人組成戲班環遊世界到各處作四個月的獻演。這眞可以說是空前的盛況。在美國，康耐提克州有一個城叫斯特拉福，要在今年六月間演出三齣戲——哈姆雷特、無事自擾、利查三世。利查波頓主演的哈姆雷特已於三月十九日在紐約百老滙上演，要演十二星期。福爾哲圖書館舉行爲期一年的特別展覽，且到各地作巡廻展覽。莎士比亞季刊的一九六四年春季號是擴大的四百週年紀念特刊，Show 月刊的二月號也是紀念特刊。各大學的戲劇上演以及集會講演等等活動，更是不勝枚舉。

這種不分國界不分時代的歡欣鼓舞的情形可以說明一件事，那就是世界上的人對於眞正偉大優秀的文學作品是有不可磨滅的熱愛的。誠如約翰孫博士所說，「時間的潮流沖去了無數詩人的易於溶化的部分，而莎士比亞屹立無恙。」莎士比亞之永久性與普遍性是來自他的對於人性的忠實的描寫。人性是永久的，普遍的。所謂「對於自然豎起一面鏡子」，這「自然」乃是「人性」之謂。莎士比亞處於一個在政治上、經濟上、宗教上鬬爭激烈的時代，他的作品並不以反映這個時代爲首要的任務。固然，在他的作品中，我們從字裏行間可以窺察出作者的態度的偏向，但是我們不能明確的描述他的思想體系。威爾士(H. G. Wells)說：「莎士比亞作了一些什麼事？對於世界整體他增加了些什麼？如果他根本不曾活過，一切事物會完全像如今一樣。在人類的不斷進展的理解當中，他不曾添加任何觀念，也不曾改變任何觀念。」這話是對的。莎士比亞本來沒有夢想以思想家姿態出現。不，他甚至在編劇的時候，也從來沒有以「作家」的姿態出現。莎士比亞只是一個成功的編劇者。把戲劇當做文學作品，乃是後來的事。就在莎士比亞逝世的那一年，一六一六年，他的朋友班章孫 (Ben Jonson) 印行了「班章孫全集」，頗招譏評，以爲戲劇而稱爲「作品」(Works)簡直是笑話！事實上，在那時代戲劇一經編好就交給劇團，成爲劇團的財產，與編劇者無涉。所以莎士比亞的戲劇，在他生時只有十六部在很不得已的情形之下以四開本形式出版，無論是「盜印本」或劇團的「提詞本」，都不是在莎士比亞親自監督校印之下出版的。莎士比亞對於他的幾部詩之印行是比較有興趣的，他在十四行詩集裏還一再的按照當時傳統習慣說了些自負的話，以爲石碑銅牌總有倒塌的一天，而他的詩行將永垂不朽。但是他對於他的戲劇並沒有特別珍視。他只是盡力的編排故事的結構，創造有性格的人物，撰寫深刻而又風趣的對話與獨白，他的目的是要在劇院裏給一羣性質複雜的觀衆以三數小時的娛樂。他不宣傳任何主張，他不參加黨派，他不涉及宗教鬪爭，他不斤斤計較勸善懲惡的效果，戲就是戲，戲只是戲。可是這樣創作的態度正好成就了他的偉大，他把全副精神用到了人性描寫上面。我們並不苛責莎士比亞之沒有克盡「反映時代」的使命。我們如果想要體認莎士比亞時代的背景，何不去讀歷史等類的書籍？文學的價值不在反映時代精神，而在表現永恒的人性。我們讀莎士比亞時可以遇到各種典型的人物，眞實的與虛構的，我們可以從而更透徹的理解人生的意義。

舉兩個淺顯的例。世俗所謂「善有善報，惡有惡報」，在文學範圍內也有人作如是想，所謂「詩的公道」者就是這個意思，就「社會教育」方面着想也許未可厚非，從藝術觀點來看則並不一定是一個合理的規律。莎士比亞的「李爾王」一劇，好人並未受到好報，反倒遭受冷淡、迫害、侮辱，以至貧困、流離、瘋狂、死亡。這是十足的悲劇。倒是後來那位桂冠詩人 Nahum Tate 的改編本，以大團圓爲結局，顯得十分庸俗可鄙。再以「威尼斯商人」爲例。好像是「善有善報惡有惡報」了，但是細心的讀者一定會要問，在此劇裏究竟誰是善，誰是惡？受壓迫的猶太人是惡麽？荒唐胡鬧的基督徒是善麽？這齣戲一向是介於喜劇與悲劇之間，氣氛是喜劇的，但是涵意是悲劇的。莎士比亞之偉大處在這裏，他給觀衆以娛樂，但是他也忠實的描繪了他所體驗到的人生。他沒有世俗的成見，他保持了純文藝的觀點。

莎士比亞也不是絕對沒有疵瑕。不過那些都是小疵，所謂瑕不掩瑜。例如，時代錯誤（Anachronism）幾乎無劇無之。亞里士多德的名字可以在他幾百年前的人口中述及，火炮可以在火藥尚未發明的時候使用，基督教義可以在基督誕生前加以援引，此外如波希米亞之可以有海岸，米蘭之可以通運河，這當然都是錯誤，然而無傷大雅，只有少見多怪的人才大驚小怪。一般人所指責的較爲嚴重的缺點，最主要的是莎士比亞破壞了規律。這是新古典派的批評家傳統的批評。所謂規律即是古典的規律，例如悲劇與喜劇的混合，這是不合古法的。莎士比亞之使用「喜劇的調節」，其實毋寧說是一種進步。浪漫派批評家溦昆西那一篇著名的「論馬克白劇中的敲門」是最出色的說明。再說莎士比亞之與三一律的關係。所有的批評家幾乎都會發現莎士比亞是一塊絆脚石。他不守三一律，但是他的作品是成功的。一齣戲可以分二三十景，其動作的時間可以代表幾十年，同時沒有一齣戲裏只有一個故事，總是有兩個，或三個，錯綜穿插在一起。時間與地點，因爲伊利沙白時代的舞台構造根本異於希臘戲場，所以無統一之必要。至於佈局，則單純是美，複雜也是美，所謂「充實之謂美」。時代不同，品味亦異。此外又有一種批評，指莎士比亞缺乏民主精神，俄國的托爾斯泰是其中最積極的批評者。近年來又有不少的左傾的批評家亦在推波助瀾。吾人應知所謂民主精神是近代產物，我們不能以此衡量莎士比亞。莎士比亞的爲人是和易近人的，他的作品所表現的精神也是偏向於慈祥博大一方面，從沒有助桀爲虐的那種乖戾的態度。就當時政治情形來說，莎士比亞應該被認爲是一個進步的分子。我們從他處理歷史劇的態度上看，可以知道他是熱心愛國擁護象徵統一的國王，排斥分裂勢力的封建主，說句笑話，連馬克思讀到「亞典的泰蒙」裏那一大段論金錢時，都敬佩得五體投地，成篇大段的加以引述，馬克思的徒子徒孫還有什麼話說！

我們如今紀念莎士比亞，一切的慶祝儀式都沒有什麼太大的意義，即使能凑熱鬧趕到莎氏故居巡禮一番，那也是又一處名勝觀光而已。要欣賞莎士比亞，需要沉着的、慢慢的讀他的戲，看他的戲，欣賞他的文詞，體會他的用意。在所有的讚頌莎士比亞的詩詞裏，我認爲米爾頓的那一首詩最得體，一共十六行，作於一六三〇年，後來就印在一六三二年刋行的莎士比亞全集之第二對折本裏，試譯如下：

我的莎士比亞，為了他的光榮的骸骨，
由後人為他堆砌石碑，那有什麼用處，
難道他的神聖的遺體必須遮掩
在直指雲霄的金字塔的下面？
你永不被人遺忘，你永享大名，
何必要這些脆弱的物證？
你在我們景慕欽仰之際，
已把不朽的紀念碑高高建起：
你的才思像水一般的汩汩而流，

使得遲鈍的藝術都為之含羞；
每個人從你那無價的書頁之上，
讀你的神來之筆，獲深刻的印象；
然後你使我們的心靈不能思考，
我們想得太多，變成大理石了；
於是你就住進這堂皇的墓裏，
有這樣的墓，帝王都願意死去。

莎士比亞傳略

F.E. Halliday 著
李啓純 譯

自十三世紀中葉起，在華利克郡就有姓莎士比亞的人聚族而居，那時候有一位威廉莎士比亞（William Sakspere）住在斯特拉福郊外的克勞普頓（Clopton）。不過這一位中古的威廉並不是這個家族之光，因爲在三百年後以同一名字出現的那個人物之前，他是因盜刼而被處絞刑的 。Sakspere 只是這個姓氏另一拼法，也可以用許多方法拼寫，和現在通用的 Shakespeare 形式越離越遠，例如 Shakespert, Schakosper, Shexper, Saxpere, Sashpierre, Chacsper, Sadspere, Shakspye, Shaxbee, 甚至 Shakeschafte, Shakstaff。十七世紀的好古的學者們喜歡帶有威武英勇意義的姓氏 Shake-speare，有人因此猜想莎士比亞也許是出身武士之家，但是華利克郡的莎士比亞一族只有一位曾因軍職授田，此種多采多姿的猜想頗爲可疑。

詩人的祖父大概是利查莎士比亞，於一五二五年居住在山麓下的伯德溪，山的東邊便是華利克。幾年後遷居於斯尼特菲（Snitterfield），在斯特拉福以北三哩，爲羅伯亞頓（Robert Ardeu）的莊園做佃農，亞頓是華利克郡一個望族的一個旁支。利查的兩個兒子，約翰與亨利，就是生在斯尼特菲，大概是在一五三幾年，於當地教堂領洗。

羅伯亞頓不住在斯尼特菲，住在威姆考（Wilmcote），是在西邊三四哩處的一個村莊，他在那裏也有一份田產。在那裏他有一座半木製的漂亮的農舍，附有結實的倉庫和一座石砌的鴿房，他一家擁有八個女兒，最小的一位是瑪麗。約有三十年之久，莎士比亞的祖父和外祖父是鄰居，相隔只有幾哩路，因田地而彼此發生聯繫，一個是地主，一個是佃戶。

約翰莎士比亞一定是從孩提時起就認識瑪麗亞頓；約一五五〇年他遷到斯特拉福，把斯尼特菲的田地交給他的父親兄弟耕種的時候，他距離她家也不過是一小時的行程。當然，這一位平民農夫的兒子感覺到有改善身分的必要， 如果想娶一位小小鄉紳的女兒爲妻，於是在斯特拉福開業爲手套製造商。他的業務茂盛，於一五五六年羅伯亞頓死後不久，他和瑪麗結婚了，大概是在與威姆考同一教區的Aston Cantlow的教堂裏。對於這位有雄心的年輕人這婚姻是美滿的，因爲除了她的門戶和社會地位之外，瑪麗還帶給他兩處威姆考的產業，共有一百五十畝之數，以及斯尼特菲的一部分繼承權。

但是約翰也有產業。他的業務發達，在婚前曾投資於斯特拉福的房產，其中一座是在亨利街北邊一排房子中間。這是在「誕生處」的東邊的一座房，可能他是早以房客的身分賃居其間了。他住在亨利街已經很久，因爲在一五五二年他和他的朋友 Adrian Quiney 曾因在街頭傾倒垃圾而依法被罰。如果他是帶着新娘住進「誕生處」的，那麼他可能是把店務移到所購的鄰屋裏去的。

第一個孩子生於一五五八年九月。關於她我們一無所知，大概是夭折了，她的一個妹妹也是於五個月時死去，葬於一五六三年四月。可能兩個孩子都是死於疫，一五六三年疫癘橫行英格蘭，其勢特猛，約翰與瑪麗莎士比亞將有第三個孩子誕生的時候一定是心情忐忑不安。冬霜一到，疫癘消滅了，一五六四年四月梨花和蘋果花盛開的時候，生了一個兒子，也許是在二十三日。他命名爲威廉，二十六日在本區的三一教堂"Gulielmus filius Johannes Shakespere"受洗了。

彼時伊利沙白女王年方三十。她是六年前登上英格蘭王位的，當時英格蘭是一個落後貧苦的島國，只是處於文藝復興的新文化的邊緣。多虧了她的勇氣與能力，她已經把國家送上了康莊大道。尤其是，靠了建立一個具有現代形式的新教，使成爲正式的國教，她把大多數人民聯合起來了，雖然尙有少數不順從的天主教徒，在另一方面尙有不滿意的淸教徒以爲宗教改革尙不够徹底。她的一切設施都由她的秘書 William Cecil, Lord Burghley 從旁參贊協助，他忠心耿耿，幾乎直到她的朝代終了時爲止。

但是有一件事伊利沙白辦不到，至少無法直接辦到——那便是號召文學作家去充實一百五十年前巢塞死後即陷入枯乏狀態的英國文學。當時的音樂家，如 Thomas Tallis 與 William Byrd，其成就不在歐洲任何人之下，但是詩人在哪裏呢？可是間接的她有好多事可做。

還有一件事是伊利沙白所不願做的——結婚。她賣弄風情，爲了外交上的目的而大大表露想要結婚的意嚮，但是最有希望的男人好像是她的寵臣李斯特 Robert Dudley, Earl of Leicester，她最近還把肯尼渥兹堡壘賞賜給他呢。李斯特沒有人望，不可能入選——有謀殺其元配的嫌疑——但是她必需結婚，因爲王位繼承人是輕浮的天主教徒瑪麗，蘇格蘭人女王，正要和她的惡毒而年輕的表弟

Lord Darnley 結婚。大臣 Cecil 急得不得了，而伊利沙白頑强的守身不嫁。

每年夏季伊利沙白以出巡的方式度假，她偕同宮廷人士帶着大量行李訪問首都附近的一些幸運的——或不幸運的——大戶人家。一五六六年八月間，她在肯尼渥茲堡壘和李斯特盤桓了數日，又順路訪問他的哥哥華利克公爵於華利克堡壘，隨後就直趨 Charlecote 小住，那是 Sir Thomas Lucy 在斯特拉福附近新近重建的一所房子。大概是在她於八月的一天離去的時候，兩歲半的莎士比亞初次有機會看到女王一面。

三一教堂在城的南端，高聳的塔尖（塔尖是莎氏時代以後添加上去的）倒影映在愛汶河內。有兩個世紀以上，它是一座聯合教堂(collegiate church)，由鄰近的牧師聯合會主持，但是在莎士比亞以前二十年這牧師聯合會卽已解散，這座房子改由 Combe 一家佔住。街道從教堂及聯合會向左轉彎，通到縱貫全城的寬大道路。城內的房屋都是磚木造的，因爲石頭的產地太遠。城市中心處有各商會建築物，慈善院，市政廳以及樓上的文法學校的長形教室，還有那灰色的商會小教堂。聖十字商會在城裏曾經很有勢力，但是像牧師聯合會一樣被取締了，市政操在一位地方官，市議員，和主要鄉紳手裏。有一座半木造的大房子，號爲「新居」(New Place)，乃 Sir Hugh Clopton 一四九二年葬前不久所建。城北端一座多孔橋，東去可以聯接倫敦一帶，也是此人所建。莎士比亞幼時，這是一個標類的市集城市，居民約二千人，大部分業農，或從事小型工業，如他父親之製作手套。街道無疑的是骯髒的，但是很寬，大部分房屋都有花園。從亨利街，這孩子可以穿過亞敦森林的遺址走向亨利、華利克，阿爾塞斯特，與畢德福，他也可以過橋一小時到達科次窩德山麓。總是有一條河供他賞玩。

一五六一年利查莎士比亞死在斯尼特菲，由次子亨利繼掌耕作。亨利不善肆應，常陷窘境，而他的哥哥約翰在斯特拉福的事業則蒸蒸日上。一五六五年他膺選爲市議員，到了一五七一年作了地方長官之後，儼然成了本地的元老和法官。他又有三個孩子，吉爾柏，鍾，及瑪格雷特。威廉已七歲，該上學了。

把莎士比亞當做天才農夫的想法，現在該消滅了。他的母親是大家之女，他的父親是有野心的幹練之才，雖然他上學讀書沒有紀錄可查（爲甚麼要有紀錄呢？），像他那樣的父母若不送他進入當地文法學校，那才是不可想像的事哩。市民的兒子，凡在十六歲以下，上學是免費的，而且這一個學校是全國最好的學校之一。所以，我們必須想像莎士比亞在一五七〇以後十年之內在市議廳樓上課室內的書桌後面坐着，他的父親則正在樓下主持市政，他的教師則先是天主教徒 Simon Hunt，後是威爾斯人 Thomas Jenkins，即「溫莎的風流婦人」中所肆力形容的那個 Sir Hugh Evans。課程是側重文科，主要的是拉丁文，靠了 Lily 的「拉丁文法」他可以摸索着閱讀較易的古典作品，傾心於奧維德，披覽一些魏吉爾，也許讀了一點普勞特斯的喜劇和散內卡的悲劇。他使用的聖經大概是當時通行的一五六〇年日內瓦本，而不是正式的一五六八年的主教本。

他就學的時期正是英格蘭騷亂的時期。蘇格蘭人女王瑪麗謀殺了她的丈夫，逃往英格蘭，遭受軟禁，她的兒子哲姆斯六世是個帶病的孩子，年齡與莎士比亞相似，代她統治。隨後教皇便開始了反宗教改革運動。西班牙的菲利二世逼得他的荷蘭的新教人民叛變了。法國也正在飽受宗教戰爭的煎熬，（伊利沙白於一五七二年聖巴索羅繆節日在 Charlecote 駐蹕的時候天主教徒正在巴黎大舉屠殺新教徒）；伊利沙白本人也被驅逐教外了，天主教徒曾企圖叛變並謀取她的性命。她還是能設法保持英格蘭不與西班牙公然作戰，但是 Drake 却在西印度與西班牙海從事刼掠，並於一五七七年開始航海環遊世界。

一五七〇以後十年間也是劇院的小小世界裏一個騷動的時期，中古的戲劇有時還以傳統的方式演出，例如在科文特立，距斯特拉福不過二十哩，就有同業公會的人在活動舞台（亦稱 Pageants）上面演出成套的聖經故事。比較小的城市就用較爲簡陋的方法上演，場地用土堆成圓形，或搭起梯形木架作爲觀衆的看台。場地周圍放上許多帆布「小屋」，有點像浴場帳篷的樣子，代表戲中的不同的背景。地獄之門放在北面，天堂在東方，那是一個木屋，內有上帝的寶座，可由一小壇拾級而上。演員們在他們的小屋裏等待着按時出到場地上面表演，因爲幾乎所有的動作都在場內舉行，只有上帝出現時的極崇高的舉動纔在舞台上演出。

但是到了伊利沙白王朝之初，宗教劇已經是希罕之物，成爲另一時代的老古董了。在學校裏與大學裏，孩子們和年輕人在他們的飯廳裏演出拉丁戲劇，旅行劇團則到鄉間表演「短劇」，喧嚣的「鬧劇」一半是武術表演性質。他們表演的場所顯然卽是利用遺留下來的中古的圓場，或是周圍有樓台的旅館天井。但是也還有一些較爲嚴肅的「短劇」，專爲貴族或宮廷表演而寫作的，雖然尙不能嚴格的算是戲劇。小劇團被組織起來了，專作此項表演，主要的是在耶誕節季，以後即可到倫敦或四鄉去各自以表演謀生。莎士比亞童時，戲劇是很可憐的。宗教改革幾乎扼殺了宗教戲劇，而文藝復興尚未產生一套可以比擬的塵世戲劇取而代之。演員被視爲流氓，事實上許多演員也正是流氓，而且當時也還沒有公衆的劇院。

但是，莎士比亞誕生以前不久，有一重要發展。伊頓的校長 Nicholas Udall 仿照普勞特斯寫了一部喜劇給孩子們上演，Thomas Sackville 與 Thomas Norton 仿照散奈卡寫了一部悲劇給法學院學生在宮中上演。前者 "Ralph Roister Doister" 是第一部正式的英文喜劇，後者 "Gorbuduc" 是第一部正式悲劇。後者更是第一部用「無韻詩」寫成的戲。現在有了兩部戲，其古典的結構正好給本國的情節散漫的無形式可言的短劇作一榜樣。

在一五七〇以後十年中還有兩項重要發展。演戲成爲正式認可的一種合法職業了，如果演員是在一位貴族保護之下。還有一件事便是公衆劇院於一五七六年建立於倫敦。這一項事業與眼光都要歸功於白貝芝 (James Burbage)，他是李斯特公爵劇團中一位細木匠與演員。他建立了自鳴得意的「劇院」，實在是明智之舉，地點是在北邊城外 Shoreditch，非清教徒的地方當局所能控制，城內旅館中的臨時演劇場所在清教徒看起來無異於「妓館」。如我們所料，「劇院」內是中古圓場與旅館天井的合併方式，木質的圓形劇場，兩三層樓閣環繞着一塊場地，其中有一座伸出的舞台，在台上演員們可以盡情翻滾。

白貝芝不久就有了一位競爭者，不到一年在離城不到幾百碼處建了一個「幕帷劇院」，正好奪走「劇院」的觀衆。還有另外一種競爭。伊利沙白很自然的偏愛兒童表演的較文雅的帶音樂的節目，比粗野的成年人所表演的叫囂的作品要好一些，於是童伶的領班受女王的鼓勵，便租下了河邊早被解散的灰衣僧修道院一間大屋子，在宮廷演出之前便公開的在這裏對外演出。聖保羅教堂唱詩班的孩子們也有他們小小劇院，於是到一五七七年有了兩家公衆劇院，還有兩家有屋頂的私人劇院。但是，給他們寫劇本的詩人或戲劇作家在哪裏呢？

這些發展在斯特拉福也發生影響，但是莎士比亞當然是對這些發展毫無所知。早在一五六九年，他的父親做地方長官的時候，女王御前演短劇的人就有一些因不稱職而被放逐，因而到了這個城市來表演，於未獲批准公開演出之前先在市政大廳演出。在一五七〇年以後十年間，斯特拉福成了所有旅行劇團經常演出的中心，主要的是李斯特公爵劇團，在一七五七年夏季女王居留在肯尼渥茲時演劇供奉的當然也是這個公爵劇團了。這些娛樂節目的場面是豪華的，水上表演 "Lady of the Lake" 的那一天，莎士比亞無疑的要逃學去看騎在海豚背上的 Arion 了。

這一年他父親買了更多的斯特拉福的房產，不久以後家道開始中落，如果他是一個天主教徒，他可能是，他也許是因爲拒不參加國教連受重罰而經濟遭到重創，也許是他受到了他的弟弟亨利的牽累，他後來的確是受了牽累，無論原因爲何，到了一五七九年他被迫抵押他的妻的威姆考的產業，並且出賣她在斯尼特菲的一部分產權。這一年八歲的安妮死了，但是第三個兒子利查在一五七四年生了，另一個孩子又即將出生，負擔益形加重。可是到了四月威廉就有十六歲了，他將離開學校，可以幫助經商。這就是 Drake 環遊世界之後返回樸利茂斯時，一五八〇年春，亨利街上這一家的情況．約翰莎士比亞正陷入艱苦的日子，要養育五個孩子：嬰兒愛德蒙，利查六歲，鍾十一歲，吉爾柏十四歲，威廉剛好十六歲。但是威廉現在是個幫手，不是累贅，雖然他對他父親的生意不大感興趣，比較感興趣的是當時剛出版的三部引人入勝的新書：約翰黎利的浪漫故事「優浮綺斯」，諾爾茲譯的普魯塔克，和斯賓塞獻給西德尼的「牧羊人月令」。文學的文藝復興運動業已開始。

後來莎士比亞證明他是處事的幹才，但是在童時他一定是很厭煩做事，他希求的是有閒暇讀書，尤其是寫作。不過他總可以有空的時間塗寫他的少年之作，歌，以及魏亞特和塞雷在他生前發表的那種十四行詩和無韻詩，或新作家斯賓塞的那種牧歌。過後二年，這位褐色眼珠瑪腦色頭髮的孩子——如果我們信任他的紀念像上所塗的顏色——長成了英俊瀟灑的青年，正是可以獲得女人傾心的那種青年。

邵特雷村座落在斯特拉福西邊一塊草原的那一邊，利查哈雜威和他的繼妻和一大羣孩子所居住的半木製茅草頂的農舍也就在那邊。利查於一五八一年逝世，這一家的次一樁大事便是長女安妮與「威廉莎士比亞」締婚。也許是這位熱情而遭受挫折的十八歲的青年傾倒於這位比他大八歲的女人，不過這位出嫁機會越來越渺茫的安妮也的確沒有給他潑冷水。到了一五八二年十一月，她懷孕已無法隱飾，莎士比亞不得不向烏斯特主教申請特准於一次公告之後即行結婚。教堂的書記簽發這一項特准的時候在登記簿上竟寫錯了字，寫成了 Willelmum Shaxpere and Annam Whateley de Temple Grafton。這是個近人情的錯誤，因爲同一天是另有一案牽涉到一位 William Whateley.，有證據可以證明這是筆誤，因爲翌日十一月廿八日有兩位邵特雷村的農人簽約保證如果倉卒結婚引起後果時不令主教擔負任何責任。這手續並沒有什麼特殊，因爲莎士比亞尚未成年需要這樣的保證。這一對在幾日之內成婚了，大概是在那書記所記載的 Temple Grafton 結婚的，離邵德雷有一段路，爲了避免人的耳目。

按當時習俗，安妮是該搬到亨利街和公婆約翰與瑪麗莎士比亞同居的，她的第一個孩子蘇珊娜就是於一五八三年五月在那裏生的。她的丈夫現在似乎是命中註定要在斯特拉福做小買賣度日了。他的弟弟吉爾柏固然也已長大，可以照料家中的生意，但是威廉自動的或是被動的陷入了婚姻的圈套了，一五八五年二月，一對孿生子哈姆奈特與朱迪絲受洗了，這時節他似是無路可逃。而他畢竟逃了。

後來有一種傳說，他是爲了在 Sir Thomas Lucy of Charlecote 的園囿裏偷打一隻鹿而被逼離開了家鄉，這故事說得歷歷如繪，其實不大可靠，也許是根據他的小小的過失而大加渲染的。據另一傳說，他曾作過一陣「鄉間教師」，有人說是在南考次窩德的 Dursley，有人說是在蘭卡郡的 Rufford。還有些人認爲他在一五八五年與西班牙宣戰後，隨李斯特遠征軍到荷蘭去了，甚至最不可靠的說法說他到意大利去了。大概他不能忍受那種苦悶的生活，於是到倫敦去了。每年有兩三個劇團來訪斯特拉福，其中一個是烏斯特公爵劇團，該團最近請到一位演員愛德華亞蘭 (Edward Alleyn)，比莎士比亞小兩歲；一五八七年有五個劇團來訪，倫敦的誘惑力是難以抵抗的了。就在這一年，他的斯特拉福的同鄉利查菲爾德（Richard Field）在倫敦從一位出版商長期學徒之後娶了他的老闆的寡婦爲妻，並且接管了生意。也許菲爾德給了他一個職務。無論如何，一五八七年他是到了倫敦，把老婆三個孩子交給了父母。他的父親當時情況也不好，剛從市議會裏被排擠出來，因爲他多年未曾出席，同時他又爲了曾給弟弟亨利借債做保而吃上官司。但是吉爾柏現在二十一歲，鍾十八歲，在家裏都可以大大幫忙。威廉年二十三。

到倫敦去有兩條可走的路。跨過克勞普頓橋之後，他可以是轉彎到牛津，也可以是照直走穿過班伯利與格蘭頓，那個 Dogberry 的本人據說就是他當年在那裏遇到的。這兩條路在距離政府中心貴族聚居的西敏斯特附近又滙而爲一了。他向倫敦進發的時候，他會從西敏斯特故宮與教堂之間經過，他也會從接聯女王主要住處白廳宮與隔街新建部分的那兩個大門底下穿行。在 Charing Cross 他會沿着 Strand 東行，一面是科文花園及幾乎一片空場，另一面是沿河的一排大厦，約克大厦，德阿姆大厦，撒摩塞大厦，李斯特大厦，一定會使他想起肯尼渥茲。隨後是那幾個法學院，像大學的學院一般，律師們在那裏學習法律，士紳們在那裏學習如何管理產業，到了 Ludgate 他就進城了。

西敏斯特是寬廣而燦爛的，雖然他以前在牛津也見過類似的場面。但是像這樣的一個大場，一旦投入其間，眞是前所未見，人口約有十五萬之多，大部分擠在城裏面，雖然城北郊區也在急劇發展。商人與店主之磚木造的尖頂房屋是常見的，但是此地面積之大是驚人的，其地之廣大與人口之衆多有一百個斯特拉福好比。城中的主要大道通往 Ludgate Hill，最突出的是中古殘留的灰色聖保羅教堂，其尖塔已於若干年前倒塌，西德尼爵士最近葬在裏邊。然後沿着 Cheapside 與 Cornhill 走入 Grcious Street，那是從南到北穿過全城，路過「野猪頭酒家」之類的一條街，在那酒店天井裏還有戲劇不時上演。若向北去他就到了 Bishopsgate，再過去便是鄉間的「幕帷劇院」與「劇院」了，若向南去他便來到河邊與倫敦橋。這是泰晤士河上唯一的橋，有許多橋孔，橋上兩排房屋自成爲一條街道。再下去是倫敦塔與倫敦港，因爲只有較小的船隻才能從橋孔下面駛過去。在緊南端，竹竿上高高懸掛着最近天主教徒謀殺案破獲後之叛徒的頭。

莎士比亞是在歷史上最緊張的時候來到倫敦的。那謀殺案是企圖殺死伊利沙白，救出蘇格蘭人女王瑪麗，在西班牙協助之下扶她登位。伊利沙白很勉强的同意於她的表妹瑪麗再活下去將構成危險的看法，在二月間將她處決了。戰爭危機迫在眉睫，因爲雖然 Drake 大胆侵襲了卡地玆，西班牙的非利普二世正在建立一支艦隊，今年不來明年一定要來進攻倫敦，所以倫敦是在亟亟備戰。

一五八七年也是戲劇歷史上最緊張的一年。如果莎士比亞過河到 Southwork，經過聖瑪麗奧佛雷教堂，就會來到 Bankside，那是監獄與妓館林立的區域，他會看到——也會聞到——鬬熊場，還有一座同樣的圓筒形建築物正在興建中，那即是「玫瑰劇院」。這是非利普漢斯斐的產業，他是一位有企業精神，而並不過分謹慎的典當業商，他預見戲劇事業大有可爲。他是頗有見地。現在有一些著名劇團，其演劇水準大有進境，最近女王本人也選了十二名傑出演員組成劇團予以保護。更重要的是現在出現了一羣大學人士，他們在編寫名符其實的戲劇，不是叫嚣玩笑的娛樂節目。例如牛津大學的黎利（John Lyly），他寫過許多輕鬆而巧妙的喜劇爲黑衣僧的童伶團上演之用。他們的小小私家劇院最近是被關閉了——對玫瑰劇院大爲有益——但是黎利已經在女王面前得寵，他仍舊給在保羅教堂附近的唱歌學校上演的保羅童伶團以及宮廷而繼續寫戲。另外還有一位比較不那樣高貴的牛津學者喬治皮耳（George Peele），以及劍橋的傑出而放蕩的羅伯格林（Robert Greene）。也許漢斯婁還邂逅過和皮耳同時在牛津的陶麥斯洛奇（Thomas Lodge），以及格林的年輕朋友瑪婁（Christopher Marlowe）袋裏帶着一卷劇本剛從劍橋而來。也許就是在幾個月後才開幕的玫瑰劇院裏，莎士比亞看到海軍司令的劇團的主角愛德華阿蘭（Edward Alleyn）飾演「鐵木耳」（Tamberlaine）。果有此事，則此乃上天啓示，對他終身事業之選擇發生了決定作用。這也是一個革命，因爲就在那一天午後，阿蘭吟誦瑪婁的詩句之際，近代英國戲劇產生了。

不管莎士比亞來到倫敦是何動機，他現在明白了他的眞正的職業是給劇院編戲，這就是說他所渴望寫出的詩歌可以成爲他的職業上的出品。但是戲劇一時還寫不出來，他先要解決生活問題。最簡便的方法是參加一個劇團，因爲這樣可以從內行人學習一套手藝，有貨也容易脫手。

一個劇團約由八個人組成，每人都要爲劇本服裝而投資，視投資之多寡而分享紅利，故名爲「股」，一個更有趣的名稱是「全部風險」。他們有二三個童年學徒，訓練之扮演女角，因爲此後一百年間公衆劇院中沒有女演員，他們還要僱用幾個新手或是無資可投的老手，充演配角之用。莎士比亞覓得職業的時候大概是個僱員，也許是在女王劇團，亦卽格林剛剛給他們寫作的那個劇團。

我們可以料到，在此後數年之內，關於這位無名的演員與懷有雄心的戲劇家，我們聽不到任何消息。我們必須想像，他在無戲可排的時候是在爲劇團修改舊戲，同時試作新劇，因爲在一星期之內每天午後要演出一齣不同的戲，而每兩星期要排出一部新戲。在春季，他們在一家公衆劇院演戲，普通是在「劇院」，在夏季他們巡遊演出，在一五八九年遠到卡賴爾，然後回到倫敦的劇院再演一個秋季，到了冬季便回到仁愛街一家旅館裏排演準備在宮廷演出的戲。

這樣劇團中的一位演員，處在這個女王劇團最受大家歡迎之際，其生活本身卽是一種人文教育。各處旅遊姑且不談，演員無可避免的會遇見爲他們寫戲的詩人們，和親臨觀劇的貴族們和法學院的名流們一定也會廝混在一起，有時還會被邀往他們的餐廳去表演。然後到了耶誕節，他們在女王御前表演。在伊利沙白朝代，宮廷娛樂於十二月廿六日開始，至一月六日「第十二夜」而達高潮，在那耶誕節的十二天裏要演出四五部戲，到齋戒節開始之前再演兩三部。一五八七至一五九二年間，女王劇團作了十四次這樣的宮廷表演，比任何其他劇團爲多。莎士比亞初到倫敦時雖然是樸拙無文，但是過不了多久他就可以和首都的知識界與宮廷分子泰然共處了，並且把這樣的社會表現在他的戲劇裏亦非難事了。

同時一個新的時代業經開始。西班牙無畏艦隊已被殲滅，西班牙對「新世界」的控制力也鬆弛了。李斯特已死，他的繼子漂亮的哀塞克斯公爵（Earl of Essex）已取代他在衰老的女王身邊的位置，壓倒了她的另一寵臣拉賴（Sir Walter Raleigh）。好像是慶祝這些變遷一般，英國文學突然呈現前所未有的繁榮現象。西德尼的「阿凱底亞」及其十四行詩，斯賓塞的「仙后」前三卷，都印出來了，在劇院裏瑪婁及其他「大學才子」們也順利的造成了戲劇革命，那施（Tom Nashe）加入了他們的陣營。還有奇德的「西班牙之悲劇」，充滿了鬼魂復仇與流血的一齣戲，是和瑪婁的「鐵木耳」「浮士德」「馬爾他的猶太人」一般的長久受人歡迎的戲。

格林到達了他的輝皇一生的盡端了。一五九二年九月，因荒淫無度他躺在一個貧苦的補鞋匠家裏奄奄一息，他寫了他的「一點點智慧」（Groatsworth of Wit），那是自傳性的一個斷片，寫給他的同行戲劇作家瑪婁，那施，皮耳，勸他們以他爲鑒，不要浪費精神寫戲，因爲從中漁利的只是演員們，——那些傀儡，小丑，猢猻。不盡此也。有一個年輕演員，既非大學畢業生，亦非鄉紳子弟，而是一個狂妄的『莎景專家』（Shakescene），大膽自命爲戲劇作家，羣衆居然喜歡他的作品有過於格林本人的作品。這無疑的是指莎士比亞而言，因爲其中所謂『演員的皮包藏着一顆虎狼的心』是模仿「亨利六世下篇」裏的一行詩句。在那戲裏約克公爵是對拘捕他的人瑪格萊特王后說話：

『啊女人的皮竟包藏着虎狼的心！
你怎能擠乾了這孩子的血，
讓他父親用以擦洗他的眼睛，

而你還能擺出一付女人的面孔？
女人們是溫柔慈悲而和順的；
而你是頑強狠心粗暴毫無憐憫。
你要我發狂？你達到目的了：
你要我哭？你也如願以償了：
因為狂風可以吹散綿綿的霪雨，
風住了之後雨又要開始。』

這段詩是賣弄詞藻而且氣勢誇張，是莎士比亞早年作品的很好的一例，顯然是模仿瑪婁。

一五九二年末，莎士比亞寫了「亨利六世」三篇，以戲劇作家而飲譽一時。他受歡迎的情形只看漢斯婁的賬目即可知曉，Lord Strange 的劇團在三月間於玫瑰劇院演出了「亨利六世」(上篇)，他的收入是三鎊十六先令八辨士（約合現在一百鎊），乃是那一季最高收入額，並且那施的 "Pierce Penniless" 小冊中描寫該劇中 Talbot 各景的效果，亦是證明此劇之受歡迎。顯然的該一劇團收購了女王劇團的一些劇本，因爲他們也演了三部格林的戲，在經濟方面大大失敗。

很自然的，莎士比亞受了格林的攻擊而大不開心，向出版者 Henry Chettle 提出了抗議，出版者專誠拜訪他，並且在另一書的序言裏 (Preface to "Kind-Harts Dreame") 向他道歉。這是我們聽說到的第一次牽涉到莎士比亞的事情，他當時年二十八，這一段描寫是再好不過了：他彬彬有禮，正直，受當局重視，上好的演員，優秀的作者。

戲劇之最嚴厲的敵人是清教徒與疫癘。清教徒在市政府裏根基雄厚，願把劇院一律剷除，把生意興隆而叫囂滋事的演員加以鞭笞，强迫改業從良，但是女王公開保護演員，他們只得改取守勢。伊利沙白及其樞密院最多只准在疫癘盛行的時候封閉劇院，而最近十年來倫敦幾乎沒有疫癘發生。自從莎士比亞生前的一年起，一直還沒有嚴重的疫癘暴發過。但是一五九二年夏，可怕的疫症又來了，在最猖獗的時候一星期死一千人。所有劇院都關閉了，劇團被迫下鄉，「敲敲打打的在江湖上賣藝」。冬季沒有轉機，一五九三年更糟，到了一五九四年夏劇院才得重開。

這兩年間莎士比亞做些什麼事？到了這時候我們料想他已是股東而不是雇員了，但是沒有文獻記載着他隨同任何劇團巡遊。一位演員除了走江湖之外沒有其他路途可走，但是莎士比亞現在主要的是一位作家了，自然有較好的執行業務的辦法。在斯特拉福他有一妻和三個幼子，五年來很少能得見面，我想我們可以肯定的說他在疫癘流行時間大部分是和妻子團聚。疫疾一開始，女王劇團就前往斯特拉福，很可能他是和他們一同去的，然後和他們分手，俟劇院重開時又復相會。

他的父親還在困窘中，列入了『因爲躲債而未按月到教堂去』的拒抗教會的教友名單。這是我們最後一次聽到他的不幸，也許是因爲他的事業成功的兒子幫助他解決了問題。這幾年是這年輕的戲劇作家忙碌的時期。他已寫成「利查三世」，——創造了他的第一個偉大的戲劇人物——結束了「亨利六世」三部曲，鋒芒初露，很自然的轉到喜劇與抒情詩方面。「錯中錯」，「馴悍婦」，與「維洛納二紳士」都屬於這個抒情時期，早年的十四行詩與兩部長詩「維諾斯與阿東尼斯」與「路克利絲的被姦」也是屬於這一時期。和瑪婁一樣，他主要的興趣還是在於詩，事實，講述一個悲慘可怖的或滑稽的愛情的故事。他對他的劇中人物的態度是超然的，至少對於那些嚴肅的人物是如此，在指揮他的那些傀儡說話受苦的時候他好像是有一點無動於衷的樣子。簡言之，他是一位年方三十的健康愉快而成功的年輕詩人。不過瑪婁的影響逐漸的減少了，成爲瑪婁特點的那種雄厚威武的詩行，漸漸變成了較有彈性的舞蹈的節奏了，甚至在「利查三世」裏：

『現在，不再跨上武裝的駿馬，
去驚嚇強大的敵人，
他在閨閣之中翩翩起舞，
由洋溢的琵琶伴奏。』

「維諾斯與阿東尼斯」是他第一本印出來的作品，由他的朋友利查菲爾德於一五九三年精印出版，風靡一時，九年之間銷行了九版。每一個作家都要找一位保護人，於是他便把他的詩獻給亨利呂茲雷(Henry Wriothesley)騷贊伯頓公爵，一位二十歲的有錢有勢的年輕人，並且聲明如果此詩能邀他的青睞，以後還有分量更重的作品奉獻給他。果然翌年菲爾德印行了「路克利絲的被姦」，仍是獻給騷贊伯頓。

是西德尼的十四行詩的印行，給了莎士比亞以靈感去嘗試這一新的形式，並且和西德尼一樣，在一系列詩中隱隱然有一故事貫穿其間。這些首詩主要的是寫給一位英俊青年，這青年曾拐走了他的情婦，一位黑皮膚的已婚婦人，然後又和另一位詩人要好。這故事幾乎是和維諾斯與阿東尼斯的故事一般的神秘，而且僅是粗具輪廓，上面點綴着詩人對於友誼與愛情的一些感想而已。但是十五年後這些十四行詩印行的時候，出版者給加上一個神秘的獻詞，獻給「W·H先生」，這一位W·H先生——以及那位黑婦人及敵對的詩人——究竟是誰，使大家費盡了腦筋去思索。關於那位婦人與詩人實在沒有線索可尋，頂多可以假設那詩人是 Chapman，但吾人很容易相信 W·H 即是 Henry Wriothesley 二字顚倒過來的簡寫，亦即是莎士比亞的保護人，十四行詩是由他而得到靈感的。另有些人則主張是另一位更較年輕的貴族，威廉赫柏特 (William Herbert)，亦即後來的潘伯婁克公爵，在一五九二年時只有十二歲。這也有可能，因爲莎士比亞大概認識潘伯婁克的母親（西德尼的妹妹），曾經到過他們的在威爾呑的家，那地方是當時許多詩人都去過的。還另外有一可能。在一五九四年，一位牛津大學的學生 Henry Willoughby 印行了一首詩，"Willobie his Avisa"，因熱戀那賢慧的 Avisa 未得回報而自傷。在其中一卷前面的散文序言裏，H·W 說起他如何把他的憂傷向他的一位『摯友W·S』訴說過，這位W·S是情場上的『老演員』，他自己也剛受了同樣的感情上的打擊。也許 H·

W 即是『W·H 先生』，而他所提到的摯友的失戀也許是指莎士比亞及其黑婦人的一段故事，尤其是此詩附印有讚美詩一首，其中提到「路克利絲之被姦」，益使此說成爲比較可信。至少那一行詩可以算是首先在文藝作品中提到莎士比亞這個名字的一個例證。不過這一假設並不能取信於人，如果W·H眞是莎士比亞的朋友，他可能是我們所不曾聽說過的成百的年輕人中的一個。說得更平凡一些，他也許只是未得莎士比亞同意而把他所獲得的十四行詩底稿交付給 Thomas Thorpe 付印的一個人。

這樣盜印文學作品在莎士比亞時是很平常的，那時節尙無我們所謂的版權。一切書籍戲劇小冊依法應向書業公會登記，出版家付六辨士卽可獲得保障，權利不至受侵，但是沒有人保護不幸的作者或劇團（作者通常以五鎊或六鎊出售一劇本），如果有一個冒失的出版家取得了一份劇本。所以劇團對於劇本是非常小心，很少時候肯多抄寫一份，不過有時候一個演員會把劇詞盡量背熟，然後寫出來，賣給出版家，印出一個以假亂眞的割裂不全的劇本。一五九四年「亨利六世中篇」就是這樣印出來的，印出來時題名爲 "The First Part of the Contention"。劇本通常是以「四開本」形式印行，表示版面大小以四開爲度之意，而這些雜亂的版本則被稱爲「惡劣的四開本」。惡劣的莎士比亞四開本至少共有六個，其中最有名的一個是「哈姆雷特」。

情況不好的時候，劇團被迫出賣劇本，「泰特斯·安莊尼克斯」便是在這情形之下流入市場，大概是剛好在「亨利六世中篇」以前出版的，所以成爲第一本印出來的莎士比亞戲劇作品。因爲一五九四年情況極爲不佳。疫癘把劇團整慘了。潘伯衷克公爵劇團典當了行頭，女王劇團也破散了，變成爲第二流的鄉間巡遊劇團，當時還能抗得住風波的劇團只有海軍司令劇團（這卽是率領艦隊大破西班牙無畏艦隊的司令官霍華德所保護的劇團），還有德貝公爵劇團（卽從前之 Lord Strange 的劇團）。德貝在春天逝世，但是這劇團另找到了 Lord Hunsdon 爲保護人，他是當時宮內大臣，主管劇院事務及宮廷演劇事宜。他又是伊利沙白寵信的表弟，當然他們不能再找到更合適的保護人了。

所以，劇院重開時，莎士比亞所能選擇的劇團只有兩個。雖然兩個劇團都急於羅致他和他的新戲，他投奔了宮內大臣的劇團，從此他就終身留在那裏了。這個不朽的團體包括了莎士比亞從前在女王劇團共事的約翰海明，音樂師奧古斯丁菲利普斯，著名舞蹈家及喜劇演員威爾堪普，亨利康德爾與利查白貝芝，白貝芝是「劇院」主人哲姆斯白貝芝的小兒子。於是宮內大臣劇團於一五九四年就到了「劇院」，唱對台的海軍司令劇團在漢斯婁和他的新女婿愛德華阿蘭的領導之下佔據河那一邊的玫瑰劇院。莎士比亞卜居在離「劇院」不遠的地方，就在 Bishopsgate 附近一帶。

他發現戲劇界情形大變，因爲不僅幾年疫癘改變了劇團的面貌，主持戲劇革命初期的那一班人也都不見了。格林於一五九二年死去，過了一年瑪婁在酒店被人毆斃，奇德也逝世了。皮耳奄奄待斃，洛奇改行探險經商不再爲舞台編劇了。黎利在三年前保羅童伶輟演之後亦不再寫作，那施變成小冊寫作者，不算是戲劇家了。莎士比亞在三十歲的時候環顧已無敵手，最多也不過是 Chettle 和那「憔悴的露天地方劇作者」Anthony Munday。

這情形對漢斯婁是嚴重的，他實際上是海軍司令劇團及其劇本的所有人。瑪婁曾隸屬他的麾下，雖然可以繼續演出他的半打戲劇，但他需要有新人供給新資料，如果他想和莎士比亞及宮內大臣劇團相抗衡的話。他的解決的辦法，從商業眼光看來，是很精采的。他比較重量不重質，而且要層出不窮的推出新戲，於是他建立了一個像是「戲劇研究室」的機構，以固定的而又不太高的薪金為餌雇用一批窮困的詩人。用這方法他吸引了 Munday 和 Chettle，還有兩位莎士比亞同時作家 Chapman 和 Dayton，這兩個倒是眞正的詩人，但無特殊的編劇本領，此外還有一批二十幾歲的年輕人，好像是繼承「大學才子」的第二代，其中包括陶麥斯海烏德，陶麥斯戴克爾，班章孫，與約翰瑪斯頓。他召集了一班人，便組成一隊，大量生產劇本，每人就其所長集中精力寫作——悲劇、喜劇、哀感，等等。門代（Munday）特擅編排劇情，似是由他主持。

門代及其一夥所編的戲，其中有一齣，至少是由 Chettle 與海烏德二人合編的，便是 "Sir Thomas More"，但送到宮廷娛樂大臣請批准上演的時候，竟遭否決，發回修改。門代召集另外兩名作家幫忙，一個是戴克爾（Dekker），另一位不知名的作者寫了三頁描寫摩爾安撫叛變的情形。這三頁非常重要，因為這不知名的作者很多學者認為即是莎士比亞，而且是他的親筆。如果是眞的話，那麼這對於改正他的劇本印刷錯誤當有極大的助益，因為我們可以了解印刷者根據稿本排字會發生什麼樣的錯誤，例如 e, o, d, 幾個字母都是容易混淆的。指認這是莎士比亞的親筆，理由是很强的，但是無可避免的這必須和其他眞實的筆蹟作一比較。莎士比亞留下的眞實筆蹟只有六個，都是二十年後的簽字式。還有，莎士比亞居然幫助修改海軍司令劇團的與他自己在宮內大臣劇團的作品唱對台的劇本，也似乎不大可能。

他是宮內大臣劇團的一份子，有一件事可以證明之，在檔案裏記載着他和堪普與白貝芝於一五九四年耶誕節在格林尼治宮演出兩次接受酬金。他們每次上演受酬六鎊十三先令四辨士，如果女王親臨觀賞額外加賜三鎊六先令四辨士，一共二十鎊，約合現代的六百鎊，由八股分享，其數亦甚可觀，就是除去服裝僱員童子的花費，所餘仍然甚豐。一切所需道具，包括作佈景用的木板帆布小屋，一如中古演戲所用者，都由娛樂事務辦公廳供應，所以他們沒有什麼開銷。其中一部喜劇大概必是「錯中錯」，那是翌日晚在格雷法學院大廳演出的。這是該學院的盛大慶祝之夜，招待鄰院 Inner Temple 的員生，節目非常喧囂恣肆，第二天舉行假審判，判決一名巫師犯有『把一羣賤民混跡其間演出了一齣「錯誤喜劇」』之罪。

那一年耶誕節，雖然海軍司令劇團和宮內大臣劇團有同樣多次數的宮廷演出，第二年前者即漸漸失勢，到了一五九六年則全被壓倒，六部戲全由宮內大臣劇團負責演出。莎士比亞的抒情天才好像是用之不竭的樣子，喜劇悲劇歷史劇從他的筆端源源而出，全部塡滿了十四行詩裏面的美妙的詩。海軍司令劇團拿得出什麼東西來和「空愛一場」「仲夏夜夢」「羅密歐與朱麗葉」「利查二世」相抗衡呢？他們如何能和這樣的詩句來競爭？——

『奧菲阿斯的琴是裝上了詩人的絃，

撥弄起來可以使鐵石變得鬆軟，
能把猛虎馴服，能掣巨鯨，
離開無底的大海到沙灘上來跳舞。』

或是這個？

『死神吸了你的芬芳的吐氣，
已經不能加損害於你的美貌：
你沒有被征服；美的旗幟
還屹立在你的紅唇杏腮之上，
上面沒有插起死神的灰白旗。』

不過漢斯婁雖然不能在宮中和宮內大臣劇團爭勝，他至少可以爲他的劇團和觀衆提供一個較佳的劇院，他在玫瑰劇院至少花費了一百鎊以上在油漆修繕方面。這樣的整頓是特別需要的，因爲在南岸又興起了一個敵手。那便是 Francis Langley，他在一五九五年建立了倫敦的『最好的最大的』劇院，在巴黎花園裏的「天鵞劇院」，約在更往西四分之一哩處。

開幕不久以後，一個名爲德威特（de Witt）的荷蘭人在那裏看了一齣戲，畫了一張簡圖。不幸此圖已佚，但一位朋友藏有一份抄圖，這是我們的唯一的伊利沙白劇院內景之當時的描繪，所以極爲重要。但是我們還是不能不加小心處理，因爲不僅其爲抄圖，原圖也不過是根據記憶而描繪的，因爲德威特如果是在劇院當場所畫，他不會畫出一個鳥瞰圖來的。無論如何，它給我們一個很好的綜合印象。池子周圍有樓閣，有伸出的台，部份有頂蓋遮覆，由兩根柱子支着。後面有演員休息的後台，有兩個門通往前台。上面有顯然爲觀衆而設的樓座，頂端有一小茅屋，中古的『天堂』，雷及天上的——以及地上的——聲音都在那裏製造。可能另有一處樓座專爲樂師們而設，爲頂蓋所遮掩住了。最令人難解的是沒有「上台」(upper stage)，如果那樓座眞是爲了觀衆而不是爲了演員而設的話，並且下面也沒有垂幕的「內台」。到了這個時代，戲劇已不復是練武藝雜耍的性質了，在樓廂下面站着看戲的人可能被趕出去了，對演員們倒是大爲有利，現在我們也開始聽說紈跨子弟租賃小凳子坐到台上面去看戲。

宮內大臣劇團是和漢斯婁一樣的對 Langley 新設劇院感覺關切，不過理由不同。「劇院」的場地租賃限期將滿，如果白貝芝不能以優越條件續租，那是很可能的，那麼「天鵞劇院」便是一個很好的選擇。

這便是一五九六年間的情形，這時節莎士比亞獲得消息他的兒子哈姆奈特病重，也許他未趕回斯特拉福以前孩子卽已死掉，他當時正在編寫「約翰王」，我們讀到孚康布利芝看着休伯特抱起亞瑟的小小軀體時所說的一句話『你多麼輕而易舉的抱起了整個的英格蘭！』，不能不聯想到莎士比亞也許正是表現了他自己抱起死孩子時的苦痛心情。因爲哈姆奈特是他的獨子，在他悲傷之際這孩子就是他的整個的英格蘭。他只有十一歲。

但是還有不少可戀的在。他的妻安妮現在固然是四十歲了，比他年長八歲，也許對於一位習慣於倫敦宮廷生活的詩人來講不是很合適的伴侶。不過還有哈姆奈特的孿生妹朱廸茲，比她大兩歲的姊姊蘇珊娜。他的父母也還健在，三個弟弟一個姊姊都還未婚住在家裏，最小的愛德蒙比哈姆奈特大不了許多。亨利街的房子確是大小，不够住了，尤其是過去兩年屢遭大火，爲了防火蔓延一端已經拆毀。那是一場大災難，有兩百座房屋被燬，大部分是在城北部，莎士比亞的許多朋友包括昆內一家和斯特雷一家都變成無家可歸了。但是新房子興建起來了，最漂亮的一座是在高街的地方長官家道富有的陶麥斯洛傑士的房子。

約翰莎士比亞做地方長官的時候，差不多三十年前了，急於改善身分，曾申請頒發勳紋，後來遭逢不幸也就沒有積極去張羅。如今他家道復元了，多虧了他的成功的兒子，他又重新申請；哈姆奈特雖然死了，他有四個兒子，也許還能有孫子繼承紳士的身分。幾個月之前，威廉或許像他父親一般熱心，但是如今這却好像是一種虛榮了；不過還有蘇珊娜與朱廸茲應予考慮，還有他的弟兄們，他自己也不是沒有野心。於是申請書遞上去了，在十月間約翰莎士比亞紳士獲得頒發勳紋：『金地，黑色斜帶，上有一枝金桿銀尖的槍。頂飾爲一隻鷹，展翅，立於銀色的花圈之上，扶着一枝上述的金槍。』

莎士比亞不忙離開斯得拉福，因爲宮內大臣劇團正在巡遊演出，他沒有理由在他們開始爲宮內演劇開始排練之前趕回倫敦，也許就在他延長滯留的期間開始寫他的那部玩世不恭毫不留情的「威尼斯商人」，他的最後的一部抒情劇，他的早年的詩在這些戲裏已達到完美的境界。最後他回去了，他發現他的劇團情形頗爲凌亂。Lord Hunsdon 已死，雖然他的兒子答應繼續做他們的保護人，他却不是新的宮內大臣。擔任這個職位的是 Lord Cobham，對演員們頗不友善，市政府的人士乃大大利用他們的機會。他們沒能阻止「天鵞劇院」的建立，在他們看來那乃是『强盜，偷馬的賊，娼妓販子，騙子，變戲法的，大逆不道的叛徒們，及其他』之又一聚會處所而已，但是現在他們說服了 Cobham 與樞密院，關閉城內的所有兼營劇院的旅館。此乃一嚴重打擊，因爲宮內大臣劇團在冬天要使用 Cross Keys 的劇場，倫敦市民嫌「劇院」與「幕幔戲院」離城太遠路又太濘。於是他們和郎格雷 (Langley) 達成協議，把天鵞劇院租了一個冬季，莎士比亞從 Bishopsgate 搬到了南岸來住。他和郎格雷的交往不久便把他牽入了一場爭端。

郎格雷和當地塞來的一位地方官威廉迦納地納極不相得，他曾公開指斥他爲『一個虛詐背信的惡漢』，話非無因，但頗令人難堪。迦地納大怒，於是糾同他的不務正業的繼子威廉魏特向郎格雷實行威脅，使他不得不請求法律保障，『因有被人殺害等等之虞』。在那個好勇鬭狠的時代，一言不合就能拔刀，警吏也都像 Dogberry 一般的橫行無忌，這危險確是眞實存在的。瑪婁曾被控殺人，後來他自己被人戳死了，班章孫爲了持刀殺死一名演員而幾乎受了絞刑。迦地納是無惡不做的，有地方官的身分更要盡全力查封天鵞劇院來打擊郎格雷。無疑的，因此而莎士比亞挺身相助，而魏特對「威廉莎士比亞，佛蘭西斯郎格雷」及兩個身分不明的女人挑樂賽騷爾與安娜李要求提供不加侵害的保證。如果迦地納即是莎氏劇中沙妻法官的藍本，莎士比亞總算是個寬厚的人，因爲那一條諷刺不是那個混賬官員所應受的那麼强烈，不過莎士比亞究竟不是一個好惹的人。也許那好管閒事而又力不從心的沙妻乃是他在斯特拉福的傳說中積不相能的鄰人陶麥斯露西爵士的一幅漫畫。

對於考伯翰 (Lord Cobham)，他不能不遺一矢，這傢伙曾封閉 Cross Keys 旅店使得他和他的劇團無以營生，於是在他下一部戲「亨利四世」裏便用他的祖先 Sir John Oldcastle 的姓名來爲那個癡肥無勇的騎士命名。考伯翰抗議了，莎士比亞改變他的姓名爲孚斯塔夫，那也是一個歷史上以懦夫著名的人物，這一著使得他的無數敵人爲之大樂。這個名字立刻流行了，從此以後考伯翰曾被人戲稱爲孚斯塔夫。莎士比亞報仇雪恨了。但是在一五九七年春，宮內大臣考伯翰死了，演員們沒有哀悼之意，而莎士比亞及其劇團尤其高興的是他們的保護人 Lord Hunsdon 二世受命繼任。於是他們又成了宮內大臣的劇團。

此後不久莎士比亞又回到斯特拉福。他要投資，像他父親一樣的精明投資於房地產。他一度看中了基爾德禮拜堂及他的舊日學校對面的那座「漂亮的磚木房」所謂「新居」。其房主爲威廉恩得喜爾，『一位貪婪狡詐的人』，索價奇昂，在五月間莎士比亞付給他六十鎊，買下了這一棟房屋，連同兩個倉房，兩個花園兩個果園。幾星期後恩得喜爾被他的瘋狂的兒子所毒斃。

房子很破爛，需加修繕，「亨利四世」上下篇字句間有許多影象足以表示莎士比亞當時心情專注於房屋——『這地球的間架與基礎』，『有如給房屋打圖樣的一個人』，等等不一而足。他還賣了一噸石頭給市政府去修理克勞普頓橋，也許這是他的倒下來的兩座倉房的賸料。這是他的第一所房屋，家居之樂在他這一時期戲劇裏字裏行間不時的流露，以後的作品裏也都有反映：『聯合我們的力量成爲安居樂業的武裝』，『像蜜蜂一般，從每一朵花裏採蜜』，在他的重修的荒廢已久的花園裏一定是有蜜蜂的：

『他無法把這塊土地芟除淨盡……
他的敵人和朋友都盤根錯節的生在一起，
他若是想拔除一個敵人，
就會震動傷害了一個朋友。』

他午後做園藝的時候，抬頭看到學校兒童們從他街角四叉路口處『東西南北』的跑去，自然的會描寫一枝軍隊的潰散爲『像是放學的兒童，每個向着他的家和遊玩處所急急奔去』——和他們淸晨上學時的蝸步大不相同，但是同樣的被觀察到了。他的內心一定很痛苦。哈姆奈特應該是其中的一個。

哈姆奈特之死對莎士比亞有深厚的影響，無論是在他這個人或藝術家方面。比較心胸狹小的人會因此而轉向悲劇，他沒有這樣做；相反的，此後數年的戲劇好像是比較最快樂的。不過有一種新的成熟狀態與熱情，對各階層各時代的人物有更廣大的了解與同情。他不像是自我中心的情人與詩人，專把自己想像成爲戲中的情人與詩人的化身，而是一個對所有人物都有熱情興趣的戲劇家，這一變化在他的文筆中可以看得出來。往日之抒情的昂揚的神氣現在銳減了，從「亨利四世」到「第十二夜」這些歷史劇與浪漫喜劇都是以比較近於日常語言而寫成的。我們只消把「威尼斯商人」的末尾和「亨利四世」的開端比較一下，即可看出從可愛的但非戲劇的抒情主義如何一變而爲更自然的戲劇的詩句。

這裏是威尼斯人洛蘭鄒：

『月亮照得很亮：在這樣的夜晚，
和風輕輕的吻着樹，
悄悄的沒有聲響，在這樣的夜晚，
脫愛勒斯爬上了特洛愛的城牆，
對着克萊西達那晚停眠的希臘營幕，
而深深的嘆着氣。』

這裏是英格蘭的哈利：

『我是如此的疲憊，如此的煩惱，
現在找一個喘息的時候罷，
在喘息中我們且來商討
那將在遠方掀起的新戰爭罷。』

較早年的戲劇大部分是詩體寫成的，時常是押韻的，散文則留給滑稽人物，這些滑稽人物比大部分口吐詩句的人物爲更令人難忘，因爲世上男男女女不是用抒情詩作成的。不過這一集團的戲大部分是散文寫的，成了國王與小丑共用的語言，用這種語言莎士比亞創造出許多可愛的角色——孚斯塔夫，班奈廸克，琵亞特麗斯，與羅薩蘭。簡言之，抒情詩被戲劇的散文取而代之了，猶如後來戲劇的散文又一變而爲戲劇的詩。

買了「新居」之後莎士比亞似乎就沒有再隨劇團巡遊，一有可能他便囘到斯特拉福與家人共同度夏。宮內大臣劇團給他的戲劇作者充分時間編劇，是很合算的事，因爲他們事業的成功大部分要靠作家，而這種安排他一定也不反對。所以我們可以想像在一五九七年夏季他是和他的妻子與兩個小女兒住在一起，寫「亨利四世」，也許還有閒暇去參加他的妹妹鍾的婚禮，那大概是在斯特拉福附近舉行的。她的丈夫威廉哈特是一個帽商，他們一家搬到「新居」，亨利街的房子就由這一對夫婦接住。

莎士比亞囘到倫敦之後，發現在他離開之際發生了不愉快的事。老哲姆斯白貝芝已死，他的兩個兒子庫茲貝與利查未能繼續租用「劇院」的場地。使情形益發困難的是，郎格雷惹了麻煩，他在七月間允許潘伯婁克公爵劇團在天鵞劇院表演了一部諷刺劇「呆鳥之島」。以『內含煽惑叛亂與誹謗的材料』爲理由，樞密院下令關閉一切劇院，逮捕一些演員與作家，其中之一是逃跑了的那施，另一個是班章孫。十月解禁的時候，郎格雷意欲再行使用天鵞作爲劇院，但申請執照時遭到拒絕，他只得使之成爲表演馬戲的場所。顯然是迦地納也報仇了。這便是說，「劇院」「天鵞」及城內旅館全都拒絕宮內大臣劇團使用，而玫瑰劇院則仍由海軍司令劇團佔有。唯一另外的劇院是「幕帷劇院」，在冬天交通不便，宮內大臣劇團暫時只得利用這一座古老的第二流的房子。

也許是爲了渡過這個難關，在一五九七至九八年間他們售出四本莎士比亞的戲給出版商：「利查二世」，「利查三世」，「亨利四世上篇」，與「空愛一場」，最後一本是首次用他的名字印行的戲。我們要注意，莎士比亞自己並沒有出售劇本給出版商，所以對於出版事務亦無法控制，印刷的良窳不同，視印刷人而定，例如威廉懷特印行「空愛一場」四開本就很不高明，而瓦楞坦西姆斯印行的「利查二世」就相當好，雖然含有六十九處錯誤，印第二版時改正了十四處又新添了一百二十三處。戲劇不被人當做嚴肅的文學看待，最好的印刷商不肯印劇本，而且莎士比亞縱然要看校樣，他一來太忙於寫作，二來他也馬馬虎虎對於從前寫出的東西不願太費事去校對。

不過，並不是每一個人都像出版商那樣看不起劇本。一五九八年九月，一位學校教師密爾斯(Francis Meres)印出了他的「智慧的寶藏」(Palladis Tamia: Wit's Treasury)，其中有一段乃是狂妄的企圖在當代英詩人中找尋作家與古典作家相比擬。作為文學批評看，是沒有價值的，但作為有關莎士比亞的情報，便有無比的價值。我們不需要『兩個大學的碩士』來告訴我們莎士比亞乃當時最好的喜劇悲劇作家，但是只有與當時作家與劇院有接觸的一位知識份子才能告訴我們他的十四行詩業已在朋友圈中流傳，並且記載下他寫的十四齣戲。密爾斯的散文喜歡賣弄對仗——六齣喜劇配上六齣悲劇——也許因此而漏列了「亨利六世」上中下三篇，那標題不恰當的 Loue labours wonne 也許就是 The Taming of the Shrew。

「智慧的寶藏」剛出版，宮內大臣劇團在「幕帷劇院」開始秋季演出，演的是班章孫第一部重要作品 Every Man in his Humour。據傳說此劇之由該劇團演出乃是由於莎士比亞的力量；他參加了此項演出，班章孫全集日後出版時附列「主要演員表」是他上臺演戲之首次翔實記錄，也正好是此一劇團之全體演員的名單。康戴爾與斯賴現在都是全份的股東，但畢斯頓與杜克仍是雇員，永遠沒有成為股東。這部戲是一個前兆，一部有用意的寫實喜劇，對於莎士比亞的浪漫戲劇是一項反抗，章孫在開場白裏曾加譏嘲。莎士比亞在「如願」一劇裏作了答覆，把章孫寫成為一個特性固執的傑克斯，其野心乃是『洗滌這個汚染的世界之髒的軀體』。兩個人除了都是天才以外，性情迥不相同，一個是狂傲鹵莽不能容忍，一個是同情於一切的人，從不拿他的作品當宣傳用。

我們有一個例可以說明莎士比亞這個時候的慷慨。他的朋友阿德利安昆內和他的兒子利查，在斯特拉福大火中受了嚴重災害，利查於 Every Man in his Humour 演出之後不久來到倫敦，寫信給莎士比亞求借三十鎊以應急需。莎士比亞立刻作答了，也許立刻到他聖保羅教堂附近的住處去探望他，因爲就在這同一天利查寫信回家報告說他的『老鄉親』已經答應借錢。這是莎士比亞的信翰唯一留下來的斷片。

那一年冬天還有別的令他破費的事端。宮內大臣劇團無意永久停留在「幕帷劇院」裏，於審愼考慮後在南岸選定一個地址去建築一座新的劇院，使得漢斯婁大爲惶恐，竟幾乎是正在「玫瑰劇院」的對面。二十六日他們在白宮給女王演劇，兩天之後他們就實行了他們計議已久的大膽計劃。「劇院」現在雖然是在別人的土地上面，但是按照租約的解釋仍是屬於白貝芝弟兄所有，所以他們就拿着斧頭闖入該一地區，由木匠彼得斯特利特負責指揮開始拆除工作。據他們的敵人述說，『他們以强横叫囂的姿態把所有的木料一齊搬走了。』「劇院」的木料是不少，莎士比亞和他的夥伴們把大批的橫樑直柱運進 Bishopsgate，走過倫敦橋，到達南岸，那情景必定大有可觀。在「玫瑰劇院」對面一片泥濘之中，斯特利特給他們另造了一座劇院。他們稱之爲「環球劇院」，招牌上畫的是赫鳩利斯肩膀上槓着地球，也許這是表示他們肩負重任之意。

斯特利特就原有的木料盡力而爲之，但是其中有一部分情況已經不佳，新的「環球劇院」絕不是建在新址上的舊有的「劇院」。一五九九年的戲劇與一五七六年的戲劇是大不相同的，哲姆斯白貝芝當年準備的戲是爲迎合戲劇革命以前的趣味，莎士比亞及其同人經過多年經驗確切的知道他們需要的是什麼。觀衆當然需要使之盡量舒適，但是最重要的還是臺上的玩藝兒。通往舞臺下面「地獄」的活門，以及相對的「天堂」的奇特裝置，使神靈得以出現，這一切附屬品都還保存了。但是最要緊的是建築一個規模齊備的「上臺」，以二樓的高度向舞臺上面伸展出來，這個「上臺」的下方是一個簾幕低垂的「內臺」，用以表演比較正式的內景。這樣一來，有三個臺兩個階層，必要時還可利用「池子」，莎士比亞的最繁複的戲也可以演出了，劇情可以連續不斷的在整個表演處所表演出來。爲了這個『木質的〇』莎士比亞開始編寫「亨利五世」，這部歷史劇充分利用了這劇院的一切設備。

宮內大臣劇團現在擁有一座劇院爲他新置的產業了。一共分爲七股，半數屬於白貝芝弟兄，因爲他們捐獻了「劇院」的建築資料，另外一半分給出資建築的同人。莎士比亞是其中的一個——「環球劇院」開幕以後不久即被稱爲『莎士比亞及其他所佔用的劇院』——所以他除了以作家和演員身分所得的收入之外，還要加上劇院本身收入純益的十分之一。以作家身分他每劇可得十鎊，以演員身分他可得立票收入的八分之一，樓上坐票收入的二分之一，以股東身分他可得樓上坐票另一半的十分之一。此外，宮廷演出尙有優厚報酬。到了十七世紀之初，他的收入大概相當於我們如今的五千鎊，實際上全部免稅。無怪乎「玫瑰劇院」的演員們（對漢斯婁都欠着債，漢斯婁的政策就是以債務挾持着他們）看了對面一家生意興隆便不免眼紅，而漢斯婁自己也開始物色新址，離「環球」愈遠愈好，另築劇院。

莎士比亞及其同人拆除「劇院」的時候，斯賓塞來到了倫敦，可以說是從愛爾蘭逃回的難民，他在那裏的家被叛民掠刼焚毀了。一年後他貧困而死，葬於西敏斯特教堂。愛爾蘭到處燃起了叛亂之火，野心的不可測的哀塞克斯勸女王派他去平亂。三月間他率軍出發，以騷贊普頓公爵爲騎兵統帥，莎士比亞在「亨利五世」臨尾處寫道：

『如果我們的女王麾下的大將
是從愛爾蘭凱旋歸來，
劍上挑着叛徒的首級，
多少人要從城裏傾巷而出
來歡迎他啊！』

但是哀塞克斯沒有做到這樣的事。白白的跋涉了一夏天，他喪了氣，和叛徒媾和，棄軍而逃，乞求伊利沙白的饒恕。她拘補了他，雖然不久開釋，他從此失寵失勢不能再立於朝廷之上。在這危急之秋，他是個危險人物，老女王的表弟，人民崇拜的對象，王位繼承的問題尚未解決。

「亨利五世」大概是「環球」於一五九九年秋開幕時上演的戲，哀塞克斯失勢之後不久。莎士比亞本人一定是扮演那個「報幕人」，雖然他在開場白裏爲了新劇場設備不週難以表演這樣『偉大場面』而抱歉，我們還是可以感覺到他向觀衆介紹這座圓形劇場時是如何的揚揚得意。他沒有參加演出班章孫的 Every Man out of his Humour，那是隨後不久的事，那齣戲凌亂冗膩，在戲裏班章孫偶然的譏嘲了莎士比亞新獲得的勳紋及上面的箴言，他說如果不用 Non sans droit 不妨代以 Not without mustard。

宮內大臣劇團爲了建築「環球」不能不出售劇本籌款，在一六〇〇年提供了四本莎士比亞的劇本給出版商：「威尼斯商人」，「仲夏夜夢」，「無事自擾」，「亨利四世」下篇。全都是依法在書業公會登記過的，後兩部是一起登記的，這是特別有趣的一次登記，因爲這是第一次記載了莎士比亞的名字。幾天之前，劇團發現了他們的一位雇員私造了一部「亨利五世」，意欲售予出版商人牟利。他們盡力不使之出版，但終無效，於是聖保羅教堂附近書肆繼「亨利六世」中下兩篇及「羅密歐與朱麗葉」之後又增加了一部殘闕割裂的劇本。「溫莎的風流婦人」大約是作於此時，不久湊成了第五個盜印本。

雖然莎士比亞漸漸的不再擔任演員的職務，這個時期是他一個特別忙的時期。他奮力寫作，供應「環球」新的劇本以期營業發達，並且有助於償付被迫以高利貸來的債款。一五九九至一六〇〇年間，他寫出了「朱利阿斯西撒」，又根據陶麥斯洛奇的一篇浪漫故事「羅薩蘭」編了「如願」一劇，配上了陶麥斯摩賴的音樂，在一六〇〇年耶誕節他準備好了第三本戲在宮內演出。這便是「第十二夜」，於一六〇一年的第十二夜在白宮大廳內演出，作爲娛樂伊利沙白的貴賓年輕意大利貴族伯拉奇安諾公爵，同時也是對伊利沙白本人致敬，因爲按照宮中的構想伊利沙白乃是永久年輕美貌不受時間侵害的一位仙后，她會看得出劇中的 Viola 即是影射她的。其實她已經六十八歲了，一嘴的黑牙齒，一頭的紅頭髮，滿臉的皺紋。莎士比亞關於時間之毀滅的力量亦並不存有任何幻想。這是他早年詩中經常有的課題：『毀滅性的時間』，『吞噬一切的時間』，『饕餮的時間』。直到如今，他是從青年的角度看老年，但是「第十二夜」是一過渡，是對時間的妥協，是自承已不再是年輕，自此以後他站在老年的立場以同情的眼光來看青年了。這是他中年期喜劇最後一部，也是最完美的一部。

恰好一個月後，二月六日星期五，有五六位客人來到「環球」要求宮內大臣劇團在第二天特別演出「利查二世」。他們推脫了，說那是一部老戲怕不能吸引多少觀衆。客人願付四十先令，他們同意了，於是在星期六下午演出了一場篡殺國王利查二世的悲劇，觀衆頗爲失望。第二天早晨，三百名武裝的人從 Strand 的哀塞克斯大厦湧出，由公爵本人率領，衝過 Ludgate，經過 Cheapside，呼籲市民把女王從她的左右奸臣中間『解放』出來。沒有一個人加入他們。絕望的哀塞克斯投降被捕。十天後交付審判，以大逆不道罪處死，騷贊普頓的死刑改爲無期徒刑。二十五日這位老女王的年輕寵臣在倫敦塔受刑。宮內大臣劇團於無意中被牽入了這一場暴動，因爲「利查二世」乃是陰謀的一部分，意在提醒市民君王是可以廢黜的。他們被查詢，並無罪嫌，於哀塞克斯受刑的前夕又在白宮演戲了。

那一年耶誕節海軍司令劇團在宮中演出三次，但是他們不再在「玫瑰」上演了。他們把南岸交付給宮內大臣劇團了，他們渡江移往 Finsbury，在 Cripplegate 之北，漢斯婁與阿蘭在那裏建築了一座嶄新的漂亮的劇院，「幸運劇院」，樣式是仿效「環球」，雖然是方形。更值得注意的是，又有兩個劇團在宮中出現，也可說是重現——保羅童伶團與王家禮拜堂童伶團。莎士比亞自己從來沒有和童伶競爭的必要，因為上一次童伶獻技是十年前的事。不過現在競爭的局面卻是宮內大臣劇團自己所惹起來的。哲姆斯白貝芝死前曾把黑衣僧建築物的一部份改成第二個私家劇院，佈置成七十呎長五十呎寬的一間大廳，內設舞臺樓廂和座位。當地居民抗議，遂未開幕，但在一六〇〇年他的兒子們把它租給了王家禮拜堂總管童伶團，於是又開始表演戲劇了。這裏有新鮮玩藝兒引起市民的興趣，於是蜂擁到「黑衣僧」和保羅的唱歌學校。雖然他們無法支配莎士比亞的大筆，他是專為他自己劇團編劇的，但是他們雇用了其他的最好的戲劇家，於是開始了有利可圖的「劇院之戰」——所謂有利可圖是指對童伶而言，對成年演員的劇團是沒有利益的。

班章孫與約翰瑪爾斯頓（John Marston）是好吵架的年輕人，對戲劇有不同的見解。在 "Every Man out of his Humour" 裏章孫拿瑪爾斯頓的誇張筆調來模擬取笑，瑪爾斯頓於是在保羅童伶團最初上演的戲劇中的一齣裏把章孫當衆羞辱一番，以為報復。章孫又在給王家禮拜堂童伶團所編的 "Cynthia's Revels" 裏面反攻，在這戲裏瑪爾斯頓和他的朋友戴克爾都受了挖苦。瑪爾斯頓又在另一齣保羅童伶團的戲裏反唇相譏。倫敦市民大為開心，全都興奮的看下一場有什麼熱鬧。他們沒有失望。一六〇一年秋天，王家禮拜堂童伶團演出了章孫的 "Poetaster"，諷戴克爾為戲劇剽竊家地米特利阿斯，瑪爾斯頓為打油詩人克利斯皮諾斯。二人受西撒審判，章孫以高尚的何瑞斯的面目出現，給克利斯皮諾斯一顆藥丸，令他嘔出他的虛誇的詞句。數星期後戴克爾與瑪爾斯頓的反響來了，那便是在保羅演出的 "Satiromastix"。狂傲的何瑞斯被牽到 William Rufus（不是別人，是綽號 Rufus 的英國威廉二世）面前，地米特利阿斯與克利斯皮諾斯二人奉派爲審判官。他們沒有給他藥丸吃，怕藥丸會引出薰天的臭氣，他們給他一頂棘冠，令他發誓不再妄想誇弄。章孫要回答的，但是他在諷刺之中不僅傷了他的同行的戲劇作家，他也開罪了政府中人，於是他不再開口。這便是「劇院之戰」的最後一回合。

那一年耶誕節劍橋大學學生演出一部無名氏的喜劇 “The Return from Parnassus”，劇中引進了堪普與白貝芝，盛讚他們的同人莎士比亞之殺了狂傲的章孫的威風。但是莎士比亞與「劇院之戰」有何關聯，他對章孫曾有何種打擊，均屬神秘莫測，雖然他於正在撰寫中的「哈姆雷特」裏提起「一羣兒童」的爭吵競賽的事。

這場文字爭執的高潮，他許沒有趕上，因爲他的父親於九月逝世，他大概是正在斯特拉福辦理喪事，也許是在不久之後。那位「慈祥老人」臨終時，白德福郡的年輕醫生約翰霍爾也許在旁照料，他剛好到本市來行醫。亨利街老家中還有別的變化，他的妹妹鍾最近生了一個兒子，這是他的第一外甥，他的最小的弟弟哀德蒙離開了斯特拉福，像他一樣當演員去了。但是他的其他弟弟們都還在那裏，他特別指定吉爾柏負責交涉向威廉科姆及其姪兒約翰購買座落城北老斯特拉福之一百二十七畝農田。到了一六〇二年春天，莎士比亞已成了有產的紳士，擁有斯特拉福最好的房屋。並且他的寫作能力正達到最高峯，即將有最偉大的成就。

伊利沙白是在衰老了。耶誕節歡樂節日過後，朝廷溯河而上移往利治蒙，一六〇三年二月二日宮內大臣劇團在那裏演了一齣戲，大概是剛完成的「哈姆雷特」。如果是的話，那實在是再適當不過的了，因爲莎士比亞以後沒能再見到女王，他是向她告別：

『再見了，我敬愛的王子，
願一群天使唱歌使你安息！』

她是在三月二十四日清晨死的。

另一個比較不大煊赫的時代開始了。新的君王是蘇格蘭王哲姆斯，是個心地良善而秉性頑固並且好賣弄學問的一個人，年紀與莎士比亞相仿，他的后妃是一位奢侈的丹麥公主，有三個孩子，亨利，伊利沙白，與查理斯。哲姆斯立刻就按照自己的意思重新安排朝廷的人事，擢升擁護他的人，貶抑反對他的人。Lord Burghley 的兒子 Robert Cecil 正式任爲首席大臣，不久擢爲薩利斯伯來公爵，倍根晉陞爲爵士，莎士比亞的保護人騷賚普頓自獄中開釋，Raleigh 則被下獄。宮廷的改組不久就牽涉到戲劇方面，卽位不到兩個月哲姆斯就把莎士比亞及其劇團置於他自己的保護之下。保護人的變更並不引起運氣的任何變化，因爲他們雖然算是內廷供奉，身披紫色服裝，但是並不領薪，完全是名譽職。可是君王的變更是要帶來運氣的變化。在伊利沙白朝代，每年宮中演戲平均六七次，在哲姆斯治下很少在二十次以下，而這些演出大部份是國王劇團擔任，所以他們的收入激增。其他所有的倫敦劇團都受到王室的眷顧。海軍司令劇團成了亨利太子劇團，在「幕帷劇院」演出的一個新的劇團，成了安妮王后劇團，在「黑僧」演出的王家禮拜堂童伶團現在的名稱是王后娛樂童伶團了。

在這新時代的開始，莎士比亞年紀剛到三十九歲。恰好在他最初印行作品之後十年，也恰好是瑪婁死後十年，在這驚人的十年之中這位「暴興的烏鴉」寫了二十部戲，從「空愛一場」與「羅密歐與朱麗葉」起到「第十二夜」「脫愛勒斯與克來西達」「哈姆雷特」，把大學天才們所開始的革命帶到格林所不曾夢想到的高潮。而且，他的成就與榜樣已經養成了一派空前絕後的戲劇作家們，不管是在英格蘭或任何其他國家。可是成功並沒有毀掉他，他還是像 Chettle 十年以前所見到他的那樣謙恭有禮，還是在各法學院受到各方的歡迎，他的戲常在那裏上演，被人親暱的稱爲「征服者威廉」。

雖然像是前途無量，哲姆斯時代開始卻不大順利。疫癘隨着哲姆斯來了，劇院被封閉，在第二年春天重開之前倫敦死了三萬人。這是莎士比亞一生中所發生的最大一次疫癘。王家劇團外出巡遊，在牛津與劍橋演出了「哈姆雷特」，結果是他們的一位僱員，也許是扮演馬塞勒斯的那位，靠了背誦寫出了劇本給出版商。於是最著名的第六個「惡劣的四開本」於疫癘最猖獗時在倫敦出現。莎士比亞本人大概是退居「新居」，修改那結局並不圓滿的「皆大歡喜」，編寫那沉悶的實驗性的而且其標題比以往的「無事自擾」「如願」較爲嚴肅的「惡有惡報」。到了十一月，他回到劇團，排演在倫敦上游的 Mortlake 舉行的宮中娛樂節目，這時候他們又接到命令到薩利斯伯利附近的 Wilton，那是潘伯婁克公爵的府邸所在。朝廷設在那裏，十二月二日莎士比亞及其同人首次在國王御前表演，那齣戲顯然是「如願」。不久以後國王離去 Wilton 到了漢普頓宮，他的第一次耶誕節娛樂節目是在那裏舉行的。國王劇團演了七個戲，其中之一是「仲夏夜夢」，另一爲章孫的不成功的悲劇 "Sejanus"，莎士比亞曾參加演出。這是他演戲之最後一次記錄，也許從此以後他可以用全部時間從事寫作和導演了。在「哈姆雷特」裏我們可以窺見他指點同人的情形：『我請你，要照我方才讀給你聽的那樣去背那一段戲詞，要從舌端輕輕吐出……。動作對於語言，語言對於動作，都要恰到好處；要特別留意，不可超過人性的中和之道。』中古的高聲朗誦激昂慷慨的傳統很不容易消滅，但是莎士比亞不願他的劇團有這樣的習氣。他從演戲中退出，可以起用新人，股東從九名增至十二名。

到了二月底疫癘差不多過去了，莎士比亞在倫敦 Cripplegate 附近蒙克威街與錫爾福街拐角處一位克利斯陶佛蒙卓愛家找到了新的住處，蒙卓愛是頭飾製造商，專給婦女製造高價而繁複的頭飾。他被牽進了一項家庭糾紛。蒙卓愛有一女瑪麗，他要她嫁給他的徒弟斯蒂芬畢裴特，莎士比亞好心答應從旁幫忙撮合。他大力向畢裴特遊說，指出瑪麗的妝奩甚豐，暗示她父親死後還有遺產可得。斯蒂芬終於鼓起了信心。莎士比亞主持他們的訂婚禮，令他們互相握手，隨後就在十一月裏結婚，可是事情並沒有就此完結。

大概是在蒙卓愛家裏他開始寫「奧賽羅」。在歷史劇和喜劇中他寫戲劇的散文頗爲成功，他於是試寫戲劇的詩，富有創造性的詩體，在「哈姆雷特」與「惡有惡報」中達到了完美的境界。現在，他正在寫作全盛的時代，便把這高貴的文字應用到最高貴的戲劇形式悲劇上面去了。我們用不着假設他現在或以後數年是在心情沉重的狀況之下；一個人寫悲劇並不一定是由於他自己不幸——哈姆奈特死後莎士比亞寫的是乎斯塔夫——但是一位大詩人戲劇家若想創作最高藝術形式，他會寫悲劇的，「奧賽羅」只是一系列偉大悲劇的第一齣，四年後至「安東尼與克利奧佩特拉」而登峰造極。就是以在「環球」主演悲劇英雄的白貝芝而言，這一份緊張眞是很可觀的，但是對於莎士比亞而言這簡直是不易忍受，因爲他一個月緊跟着一個月的要親身嘗試他所創造的劇中人物的苦痛經驗——因爲他的藝術之主要秘密便是完全設身處地——他需忍受奧賽羅的嫉妒，泰蒙與李爾的瘋狂，馬克白的悔恨，考利歐雷諾斯的狂妄，安東尼的絕望。

三月間國王終於舉行延期已久的市內大巡遊，莎士比亞以內廷供奉的資格穿上了紫色服裝。不久他又有機會穿上一次。八月間 Cecil 與西班牙媾和，國王劇團奉命前往沙摩塞大厦去伺候西班牙全權大使。那是一次光榮媾和，這一朝代中之最成功的政治大事。和西班牙進行的二十年戰爭於焉結束。可是在那二十年中偉大的伊利沙白的文藝復興也受到了刺激而實現了。

難怪那年耶誕節娛樂節目是又盡興又延長，從十一月初拖到二月底。一六〇四—五年度的宮庭娛樂總管的賬冊幸運的被保存下來了。國王劇團所演的十一部戲，至少七部是莎士比亞的：「奧賽羅」，「溫莎的風流婦人」，「惡有惡報」，「錯中錯」，「空愛一場」，「亨利五世」，與演了兩次的「威尼斯商人」。他們也演了兩場章孫的喜劇。

章孫自稱系出蘇格蘭，他對於這幸運的祖系不惜大加利用，正好又遇到王后非常喜愛鋪張揚厲的在哲學家培根筆下，「面具舞」(Masque)不過是簡單的猜謎遊戲，其中有化裝與跳舞，但是在哲姆斯治下變成了具有極爲繁複佈景的盛大化裝遊行了。演員包括王后自己和宮中的巨頭，貴婦們的珠光寶氣所值比國王收入還多。爲了設計服裝佈景，章孫得到一位聲譽漸隆的青年建築師鍾斯(Inigo Jones)的幫助，二人合作自一六〇五年第十二夜的"Masque of Blackness"開始，在這次表演中王后及侍女扮了黑人。以後數年中，章孫以寫作並演出這些好玩的把戲在宮中獲得了地位，而莎士比亞則在寫作他的偉大悲劇。「雅典的泰蒙」及「李爾王」的大部分大概是作於一六〇五年。

如果早在四月間莎士比亞就回到了斯特拉福，他一定是參加了羅伯特哈佛與喀薩琳洛傑士的婚禮，縱然當時不在場，不久也會在他們的南岸的家中會見他們，他們的著名的兒子約翰哈佛是在兩年後生的。下個月裏他失掉了一位老友，奧古斯丁非力普斯，他是宮內大臣劇團原始分子之一。此人性情眞摯極了，他把遺產分給他的大部分同人，包括給莎士比亞的『三十先令金幣』。他好像是七月間在斯特拉福，他投一筆巨款四百四十鎊於城北鄰近他的房地產的一塊土地收益上。他在那裏的克勞普頓大厦可能會到了他的新鄰人富有的年輕天主教徒安伯斐斯魯克烏德。也很可能他於十一月初還在「新居」，因爲疫癘又回到倫敦，劇院又關閉了。果眞如此，六日那天發生的緊張事件他一定也會看到一點。炸藥陰謀失敗了，孚克斯(Guy Fawkes)被捕，其他同謀者逃往中部他們的幾個據點，其中之一便是克勞普頓大厦。當地警吏前往搜捕，但魯克烏德已逃。兩天後他落網了，在他們企圖爆炸掉的國會大厦之前和孚克斯一同被處死了。

那一年耶誕節國王劇團演了十個戲，我們可以想像哲姆斯於觀賞莎士比亞一齣歷史劇之後，會拉住作者向他建議，他既然寫了這麼多有關英格蘭歷史的戲，也大可一試有關蘇格蘭的題材。也可寫一點有關他的一位祖先……。他也許沒有說他的一位妹夫丹麥的克利斯聖四世將在夏天來訪。自家的劇團當然要負責娛樂節目主要部分，克利斯聖當然希望看到一場「丹麥王子」的演出。除了合時宜之外，「哈姆雷特」也是最著名的；倫敦到處引用其中的字句，此劇輸出到了德國，甚至在公海上也有人表演。莎士比亞接受了此一暗示，於寫完「李爾王」之後（此劇於十二月在宮中演出），便去參閱何林塞的「史記」裏的蘇格蘭歷史，找列了馬克白的故事，便開始寫了。不幸的很，疫癘在克利斯聖之先來到，慶祝節目只好在首都以外舉行，所以國王劇團是在格林尼治演出兩部戲給兩位國王看的，其中一部一定是「哈姆雷特」。數日後在漢普頓宮繼「哈姆雷特」之後演出了「馬克白」，哲姆斯大悅。

何林塞的「史記」雖不精采，對莎士比亞甚為有用，不過在寫最後兩部悲劇的時候他參考的是North翻譯的普魯塔克「希臘羅馬名人傳」。一六〇七年六月，那時候他也許已寫完「考利歐雷諾斯」開始寫「安東尼與克利奧佩特拉」，他的大女兒蘇珊娜已是二十四歲的大閨女了，嫁給了約翰霍爾醫生。這位年輕醫生不僅在斯特拉福聲譽鵲起，而且名聞全郡，甚至郡外。若干年後他寫過一本病歷的書，名為「觀察錄」（"Observations"），頗受人重視，由原來拉丁文譯成英文於他死後二十年出版。到一六〇七年之際，他生活很優裕，買下了教堂附近一所半木製的房屋，加以擴大，使含有一間診室一間藥房，他帶着新娘住了進去。

這一年大部分時間，「新居」只有兩個人住，安妮與朱廸茲，莎士比亞便爲他的妻女物色伴侶。新的市府秘書陶麥斯格林是他遠房表親，已婚，有兩個小孩，正是理想的一家可以帶給這所大房子一點生氣，莎士比亞在回倫敦之前便安排好這一家人遷入「新居」，雙方議妥在他退休之時他們須要遷讓。

他不急於回去，因爲疫癘又封閉了劇院，他的劇團正在巡遊中。但是他於十一月回去了，十二月二十八日到了白宮演出一部戲。也許這正是他的弟弟愛德蒙死的一天，他是於卅一日晨葬在離「環球」只有幾碼一個教堂裏。我們不知道他究竟是投入了哪一個劇團，也許他是國王劇團的一個雇員，等候股東出缺遞補，不過我們確可認定隆重的葬儀是由他哥哥出資的，大鐘敲起了沉重的哀響。

數月後莎士比亞喪母。她也許於丈夫死後即已遷往「新居」，但更可能的是留在亨利街老家和鍾與她的兩個外孫同住。那所房子現在屬於莎士比亞了，他以象徵性的租金賃給他的妹妹和妹夫，他的單身的弟弟們也許移往西邊一半，繼續經營他們父親的生意。對於莎士比亞有比喪母更重要的事，那便是他抱了外孫。在前一個二月裏，蘇珊娜生了一個女兒。

一六〇八年伊利沙白霍爾的誕生，正好是和國王劇團的一些重要事件同時發生的。王后娛樂童伶團陷入窘境，到了八月他們的經理把黑僧劇院退還屋主白貝芝弟兄，白貝芝弟兄便從新組織一個七人管理團，包括莎士比亞，海明，與康戴爾。這個劇團在河那一邊還有一座劇院作爲冬季使用之地，這是頗有意義的新置項下的產業。他們是第一個成年演員劇團在有屋頂的劇院裏經常演出，這不但引起演出方式的改變，也造成戲劇形式的變更。「環球」是露天的，在冬天寒冷而風颸，容納約二三百人，一半站立在池子裏。黑僧劇院則整潔而舒適，也容納二三百人，全有座位。而且，「環球」的觀衆乃是社會的横剖面，由宮廷人士到販夫走卒，而只有比較富有比較受過教育的人纔能到「黑僧」看戲。當時需要一種比莎士比亞的偉大悲劇規模較小的作品，國王劇團於是聘請了曾爲在「黑僧」演戲的童伶們寫過戲的兩位年輕戲劇家。於是著名的波芒與佛來徹（Beaumont and Fletcher）聯合編劇就開始了，編的是一系列的文雅傷感的浪漫故事，與實際人生沒有多少相似之處。這就是露天劇場培養出來的雄偉的伊利沙白戲劇之墮落的開始。

莎士比亞也開始給「黑僧」編寫。在「安東尼與克利奧佩特拉」中他已把他的悲劇藝術帶到完美的境界，他又重新回到浪漫故事來，雖然比起他的中年期喜劇在處理上更富有嚴肅與抒情的意味，到了十一月他寫成了海上出生的瑪麗娜的故事「波利克里斯」。毫無疑問，靈感是來自他的外孫女，這一靈感一直帶進了他最後三部戲，其主題是他的三個女英雄伊慕貞，波地塔，與米蘭達。四年緊張悲劇氣氛之後，這一鬆弛一定是很好受的。

也許一六〇八年「李爾王」之出版，緊接着一六〇九年「波里克利斯」及「脫愛勒斯與克萊西達」之出版，與爲「黑僧」籌款之事有關，雖然前兩部戲印得很壞有盜印之嫌。「十四行詩」終於在一六〇九年出版，也可能是未得莎士比亞同意而出版的。這些是他一生中最後出版的幾部作品，雖然已印行的四開本仍然有重印的版本行世，他的名聲日隆也可由一些大膽而不誠實的出版商使用他的名字印行劇本而獲得證明。例如"A Yorkshire Tragedy"確是國王劇團的劇本，而一六〇八年付印時竟說是『莎士比亞所寫』。

一六〇九年大部分時間，大概莎士比亞是消磨在「新居」，因爲這一年大部分時間劇院因疫癘被關閉了。倫敦每年疫癘流行，不可避免的使他考慮退隱斯特拉福，但是他決定再等一年，在九月間陶麥斯格林通知他說他可以『再在「新居」居住一年』。但是一六一〇年情形不見好轉；到了六月死於疫症的人數激增，劇院又復關閉，演員又復出遊，莎士比亞現在四十六歲，放棄了他的倫敦住所，退隱到斯特拉福，在那裏完成了他的「冬天的故事」。

說來像是諷刺，他剛遷走之後不久疫癘便終止了，而且在他有生之年沒有再侵襲過倫敦，所以此後一兩年內他可能仍然像從前一樣的和他的劇團相往還。他們在四月間渡河從「黑僧」到「環球」時，他也許是和他們在一起，演出了「馬克白」，「冬天的故事」，和「辛白林」。這幾部戲有一位醫生星相家賽門福爾曼都看過，他在他的一部"Booke of Plays"裏作有筆記。可惜的是他只記下了劇情綱要，他所最喜歡的角色顯然是「馬克白」裏的那位醫生。如果他描寫一下演出的情形，以及白貝芝如何扮演馬克白或李昂提斯，他就會得到他所渴望的名譽，無需在自己預言死亡的日子捨命自殺。

在前一個冬天，莎士比亞讀到喬治沙摩斯爵士在百慕達羣島觸礁的故事，也許還和幾個獲救生存的人談過話。這故事使他大受感動，因爲在這一段期間風暴觸礁的事總是盤據在他心頭，在一六一一年他寫了他的最後的最可愛的戲「暴風雨」。毫無疑問，十一月一日娛樂節目開始此劇在白宮上演時，他是在那裏的。隨後就是「冬天的故事」，國王劇團一共在那一季演了二十二部戲，一直延展到四月底。

他又留在倫敦一個期間。他不得不如此，因爲斯蒂芬畢妻特控告他的岳父未能交付他所允諾給女兒的妝奩，他被傳喚做證。一六一二年五月十一日，『愛汶河上斯特拉福之威廉莎士比亞，紳士，年約四十八歲左右』受一位律師的質詢。聽他的回話可有些奇怪。是的，他認識蒙卓愛一家約有十年之久，他曾勸過斯蒂芬那個『良好勤勉的工人』娶瑪麗爲妻。蒙卓愛確曾應允一份嫁時妝奩，確數若干他已不記得，關於死後遺產事他一點也不記得了。他說不出什麼來，不過八年前的瑣事他也無法記得，他在證詞上簽字之後就回斯特拉福了。他有事做。

他的退休或半退休對於國王劇團可能造成災害，如果波芒與佛萊徹不在那裏繼續供應新的劇本，那些新劇很快的就和他自己的作品一樣的大受歡迎了。所以波芒娶了一位承繼家產的富家女從劇壇退休的時候，劇團大感狼狽。佛萊徹需要有人合作以爲刺激，在他未能在年輕一代中覓得替人之前他們就勸莎士比亞與他合作。工作並不會怎樣吃力，只消他安排下主要課題與劇中人物，其餘的事都可由佛萊徹負責。莎士比亞立刻答應了，開始起草 "Gardenio" 大綱，此劇現已佚失，雖然在一六一二—一三年宮廷娛樂節目中演出。這些節目乃是這一朝代中之最精彩者，是爲了慶祝哲姆斯的女兒伊利沙白與德國的 Elector Palatine（卽腓德烈克五世）締婚，莎士比亞一定到了那裏監督「暴風雨」「朱利阿斯亞撒」「無事自擾」「奧賽羅」「冬天的故事」之上演，而「亨利四世上下篇」「暴風雨」在訂婚的前夕一定演過，我們還可以想像莎士比亞在那一晚最後一次親自飾演普洛斯帕羅，爲一對新人祝福——因爲他們究竟是孩子——盼他們前途幸福，可惜沒能維持多久。

慶典被威爾斯親王亨利之突然死亡所毀壞，他是一位頗有前途的青年，但是停了一陣又繼續舉行了。在三月中，慶典尚未結束，莎士比亞買下了黑僧修道院的門房，離劇院不遠，部分的款項是由抵押借貸而來，是由他的朋友約翰海明與「美人魚酒店」老闆威廉約翰孫幫忙作成這項交易的。就是在「美人魚酒店」裏，保羅教堂附近，莎士比亞，章孫，佛萊徹，德恩，及其他一時俊傑經常於每月第一個星期五聚餐，席上談笑風生趣味盎然。數日後，他又和另外一位老友利查白貝芝接觸頻繁，爲了不同的事情。這是爲勒特蘭公爵設計製作一個“impresa”，那就是畫在硬紙殼作的盾上面的圖案，這盾由他的侍童在比武之前擎着。白貝芝是個業餘油漆匠，莎士比亞好像也是。

四月中，Elector 與伊利沙白向德國出發，整個的朝廷離開了倫敦。但是莎士比亞大概沒走。佛萊徹剛完成他爲他寫了一半的「亨利八世」，不久就要在「環球」上演。不過，也許在六月二十九日那個不吉的星期二，「環球」在演戲時被火夷爲平地之時，莎士比亞已經回到斯特拉福了。亨利王登場鳴砲，砲中棉絮點燃了茅屋頂，一小時內整個樓廂倒坍在池子裏，天堂地獄隨同燃燒的木板一齊毀滅了。觀衆像奇蹟一般幸免於難，『只有一個人褲子着火，他可能被燒熟，如果他不是急中生智用一瓶啤酒把火澆滅。』據說『除了木頭稻草和一些捨棄的衣服之外毫無損失。』如果國王劇院的戲劇底本是藏在「環球」的話，那麼，連同莎士比亞的無價的手稿劇本，這一回總算是安然無恙。幾位劇院管理人負責重建的費用，可能莎士比亞放棄了他的股子，讓給別的年輕有爲的人。

從現在起他大部份時間都用在斯特拉福。吉爾柏與利查都在去年死了。他們父親的老店舖租了出去，變成了一家酒店，取名爲「天鵞與處女」，鍾一家有三個兒子獨佔亨利街的房子。可惜的是，霍爾一家沒有小孩子，沒有孫子。伊利沙白是蘇珊娜的獨生女，莎士比亞從倫敦回來之後不久還需要幫助她洗刷一項不負責的誣蔑。他的一些老朋友，包括利查昆內，都逝世了，不過還賸下幾個。例如，亨利華克，他是他的兒子的教父，還有他的鄰人哈姆奈特與朱廸茲薩得勒，乃是他自己的孩子們的教父教母，與「新居」隔一個門的近鄰是朱琳蕭。那施弟兄二人約翰與安東尼居住在老斯特拉福，過河在 Clifford Chambers 住着的有亨利倫斯福爵士，邁克爾德雷頓（Michael Drayton）常到那裏去住。陶李斯羅素在較遠的 Aldminster 一座莊園裏住。還有那富有的獨身的放債人約翰科姆（John Combe）。他是一六一四年七月死的，正是市內第三次大火肆虐的那一天。他遺贈莎士比亞五鎊錢，大概是莎士比亞找到了南岸的一位石匠哲拉德約翰孫爲他造墳雕像。

在這時候，莎士比亞被牽涉到企圖在他地產鄰近之處圈佔公地的一項陰謀。雖然他不是主動者之一，作爲一個土地收益所有人他是也有好處的。他的態度不定，其爭端所在可於陶麥斯格林的筆記中得之，格林是市府秘書，受命防止圈佔的。莎士比亞在春天也許是到倫敦去了，去參加新的「環球」開幕。其建築『遠較以前美奐美侖』，樓廂不用茅草做頂，改用瓦片了，他也許要看看佛萊徹怎樣處理他對 "The Two Noble Kinsmen" 所貢獻的一部份——那一部份並不大。十一月裏他一定是和約翰霍爾到了那裏，那時節格林已經忙着做圈佔土地的生意，『前來看他問他近況如何』，並且打聽斯特拉福有何消息。他的『表兄莎士比亞』告訴他說『雖然他們打算在四月測量土地……恐將一無所成。』他說對了，雖然爭執延續下去，差不多一年之後在一六一五年九月裏格林在他的筆記裏寫了這樣一段：『W.莎士比亞告訴J.格林（陶麥斯的弟弟）說我不能承認圈佔「威爾孔」那塊土地。』這乃是莎士比亞數月後立遺囑之前最後有關莎士比亞的記載。

一六一四年末他在倫敦的時候，他一定見到班章孫，打聽到他的「作品」的全集出版事宜。無疑的他會因此而有同樣的打算，因爲現在佛萊徹已經找到合作的人，國王劇團已不再急於要他幫忙，除了安排自己的全集出版，他還有什麼更好辦法去消磨他盼望已久的悠閑時間呢？過去他對於自己的戲劇之印行實在太漫不經心。其中有半數沒有印過，這一部分戲也有幾部還沒有達到付印的階段；其已印行的幾本多屬極不正確，有四個「惡劣的盜印的四開本」從來沒有善本代替。以後一兩年間有許多事好做，我們可以想像他在一六一五年在他「新居」書房中修改重寫他的戲劇稿本，例如那尚不妥貼的「皆大歡喜」。

一六一六年初，他的老友利查昆內的兒子陶麥斯與朱廸茲的婚禮已在準備中，到了正月，他的『健康情形極佳』，便約了瓦利克郡一位律師佛蘭西斯考林斯爲他寫立遺囑，遺贈給他的兩個女兒。二月十日婚禮過後數星期，他病重。據舊日傳說，『莎士比亞，德雷頓，與班章孫在一起聚飲，似乎喝得過多一點，因爲莎士比亞發了高熱便一病不起。』這是可能的，德雷頓在年初可能是來到 Clifford

Chambers，雖然班章孫在白宮演出面具舞之類的節目可能是太忙一些。如果他們眞是在一起歡飲，那可能是在倫敦，慶祝章孫對折本的全集出版。如果莎士比亞在那裏生了病，那麼在三月寒冷天跋涉九十哩路到達斯特拉福的時候他一定病得很厲害了。無論如何，他又派人請了考林斯來，修改遺囑，於三月二十五日在上面簽了字。安妮是早有一份寡婦贍養了，在遺囑裏提到她的話只有那著名的一句『我的次好的牀贈予我的妻』。那就是他死在上面的那張床。給朱廸茲他留了一份很豐厚的嫁時妝奩；給鍾二十鎊，『他所有的衣著服裝』——這對於她的兒子們會有用的——還有亨利街的房子享用終身。除了幾個例外之外，他所有的財產都給了蘇珊娜及其可能有的男性子孫。哈姆奈特之死毀了他的建立門戶的計劃，但是蘇珊娜的兒子們也可算是嫡系子孫。這是妄想。伊利沙白是蘇珊娜的獨生女，伊利沙白嫁了兩次，根本沒有生育。朱廸茲三個兒子都夭折了，只有鍾與哈特一支旁系傳了下來。比較次要的承受遺贈的人，有他的『同行夥伴約翰海明，利查白貝芝，亨利康戴爾』，他給他們留了二十六先令八辨士，『給他們買戒指用。』這三個人是二十年前宮內大臣劇團最初組成分子中之僅有的生存者。

他的妹婿在亨利街也逝世了，四月十七日『威廉哈特，帽商』下葬了。霍爾醫生想來是照料過他們二人。他醫好了邁克爾德雷頓『一位傑出詩人』的熱病，但他未能拯救一位更傑出的詩人。莎士比亞死於鍾的丈夫葬後一星期，可能正是他的五十二歲生日那一天。四月二十五日，他被移出「新居」，經過基爾特禮拜堂與文法學校，照直抬到教堂，五十二年前他也是順着同一條路前往受洗的，如今葬在那神壇的前面了。哲拉德約翰孫奉派建作紀念碑嵌在牆上對着他的墳墓。

以後怎樣？還有什麼可說的？一個鄉下孩子在劇院裏發了一筆財，我們何必浪費這麼多的筆墨呢？這一問在七年以後獲得了答案，海明與康戴爾完成了莎士比亞委托他們做的事，編輯他的劇本印成爲一冊。若非他們黽勉從事，其中一半包括「第十二夜」「馬克白」「安東尼與克利奧佩特拉」「暴風雨」可能從此湮滅永久不能印行，而「亨利五世」及另外三部戲也只能任由割裂的「惡劣」四開本行世。但是莎士比亞的朋友們從國王劇團的庫藏中拿出了寶貴的手稿以及良好的抄本，根據這些資料把從未刊行過的劇本連同那些「被騙徒割裂毀壞的盜印過的』劇本一併付印了。其他的各劇則參照稿本將四開本修改問世。這便是：「對折本」的三十六齣戲，可能是人類最偉大的獨力創作的成績。這是很大的一項名譽的要求。

全世界的詩人們也許有兩三個具有和莎士比亞同等的分量。你想要抒情詩麼？劇本裏有的是歌，從「維洛納二紳士」裏的「誰是西爾維亞」到「暴風雨」的「足足五尋深處」。要十四行詩麼？有一百五十首，隨便可以尋章摘句：

『我可比你為夏季的一天麼？
你是比較更可愛更溫和一點：
狂風吹落五月的蓓蕾，

夏季的時間也未免太短。』

或是：

『等我看到為羊群遮蔭的大樹
赤裸裸的把樹葉都完全掉光，
夏季的綠穀都綑成一束一束，
帶着白色鬚芒被裝在車上，
那時節我要懷疑你的美貌，
怕也要隨着時間蹂躪而去。』

早年抒情劇裏也有同樣高貴的詩：

『是雲雀前來報曉，
不是夜鶯：看，愛人，懷惡意的晨光
已經把東方的碎雲鑲了金邊：

夜間的星火已經熄滅了，歡樂的白晝
輕輕踏上雲霧迷濛的山巔。』

莎士比亞在他最後的浪漫劇裏又回復到同樣的但更微妙輝煌的抒情主義：

『水仙花，
燕子沒敢來時你就先來，
以美貌迎接三月的涼風；
嚴肅的紫羅蘭，
但是比鳩諾的眼皮
或維諾斯的吐氣更可愛。』

還有，莎士比亞是雙倍的創作者，不僅創造詩，也創造人物，在這一點上沒有別的詩人能望其項背。沒有別的作家曾經創造過這樣一羣男男女女，有低微的也有高貴的，有嚴肅的也有歡樂的，有喜劇的也有悲劇的，有高尚的也有無聊的：朗斯，綫團，道格伯來，皮斯圖，奧托利克斯，朱麗葉的奶媽，魁格雷夫人；孚斯塔夫，試金石，傑克斯，費斯蒂，馬孚利歐，帕羅利斯，班奈廸克；朱麗亞，琵阿垂斯，羅薩蘭，瓌歐妐，海倫娜，瑪利娜，伊慕貞，波地塔，米蘭達；利查二世，利查三世，約翰王，亨利五世，霹靂火，布魯特斯，哈姆雷特，奧賽羅，依亞高，李爾，馬克白；朱麗葉，德斯底蒙娜，考底利阿，瓦龍尼亞，馬克白夫人，克利奧佩特拉——這名單幾乎可以無限的擴充。奇怪的是他們只是一些詞句造成的，最奇怪的是那些詞句本身，使他們娓娓而談栩栩欲活的詩。因爲他們卽是詩。這是朱麗葉：

『來，可愛的黑臉的夜，
把羅密歐給我；等他死的時候，
把他拿去切成小小的繁星，
使得天空如此的美觀，
所有的世人都將愛夜。』

這是哈姆雷特：

『啊好何瑞修，事情若是這樣的曖昧不明，
我死後留下一個何等罪過的名聲！

如果你真愛我，
且別忙着去享天堂之樂，
在這嚴酷的塵世隱忍些時，
把我的故事宣揚一下。』

這是克利奧佩特拉：

『啊，看，我的女侍們，
大地的冠冕消失了。我的主上！
啊，戰爭的花環枯萎了，
勇士的緑柱倒了：年輕的男男女女
現在可以和成年人等量齊觀了，
一切差別都不復存在，月亮之下
沒有什麼值得注意的事了。』

但是我們覺得下面一段乃是莎士比亞夫子自道，這是在他的戲劇裏難得捕捉到的一瞥：

『我們的遊戲現在完了。這些我們的演員，
我已說過，原是一些精靈，
現在化成空氣，稀薄的空氣：
頂着雲霄的高樓，富麗堂皇的宮殿，
莊嚴的廟宇，甚至這地球的本身，
還有地球上的一切，將來都會像這
毫無根據的幻象一樣的消逝，
並且像這場幻景一樣的
不留下一點痕跡。我們的素質
原是和夢一般；我們短促的一生
是被完成在一場睡眠裏面。』

雖然莎士比亞因變化多端而不可捉摸，從一個角色一變而爲另一個角色，他的精神是貫穿在所有的戲裏的，我們讀他的戲不僅是爲了欣賞其中的詩與人物，也是爲了欣賞他那個人。他的戲之所以有這樣大慰藉力量，其故在此。我們讀他的戲是爲了他的眞摯的智慧，他對人生之陽光普照，他的歡樂精神與雋語，他的平正通達：因爲他是理想的常態的人，他胸羅萬象而一切調和允當。我們讀莎士比亞，因爲他是我們全都願意結爲朋友的一個人。

莎士比亞的故鄉

李曼瑰

英國人曾誇耀他們帝國主義的成績，世界上每個角落都有大英帝國的殖民地，英國的國旗無時不在太陽光線下耀武揚威。但是英國人更以莎士比亞爲傲，寧可失掉殖民地印度，却不願沒有這位大文豪。今日大列顚已經喪失了印度，而莎士比亞仍給予祖國無限的榮耀。有一天卽便大英帝國的名詞不復存在，莎士比亞的英名將永垂不朽，人類亦必永遠以人間也曾經有過這麼一個人傑爲榮。

莎士比亞不單是英國人，他是歐洲文藝復興全盛時代的一個代言人；他不單是代表歐洲文藝復興的那一個時代，却如他的文敵班章孫所說的：他不是屬於英國的，而是屬於宇宙的，他不僅屬於某一時代，乃屬於永恆。

莎士比亞一生的貢獻是詩和詩劇。他豈是一個詩人，一個劇作家而已？他却是哲學家、歷史家、心理學家，其他有關法律、醫學、天文、地理、生理、動物、植物的學問，無不精通。不少律師和醫生讀了莎氏的劇本，往往驚嘆本行的學問會在這位十三歲便輟學的劇人筆下，發表得如此精詳確實。更有不少動植物學家把莎氏劇本所引的動植物爲研究對象，著述成册。卽晚近新興的心理學家分析莎氏劇中人的心理、思想、行爲，也不禁推崇他心理描寫的高明。

這位多才多藝，屬於宇宙，屬於永恆的人傑，劇聖，降生人間，今年恰是四百年。今年四月廿三日，舉世將爲他的誕辰慶祝。各國特派劇團前往英國，表演莎氏名劇。倫敦將整年熱鬧，爭看莎劇演出。眞是薄海騰歡，普天同慶！我們遠在東方的人對於莎士比亞的名字也不生疏。他的劇本，大都閱讀過一兩本，或看過幾齣改編電影，如「王子復仇記」、「仲夏夜之夢」、「羅米歐與朱莉葉」。他的名句，如：「全世界不過是一個舞臺」，「不是我愛愷撒少一點，而是我愛羅馬多一點」，「脆弱呀！你的名字是女人！」聽來也不生硬。臺北影劇界將聯合各界舉行莎氏四百週年紀念會。文壇社特出版莎氏紀念專刋，囑我撰文，勢不能辭。但數百年來，有關莎翁的論著，長篇巨册，何止億萬？前人什麼沒有說過？還要我們置喙？研究心得，不敢獻醜。憶四年前曾遊莎翁故鄉斯託拉佛鎭，謹略述所見，以爲紀念。

莎翁名韋廉，莎士比亞是他的姓，全銜 William Shakespeare，一六五四年四月二十三日，生於距倫敦九十七英里的鄉鎭斯託拉佛 。這個因劇聖而著名的小鎭位於愛梵河畔， 故稱 Stratford-upon-Avon。從倫敦乘汽車駛向西北，中途經牛津大學，約兩小時可以到達。芊芊田野上一條古道，通老柯羅頓石橋（Old Clopton Bridge），跨過愛梵河，便是劇聖故鄉名鎭。橋左花木燦爛，銅像高蹲，便是莎翁的紀念花園。再遠眺，隱隱叢林之外，一棟現代式的軒昂巨宇，乃莎翁的紀念劇場。鎭內有莎翁的出生地老家，晚年自置的「新居」大厦頹址，長女蘇珊納夫家賀爾氏故宅，次女珠德絲寓所改修的餐廳，外孫女的花園主宅，以及莎氏領洗與安葬的聖地聖三一禮拜堂。鎭郊復存莎氏岳家和外祖家的農莊舊宅。這些房產都先後由莎翁生地管理委員會收購保管。供人參觀遊覽。有幾處，如莎翁祖宅、外家、岳家、和長女家，還售一先令的門票。茲分別簡述於後：

（一）莎翁老家　這是莎翁的出生地。兩棟相連的二層樓房（另有小閣樓），在鎮北亨利街上(Henley Street)。他的父親約翰莎士比亞是個買賣羊毛、米、粟、皮革之類的商人。大概當時這兩棟房子是一作商店，一作住宅。家境算是中康以上。約翰曾做過小官，一五六八年，還被選爲鎮上執行吏，等於鎮長的職權。不過爲期很短，後因經商失敗，就一蹶不振了。

這房子是十六世紀英國典型的半木半石建築物，是用當地的藍灰石和附近森林所產的木料，連房頂也由小木筏排成。大門前左右花圃，兩邊庭院則矮樹爲籬；這是英國房屋很普遍的門面，至今猶然。樓下三間。前面一間客廳，是木板地，後兩間餐室和厨房係用石鋪。廳堂陳設，大都是原來的古老笨重家具。客廳的木凳、木箱、木櫃，和有扶手的安樂椅，厨房內磚砌的壁爐，碗、碟、銅盤、木杓、鐵棒，以及各種餐具，均保全四百年前風格。最特別的是懸掛壁爐上的銅鍋。鍋大如缸，掛在熊熊的烈火上，一切湯、菜、魚、肉，都可在鍋中燒煮。壁爐既可取暖，又能備餐，確是一舉兩得。

樓上臥室三間。現在只中間一室仍佈置原樣，其他兩間，已改爲陳列室。中間這臥室是莎翁誕生的聖地。室內一雙人木床，床罩是十七世紀的手織品。床邊置長方形木製搖籃，和床另一邊的櫃臺，都飾以浮彫，雖非精緻，却頗古雅。這屋子天花板很低，一壁爐，一格子窗。窗上玻璃也是數百年古物。莎翁生地管理委員會未收購此屋以前，遊客往往在玻璃上留名。現在仍隱約可見不少名流，如大論著家 Thomas Carlyle，大小說家 Walter Scott，大政治家 Isaac Watts，名演員 Henry Irving 與 Ellen Terry 等人簽名的筆跡。

莎氏老家，幾經修建，現在的形式，已經將兩棟房子改成一棟，却仍有兩座樓梯。別的屋子也改變了不少。但這一間莎翁出生的臥室却盡量保存舊樣。在牆壁一角，還故意露出裏面小木條交織的樣子，以示原形。臥室門口的過道，放着一架手搖紡紗機，更襯托出房屋的古舊。

其他各室陳列書籍、畫像、圖片、手稿、文件，以及莎翁及其父母妻子的遺物。其中最珍貴的是莎翁的書桌，幾張莎氏畫像，如著名的阿里宮（Ely Palace）珍藏的一幅，和一六二三年出版的莎劇全集散本。還有一本較早的版本，便是一六〇〇年出版的「威尼斯商人」。

莎翁老家後邊有一大花園，是管理委員會添置的。佔地約數畝，大小草坪，數以十計，或以花畦爲界，或以藤籬爲欄，或以石徑分隔，芊芊、茸茸、蒼碧吐翠。舉凡莎翁劇中所提及的各種花、木、藤、草、瓜、果、藥材、無不盡量採種。尤多菊類與玫瑰，有高至七八尺者。近屋角處，竹竿扶豎大紅玫瑰一棵，高可五六尺，乃現任女皇伊利沙白御賜，以紀念一九五三年加冕大慶。又有大蘋果樹，高二三十尺，枝葉婆娑，蓋如傘，果淡黃，將倒，以圓鐵柱五枝架撐。可知其年代的久遠。另一冬青喬木，蓋亦如傘，徑濶達三四十尺，堪稱奇觀。

莎翁係家中長子，在八個姊妹兄弟中則排行第三。他和兩姊兩妹，和三個弟弟都在這裏生長。過着快樂幸福的童年。十三歲時，家道中落，他不得不輟學謀生，始識人生艱苦。不久他到倫敦，雖然回鄉結婚，生子，但甚少家居，直至一六一〇年四十六歲，他才退休還里。他有兩女一子，但兒子早夭。長女傳至獨女伊利沙白，不育。次女生三子，均早卒，無後，莎翁嗣絕。這祖宅傳與莎翁大姊瓊安的後裔哈爾德氏，至一八〇六年，售與 Thomas Court，價一百二十英磅。做商店的一邊曾開設旅舍，擺過肉攤，旅舍招牌，至今仍存。一八四七年，業主又宣告拍賣，四處標貼，特別張揚是劇聖出生的名勝，冀獲高價。在此以前，許多人曾提議購買莎翁和有關親屬的遺物，由公家保管。至此輿論譁然，咸認爲劇聖的出生地不應流入市儈之手，促有關當局從速籌款購買。倫敦泰晤士報還登了一則消息，隱約報道有些美國人要標高價購買這房子，全部搬到美國去陳列。這更刺激高傲自尊的英國人，所以馬上組織莎翁生地管理委員會，設法收購。拍賣是在倫敦舉行，底價一千五百根尼（一千六百餘磅），後愈標愈高，委員會卒以三千英磅標得。時爲一八四七年九月十六日。

（二）外祖家農莊（Mary Arden's House） 這是莎翁母親瑪利・歐爾敦的娘家，在鎮北三英里外的郊區，是一幢農家平房。圍牆和房牆下截都用石砌，上邊則係木條建造。前面看去還整齊，後邊的建築就很不規則。毛草舖蓋的房頂，凸出的簷牕，和宅後的牛欄，馬廐，草房，以及各種陳舊的農具，都使人興起懷古之想。屋內家具比莎家所陳，更古舊，更拙笨。寬敞的廚房兼餐室，長方木桌，長板凳，高背坐椅，濶大的壁爐，和壁爐架上的徑長尺餘的餐盤，一望而知是富農的家庭。

農莊房舍前後都有大院，前院雜樹時花，常春藤與扶牆月季，青翠明麗，充滿田野生氣。後院一片草原，疏落點綴着幾棵果木，尤爲壯觀。歐爾敦是當時的平民大戶，子孫世代繼承祖業，安居莊上，直至一九三〇年，纔由管理委員會收購，改爲莎翁紀念陳列所之一。

（三）岳家草廬（Anne Hathaway's Cottage） 這棟精緻的西郊「草廬」，係莎翁妻子安尼何達魏的娘家，離斯託拉佛鎮約一里。安尼出身富農，亦係平民巨族。這帶有神秘性與羅曼蒂克的精舍，正足表示主人高貴的身份。其所以稱爲「草廬」，（或可譯爲粗陋小房屋）大都緣於房上茸密的草頂。房分大小二座，大的兩煙囱，小的一煙囱。牆壁是用磚、石，木條建造。格子窗，彎彎曲曲的草簷，別具風味。爬得半牆的茉莉和香豆，院前院後如錦似綉的四季時花，姹紫嫣紅，一球球的藤蘿，一株株的古柏蒼松，爭碧競翠，更是光輝奪目，鮮艷迷人。

草廬內房舍寬敞。一部份建築係十五世紀時式，棟樑均係彎曲不直的椽木，牆架用木條，其餘用小木條編織，塗以膠泥。較新的一部份牆壁則用磚、石砌成。這裏的家具，雖亦係農莊日常所需，但較歐爾敦農莊精緻排場。臥室裏有一張帶頂的木床，像我國古老的床一樣，床壁有櫃有抽屜，可放衣物。廚房內陳列的瓷器，頗爲精美，最特別的是火爐旁靠牆用磚砌成的烤爐，爐口用大木栓封閉，可以開關。客廳寬濶高朗，地下鋪石，大壁爐，大木架，木橱，桌椅也極笨重。爐架上各式牛奶瓶罐，也很詭奇別緻。出色的是那張高背長椅，傳說中著名的「求愛椅」，寬四五尺，高七八尺，背高也超過人身一倍。年青的莎士比亞，必然曾經無限次數和安尼坐在這張長椅上談情。相傳他向安尼求婚，就在這客廳，這張椅子上。但惜他們結婚後並無愛情幸福。或謂婚姻也是勉强的，基於莎翁的責任心，爲着安尼身懷六甲，不能不結婚而已。婚後雖也生男育女，然同床異夢，冷若冰霜。這是劇聖一生的大不幸。

這幢精舍附近一帶田園，農舍數楹，也是屬於何家的，歷世子孫繼承。一八九二年爲莎翁地管會收購，改爲公共陳列所。

(四)「新居」大厦頹址 (New Place)　這是莎翁晚年退休之所。莎士比亞十三歲開始出外謀生。初到倫敦，不過在戲院門口爲人看馬。後來參加戲班爲演員，漸漸學習編劇，又投資經營戲院，成功致富。一五九七年，回到斯託拉佛鎭，用六十英磅購買老鎭上傑浦街一棟著名高級花園住宅。大厦原爲貴紳柯羅頓物業，一四八二年興建。柯氏曾爲倫敦市長，上述愛梵河上的柯羅頓石橋，便是紀念他的。莎翁買轉的時候，雖已超過百年，仍係鎭上衆所讚羡的華厦。匀稱的紅磚赤瓦，砌成形式不一的人字樣房頂和高低不齊的突聳煙囪。十字石徑的花園，分爲四個丁方花圃，再隔成各式花畦數十方，簇種名花異草，紅、黃、白、紫，爭相怒放，清香艷麗。室內廳堂，舒適雅潔，一切陳設用具，亦係文藝復興時代伊利沙白王朝時尙。莎翁移家新居，自己仍常留倫敦。至一六一〇年，始摒棄一切，回鄉休養，樂敍天倫。其時幼子漢默德早已夭折，長女蘇珊納已嫁，只次女珠德絲和妻子安尼，和他住在這棟大厦裏。但僅六年，他便去世。在鄉居的六年中，他仍繼續替他的劇團編劇，完成最後三個劇本，即「冬天的故事」，「暴風雨」，和「亨利第八」。他也經常到倫敦，或訪友，或協助劇團演出。他又在倫敦和本鄉購置地皮房產，生活至爲優裕。一六一六年春，劇作家班章孫等幾個老友來訪，莎翁在「新居」大厦張筵歡迎，飲酒作樂，隨卽發燒臥病。四月二十三日，便與世長辭。這日子恰是他的生辰，享年五十二歲。

莎翁遺囑，財產除一部份給與遺孀養老，一千磅給次女夫婦（次女在莎翁逝前不久結婚，但莎翁不喜其夫），另少許贈送親友外，全部傳與長女蘇珊納和她的丈夫賀爾醫生。蘇珊納夫婦和寡母同居於大廈，奉養終老。當時他們已有一女，莎翁原望他們生一男孩，承繼莎家煙火。惜他們並未再生兒女，獨女伊利沙白雖一嫁再嫁，終乏子嗣。伊利沙白死後，「新居」數度易主。一七五九年落在神父 Reverend Francis Gastrell 手上，後因遊客太多，不勝其煩，予以拆毀，並砍了莎翁親手種的大桑樹。現在「新居」的頽址仍照樣保存，用極矮的石牆圍着，從街上一望可見。地基藍圖，基石，以及房屋的大分隔，還歷歷可覩。地基旁庭院部份，管理委員會特仿十六世紀繁複式花園的風格，（有如上文所述）重修一個伊利沙白王朝的時尚花園，使人置身其間，彷彿如與劇聖同遊。這一帶景致，加上毗連的莎翁外孫女婿家樓房的紅牆紅屋頂，以及不劃一的人字屋簷，高低不齊的煙囪，許多人認爲是斯託拉佛鎮上最迷人的勝景。

（五）外孫女婿家（Nash House）　莎翁的外孫女伊利沙白曾結婚兩次。前嫁律師聶施 Thomas Nash，後嫁貴族班納德。聶家住宅恰在莎翁的「新居」大廈隔壁，現在也屬於莎翁地管會，改作陳列館。參觀這棟樓房，猶如看見已拆的「新居」。樓下大廳堂、大餐室，敞濶的樓梯，紆廻曲折的走廊過道，氣派宏偉。樓上臥房，浮彫的木器，柔軟而沉重的窗帘，古色的彩畫玻璃，亦極華麗。陳列品中，有古代撒克遜和不列顛民族遺物，如陶器、彫刻等，有十六世紀鎮上市場稅簿，鎮議會一五六三年的會議記錄。還有鐫刻的百年前「新居」圖形，莎翁手植桑樹所製造的小巧紀念盒子。最動目的乃聶家的藍花瓷器餐具，全套原有五百六十二件，今僅存數件，但仍放射雅麗的光彩。

墻上滿掛大小畫像，多係歷代業主，不少是聶氏夫婦的，也有帝后王孫貴冑的遺容。好幾幅名伶葛力克夫婦的像，也懸掛於此。葛力克 David Garrick 的名字和「莎士比亞」很有關係。他是十八世紀最偉大的演員，兼任倫敦著名的 Drury Lane 戲院經理多年。他最崇拜莎翁，演莎劇時，忠於原劇臺詞，死後榮葬於西敏寺莎翁石像脚下。一七六九年，他發起舉辦莎翁紀念大慶典，盛極一時。現在陳列於聶宅的古物中，不少是大慶典的紀念品，如慶典的廣告、入場劵、秩序單，和葛太太的鞋子等。

走出聶宅側門便是「新居」頽址，頽址過去是那繁複式的十字花園。園旁小門通一大花園 Great Garden，亦與莎翁有關，現闢為公園。這是個廣濶通暢的好所在，有自然風味，和「新居」十字花園的人工藝術又不同。這裏有大草坪、翠堤、土墩、樹木多於花草。一土墩上，用磚砌圍一大桑樹。此樹甚有來歷。相傳神父 Gastrell 拆毀「新居」，連莎翁手植的桑樹也砍掉，有人取枝製造各種紀念品，如聶宅陳列的小盒。有人接枝移種，便是現在大花園的這一棵。一枝一枝形狀如傘，合成一把大傘，徑長可二三丈，甚是壯觀。園內有一排石像，名莎翁、劇仙、畫神三石像。莎翁居中，衣褲長而窄，穿披肩，坐石墩上，面斜向右，右手按石枕，右脚踏前，劇仙（Drama Muse）旁立於右，面向莎翁，左手抱七絃琴，持花冠，右手按琴。畫神（Painting Genius）在左，面外向，左手持畫板，右手指莎翁，作介紹狀，下邊刻字云：「他是一個人，總而言之，像他這樣，我不會再看到第二個。」(HE IS A MAN. TAKE HIM FOR ALL IN ALL, I SHALL NOT LOOK UPON HIS LIKE AGAIN)。

這三個石像係名彫刻家 Thomas Banks 傑作，原陳列於倫敦莎士比亞畫廊門前。後因畫廊經費無着，藝術品於一八〇五年公開拍賣。一八七一年石像爲 Charles Halte 等三人購得，捐贈本鎮。三像連臺長寬各九尺，移斯鎮後，因花園泥地，復建石臺高放。新臺高約六尺，寬丈餘。

（六）長女壻家園林 (Hall's Croft)　莎翁長女蘇珊納嫁當地名醫賀爾，卜居鎮南老鎮區，離「新居」大廈僅一條街。前面當街是一幢二層高樓，另有閣樓，也是大小人字形房頂，若干高聳的煙囪。但最出色的是宅後廣袤千尺，潛薈葱龍的園林。一八四七年爲莎翁地管會收購，一九五〇年重建，花園也重新設計，風格仍仿古式，用木柱木條架搭。裏面房屋寬大，走廊過道，都可放置桌椅，一切諒係照舊宅重修。家具亦均仿古，樸素笨重，偶飾浮彫。這裏原係賀爾醫師的診所。樓下佈置一間診室，內陳各種十七世紀的外科儀器、圓形銅製的藥杯、藥錘、天秤、以及病人的來信，蘇珊納母女的簽字條等。書房珍藏一六二三年出版的莎劇全集。當年印行五百本，今存一百七十二本，三本現存本鎮。此外是若干十七世紀的善本書籍，詩人德魏敦 Drayton 的畫像等。德魏敦是莎翁好友，莎翁死前便是和他與班章孫諸人飲酒作樂，過份熱鬧，因而致病的。書房右牆有小龕，內放莎翁木彫像，係希世珍藏。

此間大部份劃作莎翁戲劇節俱樂部，陳列品不少是有關莎劇演出的史料：有一七六九年葛力克主持的莎翁紀念大慶典時的化裝表演大遊行圖畫，掛在牆上，左懸葛力克畫像，右懸莎翁創辦的環球戲院圖；又有新舊莎翁紀念劇場照片，歷史劇的旗號，和若干莎劇早年在鎮上演出的記錄，其中最早的記錄是一七四六年公演的「奧瑟羅」。其他許多名人畫像與照片，如一九五〇年英皇喬治五世夫婦，和一九五七年女皇伊利沙白夫婦來此參觀時的攝影。

閣樓很大，可住若干僕婢。廚房也極寬敞。餐廳有門通花園，門前一塊大石板地，可容酒席十餘桌。此間俱樂部不僅供莎劇節職員辦公休憩，遊客亦可登記餐宿。

賀爾花園具貴人別墅的氣派。四周圈牆，用大磚鋪砌，高七八尺。大草坪，大石路，大石階；一排排的白楊，野桑雜種果樹，如桃蘋之類；一堆堆的奇花異草，高如樹木，芬芳鮮麗。中有亭臺、藤架、石靠椅等，椅背刻字：「在這裏讓我們消遣倏逝的時光」Here may we lose and neglect the creeping hours of time)。

（七）次女故居茶室（Judith Shakespeare's Tea Rooms） 莎翁一六八二年結婚，次年長女蘇珊納生，一五八五年又舉孿生男女一對，男名漢姆默德，女名珠德絲。漢姆默德十一歲夭折，莎翁哀慟異常。蘇珊納得父歡心，又嫁乘龍快婿，名醫賀爾，夫婦均蒙莎翁喜悅寵愛。至於珠德絲，雖然一直在家侍奉雙親，至莎翁死前不久纔結婚，莎翁對她却很冷落，也不喜歡她的丈夫 Quiney，每因小事責難，死後遺囑僅給他們一千磅，龐大的遺產都由蘇珊納繼承。寡母也是和長女同居終老。後來一家都和莎翁同葬聖三一禮拜堂聖壇下，獨缺珠德絲夫婦姓名。這或者是由於她死得較後，一六六二年逝世，比蘇珊納夫婦和女婿都後死十年二十年，沒有親友替她取得榮葬壇下的特權。但她在家庭的地位低落。是主要的原因，她曾生三子，長子取名莎士比亞，不滿週歲卽夭，其餘兩個亦早卒，丈夫又比她早死七年。她的晚年，一定是孤苦淒涼的。她有什麼遺物？在什麼地方呢？莎翁生地管理委員會一直沒有找到。現在鎮上大街轉角處，出現一家珠德絲茶室，或說是珠德絲的故居，或說是故居的遺址，誰能證明呢？大半是拿她的名來做生意罷。不過，有個地方紀念這位受歧視的女兒，無論如何是好的。筆者曾在這裏用午點。建築材料比莎翁各親屬的舊宅都好。兩層樓，加小閣。樓下餐廳，樓上茶座午點，整潔舒適。憑窗品咖啡，嘆人生命運，各有不同，雖同胞姊妹，亦有天淵之別。如莎翁二女。蘇珊納名利富貴，兼而有之，女兒又首嫁律師，後嫁貴族爲夫人，眞是一門鼎盛，飛黃騰達。珠德絲則伶仃孤苦，寂寂無聞。坐在以她爲名的茶室憑弔，不禁同情感慨系之！

（八）聖三一禮拜堂(Holy Trinity Church)　這是莎翁領洗和安葬的聖地，在鎮南愛梵河畔，興建於一千一百一十年，至一千四百餘年始竣工。十字形，長二百零二尺。前半段一百尺爲正堂(Nave)，寬六十八尺，高五十尺；後半段七十尺爲聖壇所（Chancel），寬廿八，高四十尺；中間三十尺爲橫廊（Crossing），左右叉出兩翼（Transepts），共寬九十四尺，上有六角尖塔，高一百八十三尺。正堂係敘會禮拜之所，一排排的黑色長椅，莊嚴肅穆。聖壇所乃經常祈禱崇拜之地，僅列兩排椅案，藉資跪拜。左右兩翼亦均設神壇，並有懺悔小室。

正堂裏尚存若干有關莎翁的遺物：一是莎翁嬰孩時領洗的石刻聖盆，高數尺，下六角脚，上盆狀，徑約尺餘；一是古舊的登記簿，上有莎翁領洗、安葬，及有關家屬的各項記錄；一是一六一一年印行的聖經；還有東南角的一處座位，相傳是當年莎翁的家族席。

莎翁的遺體是葬在聖壇所的神壇臺下，和他同葬壇下的有妻安尼，長女蘇珊納，婿賀爾醫師，孫婿聶施。壇臺上，在每個遺體的位置平放墓石，以爲誌別。壇臺右方窗下，設龕安放莎翁半身石像，高尺餘，漆深紅色，衣黑披肩，左手持羽毛筆，右手按紙，作書寫狀。龕兩旁豎圓柱，上方左右刻的兩個赤身嬰孩，中間幾個獸頭。龕下碑石碑文。照當年的常規，教友死後，都葬在聖堂外左右墳地。在莎翁以前，只有曾做倫敦市長的柯羅頓夫婦和他的姪兒葬在正堂東北角的聖母堂。莎翁一家能享特權，葬於聖壇臺下，固然因爲他是個大文豪，也是由於他生前熱心教會，慷慨捐獻的緣故。他每年奉獻聖堂五百英磅，比購買「新居」大厦的六十磅多出八倍，可見此款在當年的價值。

莎翁以前，也曾有人暫葬壇下的，但不久便被掘出，送到堆骨房裏。莎翁童年必定見過挖骨的可怕，不禁遐想到自己的骸骨或將遭遇同樣的命運，所以死前寫下四行遺言：

『好朋友，看在耶穌的面上，
請勿將這裏的泥土掘起；
祝福他，給這些石塊留情，

咒詛他，把我的骸骨移走。』

這遺言刻在他的墓碑上。他的骸骨至今還安眠壇下。偉大的劇聖！放心長眠罷！千秋萬代，人們只會到你的墳前膜拜，什麼鋤頭能够侵犯你的遺骸？

三一聖堂各部份雖然在不同的時代完成，但所有的圓拱，無論門、窗、廊道、神壇、聖櫃，都是上拱略尖，成細窄的橢圓形，使人有清高之感。其表現在彩畫玻璃窗上者，尤爲顯著。聖堂內共有彩窗五十六。每窗六塊玻璃，分上下兩格，每格高約一丈，上飾彩畫，大都係聖經人物故事。其中有一個靠近莎翁石像的「美國窗」，是一八九五年美國人贈與莎翁禮拜堂的。玻璃上的彩畫是用聖經上的故事表現莎翁的名言：「人的七個階段」。（「隨你所喜歡」喜劇，憂鬱先生嘆息「全世界不過是一個舞臺」，接着說出人生由嬰兒以至老死的七個階段。）由下格左邊一塊起，每塊玻璃的彩畫代表人生一個階段，上格右邊最後一塊則合畫第六第七兩個階段。

每年四月廿三日莎翁誕辰，鎮上到處高豎旗幟，全鎮參加慶祝，莎翁的崇拜者，四方前來朝聖。文人墨客，王親貴胄，各界代表，各國使節，絡繹於途，先在莎翁祖宅儕集，然後排成行列，樂隊、憲兵隊儀仗在前，民衆在後，或携花、或揮旗，作花隊大遊行，然後到聖三一禮拜堂，在莎翁墳前獻花致敬。

聖三一禮拜堂確是一個美麗的勝景。大院前石板道旁，兩行狀似檸檬的芸香樹，每行十二株，左一行代表以色列十二大族，右一行代表耶穌的十二門徒，中缺一株，表示出賣老師的猶大，不配並列。左右院是墳場，各種各式的石碑，有如天使行列。後園草木蒼翠，古樹參天。那百餘尺高塔，巍峩矗立，遐邇可見。從「歡迎山」望下來，有如一朶空谷幽蘭；從愛梵河對岸看過去，又恰似大船一艘；河光塔影，自然成畫。每日晨昏，或聖餐崇拜之時，塔上十座大鐘輪流發出的清響，尤其扣人心弦，彷彿救世主的靈韻和劇聖的詩篇，凌空合奏，廻旋於平波幽徑之上。此間有神、有聖、有詩、有歌、有畫。

（九）莎士比亞紀念劇場（Shakespeare Memorial Theatre）　從聖三一向東沿河而上，是莎士比亞紀念劇場。兩處後園毗連，步行約五分鐘可達。劇場的後園還有露天音樂臺，供夏夜音樂演奏演唱，亦可演戲。此間前後有過兩個劇場。舊劇場興建於一八七九年，一九二六年三月六日遭火焚燬。現在的劇場是一九三二年重建的。遠在一八二〇年，就有人提議在鎮上建造一幢劇院，專演莎劇。這個夢卒於五十年後實現，工程達兩年之久，大半歸功於當地名流 **Edward Flower** 的努力和捐獻。從此便有所謂莎士比亞戲劇節 **Shakespeare Festival** 每年四月廿三日莎翁誕日起，在這劇場公演莎劇數齣。舊劇場的輪廓，從莎翁長女故居陳列的照片可以看到，是一座堂皇的古式高樓，圓頂，尖塔，復有高閣，突出四個尖塔，和聖三一的高塔，反映愛梵河上，無獨有偶。賀宅還陳列烈火焚燒時的攝影，令人感嘆太息。

舊劇場被火焚後，每年莎劇節仍照常舉辦，租借鎮上一個電影院公演。一九三二年在舊址重建新劇場，風格採現代式，藍圖爲女建築師 Elizabeth Scott 斧心傑作。建築費二十萬英磅，多半捐自美國。一九五〇年復加裝修，又耗資十萬磅。場內可容觀衆一千三百七十七人，座位一千三百〇一，站位七十六。樓下五百六十五個座位，樓上兩層廂座，前廂（Dress Circle）三百二十六位，後座(Balcony)四百一十位。舞臺面積，深四十一呎六吋，偶增幕外前臺時，達五十三呎，最濶處寬度一百二十呎。高頂（Stage root）離臺六十五呎。舞臺前框（Proscenium，卽兩邊幕拉盡時舞臺的空口）高二十一呎，寬三十呎。大公演時，幕前輒增設前臺，寬三十九呎，深十一呎六吋。十四人樂隊，原在此間演奏，前臺延伸後，樂隊隱身臺底，但裝有調音板，樂聲不受影響。

舞臺不設轉臺，只備活動輪臺兩架，高度和深度均十五呎，寬三十八呎，兩邊附釘十尺六寸活板，可隨時撐起。輪臺佈置場景，推至臺前，一場演完，卽向舞臺兩翼推出。次場佈景又可從地窖用升降機整套運上。地窖深三十呎，比愛梵河底還低十七呎。

但換景最快的方法還是利用吊景。把景片掛在舞臺上空（flies），用平衡錘對重升降。紀念劇場設有五十副對重繩索，懸在六十五呎高的鋼樑上，乘載着許多四十呎式的鋼鏞(總重量爲二十二噸)，景片逐幅掛繩索上，手拉一端，便可升降自如。景片降至半高時，又可用鋼軌接着，送放在適當的地方。

燈光管制也用最新的科學方法。電機房是利用觀客座上的一個包廂，統制一百四十四條電線。從這裏，工作人員都看見舞臺。並備雙重的電線板，可於每場上演時準備下一場的燈光。劇場內共有七十四個射光燈，都是從舞臺外射到臺上的。電力達一百九十瓩（kilowatts）。

演出時，舞臺管理，全用微音電話。一個電話機放在臺前音樂池後邊。導演預先把一切指導，詳細寫在劇本上。司電話的職員及時依次宣佈，聲音傳播到後臺、化裝室、電機室，指導音樂、燈光、效果，以及演員上場。人人留心靜聽，遵命進行，秩序井然。

另一個指導中心是在舞臺前框左角，叫做提詞角（Prompt Corner），是整個演出的樞紐。從這裏可以給演員提詞，指導動作。利用一塊電裝的暗號板，可向劇場十五個地方射出不同的色光，施放暗示。導演也可以在這裏用微音電話式擴聲器向電機房和化裝室各處發號施令。附近又置留聲機；預錄的效果、音樂、音響，均從此發出。舞臺一切電動機器，例如電動幕的啓閉，總制也是放在這個角落。

舞臺後邊上一層是大小化裝室、盥洗室、衣橱，和重要職員的臨時辦公室；下一層是各種貯物室；本屆演出應用的佈景、服裝、導具，都放置此地。另一大廳堂，供排戲、開會、演講之用。每年演出的佈景、服裝、道具，都是在鎮上幾處工作室製造，經年準備。工作人員，計司製佈景和道具的十八人，司製服裝的六至三十人，舞臺工人十四名。

劇場門面簡樸而軒昂，大碼路；大停車場，玻璃大門，高朗的落地窗，前廳和兩邊走廊都很寬敞。有公共餐廳、茶室，另辦公廳和會客室數間。筆者參觀時，適值莎士比亞戲劇節百年紀念，舉辦莎劇圖畫展覽。樓上樓下走廊，各處通道、梯道、廳堂，都陳列或懸掛莎劇名伶畫像照片、劇照、舞臺設計、模型、服裝設計等，琳琅滿目，美不勝收。

劇場管理，由董事會主持，指派專任總經理，每年從各方延聘名導演、名演員、舞臺藝術家，組織演出公司，用營業方式，公演莎劇五六齣。通常是二月開始排戲，四月廿三日正式公演。一九二五年曾由英皇喬治五世諭准，列爲非謀利的合作組織。但也不向任何方面募捐分文，一切經費，來自票房。支出浩大，經營非易，待遇極爲低微。大明星如 Olivier, Gielgud, Vivien Leigh 諸人，往往犧牲電影不拍，西倫敦的戲不演，前來參加莎氏戲劇節演出，無非是熱愛莎翁劇作。從前舊劇場時代，每年只公演數星期。近年延長至三十三星期，每屆觀衆總數達三十五萬。在鎭上結束後，還常到各地巡迴演出，甚至出國獻演，曾到過十三個國家。爲着方便遠道觀衆，戲碼每日輪換演出，每輪亦必有兩三次日場。遊客只須在鎭上停留數日，便可全部看完。或僅以一日的時間，參加倫敦的遊覽車，上午八時出發，中途順路參觀牛津大學，再到莎翁故鄉遊覽各處名勝，中午可在珠德絲茶室用餐，下午觀劇，戲票早由遊覽公司預購，至五時許離鎭，返回倫敦。

（十）莎翁紀念圖書館、畫廊、與陳列室　這些都在一棟樓房裏，附屬於劇場，也是一九二六年大火後舊劇場燒剩的一部份，位於新劇場西北角，西街。樓下是圖書館，樓上畫廊與陳列室，每星期定時開放，不收門票。圖書館珍藏莎劇最早的版本：一六二三年、一六三二年、一六六四年、一六八五年出版的對摺大本莎翁全集，稍後的四開本，各時代英美編註的莎劇善本。各方捐贈，書目每年增加。

陳列室多係莎劇名演員在舞臺上用過的遺物：有一七六九年斯託拉佛鎮長送給名演員 Garrick 的一付手套，相傳原是莎翁遺物；有莎翁紀念大慶典的入場劵、粉紙，上印莎翁像，印刷甚佳，葛力克的弟弟喬治簽名其上；有名演員 Irving 一八七四年，和 Kemble 一八九〇年演出「王子復仇記」時所舉的骷髏頭， Benson 演「李査三世」時所戴的飾物，又有 Irving 演「威尼斯商人」夏勒克時所用的天枰和其他道具。還有二十幾尊大小彫像——銅鑄、木刻、石膠、大理石刻——，大都是莎翁本人像，莎劇名演員像，以及莎劇中人物像。其中有一尊刻的是十九世紀意大利演員羅斯 Rossi，他也是在本國演莎劇著名。

陳列室的一角有卞生紀念窗 Benson Memorial Windows. 特爲紀念曾任莎翁紀念劇場總經理的名演員 Frank Benson (1858–1939)。卞氏是牛津人，學問廣博，藝術淵深，自一八八六年起，主持舊劇場，達二十年之久，訓練演員，組織公司，每年在斯鎮演出後，復往各地巡廻演出，使莎翁戲劇深入民間。因他對劇壇有功，一九一六年，英皇喬治五世在莎翁逝世三百週年紀念大會上，授以爵位。英國伶人蒙皇家授爵的，卞生之外，前有阿爾芬 Henry Irving，受封於一八九五年，後有奧烈佛 Laurence Oliver，受封於一九四七年。「卞生窗」沒龕，凸出，上有卞生半身銅像。這一角所陳列的畫多係近兩世紀作品。兩邊彩畫玻璃共三十幅，一邊十八幅，一邊十二幅，都是畫的莎劇人物，鮮麗奪目。

畫廊在二樓正廳，名畫一百四十幅，連上述的刻像共一百六十一件。有一部份是買的，但大多數爲各方所捐贈，另一部份是由以前的倫敦莎翁畫廊移來。畫分三類：第一類是莎翁本人的畫像，計十六幅；第二類是各種小型畫像，九幅；第三類是莎劇演員，劇中人，或某場演出眞像，共一百十五幅。

莎翁的畫像，我們常見的有兩幅，一是聖三一禮拜堂裏的半身像，一是一六二三初版莎劇全集採印的 Droeshout 畫像，白領、黑髮、鬚髭。二者當係莎翁眞面目。其他的許多畫像，各種形狀不同，可分四類：㈠十七世紀畫家作品，這些雖然有許多並未表現莎翁眞像，但仍存有人們對莎翁的觀感。㈡紀念畫像，根據一些認爲係莎氏原像的作品描畫，但眞假並未考究。㈢舊僞作。㈣新僞作。現陳列廊上的多屬第二類，十七十八世紀作品，都是油畫，畫在板上、帆布上，或銅板上。有很小的，長寬僅呎餘，有大至五十呎的。其中有兩幅，頗具介紹價值。

①理想的莎士比亞　半身帆布油畫，長五十二呎，寬三十五呎半，乃瑞士女畫家安娜·何富曼 Kauffmann (1741-1807) 傑作。畫裏的莎翁，狀貌完全根據想像，不似原像。神彩裝束均極英俊文雅，鵝蛋臉，下顆極尖，大眼，高鼻，淺櫻色綣髮和髭鬚，粉紅綢絲頂領，寶藍緊身上衣。畫像是在橢圓形的框裏，框外朱紅幃幔，框下又有小畫像；一粉紅長衣女子在神壇前獻祭，背景則係大自然的青山綠水，翠樹，彩霞。左邊地下放一喜劇面具，右邊疊放紅綠色書兩巨冊，上放金屬杯一盞。顏色都極鮮艷富麗，把莎翁畫成一個王孫公子。

②莎翁在寫作　帆布油畫，長五十呎，寬四十呎，十九世紀美國畫家何爾作品 (G. Henry

Hall）。畫的是莎翁坐書桌前，頭向左，仰望，手持筆，襆紅緊身上衣、黑髮，面有髭鬚。何爾是勤苦自勵奮鬭成功的，原以畫花木著名，尤其長於描畫莎劇中的菓木花草。這一幅是由作者於一九〇一年親自贈送畫廊的。

九幅小型畫像，大都是各國男女演員的眞容，或平常裝束，或演劇時戲裝。其中兩幅是畫的名伶葛力克，兩幅是畫的女伶施敦斯太太（Siddons）。

畫施太太的，一幅是長白衣裙，綣髮垂肩；另一幅是斜面黑畫像，像旁還置放她扮演麥克佩斯夫人時穿的高跟綉鞋和上邊綴織的薄金小圓球。施太太娘家姓金普 Kemble，一門三代，出名演員十數人。她是其中的姣姣者。

第三類的畫最多最有趣，是畫廊的主要部份。這裏又可分三類：一是有關莎翁的，約二十幅；一是莎劇演員的，約十餘人；一是莎劇人物與演出眞像，取材於莎劇廿餘齣；此外還有幾幅是與莎翁或莎劇有關的名人。有關莎翁的都很有意義：一幅「嬰孩莎士比亞——自然，愛情，與熱誠，侍奉左右」，是一幅帆布油畫，長廿四呎，寬十八呎半，爲十八世紀著名史畫家 Romney 作品。一幅「天下不朽之光」，也是帆布油畫，長四十一呎，寬廿八呎，十九世紀美國畫家 Nast 作品，是莎翁半身像，背景爲莎翁祖宅室內，有祥光射在莎翁頭上，悲劇喜劇兩幽靈向他膜拜。另一幅畫的莎翁坐在莎劇一羣人物中，是皮革油畫，長八十四呎，寬廿一呎餘，爲十八世紀英人 Smirke 所畫。最動目的是一套十三幅的水彩畫，描寫莎翁一生，每幅廿三呎長，十三呎寬，十八世紀英人 Carter 所畫，從莎翁受洗，路逢劇人，遊獵，離鄉，班章孫倫敦造訪，御前演戲，御前讀劇（「溫莎的歡樂娘兒們」），退休還里，「新居」宴友，而至最後一息。

莎劇演員的畫像，最多是葛力克，凡五幅。其他如阿爾芬、卞生，各一二幅。有兩位女伶，在這裏應予特別介紹。一是泰麗（Ellen Terry 1848–1928），一是施敦斯太太（Siddons 1755–1831）。二人都出身名伶家庭。泰麗是十九世紀末頁英國最優秀，最成功，最受人歡迎的女演員。他和大演員阿爾芬合作演劇達數十年，從莎劇演至現代劇，如裴雷和蕭伯納的劇作，扮演無數女角。莎翁劇中女角，她幾乎全都扮演過，堪稱劇壇巨星。她的父母姊妹兄弟，以至族兄弟，和女兒，都是演員；她的兒子 Gordon Craig 是二十世紀最有權威的舞臺設計者。泰麗的畫像，在許多畫廊都可以看到。莎翁畫廊收集了三件，兩幅畫像，一尊石像。

施敦斯太太娘家金普氏（Kemble），上文已經提過。十九世紀初頁的金普氏和末頁的泰麗氏在舞臺的聲譽，是前後比美，遙遙相對的。也許金普氏還勝於泰麗氏。金普氏頭一個伶人是施太太的父親，他和女伶結婚，生十二個兒女，組織劇團；施太太居長，又嫁伶人，兒子也繼父母之業。一家之中，兄弟姊妹、姪兒、外甥、妯娌、姻親，伶人達數十名。其中最著名的是施太太，及其大弟約翰非列，三弟查理，姪女芬尼。施太太長於扮演悲劇，被認爲最偉大的悲劇女伶。莎翁畫廊收集好幾幅她和她三個兄弟的畫像。另有兩幅著名的卞沙寧皇后受審（卽亨利八世的首任皇后），畫的是金普氏家族演出「亨利八世」第二幕第四場的場面。第一幅，帆布油畫，長三十六尺，寬三十三尺，圖大，人物小，不惟描畫舞臺上演員，連前排的觀衆也畫進去，內有施太太介弟查理及其女芬尼的畫像。第二幅也是帆布油畫長四十一呎，寬三十一呎半，十八世紀英國大畫家（Harlow）作品。這裏全畫舞臺人物，但並非表現那些演員在某一次演出這場大審判的實情。而是作者僅爲表現金普伶人家族，盡量把金普氏諸伶畫進舞臺。畫題不叫卡沙寧受審，而命題「金普家庭」。舞臺上最顯著的是施太太，飾皇后，金冠、藍袍、鑲金邊，站在臺前，理直氣壯，慷慨陳詞。扮演皇帝的是她的二弟司提芬，演主教的是大弟約翰非烈。三弟查理飾柯姆魏爾，姪女芬尼飾侍僮。畫面顏色金碧輝煌，十足宮廷氣派，人物也活潑生動，栩栩如生。

有關莎劇某場演出的畫，出色的很多，這裏略予介紹三幅。一幅是十八世紀德國畫家，Fuseli 畫的「麥克佩斯」悲劇裏的三個女巫（The Three Witches），帆布油畫，長三十五呎半，寬廿九呎半。三女巫側身平排只露頭部和伸出的三隻左手，作飛行狀。頭戴風帽，眼睛向前直看，舌頭吐出口外，直垂過顋，相貌表情，一色無異，怪奇神秘，印象極深。另一幅是十九世紀英國畫家 Smirke 畫的大丑角福斯託夫被溫德沙的娘兒們戲弄，化裝赴公園仙會的狀貌，帆布油彩畫，長三十呎半，寬廿一呎半。福斯託夫 Falstaff 是莎劇中最招笑的喜劇人物。他是英王亨利五世爲太子時的隨從，常引太子到茶樓酒家胡鬧，但由此也認識了不少閭閻之情。太子爲王後，改邪歸正，成爲英國史上少有的好皇帝，對福氏也一刀兩斷，不再理睬。福斯託夫這一角在莎翁的幾齣史劇都會出現。伊利沙白女皇特別欣賞他的天眞與詼諧，一次莎翁的劇團在宮庭演出「亨利四世」後，女皇覺得福斯特夫實在有趣，便令莎士比亞特別爲這位諧角編一齣戲，兩星期後到宮中上演。莎翁應命，於兩星期中趕編趕排了一齣「溫德沙歡樂的娘兒們」，寫福氏鄉居，一次想吃兩位鄉婦的豆腐，却被這兩個聰明喜樂的女子倒過來幾番捉弄他。這幅畫畫的是他被騙化裝獸形到公園橡膠下赴會，雪白的鬍子，大腹便便，頭上兩隻很長的鹿角，蹲在橡樹下，左右兩個村娘娘站在他後邊偸笑。畫面色彩幽美，神態逼眞，歡樂有趣。

第三巨幅是「暴風雨」劇中的一場，題「莫安德與卡拉班」(Miranda and Caliban)，也是帆布油畫，長六十五呎，寬四十八呎，爲十九世紀英國畫家 Ward 眞跡。「暴風雨」是寫一個被逐的公爵，在一個荒島上利用他廣博的學問，把自己製造一個大魔術家，呼雲喚雨，指使鬼怪禽獸。這一幅是畫的公爵的女兒莫安德一身白紗長袍，安坐在蒼茫的原野上，高貴純潔，飄逸如仙，在她的頭上還繞着半圈祥光。但出現於她面前的却是那個畸形的蠻奴卡拉班和活動在他如鷹隼的大翼下那一羣蛇蟲妖怪。她那白嫩的赤脚踏在一條蛇上，趾尖幾乎觸着一個骷髏。但她臉上毫無驚懼厭惡的表情，却泰然自若，不以爲意。畫家把美與醜描寫得那麼淋漓盡致，而又把這兩個世界安放得那麼接近融和。他認識宇宙，也了解莎翁的眞意。

（十一）莎翁紀念銅像 (The Gower Monument of Shakespeare)　這紀念銅像是在鎭前老柯頓石橋左邊的花園裏 (Bancroft Gardens)。愛梵河還有一灣曲水流過這裏，通到鎭上。數十步外便是莎翁紀念劇場。莎翁銅像高踞於二十餘呎的石臺上。銅像是眞人高矮，彎腰坐靠椅上，緊窄衣褲，短披肩，右手按膝，左手持卷，按椅背，面斜向左，兩眼直望，作沉思狀。石臺上圓下方，圓臺如菌，銅像底下斜坡處懸掛四個銅製冬青葉環。圓臺四邊刻字，註明銅像來歷與製造經過。下邊方臺，長寬各約十呎，四角突出，各懸銅像頭，張嘴含花球，扎以絲帶，亦均銅製。方臺下又一平臺，十三四呎丁方，高數吋。隔草坪四五呎處，另有四座銅像，也是眞人大小，分踞四邊約三尺高的石墩上。這四個銅像是莎翁劇本裏的著名人物，即漢姆萊脫（Hamlet），麥克佩斯夫人（Lady Macheth），福斯特夫（Falstaff），和亨利太子（Prince Hal，即其後的英皇亨利五世），分別象徵哲學、悲劇、喜劇，和歷史。漢姆萊脫帶短劍，坐着，左手捧骷髏頭，右手按額，俛首沉思。麥克佩斯夫人長巾披頭，長裙及地，露兩赤足，腰微彎向前，兩手互握，狀極剛强。福斯特夫大腹便便，坐石墩上，右手持杯，左手伸出一指，作譎笑狀。亨利太子短衣窄褲，挺立，兩手高舉皇冠，英俊而虔誠。

這羣銅像是高爾爵主（Lord Ronald Gower）的斧心傑作，一八八八年獻與劇聖故鄉的，在巴黎製作，歷十二年之久。其初是放在舊劇場花園內，一九三三年移至現址。遊客走過老柯頓橋到了鎮上，向左一望，便可看到。這裏全是寬廣的草坪，綴以花畦，不植樹木。晨昏之際，散步其間，或坐園中鐵椅上，研賞銅像，高山仰止，見賢思儕；遙望紀念劇場，倒影愛梵河平波之上，遊艇三五，白鵝成羣，確是個好所在！無怪劇聖晚年，摒棄倫敦市纏，囘到這裏來。

（十二）其他　莎翁故鄉還有幾個地方值得一提。一是鎮立小學，一是莎士比亞研究所，一是哈佛樓。鎮立小學和莎翁「新居」同在一條街上，只隔一橫巷，和工會聖堂（Guild Chapel）相連，佔據大半條街，全部古式，裏面的牆上還留存不少壁畫。相傳莎翁幼時乃就讀於此。聖堂高數十尺，建築於一二九一年，一四五〇年重建。學校則建於一四一六——一八年，係爲教育工會的會員而設。樓上課室，樓下爲工會集會遊樂之所。莎翁兒時必在這裏看過許多旅行劇團的演出。

和小學斜對面的莎士比亞研究所（Shakespeare Institute）是一座十八世紀式的二層磚房，原係女小說家柯瑞麗（Marie Corelli）家的祖宅，現屬於波明咸大學（University of Birmingham），劃作莎翁研究所，珍藏不少有關莎翁的書籍。

在這條街上還有一座哈佛樓（Harvard House），很有趣的把莎翁故鄉和美國聯起親來。這座樓房是十六世紀鎮上參事羅澤斯（Thomas Rogers）物業，建於一五九六年。羅氏的女兒卡沙寧嫁羅勃・哈佛，其次子約翰・哈佛便是美國著名的哈佛大學的創辦人。約翰・哈佛生於倫敦，後赴美，死後遺囑，將全部財產，捐獻建校。一九〇九年，女小說家柯瑞麗獻議芝加哥的一位摩理斯先生，購買此樓，捐贈哈佛大學，以爲紀念。現亦列爲陳列所之一，收一個先令的門票，供遊客參觀。

鎮上到處售賣莎翁紀念品和有關莎翁書籍。還有莎士比亞大飯店，劇場食堂、戲院、咖啡館，無一不盡量和莎翁取得關係，以招徠遊客。鎮上的繁榮，大半是沾莎翁的光。因爲世界上的旅客，凡到倫敦的，少有不來此一遊，尤其是莎劇演出季節，鎮上諸多旅店，更爲擁擠。鎮外鄰近不少古堡、故邸、行宮、別墅、矗立愛梵河畔，古風古色，明麗幽美，通稱莎士比亞鄉。

五三年四月，臺北。

莎士比亞時代的英格蘭

G.B. Harrison著
劉錫炳譯

倫敦

莎士比亞出生於華利克郡（Warwickshire）艾文河濱之斯特拉福鎮（Stratford-on-Avon），但是他成名於倫敦，當時的倫敦，與現在一樣，是英國的心臟。十六世紀末葉，倫敦的人口約爲二十萬，而當時其他英國城市的人口，很少超過一萬五千。中世紀留下來的古老的倫敦城，在當時尙圍以城牆；有些城門的名字，至今仍保留爲地下鐵道內城線的車站名稱——像奧爾德門（Aldgate）、主教門（Bishopsgate）、莫爾門（Moorgate）、赤楊門（Aldersgate）等。城東當泰晤士下游，矗立着倫敦塔（至今仍在），這是一個龐大的堡壘，保衛着倫敦以防來自海上的入侵。那時此塔也是一所皇宮（不過君王已不住此處）；又是一所監獄，用來專門關忤逆君王的人們；同時也是國內主要的兵工廠。在西區，倫敦城從拉德門（Ludgate）進入，不過城的界限還要向西延伸至廟門（Temple Bar），這裏卽艦隊街（Fleet Street）與河濱路（the Strand）的交滙處。

再向西，沿河上行二哩，卽威敏斯特皇城（Royal City of Westminster）。城中有白廳宮（Palace

of Whitehall），爲女王主要居住地；有聖彼得大教堂（現稱威敏寺），歷代君主加冕於此，很多並葬於此；有國會議事廳及威敏斯特廳，女王的法庭在此審理民事案件。威敏斯特城與倫敦城不論在法律上或地理上，都分得十分清楚。威敏斯特（像華盛頓）是中央政府所在地；倫敦（像紐約）是工商業及財富中心。這兩個城由河濱路相連接，此路與泰晤士河平行，兩側有房屋。城北及更遠處，爲公園地或空曠的鄉野。

倫敦城有許多特權，對於這些特權，他們總是極小心地保衛着。國王未經邀請不得進城。雖然終莎士比亞一生，倫敦城與朝廷之間的關係都很友善，但是此城對於可能損及其特權的任何事情，都會迅速地表現其憎恨——這種態度大大地影響了演員及戲劇家的地位。城的本身很小，其面積小於一平方哩，而且其範圍是固定了的①。城北郊區發展得很快，不過這些區域是由中賽克斯郡（County of Middlesex）的地方長官而非市政府所管轄。

泰晤士河是主要的交通孔道，划艇的地位相當於現代的出租汽車。泰晤士河以南，係薩雷郡（Surrey）之南瓦克（Southwark）市的郊區，此市圍繞在倫敦橋的南端。倫敦橋爲泰晤士河上唯一的橋樑，因此在戰略上十分重要。此橋爲伊麗莎白時代英國的奇蹟之一，不過早在一二〇九年即已建成，橋基是用磚砌成的，在莎士比亞時代，橋基會經加大，橋上兩側有店舖，中央可以開合，橋墩阻擋了水流，因此在高潮與低潮時，橋空中水流的力量非常大，在一個橋墩的下面，安置着一隻水輪，用以推動本城的輾穀廠。

① 現在的倫敦城，是大倫敦廣大範圍內的一個具有高度特權的小小的孤點，在莎士比亞時代，四週的郊區不太大。

聖保羅大教堂

城中有許多教堂，以聖保羅大教堂——通稱「保羅堂」——最高。這是一座古老的哥德式的巨大建築，上面有一踞塔。這個教堂爲各階層的社交中心，每逢禮拜天上午八時，市長及市議員們正正堂堂地來聽講道，這個教堂裏的講道稱爲「保羅十字講道」，天氣許可時在露天舉行。講道是一件大事，因爲可以把重要的公民集合在一起，此外，政府常授意傳道者宣佈官方的消息或意見。例如一六〇一年二月十五日，約翰海華德博士（Dr. John Hayward）宣佈艾賽克斯（Essex）叛變事件的「官方說明」，兩個禮拜以後，威廉巴婁博士（Dr. William Barlow）宣佈艾賽克斯案的審理及判決。一六〇五年十一月十日，巴婁博士在同一講壇上第一次公開宣佈「火藥陰謀」的內情。

「火藥陰謀」（Gunpowder Plot）在莎士比亞的一生中是國內最轟動的事件。當詹姆士一世於一六〇三年入主英國時，天主教徒及清教徒皆期待着信教自由的限制可以放寬，但是他們很快就知道被騙了。於是有幾個不顧死活的天主教徒，密謀發動革命。他們在國會議事廳下面租了一間地下室，貯積了大量的火藥，預備在國會揭幕日國王向國會發表演說時引爆。假使這一計劃成功，就會把政府裏的行政人員一網打盡——包括國王、威爾士親王、所有的貴族、主教們、樞密院、以及許多重要的紳士。這項陰謀計在一六〇五年十一月五日國會正式揭幕日發動，在預定引爆時間前不足十二小時，這一陰謀才被發覺。英國歷史上很少有像這一事件更能引起普遍的恐懼與驚慌。巴費博士的這一次講道夠不上他自己的水準，因爲他自己也是應被爆炸的一份子，他還沒有從死裏逃生的驚恐中恢復過來。

除禮拜天外，聖保羅教堂是人們經常聚集的地方。失業的僕役們在那裏豎起牌子，寫着他們自己的資歷；律師們在那裏會見他們的訴訟委託人；職業僞誓者（以「不及格的騎士」〔"Knights of the post"〕見稱）在那裏提供僞證給不誠實的訴訟當事人，這些人需要一些證據來解決有疑問的案件；窮困之士在韓福瑞公爵(Duke Humphrey)的墓邊等候着一餐不花錢的飯；小偷們在鄉下人的身邊轉，準備在他們瞻仰墓地被喧鬧及忙亂所困擾而疏於防範時下手。戴克爾（Dekker）曾有一段訴苦的描述：

「有時，在同一行列中，脚踫脚，肘踫肘，你可以在人羣裏找到騎士、儍瓜、風流紳士、暴發戶、縉紳、小丑、船長、妓院老闆、律師、高利貸者、公民、破產者、學者、乞丐、醫師、白癡、惡棍、騙子、清敎徒、兇手、地位高的、地位低的、誠實的、小偷等等；幾乎一切行業的人都有，所有國家的人都有。」

倫敦城

倫敦城由市長及市參議會所統治，市長由市參議會每年就其組成分子中選出。市長是一項極重要的職位，因爲國家行政的順利推行，大半要靠倫敦公民的合作，而這種合作是經由代表公民的市長表現出來的。做倫敦市長是每一位富商的雄圖，但是這並不是一個好幹的差事，倫敦的市民是出名好暴亂的。例如，每年到了四旬節（又名封齋期），在禁屠一事上，都會發生麻煩。樞密院每年照例要下一次命令，規定在四旬節期間除供給殘疾者肉類外，一律禁屠；身體健康的教徒們祇許吃魚。

樞密院的動機並非着眼於宗教，而是着眼於經濟。希望藉此一方面鼓勵漁人，他方面保存家畜，政府又亟希望漁夫們進一步轉入海軍服務。因此，在四旬節期間，全城祇准許六家屠商賣肉，其餘的肉店以及餐旅館的主人，一律嚴禁售肉。這些法令的監督與控制，交托給最有利害關係的市場管理人員以及漁會的會員來執行。但是肉商們總是反抗，卽使受到嚴厲的懲罰也在所不惜。事實上，樞密院爲此事已傷透了腦筋，以致它每年所印出來的命令往往以下列這種悲觀的語句開始：「女王陛下在瞭解前此的，特別是上一個四旬節期間的，大混亂情形後，第一件感到愉快的事情就是……」。然而肉市場上的黑市非常興旺，不守規矩的女店主像魁克萊太太等，繼續在客人面前出售羊腿。

城內及市郊常發生騷擾事件，因爲總有一些不法的學徒，沒有主人而又無人負責的僕役，以及一些退職的軍人們，隨時爲一些鷄毛蒜皮的小事惹麻煩。那時還沒有正規的警察力量，郡司法官負責城內的秩序；城又分爲若干教區，每一教區，保安官代表法律，由更夫協助，更夫由負責的公民組成，夜間勉爲其難地輪班巡邏自己的教區。這些業餘的更夫，常遭一些放蕩不羈的年青紳士的嘲弄。眞的，他們的舉動有時是令人難以相信的愚蠢；但是他們的性情是無法預料的，有時會非常固執地誠實。在局勢危急時，受過訓練的民隊——國民兵的雛形——可以召集起來應變，因爲受訓當兵是每一個合格男子的責任。訓練並不繁重；每年夏至那天在邁爾區（Mile End）舉行校閱。

瘟疫

城裏許多麻煩的問題起於人口的過多。政治家們知道鄉村勞動力的不斷湧向城市，是一種不幸的現象，但是他們却不知道如何使這種現象停止。經常有法令制定不許在城內再建新屋，但是這些法令很容易規避。巨宅的主人們把房子一間間的隔起來出租，而未經佔據的地面上，隨處都集結着簡陋的茅舍。結果倫敦城遂深爲這些難駕馭的，骯髒的，住在貧民窟裏的人口所苦。黑死病時常發生。現在知道黑死病是生長在數不清的垃圾糞堆裏的老鼠身上的跳蚤所傳播的；在莎士比亞的時代，雖然也有少數較爲聰明的醫生認爲瘟疫與汚穢惡臭有關，但是大多數人都認爲這是上帝對於一個邪惡民族的震怒的率直表示。野狗曾被認爲是瘟疫的傳播者，因此每有傳染病發生，野狗遂被大量的消滅，結果老鼠繁殖的更快。在莎士比亞一生中，有兩次大瘟疫流行。一次在一五九二至九三年，死於瘟疫者超過二萬二千人，另一次是在一六〇三年——詹姆士即王位的那年——死於瘟疫者超過三萬人。在這十一年中間發生的兩次瘟疫，消滅了倫敦四分之一的人口。因此瘟疫一直爲市政當局所恐懼。

衞生狀況

當時的倫敦城骯髒得令人難以相信。大多數的房子，都已經非常破舊，且都緊密地建築在黑暗、狹窄、與不通風的小巷裏。除掉街道中央有排水溝外，別無排水系統。垃圾都往溝裏倒，直到下一次大雨才能把這些垃圾冲到大的溝渠裏去——如艦隊渠或莫爾渠等——而這些溝渠也就因其惡臭而聞名了。不過糞便却都收集在車裏，用駁船運入海中。

雖然如此，都鐸王朝時代的倫敦，在許多方面却是非常美麗的。當時沒有煤烟把建築統統染汚。很多房子一半是用木料造的；泰晤士河依舊清澈而明亮，沿岸都是貴族或富商的巨宅與花園。莎士比亞時代的倫敦，現在保留下來的很少了，因爲古老的倫敦城，在一六六六年的一次大火中，幾乎盡付之一炬。

鄉村生活

在鄉間，生活是純樸的。教區是地方的行政單位。村莊裏的主要人物是當地的鄉紳、教區牧師、及少數的富農。鄉紳是當地最富有的地主，有時卽任地方長官。其餘的村民往往生於斯、長於斯，終生難得去過離家廿哩的地方。鄉村裏的教堂及其周圍的墓地，爲當地社會生活的中心。禮拜天及聖日，在此做宗教崇拜，平日則做一切公共集會的場所。大多數人死後都葬於教堂的墓地；富人及其家屬常埋在教堂以內，墓上並常有大而精製的墓碑。教會裏的官員爲教區牧師及教會的執事。教區牧師之下有教堂司事協助；教會裏的執事們，負責教區內的行政事務，如收稅、修路、濟貧、以及維持教會的組織等。

英國的國教

那時，委派僧侶任「終生俸聖職」或「牧師」的權利，是一種可以買賣的私產。擁有這項權利的人稱為「聖職推薦人」(Pattern)，他有權把此職位授與任何合格的英國國教僧侶，而不必考慮會衆們的意向，且根本可以不與會衆磋商。「聖職推薦人」各階層均有——國王、教區主教、大學及學院以及平民。頒贈此職時，通常帶有一項從某種投資而來的收入，幾乎總是房地產的租金。教區牧師可以自由使用一棟房子及一塊土地，也可以抽取本區教民產物的什一稅。不過什一稅可從聖俸中分出，推薦聖職的人並可以把它出賣。莎士比亞自己就曾買過這種什一稅做為一項投資。②

教區牧師的特權很多，繁重的責任却很少。一旦被委派為「終生俸聖職」，就可以終生享受其收入，只有經過宗教法庭正式判定犯有重大道德上或教義上的罪名時，才能被解職。教區牧師通常是牛津或劍橋大學的畢業生，有時並是一個學者；不過就大體言，鄉村的教區牧師很少傑出之士。其實對他的要求也很小。他祇須在教堂裏領導最少限度的宗教儀式以及主持施洗、結婚、及喪葬等。每年有四個時機需要他講道，如果自己不會寫講稿，他可以去翻一翻「講道書」，裏頭已替他預備好了。一般牧師之所以低能，乃是因為教會工作安全而舒適，容易吸引那些懦弱而無雄心的人們，一五九七年某次攻擊買賣聖職的有趣的講道，就是很好的註脚，那次的講道人攻擊一些聖職推薦人把應頒的聖俸中的一部份據爲己有，他辯稱這種行爲會毀滅大學。他說人們之所以願意花錢上大學，因爲他們預期畢業之後可以獲得一項教區牧師的職位，每年有四十至五十鎊的收益。如果聖俸的價值降低了，大學的學位就不再是良好的投資了。

② 英國國教所用的僧侶的稱謂，有時會引起混淆。一個僧侶（minister）最初被任命爲見習「助祭」（deacon）服務一年後，授職「牧師」（priest），管理一切聖事。「教區長」（rector）爲掌管整個教區的牧師，享有一切特權，包括徵收什一稅。「教區牧師」（vicar）在教區長之下，亦負責一個教區，不過祇享有部分特權。"parson" 一詞兼指 "rector" 及 "vicar"（"parson" 一詞通常亦譯作「教區牧師」，從邏輯觀點講不妥，但如另造新詞，更易使讀者混淆，姑從俗亦譯作「教區牧師」——譯者）。「助理牧師」（curate）指負責一教區的任何牧師，但通常這一稱謂用來指 rector 的代理人。當時有一種常見的惡習，一個人掌管好幾個教區，付很少的錢給每一教區的「助理牧師」，使之執行教區內的宗教職務。

道　路

鄉村與鄉村間，鄉村與鄰近市鎮間的交通都很糟。路很壞。也曾有某種企圖想把路修好，但因爲各教區負責自己區內的道路，因此修路的情形就要看教區官吏的熱心如何了。不過除去農人用的二輪運貨馬車及少數富人乘的木質而無彈簧的四輪馬車外，很少用到有輪子的交通工具。交通多賴馱馬。旅客們或乘馬或步行。因爲交通艱難，所以附近市鎮每週一次的市集，以及較大城市每年一度的博覽會，就變成了各種貨物的重要交換處了。

家庭生活

在這種客觀條件之下，人們很少遠離自己的家。因而家庭生活很强，大家庭裏的父親是重要人物。女人們很少有自己法律上的權利。結過婚的女人沒有自己的財產，女人一經結婚，其財產就轉入丈夫的手中了。結果是未婚又有錢的女人，可以任意挑選丈夫，而沒有一個會獨身過得很久。

醜聞及詐欺情形很普通。法律規定只要男女當事人在證人面前同意彼此爲夫妻，婚約即告完成。這種婚約既不註册，亦無官方的記錄，不過任何一方都可以主張履行該項契約以及其中所含的義務。當事人一方如再與他人結婚，是項婚姻即歸無效。如有爭議即訴諸法庭，當事人各舉證人，由法庭來決定。在教堂裏結婚是一種適當的傳統的形式，並且較有保障，因爲是在許多證人面前公開舉行的儀式，並且由教區牧師記入教區的記錄中。不過許多人認爲普通婚約具有同等的拘束力，很多這樣的婚約甚至沒有教會裏的祝福。

由於結婚形式太容易，遂發生許多詐欺事件。誘陷當事人一方在一些不道德的證人面前做某種的陳述，而解釋爲一種婚約，並不是太困難的事。富有的婦女們最易成爲犧牲者，因此她們很自然地要儘快找到一位合法的保護者，以免受欺。

伊麗莎白時代，寡婦再醮之快是出名的。在「一百個有趣的故事」中，有一故事講到一個女的，丈夫死後留給她很多財產。一位年青的紳士認爲她是合意的配偶，但是爲獲得較佳的感情，他等候她死去的丈夫舉行葬禮再進行。那天她在禱告的時候，他也跪下去，跪在她身邊，用耳語問她是否願意嫁給他，女的說她很抱歉，已經有人先約定了。不過在這個故事中，這個女人沒有遵守正常的禮節，當時認爲丈夫的屍首在家裏時不宜接受求婚。

在理論上，並且通常在實際上，父親是家庭裏最高的首腦。有權處置女兒的婚姻。眞的，長輩們常在一起磋商子女間的婚事。如果子女們的願望與家長們一致，自然也會使年青人獲得最大的滿足；不過結婚的目的既在於增加家庭的財產，與生育子女以延長家聲，那麼年青妻子最重要的條件，就是能生育健康的子女，並且「口中銜有肉」（卽嫁奩甚豐之意）。

因此父親與子女之間的關係沒有太多的感情。雖然有的婚姻也很幸福，但在實際生活中，自由戀愛是不受鼓勵的。兒子稱父母爲「大人」、「夫人」，對父母表現出於形式的尊敬。母子間的感情也不太濃。沒有一位伊麗莎白時代的詩人曾經歌頌過他親愛的母親。成功的母親統治着兒子們，兒子們服從她。潑婦的故事很多，所以很明顯地，母親常是家庭裏眞正的統治者。婦女決不是奴隸，在家裏她們實際上是優越的，並且形成她們自己的互濟會。男人們工作，有他們自己外面的社團。

女王

正如父親在理論上是家庭中的首腦一樣，女王是國家的首腦。在國家內，每一個人在整個的模式(Pattern)內，都有其適當的位置。孩子們仰賴父親，僕人們仰賴主人，主人們仰賴貴族，貴族仰賴君主。君主直接受上帝的領導。伊麗莎白女王特別強調此點，常常斷言她祗對上帝負責，而她自己也眞的相信上帝一直在親自照顧着她的福祉。在某項布告中，她以下列的語句開始：

「事實已明顯地擺在世人面前，從朕即位伊始這許多年來，朕的國度在四鄰諸國紛爭擾攘之間，特別蒙受上帝的恩寵，得其眷顧。尤其對於朕躬特加保護。在全能上帝之下，朕身爲最高統治者……」。

女王爲上帝代理者並具有半神性的觀念，更爲精心設計的朝儀所加强。一五九八年有一個德國人在英國，曾將某一禮拜天早晨伊麗莎白女王到她私人小教堂去的情況，作了如下的描述：

我們從宮內大臣(卽侍從長)處獲得一項命令，准許我們進入會客室。室內飾以華麗的繡帷，地板上照英國的風尙撒佈着乾草，女王通常經此進入教堂。門口站着一位紳士，穿天鵝絨衣服，佩有一金鍊，他的職務是介紹來服侍女王的有地位的人士。那天是禮拜天，通例出席的貴族最多。禮拜堂裏有坎特伯來大主教、倫敦主教、許多大臣、官吏、以及紳士。這些人都在等候女王駕臨。女王於祈禱的時間從她個人房間出來，伺候她的人們依次如下：最先走出的是紳士、男爵、伯爵、嘉德勳爵，皆服飾華麗而不戴帽子；再出來的是貴族院議長，手持紅絲袋盛着的大璽，左右各有一人，一人持王節（權杖），另一人持國劍，劍插在紅色劍鞘中，鞘上點綴着金色鳶尾花形紋章，尖端向上。隨後，女王出現。我們曾被告知女王爲六十五歲。異常莊嚴。面孔呈長橢圓形、美好、但有縐紋。鼻子稍鈎，薄唇，牙齒很黑（英國人由於用糖太多，似乎常有此缺點）。耳上有兩顆珍珠，垂飾極華麗。戴紅色假髮，頭上戴一頂小小的王冠，據說由著名的魯尼堡高原（Luneboug table）上產的黃金製成。胸部露出，這與所有英國婦女同，直到結婚爲止，戴一項圈，以極名貴之寶石製成。手很小，手指修長。身材不高不矮，儀態萬方。語氣溫和而有禮。那天她身着白絲質衣服，週邊飾以黃豆般大小的珍珠，外罩一件黑絲質的披風，間以銀質經緯線。衣裙後曳甚長，尾端由一侯爵夫人手持。頸上戴一長橢圓形由珍珠與寶石做成的項環。她一邊以這種莊嚴華麗的風采前進，一邊溫文爾雅地與人交談，一個又一個，或是外國使節，或是以各種理由參加的人。談話時她用英語、法語、或意大利語。女王除精通上述各語及希臘語與拉丁語外，尚精通西班牙語、蘇格蘭語、及荷蘭語。不管是誰同女王講話都要跪着講。她不時用手扶起幾個人。我們在那裏的時候，一位叫斯拉瓦塔（W. Slawata）的波希米亞的男爵有信呈交給她，她除下手套，伸出右手給他吻，手上的指環與寶石光華四射。這一舉動表示特殊的恩寵。她在前進中面孔轉向何處，該處每一個人都須跪下。宮眷們跟在她後面，都很漂亮，姿態儀容都很優美，大部着白衣。女王兩邊有男扈從，共五十名，手持鍍金的戰斧。我們是在教堂的前部大廳的隔壁，請願書在此向她呈遞，她以極文雅的態度接受，其間夾有「伊麗莎白女王萬歲！」的歡呼聲，她回答時說「我感謝你們，我的好子民」。（此段摘自華特羅雷爵士〔Sir Walter Raleigh〕所著的「莎士比亞時代的英國」）。

伊麗莎白女王並不是有名無實的領袖。就一位統治者或政府對一個國家隆替的關係言，十六世紀末葉英國之强大，全是她的功勞。那個時代稱爲伊麗莎白時代，眞是再恰當也沒有了。

女王是她子民大家庭中的家長；同樣地，她是諸君主（或統治者）大家庭中的一份子。君主們都是兄弟，是上帝特別挑選出來的，因此彼此受「王者行爲特別法典」的約束。伊麗莎白女王主張並且說，做國王的人其行爲必須像國王。當其他君主够不上她的標準時，她毫不遲疑地加以譴責。她特別對西班牙的菲力普二世及蘇格蘭的詹姆士六世感到不快；因爲菲力普忘記了他自己的身份，竟派刺客想謀殺她，而詹姆士六世未能使其子民維持一種良好的秩序。

宗　教

在這樣的社會觀念之下，產生了一種要求秩序的基本傾向。在較爲保守的份子中間，這種傾向更爲强烈，因爲英國人還沒有忘記薔薇戰爭那幾代中的混亂狀態。不論要付什麼代價，秩序必須保持。君主既然是人類社會中的最高人物，又是上帝在這個世界的代表，則反叛君主就是反叛上帝。這種信仰可以解釋何以宗教迫害被認爲是自然的而且是正當的。在理論上，國家的結構是以上帝的意志及命令——從聖經及神聖的教會組織中表現出來——爲基礎建立起來的；但是英國教會在法律上是在伊麗莎白女王之下建立起來的。英國教會代表一種妥協。英國在以前是一個天主教國家；到了亨利八世，因爲與他第一位皇后離婚的問題而與教皇發生爭吵，遂頒詔令以他自己爲英國教會的首腦。他並進一步採取措施加深了這種裂痕：他解散了所有的修道院及修女院，並將其巨大的財富分給自己的黨羽。

不過他沒有鼓勵教義上的改變，因此英國國教在教條上及習慣上，仍是天主教式的。一五四七年亨利八世死後，他的年幼的兒子愛德華六世的輔佐人們，開始做澈底的新教改革，連中世紀留下來的許多最好的英國宗教藝術作品都毀掉了。這位童子國王死於一五五三年，由其長姊瑪麗女王繼承王位。她是熱心而又忠實的天主教徒。她接受了教皇在宗教事務上有較高權威的說法，並與當時天主教君主中最有權勢西班牙王菲力普二世結婚。但是她對於舊教的熱心並不太成功，因爲她最富有的子民中，太多太多是從掠奪廟產而獲得暴利的，因此也就不願意吐出他們的掠奪物。瑪麗女王死於一五五八年，由其異母妹伊麗莎白女王入承大統。在二十五年中經過了三次新舊教的大波動之後，英國人準備妥協了。

伊麗莎白女王對宗教事務並不熱心，對於神學上的微妙理論，也不感興趣。她繼位伊始，英國教會卽再度脫離教皇而獨立，但仍保留着天主教的儀節及習慣。外國的訪客注意到，在外表上，英國國教會的儀節（至少倫敦如此）與歐洲大陸上的天主教十分相像，祇不過用英語而不用拉丁語而已。女王的這項妥協，爲大多數英國人所接受而未發生騷動。不過有不少的人私下同情舊教信仰；另一方面，熱心的清教徒們，渴望着更多的改革。天主教徒與清教徒雙方的極端份子，皆拒絕妥協。天主教徒希望恢復舊的秩序，使英國留在天主教歐洲的組織結構內。如果這樣，女王就得接受教皇至高無上的地位。有些狂熱份子，包括耶穌會（天主教中一派）的宣傳家巴遜斯神父（Father Parsons），甚至想引入外國軍隊及暗殺女王的方法，强迫解決此一爭端。

然而極端的清教徒却被認爲是國內更爲危險的份子，因爲他們所表示的，是最進步的民主的主張。他們宣稱，英國國教連同其主教及僧侶組織，都是違反基督教的；他們並建議依據聖經重新組織社會。其主張是每一個「會衆」選出若干長老，長老們組成當地的宗教會議及法庭。這些人再選出省級的宗教會議，最後並選出一個全國性的宗教會議。這個會議是一切事務的最高法庭，不管是政治的、宗教的、道德的、或社會的事務。未得國家宗教會議的同意，任何重大事件皆不得決定，女王如違背其願望，也將受其彈劾。實在的，清教徒們是「良心自由」的擁護者，但他們祇擁護自己的那一種良心自由。他們與任何其他宗派一樣，渴望着强制每一個人來順從他們的觀點。女王及其大臣們認爲這種觀點是危險的，帶有革命性的，故應加以壓制。

基督教在英國的這三個主要宗派雖然從表面上看來是由於對聖經解釋的不一致，實際上其政治地位與社會地位的差別，也一樣的大。想改革社會的人們，不拿經濟學家或政治學者的理論爲根據，却拿聖經來爲自己的主張辯護。因此人們必須在宗教上是虔誠的，任何人在任何時間都可能因其對宗教所表示的意見而遭遇到麻煩。對於神學論爭的興趣很濃。聽講道的人很熱心，聽過以後往往接着有神學上的激烈的爭辯。這一點可以從一位叫約翰曼寧漢（John Manningham）的律師所寫的日記中得到印證，他每個禮拜天要到教堂聽講道兩次，然後記其要點並加評論。其餘的六天，他主要的興趣是欣賞一些編輯人用一行星號標記出來的隨筆與笑話。

政府組織

直到那時，英國還沒有政黨組織。女王爲政府首腦，一切政務皆由其個人決定。伊麗莎白女王是一位睿敏、精力充沛、事業心重的女人，熟悉政府機能中的每一個細節。她的信件保留下來的數以百計，其內容涉及政府事務的每一部門。女王親自遴選各部大臣推行她自己的政策。他們都是宮廷官吏，組成她的樞密院。因此除藉叛變、謀殺、或挾制較弱的君主替他任命大臣等方法外，無法抗拒或推翻政府。君主可以解除大臣的職務，不過事實上伊麗莎白女王總是保持其主要的大臣，直至他們死去，唯一不忠於她或背棄她的樞機大臣，就是艾賽克斯伯爵，此人於一六〇一年二月二十五日執行死刑。

艾賽克斯伯爵

羅拔戴瓦魯，艾賽克斯伯爵（Robert Devereux, Earl of Essex）死前的十年間，是女王以下最受人注意的人物。此公生於一五六六年或六七年，最初是以他繼父來斯特大伯爵（Earl of Leicester）的被保護人身份入朝而受人注意。一五八八年來斯特死後，他開始走紅。他年青、聰明、雄心勃勃、具有羅曼蒂克（romantic）氣質、並表現出多采多姿的勇敢。很快就成了女王的寵臣。他參加過知名的葡萄牙航行（Portugal Voyage）的遠征，於一五九一年在名義上統率英軍，參加圍攻盧昂（Rouen）。年僅二十六歲時，即被任命爲樞機大臣。很快他就被認爲是滿腹牢騷的職業軍人與清教徒的自然的維護者。他最大的一次勝利是一五九六年的遠征加地斯（Cádiz 爲西班牙一海港）。

那次遠征，他與年老的海軍大臣查理霍華德爵士（Lord Charles Howard）共同指揮。那一役他的勇敢及俠義（chivalry）大大地出了名。但是他的俠義很快就墮落爲嫉妒的虛榮。其實他並非偉大的領袖，易爲人所左右，特別容易受奉承他的人的影響。此外，他設法在倫敦市民中博取人望，因而使女王不悅。一五九七年以後，他的幸運很快地消退了。在一次對亞速爾羣島（Azores 在北大西洋，屬葡萄牙）的遠征中，他的聲望喪失殆盡。那次遠征他任司令官，因他缺乏領導能力而失敗。此後他進入危境，成了失意份子的當然領袖。

艾賽克斯是伊麗莎白女王最後一個寵臣。女王一向喜歡漂亮有爲的青年人，在他還不能擔當大任的時候就使之高踞要津，並施以過度的恩寵，而他却把這些恩寵視爲自己當然的權利。艾賽克斯與女王之間的關係，總是不太愉快。艾賽克斯非常敏感又憎恨批評，女王却好責備而少誇獎。因此常常有爭吵，又常常在感情上言歸於好。

這種不諧和的關係，在一五九九年的夏天達到了頂點。當時愛爾蘭境內發生了很大的變亂，須選派一位能幹的司令官去平亂。選派愛爾蘭司令官的問題，由女王、艾賽克斯、查理霍華德爵士、和羅拔賽西爾（Robert Cecil）等四人共同討論。艾賽克斯固執地堅持應遴選他自己推薦的候選人。女王不允，於是他侮辱地把背轉向女王。女王氣極摑了他一耳光，並命他去吊死。海軍大臣霍華德驚駭之餘，連拖帶拉地把他攙了出去。這一場粗魯而尷尬的爭吵，使國家事務陷於紊亂達兩月之久，因爲雙方都不願道歉。最後總算又言歸於好了。不過艾賽克斯既然對所有候選人都曾尖刻地批評過，那祇有派他去了，他發覺自己的地位很窘。

一五九九年三月，他率領着一支超過一萬六千名士兵的大部隊去愛爾蘭。結果完全失敗。他把軍隊盡消耗在不必要的掠奪上，却不斷寫信回國要求援軍，還刻毒地抱怨說他被出賣了。最後，他不但不對叛軍領袖提隆（Tyrone）實施進攻，反而與他談條件。並且違抗了上級明確的命令，離棄了他司令官的職守，帶着一小隊的扈從，突然回到了倫敦。朝廷當時在薩雷郡（Surrey）的南薩池（None-such）地方。艾賽克斯及其扈從馳向該處。他未經通報直接走進皇宮，當他闖進女王臥室時，女王剛剛起床，衣服都還沒有穿好。女王見到他吃了一驚，不過起先還是很禮貌地招呼他。當她從震驚中恢復正常以後，隨即下令將其扣押，並予以嚴密地監視。以後有九個月的時間他被逐出朝廷，在一六〇〇六月，他被帶至樞密院受到公開的彈劾。經過此番羞辱以後，他被釋放，但是禁止到朝廷去。

艾賽克斯現在已步入危境。他所有的私產很久以前就抵押出去了，他的收入祇靠一種對甜酒的特許稅，此爲女王數年前所頒賜。這項特許於一六〇〇年十月滿期，人人都眼巴巴地等着看女王是否會繼續這項恩賜，或是看着他淪爲赤貧。經過一陣遲疑以後，她宣佈這項特許不再延長。一般人認爲這表示她與他的決絕。有一段時期他非常沮喪，但是他的黨羽，其中有許多是不要命的傢伙，慫恿他採取報復行動。那年的聖誕節將近的時候，很明顯地，艾賽克斯的家裏，正在醞釀某種叛變計劃。極端的清教徒被縱容作危險的傳道。他的主要的朋友是一羣失意的人。

樞密院的疑慮不斷地增加。一六〇一年二月七日，星期六，艾賽克斯的黨羽邀請宮內大臣的演員們，在一大羣熱烈擁護艾賽克斯的觀衆前，演出「查理二世」這一齣劇（此劇爲莎翁所寫，一五九七年出版，當時的人認爲與伊麗莎白女王有相似處）。那天晚上，官方派出一位信使召艾克賽斯入朝解釋他的作爲。他拒絕前往，聲稱這是一項謀殺他的計劃。於是艾賽克斯要他的朋友於次晨在他家裏集合。星期天上午十時，約有二百人聚集，此時適有朝廷派來的一個樞密院的代表團抵達艾賽克斯府上。他讓代表團進去，領他們進入書房，命令把他們扣押。然後走下庭院，親自在先頭率領着這羣人，與他的知交騷贊普敦伯爵（Earl of Southampton）一同向倫敦城進發。

艾賽克斯滿以爲倫敦的市民們會起來參加他的行列，但是沒有人動。同時女王的擁護者也在集合。到了下午，艾賽克斯已經瞭解局勢絕望了，在聖保羅教堂附近經過了一些戰鬭以後，他帶着一小隊人走向泰晤士河划船回家。那天深夜，艾賽克斯、騷贊普敦、以及他的黨徒，向海軍大臣霍華德所率領的一支很少的軍隊投降。雖然經過了若干天國人才知道，但這次叛變仍舊引起了最大的激動與恐懼。沒有對革命做廣泛的準備就輕率發動像這樣的政變，簡直令人難以置信。二月十九日，艾賽克斯及騷贊普敦被提至威敏斯特廳，在一個特別委員會面前以叛國罪受審。審判進行了一整天，艾賽克斯並獲得充分的自由爲自己辯護。不過兩位伯爵仍皆判處死刑。騷贊普敦獲得緩刑，艾賽克斯則於六天以後在倫敦塔被斬首，在場觀看的人約有一百，都是經過挑選的。

艾賽克斯並不是一個偉大的人物，現在已是很明白了；但是他的死，在英國人的心情上却起了巨大的波動。他的崛起與失敗並非僅祇是他個人的愚蠢及毀滅。自從大憲章以來，這一事件對國家影響之深遠，超過任何其他事件。艾賽克斯很久以來就被認爲是一個頽廢社會裏的貴族的象徵，因爲他始終未失去使他得以成爲寵臣的年青時代的優美儀態。因他之死到處滋長着一種失望、失敗、和挫折的感覺。淸教徒們大聲反對國教的僧侶們；天主教徒們哀悼他們的烈士們，並且自相爭吵；富人們覺得稅太重使他們吃不消；在這種與西班牙無休無止的戰爭陰影中長大起來的聰明的年青人，變得玩世不恭而對老一輩的人輕視。對於一個勇敢的新世界所懷有的最後的希望，隨着艾賽克斯的死而消失了。我們現在知道，莎士比亞的哈姆雷特一劇，是在艾賽克斯死前的數月間寫成的，這不會是偶然的巧合。

樞密院

艾賽克斯死後，樞密院的大臣減少到十人，四個月之後，又添了三人。這十三人爲約翰惠特格夫(John Whitgift)，爲坎特伯來大主教（英國國教的行政首腦）；湯瑪斯愛格頓爵士（Sir Thomas Egerton)，爲掌璽大臣(法律事務的行政首腦)；伯克哈斯特爵士(Lord Buckhurst)，爲國庫局長；查理霍華德，諾丁漢伯爵(Charles Howard, Earl of Nottingham)，爲海軍大臣（負責一切海軍事務）；舒斯柏力伯爵（Earl of Shrewsbury）；渥斯特伯爵（Earl of Worcester），爲騎兵司令（以現在的稱呼卽陸軍部長）；漢斯頓爵士（Lord Hunsdon)，爲宮內大臣（負責宮庭組織及王室家務）；威廉諾雷斯爵士（Sir William Knollys)，爲王室的主計官；約翰史坦厚普爵士（Sir John Stanhope)，爲副宮內大臣；羅拔賽西爾爵士（Sir Robert Cecil)，爲女王的秘書長（與女王最親近的大臣）；約翰史坦厚普爵士（與副宮內大臣同名），爲財政大臣；約翰巴普翰爵士（Sir John Popham），爲大法官，約翰何伯特先生（Mr. John Herbert），爲女王秘書之一，並爲羅拔賽西爾爵士的助手。

樞密院爲國家最高統治機構，其功能很似現在的內閣。樞機大臣有很大的特權。只有樞機大臣可以直接陛見女王，其他的人則須經過請願手續，由樞機大臣之一或由女王的侍從引入覲見。樞密院是一個工作繁重的機構，多數日子須以委員會的形式集會，有時女王親臨主持。其公文簿有許多至今仍保存着，從這些公文簿中可以看出它要處理多少公務。例如在一五九二年三月裏的一個典型的淸閒的禮拜中，在其日程中要處理的事情如下。第一日：從倫敦城徵集援兵；預防徵集來的兵逃亡；草擬給法境英軍統率羅吉爾威廉斯爵士（Sir Roger Williams）的指令；對於一個無能力納稅的窮人的救濟；採取措施以對抗一個狡猾的律師。第二日，樞密院考慮更換一位連隊長。第三日，樞密院關懷在紐克（Newark）地方的一所免費學校；爲軍火及軍需品的問題，發通函給十三個郡的郡長，以及發類似的通函給另外十三個郡的郡長；就四旬節期間對肉商的監督問題，頒訓令給魚會管理官。第五日（第四日無），日程上列有中止在白德佛（Bedford）地方某一案件的訴訟程序；懷芒漢（Wymondham）地方的教堂的修理；處理倫敦城的一項詐欺事件；一位法國商人的控訴；紐色拉姆（New Sarum）地方一個寡婦的控訴；一個貧苦囚犯被非法監禁的案件；艾賽克斯地方一個窮人免稅的措施；保護一位債務人；衡平法院裏的一項控訴；對於愛爾蘭境內一個孤兒歸屬主張；就軍隊薪金問題，給在諾曼第地方（Normandy）的校閱官的公文；住在郊區的公民，對公共責任的逃避問題；發給一個德國公民護照；休哈普敦爵士（Sir Hngh Hopton）的私人事務；發拘捕令狀以逮捕兩名嫌疑犯；三項從愛爾蘭來的問題；恢復林肯郡內三市鎮地方官鎮壓違反國教之天主教徒的職權；對於威爾士邊境地方的議長及議會的控訴案件；對於一項叛亂性演說的指控。第七日（第六日無），唯一的事情就是隱匿在倫敦的逃兵問題，並給愛德蒙約克爵士（Sir Edmund York）一項特別警告，不許派去的增援部隊有逃亡事件。

這樣多的事情要處理，則樞機大臣們必須精細而嚴格，像記錄中所顯示的那樣，才能辦得到。像柏萊爵士（Lord Burleigh 按此人名 William Cecil 死於一五九八年，上面列出之十三人爲一六〇一年間之樞機大臣，故無此人——譯者）每年就要出席二百次左右的會議。樞密院又是最高法庭——該庭設於「星室」，因其天花板上飾有星標，故名——審理不屬於一般民刑法庭管轄的案件，如暴動案、叛亂案、僞證案、貴族犯罪等。該庭可判處罰金、枷刑、或削去耳朵，但不處死刑。叛國案件，尤其是有地位的人犯此罪時，通常組成特別委員會審理。

樞密院通過郡長、或倫敦市長、或與某特別事務直接有關係的地方長官或市長以發佈命令。這個組織系統運用得很好。雖然在現代觀念上看起來，似乎不够民主，但這一制度却祇有在老百姓自動合作之下才能運行，因爲當時並沒有經常的警察或常備軍來推行法令。實際上，凡與大多數人的共同願望相抵觸的法令在當時也行不通。

貴族

在地位上次於女王的，是英國的貴族。在莎士比亞的早年，英國貴族只有三級——伯爵、子爵、男爵。最高的公爵當時一個也沒有頒賜。不過一六〇三年詹姆士國王即位後，又把這個爵位恢復了。封貴族是君主的一種特殊的恩寵，君主頒贈貴族爵位時，發給一項特許狀。這是一種很堂皇的文書，蓋有英國國璽。狀上賜給一項榮譽爵銜，傳予長子，世代罔替。貴族們有其特殊地位與生活方式，平民對他們很尊敬並且有很多的禮節。他們有很大的不動產，衆多的僕從，並且有很大的責任。他們享受着種種特權，在朝廷中按其等級有其特殊的地位；他們不受一般法院的審判，祇能由貴族審判；不過在國家有需要時，他們須替國家服務而不領報酬。樞機大臣常被陞爲貴族做爲他們替國家服務的報酬，同時也使之有較大的尊嚴。眞的，英國貴族中總有些人是平民出身的。國會集會時，貴族有他們自己的議事廳，即貴族院。主教們同貴族坐在一起，稱聖職貴族議員。

主教

主教們在十六世紀有很大的權力，列爲貴族，不過其特權並不傳給子孫。主教由君主任命，負責其教區內精神或宗教方面的福祉。主教有其各自的宗教法庭，審理違背公認的教義及道德的案件。如判決有罪，得處罰金或監禁。這些法庭特別爲淸教徒所憎恨，因爲給予那些「反基督教」的主教們至高無上的控制權，控制了一切有關崇拜及信仰的事情。主教們薪俸很高；有其自己的官邸、衆多的僕人、及龐大的不動產。主教對其教區內的僧侶有控制權，因此具有很大的影響力及權威。任主教的人偶然也有一些是有宗教靈性的人，但是任主教的主要條件還是其行政能力，俾能組織及控制份子複雜的僧侶。

爵士及紳士

貴族之下爲爵士及紳士。爵士的封號或由君主親自頒賜，或由其代理人如戰場上的司令官頒與。獲此封號後，在姓名前可用「爵士」(Sir) 這一頭銜。此項榮譽及身而止，並不傳給子孫，其頒贈或由於政治上的勞績，或由於作戰時勇敢，或作爲對於公衆事務熱心的富人的一種尊敬。伊麗莎白女王贈此榮譽時很愼重，而每當艾賽克斯伯爵統率軍隊時，他就大量頒贈此一封號，這也是女王與艾賽克斯之間不諧和的主要原因之一。當詹姆士國王卽位後，他在最初幾年頒賜這一封號太多了，以致這一頭銜變成了笑柄。

爵士之下爲紳士。就法律觀點言，紳士是出身良好的人，有獨立生活的產業而無須受雇於任何一種行業或手藝。一個人在紋章院 (College of Heralds) 頒給他一項紋章以後卽正式變爲紳士。紳士要在鄰人間起模範作用，亦卽須把很多時間用在公衆事務上，並須擔任像「治安推事」一類的職務，或代表其郡出席國會的下議院。

國　會

伊麗莎白時代的國會，不像以後的國會變得那樣重要。當時的國會每三年或四年集會一次，其職務爲修訂舊法律、制定新法律、認可租稅等國家收入以彌補因戰爭而起的額外費用。政府的正常支出，是由女王的個人收入項下支付的，就當時幣值言，這筆錢大約祇有三十萬英鎊（約折合現在美金一千二百萬元）。國會並不是一個常設的機構，這一點女王曾明告國會議員；也並不享有充分的言論自由。比方一五九三年的那屆國會，女王下令不得討論她的繼承人問題。有一個叫彼得文渥茲(Peter Wentworth)的議員，堅持提出討論這一問題，女王下令把他送往倫敦塔，未經審判禁閉在那裏，直到三年後死去爲止。不過國會在瞭解公衆與論方面却有很大的價値，因爲當時無政黨，議員們的發言及投票不受政黨領袖的控制。

有一個著名的例子，可以說明國會反映民間輿情的功能。那是在一六〇一年，女王及樞密院從國會方面知道了老百姓對於允許某些商品專賣深惡痛絕。君主有一種由來已久的特權，把某種商品的專賣權，賜給忠貞謀國的臣下以做爲一種獎賞。但是這種特權愈用愈濫，竟擴及到了日用必需品。專賣的商品包括小葡萄乾、醋、煤、刷子、鍋盆、各種油類，甚至食鹽。女王獲悉下院的憤懣情形後，召議長入宮，告訴他立刻就採取措施以補救這種弊端。議長把女王的旨意在下院宣佈後，議員們熱情地一致贊成派一個代表團進宮表示感激。約有一百五十人出現在白廳宮。當議長講完話以後，女王以激動而雄辯的口氣，做了很長的答語，她在結尾時說：

做爲國王戴着王冠，旁觀者所感到的尊崇與榮耀較國王本人更大。就我而言，我從未被國王的尊名或女王的威權所蠱惑。我感到高興的，是上帝能使我居於這一地位來保持祂的眞理與尊榮，來保衛這個國家，使免於滅亡、羞辱、暴政與壓迫。再不會有女王居於像我這樣的地位與威權，對國家有我這樣的熱誠，對臣民有我這樣的眷顧，並甘願貢獻出畢生的精力，冒着生命的危險，致力於你們的福祉與安全了。以往你們有過，將來也許還會有許多王子，居於我的地位而較我更有權勢更爲聰明，不過你們以往沒有，今後也不會有任何王子，比我更關心更愛護你們。如果我的所做所爲有我自己的意志（卽不完全依賴上帝）或我女性的弱點在內，我就不值得活着，尤其不值得從上帝得到那麼多的憐憫了。上帝自始至終賜給我一顆心，使我從不畏懼國外的及國內的敵人。我說這些話，是爲了讚美上帝，你們在此可爲見證，而不是要把什麼功勞歸在我身上。因爲我，啊主呀，我算得了什麼，居然不怕過去那麼多的詭計與危險！啊，我能做得了什麼——這幾個字她說的時候特別强調——我有什麼地方可以炫耀的！上帝不許！

議長先生，我請求你把這些話向議會發表，把我這番意思誠懇地推薦給他們。祝各位好運道並望更能爲國宣勞。

於是下院以更大的熱誠回到它立法的崗位上替國家服務了。

犯罪及刑罰

伊麗莎白時代的法律非常嚴厲。尤其是刑法，許多犯罪都處以死刑。在理論上，公開執行刑罰對年青人提供了一種警告，告訴他這就是邪惡者的下場；但在事實上，一般人却把這些刑罰當作奇景來觀賞。許多罪處以絞刑，通常在台柏恩(Tyburn)地方的三角形絞刑架上執行，該架就位於現在的大理石拱門附近。謀殺罪及叛國罪行刑時，有時盡可能靠近犯罪現場。毒死丈夫的婦女活活燒死。

犯叛國罪者，先絞後剖再行肢解。犯人置囚車中穿越城市到達刑場。有許多人演說，並有牧師的祈禱，有時還會有一些不體面的爭論，然後犯人被送上梯架執行絞刑，不等他失去知覺，再予以砍或刺，內臟挖出來在火上燒掉，軀體被肢解，放進滾開的焦油中，然後在全城各區示衆。賣國者的首級，掛在倫敦橋的頂端。這種刑罰的殘酷性有時也會緩和一點，因爲有一種公認的習慣，即如果犯人表現的很勇敢、很虔敬、並很自重時，在執行絞刑時可先將其絞死，或至少使其失去知覺。用斧砍頭是一種特權，祇有貴族或地位高的紳士犯罪時才能享用。

另一種刑罰是壓刑，卽把犯人壓死。這種刑罰是爲「在法庭不講話」的人，或拒絕爲自己辯護有罪或無罪的人設的。按當時的法律，無辯護卽不能進行審理，也就無法判罪。而一旦判罪，則其全部財產就要一併沒收歸女王所有。採取這種辦法的人，可使其家庭免於赤貧，不過這要有很大的勇氣，與自我犧牲的精神。受刑者被平放在釘板上，身上放一塊木板，木板上逐漸堆積重物，直到把人壓死。

令人吃驚的是以當時這樣簡陋的治安組織，竟能經常捕獲犯人。當時一發現犯罪，人人都爲法律正義效力。一有通緝佈告，全教區的人都出動追捕犯人。如果他跑到其他的教區，則追捕行動一區接一區，直至犯人被捕或逃脫。不過要想逃脫可不大容易，當時的社會單位很小，陌生人很引人注意，並爲人懷疑。

死於暴力的事件很多，特別是發生械鬬的時候。馬婁（Marlowe）就曾兩次牽入命案。第一次他與詩人瓦德遜（Watson）殺死一個名叫布來德雷（Bradley）的人；第二次他自己成了犧牲者。班章孫（Ben Jonson）在一五九八年殺了一名一同演戲的演員。章孫以過失殺人罪判刑，但是他引用「僧侶的恩典」(benefit of clergy)爲自己辯護而得免死。「僧侶的恩典」是在讀書的人很少的時代所設的特赦條例，讀書人得免死一次。被告須當庭高聲朗誦詩篇中之一段——稱「免罪詩」——並在大姆指上烙一T形印，然後釋放，財產沒官。

較輕的犯罪常來自職業歹徒，這些人稱爲騙子或痞子。羅拔格林（Robert Greene）在一五九一至九二年間出版的許多小冊子中，曾對這些「行家」有過很有趣的描述。他們彼此照顧相互幫助，並有經常的組織。這種騙術是一種用紙牌行騙的技倆，但這一行業包括「串通訛詐」、「鈎竊」、「割竊」、「扒竊」等。串通訛詐是使一妓女把人誘至妓院，以暴力或敲詐方式把被害人剝光。「鈎竊」賊在夜晚四出走動，如發現有開着的窗戶，就把一根附有鈎子的釣魚桿扔進去，鈎到什麼就要什麼。

「割竊」與「扒竊」皆以錢包爲目標；割竊賊用一把小刀從腰帶割開錢包，而扒竊賊用手向人口袋中扒取。扒竊賊自認爲屬於較高級的職業，因爲他們不使用工具。在當時的觀念中，祇有手藝人才用工具，紳士階級是不習手藝的。

這些「行家」都是城中兄弟會的會員。在鄉間還有花樣，比有有一種游丐，看人家男人外出工作時，到農舍或農場上去行乞，乘機下手。這些人中，以瘋丐最兇狠也最可怕，他們都是從瘋人院放出來的瘋子。另外還有在路上的不法之徒，在「管理游民條例」中，曾有詳盡的列舉，這些人包括：耍劍的、玩狗熊的、未經貴族特許的一般戲子、吟詩賣唱的、耍把戲的、小販、補鍋匠、向人求錢以完成學業的大學生、及破船的水手等。

水手在鄉下不受歡迎，一般誠樸的人們認爲他們可能是竊賊及海盜，有些也確是如此。現代人對於伊麗莎白時代的海員所持的那種浪漫色彩的觀念，在當時一點也沒有。雖然當時一些眼光遠大的人們，已看出海洋是英國最大的財富，但整個伊麗莎白時代的戲劇中，却祇有許多陸軍的人物，海員則絲毫不佔重要地位。在少數出現海員的戲劇中，不是把海員寫成小丑或無賴，就是爲了寫作上的方便，找一個船長來回答像「朋友，這是一個什麼樣的國家？」這一類的問題。陸軍人物很多，因爲戰爭影響到了每一個人。伊麗莎白在位的最後十八年，發生了英國史上許多重要的戰爭。

戰　爭

在與西班牙的長期戰爭中，最轟動的事件就是一五八八年打敗了西班牙的「無敵艦隊」。一般的歷史家對當時西班牙對於英國的威脅，常取一種世俗的看法，認爲無敵艦隊的毀滅結束了英國人的憂懼，戰爭也隨之消失了。其實一五八八年八月無敵艦隊的毀滅，很像一九四〇年八九月間德國空軍在「不列顚之戰」中的失敗情形。這兩次戰役在世界史上都很重要，但對當時的英國人而言，每次的勝利都似乎是更大危險的前奏。在莎士比亞同時代的人中，第一個感覺是難以相信的寬慰，很快接下來的是一種嚴肅的想法，卽下一次西班牙人不會再重復這種錯誤了。

一五八九年戰爭激烈地繼續進行，英國派佛蘭西斯杜雷克爵士（Sir Francis Drake）率領了一隻海陸軍遠征葡萄牙。當時西班牙人趕走了葡萄牙王唐安多尼奧（Don Antonio），這次遠征就想替葡王復位——史稱葡萄牙航行。這一次並不成功，因爲葡人並不歡迎安多尼奧王。雖然攻陷並刼掠了扣蘭那（Corunna）及里斯本（Lisbon），然而死於病疫者極多。同一年，女王馳援在那瓦爾（Navarre）地方奉新教的法國國王亨利，因爲奉天主教的法國人結盟並聯合西班牙人與亨利國王作戰。一五九〇年英人援助低地（Low Countries）的荷蘭人反抗西班牙；這一年西班牙人在布列塔尼（Brittany）獲得緩緩的推進。一五九一年兩支小規模的英國遠征軍在法境作戰——一支在布列塔尼，另一支由艾賽克斯率領，在諾曼第協助亨利王圍攻盧昂（Rouen），該城久攻不下。一五九三年亨利王與其奉天主教的臣民達成協議。亨利王改奉天主教，內戰結束。有一段時間他好像要放棄與西班牙人的戰爭，甚至可能與他們聯盟了，不過他沒有這麼做，他仍舊忠於女王的同盟關係。一五九四年第二次的布列塔尼遠征，佔領了布來斯特（Brest）。一五九五年英國陷於恐懼與危險之中。英國獲得的情報說西班牙人又快要造成了一支「無敵艦隊」，同時與亨利王間的同盟關係很弱，他已經無法繼續這樣的戰爭了。那年冬天，女王下令準備一支龐大的艦隊，候命次年春天遠征。女王與亨利王間的聯盟又繼續了數月；次年四月，西班牙人圍攻加來（Calais）。艾賽克斯當時正在多佛（Dover 與加來祗隔英吉利海峽）監督船隻的集結。他要求率領他能夠招募的軍隊去馳援加來。四月九日星期五，是耶穌受難日，倫敦市長正在聖保羅教堂聽道，突被召出受命立刻募集一千人，不過當晚該項命令又撤銷了。兩天後正值復活節的禮拜天，再頒令召集軍隊。此時人們正在各教堂領聖餐，軍官被派往各教堂招兵，教區行政官把教堂的門關起來，任由他們挑足人數。四月十四日，倫敦整天可以聽見加來城外的砲聲。但是遠征軍還沒有來得及出發，加來已經陷落了。

於是大遠征的準備繼續進行，艦隊及軍隊都集結在普里茅斯。這次的遠征，船隻超過一百五十艘，陸軍超過一萬人。六月初出發。七月十九日倫敦獲得消息，得到了一項重大的勝利。由於運氣好，也由於卓越的指揮，英國艦隊駛進了加地斯灣，擊毀了三艘西班牙的大帆船，另捕獲了兩艘。陸軍隨即登陸，經過短暫的戰鬪，攻陷了加地斯城，該城經澈底的刼掠並加以燒毀。西班牙的商船隊也予以焚毀。但是女王對這次的遠征却十分不滿，因爲每個參加遠征的人，雖然都大大地刼了一票，她自己的那一份却少得可憐。

一五九七年，艾賽克斯率領另一個遠征隊襲擊西班牙海岸，但那年初夏的天氣一直是風狂雨暴波濤洶湧，艾賽克斯的艦隊被暴風吹散了。直到那年八月十九日，艦隊再度出海，改爲襲擊亞速爾羣島(Azores)，並打算在海上攔刼西班牙從南美載運珍貴物品回來的船隊。這次的遠征失敗了。羅利所率的海軍與艾賽克斯所率的陸軍間，一直在激烈的爭吵，結果成就極少。同時國內的局勢也極度的危險，因爲有情報說西班牙的新無敵艦隊已經出海向英國進擊了，不過在到達英國海岸前，這支艦隊被颶風吹散。

莎士比亞寫亨利四世上篇 (I Henry IV)時，倫敦城裏仍擠滿了從亞速爾羣島遠征回來的軍人及船長。

一五九八年，與西班牙人的戰爭因歐洲大陸上的不穩定而緩和了下來。亨利四世在名義上雖然是一個盟友，實際上很少履行同盟義務。四月間，未與盟國磋商竟單獨與西班牙達成了和議。同時，原來一直不寧的愛爾蘭局勢現在更趨於惡化了。很多年來，愛爾蘭一直擾攘不安並且不時發生叛變。英人的控制，除去都柏林 (Dublin) 四周被稱爲「英國區」的一部份外，是很脆弱的。這一次愛爾蘭的叛軍由休奧尼爾即提隆伯爵 (Hugh O'Neill, Earl of Tyrone)所領導。一五九八年夏，戍守「英國區」的小部隊出擊提隆，在阿馬 (Armagh) 附近的一次戰役中，不幸被提隆的部隊切成數段而全軍覆沒。叛亂迅速蔓延至愛爾蘭全境，到了那年的年終，似乎整個愛爾蘭都要失去了。

一五九九年艾賽克斯率領了一萬六千精兵赴愛爾蘭敉亂，結果完全失敗。一六〇〇年又由查理布朗特即蒙卓愛爵士 (Charles Blount, Lord Mountjoy) 率領另一支軍隊前往。蒙卓愛建立起一個個的防衞區，並經常不斷地侵襲叛軍，漸漸地控制了局勢。

一六〇一年，歐陸上及愛爾蘭的戰事都較以前激烈。在低地國（指荷蘭）又有了軍事行動，西班牙人在圍攻奧斯坦（Ostend）。他們又派了一支三千人組成的小型遠征軍協助愛爾蘭的叛軍，並佔領了愛爾蘭的金色爾城（Kinsale）。但到了那年年底，兩個戰線上皆獲得了重大的勝利。蒙卓愛擊敗了愛爾蘭叛軍，並迫使在金色爾地方的西班牙人投降；歐陸上的英荷聯軍，在佛蘭西斯威爾爵士（Sir Francis Vere）領導下，雖祇有一千二百人，却完全打敗了一萬西班牙人的猛攻。

一六〇二年無決定性的軍事行動，不過到了那年的年底，愛爾蘭叛軍領袖提隆承認失敗要求投降。一六〇三年英西間的戰爭隨着女王之死而突然停止了。那些時代的戰爭，乃是君主間私人的爭吵，女王的繼承人係蘇格蘭的詹姆士，他與西班牙間並無恩怨，於是很快開始了和談，一六〇四年核准。

莎士比亞的成年時代，戰爭的負荷接連不斷而且很重，特別是一五九八年以後，農村中的壯丁不斷地被征調。單單一六〇一年的七月，就徵召了八千人。在那個時代，軍隊通常很小，「總體戰」的觀念尚不爲人知，對於一個祇有四百萬人口的國家言，八千人的增援部隊已是很可觀了。戰爭影響到了每一個人，許多文人都有直接作戰的經驗，包括愛德蒙斯賓賽（Edmund Spenser）、湯馬斯羅基（Thomas Lodge）、班章孫（Ben Jonson）、湯馬斯坎比恩（Thomas Campion）、約翰唐尼（John Donne）、及華特羅利（Walter Ralegh）。

一般流行的說法認爲一五八八年西班牙的無敵艦隊失敗以後，伊麗莎白時代的英國就太平無事了，這種觀念與事實不符。事實上，那時的英國人正在熬過一個大的苦惱時期，與他們歷史上其他任何一個危難時期一樣。無怪那個時代的戲劇中充滿了軍人脚色了。莎士比亞曾就各種軍人中，描畫出許多類型，從佛爾斯塔夫（Falstaff）——他是戰爭黑暗面的絕佳的代表——到奧賽羅（Othello）、考力雷納斯（Coriolanus）、以及亨利五世（Henry V）。

雖然戰事頻仍，當時仍沒有常備軍，不過總可以找到許多有相當作戰經驗的軍官。要打仗的時候，或者召集志願兵，或者政府出錢從鄉村或城市中雇人當兵。召集軍隊的命令由樞密院發出，士兵由當地政府徵集並裝備，其素質的好壞全賴徵兵官員的誠實與否。由於强制服兵役的觀念當時尚不流行，加以死傷又重，死於病疫者尤多，所以一有戰事，監獄正好清除一下，讓囚犯去當兵，農村也正好藉機會把一些游手好閒的不安份子送走。

軍隊

軍隊的單位是連，由連長統領，連內另有一中尉及一掌旗官。連長受命召集全連士兵一百名，向政府領取他們的薪餉，這些薪餉准許他留下來十分之一，叫做「死俸」（dead pays）。這種制度很容易並且常常發生弊端。不誠實的連長們，像佛爾斯塔夫之流，徵召一些富家子弟，然後收受賄賂放他們回家，或者士兵有死亡時不往上報，繼續領他們的薪餉，或者造一些假名吃空缺。這一些就是所謂

「黑暗面」(Shadows)。政府爲了防止這些舞弊情形，常派檢閱官查核，看看點名冊上的人數與實有的人數是否相符。不過逢到校閱時，可以從其他連上借人來抵數。在愛爾蘭之戰中，甚至有向敵方借人的惡習，這些人點過名後，往往會携械逃走。軍隊紀律的好壞，視司令官之優劣而定，上述種種弊端在嚴明的指揮官像查理布朗特、蒙卓愛爵士、佛蘭西斯威爾等人領導之下很少發生。就大體言，英國士兵作戰情形良好，不過偶然也會發生一些令人遺憾的事情。

最好的隊伍是志願軍。如果一次戰役可望有大量的鹵獲，則召集志願兵並不難。有地位的貴族，可以從其屬下召集特殊的連隊。很多出身名門的子弟，都曾隨艾賽克斯遠征過盧昂，加地斯，及亞速爾羣島，其中就包括詩人約翰唐尼。不過服兵役在當時畢竟不是一般人所歡迎的事情，就薪餉言並不差，而且常按時發放，但是殘廢軍人並無固定的養老金，而且作戰完畢後，即行遣散聽其自謀生計。失業的退役軍人經常是一個問題。現代的觀念認爲退伍軍人應該獲得特別的復員薪俸或享受特別的教育設備，在當時並不存在。

教　育

伊麗莎白時代的英國人，廣泛地認得出教育的價值。大多數稍稍重要的地方，都有學校可讀。在倫敦，三所大的學校——聖保羅(St. Paul's)、麥金泰勒 (Merchant Taylors)、及威敏斯特 (Westminster)——校長都是知名之士。這三所學校透過其學生，對英國人的生活及思想所發生的間接影響非常大。鄉村設有文法學校，其校長也都是傑出的學者。因此，地方上大多數稍有地位的人氏不僅識字，很多都曾受過良好的教育。例如在艾文河濱斯台德佛鎮上的莎士比亞家族中的友人中，有一位是牛津大學的文學碩士，另一位以讀拉丁文爲消遣。

像現在一樣，大學是聰明的年青人的晉升之路。但是好的空缺太少，而申請的人太多，很多畢業生開始時抱了很大的野心，到末了不得不屈就較低的職位。一九五七年，劍橋大學演出一個名叫「朝聖巴奈撒斯山」(The Pilgrimage to Parnassus) 的戲劇，劇中有兩個要進巴奈撒斯（此處指劍橋大學）的大學一年級的學生。一位歷盡滄桑理想破滅的學者向他們說：

什麼？還要我去巴奈撒斯？噢，天哪，我已經燒掉了我的書，折斷了我的筆，撕毀了我的紙，咒咀了這顆不能使我獲得絲毫幸運的心。我，經過了這麼多年的埋頭研究，幾乎耗盡了我的腦汁，仍在這裏巴巴地盼望，不知什麼時候才能遇見一位善良的文藝奬助人，願意很慷慨地酬答我的辛勞。我拿希望當飯吃，直到快要餓死的地步了。噢，天哪，我們那些穿著華美的沒有頭腦的奬助人，寧看重一個愚蠢的放鷹者也不重視一個有機智的學者，寧可花錢在整頭髮的人身上，也不願給予能做詩的聰明人一些報酬。每一頭披掛齊全的長耳驢（指文藝奬助人），都認爲對於一個學者，祇要見了面把他那粗魯的腦袋威嚴地點一點就够了。到巴奈撒斯山去？啊，愛波羅(Apollo) 已經破產了，愛波羅祇給人銀樣的語句，金樣的詞藻；而他的門徒們却需要眞正的金子，因爲他們眼見一般酒保、馬夫、運貨馬車夫、補鞋匠等都能把錢包塞滿，而祇要有錢就能從女王陛下得到某種地位。你沒有看見約翰克朗先生嗎？最近六年來他一直住在地窖裏像一隻鼹鼠，口裏喊着「請快一點，請快一點，先生。」而現在，則騎在一匹值二十麥克（Mark 中古幣名，現已廢，値十三先令四辨士）的馬上，趾高氣揚，覺得這個地球太低賤了，不配載他那高貴的身軀。當一個有很高理想的人眼看着霍布遜（Hobson 爲劍橋有名的馬車夫）從十二匹老馬身上所找到的錢比一位學者從二百本書裏所找到的錢還多的時候，怎能不使他傷心呢？

這些話是一個人的牢騷，這個人基於自已的體認，已經發現了那一條普遍的眞理，卽：

學問與貧窮永遠是結合在一起的。

那些在物質方面失望的人們，把自己的不幸歸咎於一般流行的「粗鄙」；另一方面，一些毋須爲生活發愁的人們，同樣也感到失望，因爲大學已不能滿足他們求知的渴望，或解決他們的難疑了。藍巳梭（Lampatho）在馬斯頓（Marston）的劇本「你希求什麼」（What You Will）（1601）中非常羨慕那些無知的愚夫，因爲他們決不會爲下列的問題所困擾：

我曾是大學的學生。我花了七年有用的光陰，

摘錄名著的精華，

關於人的靈魂問題，隨處可見到意見上的衝突。

我學到的越多，學到的懷疑也就越多。

知識與智慧乃信仰的大敵，信仰被它們趕走了。

四個法學會

大學畢業以後，有錢的學生到倫敦來在四個法學會之一研究法律，以完成他們的教育。這四個法學會乃是國家智力生活的中心。初入會的會員，都是大學裏的上選，出身於最好的家庭，並不一天到晚把時間花在研究上，因此作家及劇作家在他們當中可以找到最好的獎助者。這四個法學會的特殊地位，可以從格雷法學會（Gray's Inn）的會員們在一五九四至九五年間的冬天所舉行的「大宴樂」(Revels)中看出。在那次的宴樂中，他們從自己的會員中選出一人爲波普爾王子(Prince Purpool)。以後有好幾個禮拜煞有介事地，有時並嫌過份地，模仿着朝廷及國家的儀節。不僅如此，樞密院的大臣們居然也不顧他們的尊嚴來參加這一宴樂，而且覺得很有趣，感到很滿意。倫敦市長邀請「王子」遊行市區，並爲他舉行盛大的宴會；聖保羅學校的校長，特別派了他學校的最優學生作了幾句拉丁詩以示歡迎。「大宴樂」的程序結束時，宮廷裏舉行了比武盛會，這位已出了名的「王子」，爲王室上賓，伊麗莎白女王並親自和靄地加以讚揚。

大宴樂的儀式之中有一項是創立一個摹擬的「爵士團」(Order of Knights)。其中的規則，有一條規定新的「爵士」們須讀當時名家的作品，須常去劇場觀劇；並須常常與優秀的宗教推事及普通推事交往，這樣他們不祇談吐文雅，在宴會上使談話有風趣，並且在有需要時，可以作出諷刺詩、寓意畫、及其他屬於「王子」宴樂中的學術性質的應酬。一件有意義的事情乃是在這段時間以及以後的四十年間，許多詩人及劇作家都是從這四個法學會中出來的。持有新見解的人在這裏可以找得到有學問的人聽他的高論，不過他也可能受到嚴厲的及諷刺性的批評。書商及演員們也可以在這裏找得到他們最好的顧客。

書籍

就傳播新觀念而言，書商的重要性決不亞於有知識的讀者，英國人的思想與精神可以從發行的書籍中很正確的看出來。很多書店都設在聖保羅教堂的廣場旁邊。每年出版的各種書籍約有二百種，其中約四分之一是報導新聞的。新聞報導的形式不一，內容也很廣泛，有的是目擊者對於一次戰役的敘述，或對於國內一件大事的描寫，有的是以敘事詩的方式描寫罪犯處決的情形。那個時候還沒有報紙，不過有少數新穎的小冊子，已能刊載一封或數封從國外寄回來的信件，並且標題的技巧也很進步了。有一本新聞小冊子，印有這樣誘惑性的標題：「有關法蘭西國王的眞實記述：法王從巴馬公爵奪得了他的碉堡及戰壕，屠殺其兵士五百，巴馬公爵營中發生大饑饉。尙有其他信件報導自一五九二年五月迄今的消息。例如有極令你吃驚而罕見的新聞，自有世界以來就從未發生過這種事情，卽巴爾米島（Isle of Palme）上有一山連續燃燒達五六星期之久，並在其天空見到可怕而奇怪的景象。」不過，新聞報導最常見的方式，是就既有的格調塡成不大講究的敘事詩。

雖然有這些新聞報導，伊麗莎白時代的英國人，仍因爲缺乏經常可靠的消息而吃盡了苦頭。新聞小冊子的發行並不是經常性的，而最重要的消息，尤其是可能使樞密院感到煩惱的新聞，是不准發佈的。自印刷術發明以來，英國的印刷者就被其行會書商公會（Worshipful Company of Stationers）小心地控制着。印刷祇准許在倫敦及牛津與劍橋大學中進行，並且倫敦的印刷者及印刷機的數目都有限制。在理論上，出版一本有煽動性質的書是很困難的，因爲印刷者首先須獲得某一負責機關的准許，然後再把其書名登入公司的「大廳書」（Hall Book）中（該書更流行的名字爲「書商登記簿」），然後才能獲得版權。不過這些規則與伊麗莎白時代的其他法規一樣，常常被忽視；許多無傷大雅的書未登記就刋行了。不合規定的書並沒有人太注意，直到聲名狼藉的書流到了海外，才會引起官方的追查，可能予以處罰。以後的數週中出版法規也許會嚴格執行一陣。要想秘密出版一本完整的書是不太容易的，但是粗俚的叙事詩，可以印在一頁紙上，排版、印刷、分發都很快。而困擾樞密院最有效的方法，就是編一些內容涉有樞機大臣的粗俗的歌曲來唱，或編一些歌曲稱頌他們喜歡的人。

現代的人很難想像在一個沒有收音機、電報、報紙、或其他迅速傳播消息或意見的世界裏，人們是怎樣生活的。在莎士比亞時代的英國，大多數的人都不得不依靠聽來的謠傳或旁人的閒談。主要的樞機大臣們，從派駐歐陸各王廷的大使們獲得經常的報告，以瞭解國外的情形。有些人建立私人的海外通信機構以獲取情報，這些私人機構中，以安多尼培根（Anthony Bacon）爲艾賽克斯伯爵所建立的最爲嚴密有效，艾賽克斯當年在朝廷中之所以有影響力，一部份原因就是因爲他對國外的情況，比國內任何人都知道的多。當時從國外囘來的旅客們，也是主要的消息來源，這些人都須向樞密院報告他們的所見所聞。倫敦的大商人一方面從自己的情報人員，一方面也從回國的旅客那裏，得到一些歐陸上的商業情報。所獲得的商情，每天在「交換所」(the Exchange) 以口頭傳播。於是在朝廷中有朋友的閒話販子，成了社會的熱門人物，而倫敦的市民也就經常處於謠言、激動、與恐慌之下了。

莎士比亞在「約翰王」(King John) 一劇中 IV.ii 185–202) 曾描寫過這種恐慌的情形：

街上的老人們及醜老太婆們，
都在危言聳聽地對此事加以蠡測。
年青的阿瑟王之死，從他們口中傳來傳去，
每談到阿瑟，都搖頭嘆息，
相互耳語；
講話的人抓住聽話者的手腕，
聽話的人不斷做出恐怖的表情，
一會兒皺眉，一會兒點頭，一會兒瞪眼。
我見到一個鐵匠，拿着錘頭站在那裏，
一方面在冷冷的鐵砧上打鐵，
一方面在張口結舌地聽一個裁縫講消息，
這人手裏拿着大剪刀及裁縫尺，

穿着拖鞋站在那裏，由於匆忙與緊張，
左右脚上的拖鞋反穿着而不自知，
他說有好幾千好戰的法國兵，
已在肯特（Kent）展開並列陣。
另外一個瘦長而未洗臉的技工，
截斷了他的話，講着阿瑟王死的事情。

僅次於新聞小册子，最流行的書籍就是傳道書，這種書銷路很好。在莎士比亞有生之年，爲大家所最歡迎的作者，就是亨利史密斯牧師（Reverend Henry Smith），他是倫敦聖克來孟鄧尼（St. Clement's Dane）區的教區長。他在一五八九年的下半年才開始出版他的傳道書，並且在一五九一年就死了。但是他的作品在一六四〇年之前，已以各種不同的形式刋行了一百二十七版。在同一段期間內，莎士比亞的作品刋行了九十三版，格林的作品刋行了九十七版。

每年都有一些詩集出版，不過詩的讀者喜歡挑剔。印給較高階級的讀者們閱讀的詩集，都是用正楷體很小心地印刷出來的，有的印成精巧的袖珍本，可以隨身携帶。另一方面，浪漫色彩的小說及新聞小册，都印得較爲草率，而且一般地是用「舊黑體」的字型印刷，這種字體在當時仍視爲正常的字體。出版戲劇的風氣傳佈得很快，雖然最初印得很差，其對象也不過是一些喜讀敍事詩的讀者，但是到了十六世紀末葉，戲劇已能吸引有較高教養的讀者了。

文學的風氣很值得注意。伊麗莎白時代的一般讀者，與現在的讀者一樣，富於幻想及怪誕的想法。在十六世紀八十年代，一般讀者喜讀的小說，都是照李利（Lyly）在「優佛綺斯」（Euphues）一書以及西德尼在「阿開底亞」（Arcadia）一書中所揭示出來的體裁寫成的。到一五九一年底，一般讀者的趣味轉向了格林的寫實作品，「康尼動人小叢書」(Conny-catching Pamphlets)，這些書較格林以前所寫的任何其他書都成功。六個月後，格林及納西都出版了寓言性的諷刺散文——「朝廷新貴妙語」(The Quip for an Upstart Courtier)，及「皮爾一文不名」(Piers Penniless)——這些書吸引了很多讀者，因爲它們放肆地攻擊一些顯而易見的人，特別是一位劍橋大學的學者蓋伯里爾哈維博士(Dr. Gabriel Harvey)，納西曾與此人在一五九二年至九三年間打過筆仗。坎特伯力大主教於是下令扣押這些書，並不准再印。另一種體裁開始於十六世紀的九十年代（1590's），這種書係備忘錄式的書——簡潔格言或散文集，有的出於創作，有的選自老的作家。這些短文集中，最著名的就是培根在一五九七年出版的「散文集（Essays)」。

在詩的方面，西德尼於一五九一年發行的名爲 Astrophel and Stella 的十四行詩集，刺激了所有其他上流社會的詩人，來檢討他們自己在不成功的愛情壓力下的情緒。這種情形持續了約四年，長的叙事詩開始盛行；其中最著名的要算莎士比亞的「維納斯與阿都尼斯」(Venus and Adonis)，及馬婁的「海洛與利安達」(Hero and Leander)。十六世紀九十年代的末尾，詩人們從自省一變而爲對人類的猛烈的諷刺，有的模仿朱文諾爾（Juvenal 爲羅馬諷刺詩人）的長篇諷刺詩，有的則作簡潔的、粗俗的、偶而極爲睿智的短諷刺詩。

所有這些詩的作者，都是社會地位良好的年青紳士，因爲在當時，寫作仍很少是有報酬的職業。付錢給一般作家的記載極少；不過劇作家每寫一個劇本，倒可以有六鎊至十鎊的稿酬，因此一個工作勤奮的劇作家，每年可望收入六十鎊（略合二千四百美金）。一般的作家有兩種方法可以從其作品獲利；他們從出版商那裏獲得一些好處，同時他們也希望憑其聰明的判斷，把該作品奉獻給富有的獎助人，因而得到一些報酬。不過大多數的情形，作者總是希望能引起社會的注意，因而可以在某一個大人物的家裏獲得一個職位。伊麗莎白時代很多知名的作家如杜雷頓（Drayton）、但尼爾（Daniel）、查浦曼（Chapman）、納西（Nashe）、章孫（Jonson）、馬婁（Marlowe），或者莎士比亞也在內，都會在某段時間以這種方式求職於豪門。除去格林及一兩個叙事詩的作家如艾德頓及戴隆尼外，很少作家能單靠其作品維持生活。

旅客

當時有才智的人們，常從書本以外的其他來源獲得人生的知識。很多人藉着旅行以廣見聞。格林會去過意大利，洛基會參與過加文狄希的那次不幸的南太平洋的遠航，唐尼參加過刧掠加地斯戰役，章孫當過遠征低地國的志願兵，馬婁充任過政府的間諜，甘萍（Campion）在國外獲得學位。伊麗莎白時代的文學充滿了活力，因爲其作者都會有過種種不同的，令人興奮的生活經驗。

政治家們鼓勵旅行，因爲他們從國外帶回來的消息很有價値。但是一般流行的意見，認爲旅行是不好的；最壞是染上外國的罪惡及無神論的思想，即使能避免這些危險，也很可能帶回來外國的口音，或者故弄玄虛地使用像牙籤一類無丈夫氣概的東西，或者用叉子而不像一般男子漢用手指抓食普通的菜餚。羅莎蘭（Rosalind）對傑克斯（Jaques）說（見莎士比亞劇本（As You Like It）：

再會吧，旅客先生。你必須說起話來口齒不淸，奇裝異服。蔑視本國的優點，對故鄉失去了愛。要幾乎埋怨上帝給你現在這付尊容，否則我無法想像你曾經乘過威尼斯的遊艇。

一般人認爲旅行還有一種壞處——回來的旅客常好批評，而一個好批評國家的人，會被認爲對現狀不滿，因此被認爲是危險份子。

不過如果認爲那時的英國人恒在一種不安的高壓下過活，或者甚至認爲他們是粗野的或未開化的，那就大錯特錯了。一個能產生菲力普、西德尼、培根、羅雷、杜雷克、斯賓賽、胡克爾、馬婁、查浦曼、章孫、唐尼的時代，不必再提莎士比亞及伊麗莎白女王了，可以與任何一個時代相比。一個時代也不應該單從其轟動社會的事件來判斷其好壞。歷史常常是不正常事件而非正常事件的記錄。正常的合乎禮俗的平安無事的日常生活，不會在報紙上登載。莎士比亞時代的英國，大多數人都是仁慈的、容忍的、文雅的、誠實的，並且對妻子忠實、愛其子女、由衷地好善樂施、合理地愛國。他們壽終正寢於自己的床上，在醫師允許的範圍內，盡可能地不受干擾地平安死去。

譯者案：上文「莎士比亞時代的英格蘭」見 Harrison 編莎士比亞全集總序，全集後附錄三十則，亦補充說明性質，故一併譯出於後。

一　伊麗莎白時代的宇宙觀

哥白尼（Copernicus）的「論天體運行」（De revolutionibus orbum Coelestium 按英譯名作 Concerning the Revolutions of the Celestial Spheres）一書出版於一五四三年，實開近世天文學之先河，使人類對於宇宙之物質結構的觀念，產生了革命性的改變。不過，在莎士比亞時代，該書很少爲人所知。大多數伊麗莎白時代的人們，還都相信地球是宇宙的中心，它本身不動，一切地面上的物體自然地趨向於地心，因此，地球乃是宇宙萬物絕對的中心。

圍繞地球轉動的是七顆行星，每一行星都在其本身的圓形軌道上運行。這樣，遂形成了一系列以地球爲中心的同心圓。離地球最近的行星爲月亮，其次爲水星，再次爲金星、太陽、火星、木星、和土星。再向外是第八個同心圓，所有的恆星都在這個圓上，恆星間彼此的相對關係位置永遠不變。再向外是第九個同心圓，叫做「原始動力圈」（Primum Mobile 英文作 First Mover）。「原始動力圈」有一種力量使其他諸圈轉動，每二十四小時自東向西轉動一周；同時，各層的同心圓也在那裏自己轉動，轉動的方向是自西向東。諸星就像是嵌在圈上的質點，隨同圓圈一齊轉動。

這種自西向東在自己圓形軌道上的轉動，月亮要二十八天轉動一周；太陽、金星、水星要一年才轉動一周；火星要兩年；木星要十二年；土星要三十年。當時的人相信，第一顆行星在其轉動時，各奏出一個音調，七個行星構成一種完美而和諧的聲音。因爲行星各在其本身的圓上轉動，彼此間的相對位置遂在不斷地變動，於是某些會合形狀被認爲是幸運的，另一些會合形狀被認爲是不幸的。

當時人們相信，行星會發出來一種稀薄的流體物質，對人類有重大影響。月亮離地最近，也最易觀察，它對潮汐的影響盡人皆知，所以也就被認爲在行星中對人類有特殊的影響力。其餘諸行星，也都被認爲對於天氣以及人世間的一切事物，有直接的影響。占星家（astrologers 一譯作「星象家」）相信，根據他們長年累積的觀察結果，他們能够從天體的排列式樣上，預知什麼時間將會發生什麼事情。同樣，從一個人降生時的天體的關係位置，就可以畫出他的命運圖，從而知其一生的歷程。於是人類的命運遂由天上的衆星來決定了。

天體的運動情形，常以黃道十二宮的術語來討論。黃道（Zodiac）係天空中一個帶狀區域，橫在太陽每年行經的軌道左右各八度處。黃道形成一個圓圈，分成十二宮，每宮三十度。這十二宮的名稱叫做「白羊宮」（Aries 或 the Ram）、「金牛宮」（Taurus 或 the Bull）、「雙子宮」（Gemini 或 the Twins）、「巨蟹宮」（Cancer 或 the Crab）、「獅子宮」（Leo 或 the Lion）、「處女宮」（Virgo 或 the Virgin）、「天平宮」（Libra 或 the Scales）、「天蠍宮（Scorpio 或 the Scorpion）、「人馬宮」（Sagittarius 或 the Archer）、「磨羯宮」（Capricornus 或 the Goat）、「寳瓶宮」（Aquarius或 the Water Carrier)、「雙魚宮」(Pisces 或 the Fishes)。太陽在每年的運行中，都要進出每一宮。以占星家的用語來說，每個季節都是用太陽與黃道十二宮的關係位置來表示的。天空中異於尋常的現象，特別是出現彗星或日蝕月蝕，都被認爲是災難的惡兆。

二 曆書

在莎士比亞以及所有伊麗莎白時代的作品中，占星家的術語用的很多，但是這些用語所表現出來的知識，多半來自花幾個辨士就可以買到的年年出版的曆書中。這種曆書的式樣，「老農曆書」仍在使用，其中印有各種各類的資料。曆書是用兩種顏色印成的：本文是黑色，標題、節日、以及其他應別注意的事項用紅色。例如一五九八年的白明斯特 (Buckminster) 所作的曆書，其標題頁上所印的形式如下 (直行不易表示，用橫行以示眞)：

An Almanacke and	歷書與
Prognostication, for the	預言，本年爲
yeere of Christes incarnation	基督降生第
M. D. XCVIII	1598年
Being the second after the leape yeere.	閏年後第二年
And the yeere of the worldes	上帝創造世界第
creation. 5560	5560年
Seruing generally for all	通用於全英國
England, but especially for the	特別適用於
Meridian of this honorable Citie	首善區倫敦城
of London. Gathered and made by	彙集編製者
Thomas Buckmynster	湯瑪斯、白明斯特
Anno aetatis suae. 66	時年六十六
imprinted at London by Richard	印於倫敦，承印者
Watkins and James Roberts	理查瓦德金及 詹姆士羅伯特
Cum priuilegio Regix Maiestatis	保留版權

其次印的是無確定日期的節日（復活節等），再其次是一些短的註記，如何時要放血、掃除、沐浴等。例如：「月亮在天平宮或寶瓶宮時，放憂鬱人的血」。再下去爲一張男子的裸體圖，注有黃道十二宮所管轄的部份。

然後印的是曆書本文，每月一頁。基督教的節日特別註明，特殊的節日以紅色印出，太陽進入黃道每一宮的日子也印成紅色。比方七月十三日太陽進入獅子宮，七月十九日「三伏天」(dog days) 開始。

日曆之後，還有第二部：（標題如下）

預言
本年爲
吾主上帝
1598年

這裏面包括一些有關耕耘時間的短註，如「宜於播種，菜蔬尤佳，時期爲新月與滿月之間，月在處女宮、人馬宮、或雙魚宮。」

接下去印的是法庭開庭期；無特許執照不許舉行婚禮的日子；本年內行將發生兩次月蝕及一次日蝕；每季中大概要發生的事情；一張「月亮每晚照耀多久」的時間表；最後爲全年的逐日天氣預測。

不用說，占星家及曆書編製者，常因預測不正確而受人嘲弄。他們的答覆很妙，他們說雖然根據其學問可以解釋天象，却無法知道上帝的意志，這是不能預測的。

三 體 液 (The Humors)

當時的人相信，宇宙間萬事萬物，都是由四種元素或四種基質組成的。這四種元素彼此敵對衝突，但是如果以適當的比例相結合，則可以共存。這四種元素或稱「四行」爲地、氣、火、水。人類的身體既是宇宙萬物之一，則按此學說，勢必亦由此四種元素所構成。十六世紀末葉，解剖學(anatomy）已大盛，"anatomy" 一字在當時的文學術語中已很流行，不過它所指的是現在稱爲「精神分析」或「心理學」的研究範圍。當時的學者在研究人體的時候，對於人體內普遍存在着的液體或潮濕的性質，留有深刻的印象。而這些體液 (humors) 又顯然不祇是一種，於是在「人類身體必由四行構成」的假設前提之下，遂認爲「地」是人體中的黑膽汁，「氣」是血液，「火」是黃膽汁，「水」是粘液。每一種元素產生一種對應的性情或氣質，表現於人類外部的膚色。「地」太多則產生憂鬱的氣質，「氣」太多則活潑而壯健，「火」太多則暴躁易怒，「水」太多則遲鈍。

在一個健康人的身上，四種體液保持着精確的平衡，彼此相互牽制；但是如果有一種體液過多或過少，則身心就失去平衡了。

十六世紀的九十年代(1590's)，「體液」(humor）一字迅速地流行了起來，每一個知識份子都在開始談論他的體液。體液產生氣質，於是此字又表示某種的氣質。具有某種的氣質簡直成了自命爲知識份子的標誌了。在諸氣質中，又偏愛憂鬱的氣質，因爲據說這是偉大人物的象徵。薩姆爾羅蘭(Samuel Rowlands)在「氣質者之腦血管放血記」(The Letting of Humor's Blood in the Head-Vein)一詩中，把這種憂鬱型的人作如下的諷刺描述：

敢問體液，此君何以要戴羽飾？
他發誓說：「體液使他如此。」
再問他何以要戴假髮？
或何以要在妓女身上浪費家產？
「他有一種體液使然。」
爲什麼走在路上要把圍巾纏繞着頸子，一副
透不過氣的樣子？而帽子上却又無帶子呢？
「體液使他如此，親愛的先生，懂了吧。」
何以他的錢袋會這樣癟呢？
常常一文不名？
「祇不過是他特有的氣質而已。」
這傢伙從不講實話：

「不錯，這也是他的體液使他如此，」他這樣地抗議。
再問他何以被僕從糾纏不淸，
像是一羣魔鬼一天到晚跟着他呢？
原來他有一種卑賤的體液，使他不高興發薪。
眞討厭，何以現在還穿長靴及馬刺呢？
他的體液回答說：「要從體液去找理由。」
你如果看出他的智力在飲酒後會減退，
因爲飲酒後會產生某種體液。
你如果注意到他那蒼白、瘦削、可憐的面容，
不用說也是體液的影響，不過要加上妓女。
不管他做什麼事，
都可以歸結到一個線索，無知覺的體液使然。

在莎士比亞的劇本中，humor 這個字用到的很多，而且含義非常廣泛。此字有時用來指「潮濕」，或指四種體液之一。但是它最普通的意義，是指「一時的興致」、「着迷」、「脾氣」、「怒氣」、「心情」、「性情」、「偏好」等等。

四　憂鬱的氣質

在一切氣質中，大家討論得最多的是憂鬱的氣質。伊麗莎白時代的戲劇裏，憂鬱的人物時常出現，雖然有時出於諷刺的態度，但通常處理的態度都很嚴肅。十六世紀最後與十七世紀最初的幾年間，憂鬱型的知識份子，無疑地是一種普通的，爲人接受的類型。這種人與其周圍的世界不調和，外表上的特點是戴着一頂大而黑的帽子，帽簷拉到把眉毛遮住，穿一件斗蓬，一副鬱鬱不樂的傲氣。

班章孫(Ben Jonson)於一五九八年曾以嘲弄的口吻寫過一首詩，叫做「人人有他的氣質」(Every Man in His Humor)。詩中寫一個叫麥斯奧的大少爺（Master Matheo）想要裝成書生的樣子，當他聽到一個叫斯台發諾（Stephano）的人（此人方在學一些時髦的行徑），也是憂鬱的時候，深有感觸地向他說：「天哪，先生，這是你唯一的好氣質呀，我的好先生。你的眞正的憂鬱氣質，孕育出你眞正的智力。我自己也是憂鬱的，其程度各個時候不同。現在讓我馬上拿你的筆及紙，坐下來寫上十首或十二首你作的十四行詩吧。」於是他要借用斯台發諾的書房。斯台發諾囘答說：「謝謝你，先生，我向你保證我會振作起來的。你附近不是有一張凳子嗎？」——因爲凳子被認爲特別有利於憂鬱的思考。

同樣地，約翰戴維斯（John Davies）在其短諷刺詩「呆子」（On a Gull）中，有過下面一段描述：

看哪，那邊坐着的那位憂鬱的紳士，
帽子遮住了眼，獨自一個人坐在那兒！
告訴我你能不能想得出他坐在那裏想什麼，
有什麼了不起的大事在痲煩他那小小的智力。
他沒有在想法蘭西與西班牙間的戰爭
對歐洲有利還是有害，
或是神聖羅馬帝國能否單獨應付
土耳其人至今未止的入侵；
也沒有在想荷蘭境內的那一座大城，
政府打算在今春圍攻；
或者對蘇格蘭的政策效果如何，
愛爾蘭的兵變，現在如何在演變。
他在那裏認眞想着的問題是
他所穿的長斗蓬，以及他那大而黑的飾羽
在鄉下佬眼中能否引起更大的尊敬，
祇要作此打扮一個傻瓜也會被人視爲時髦的紳士。

也或許在那裏考慮一次旅行，
去巴黎公園，去鬬鷄場，或去觀劇；
也許在想着去偸一隻他久已想要的狗，
或者在想着回家後要對太太講什麼。
然而憑這些思想，他却認爲自己最適合，
做王者之輔佐，爲朝廷的智囊。

憂鬱氣質有三型：愛人憂鬱型，政客或失意者的憂鬱型，以及知識分子憂鬱型。愛人的憂鬱型，羅莎蘭曾有過精采的描述。在「如願」(As You Like It，在三幕二景)一劇中，羅莎蘭(Rosalind)批評奧蘭多（Orlando）沒有眞正的愛人的標誌，她說：

瘦瘦的面頰，你沒有；藍而深陷的眼睛，你沒有；一種確定不疑的神情，你沒有；一付不加修整的鬍子，你沒有——這一點我原諒你，因爲做弟弟的鬍子，總會像其收入一樣的可憐。不過你的襪子不該用襪帶繫的那樣牢，袖子不應該用扣子扣，帽子應該不用帶子，鞋子不應該繫住。每一件事都要要顯得頹唐。

政治型或不滿現狀的憂鬱型相當普遍。莎士比亞的色塞蒂斯（Thersites, Troilus and Cressida一劇中）是一個好的例子。在實際生活中也可以找到很多例子，例如亨利柯飛(Henry Cuffe)即是，此人爲艾賽克斯的秘書，並爲引其做壞事的謀士。亨利瓦頓爵士（Sir Henry Wotton）曾描寫此人

（有一段期間他們共事）爲「一個有私人野心的人。深具城府，在其學者的習慣下不露鋒鋩，並能表現出粗枝大葉的樣子，使人認爲他是坦誠的人」。

第三種類型，是知識份子憂鬱型，這種類型才眞正具有憂鬱的氣質。莎士比亞的哈姆雷特(Hamlet）是他劇作中的最高代表。其中的獨白「活着還是死去」(To be or not to be）就是知識份子的問題之總結。他們看出了那個時代的紛亂與脫節，却找不到救治的方法，也看不出希望——現世或來世，如果有來世的話，都找不到。大多數諷刺詩的作者，都爲一種徒勞與挫折的感覺所苦，於是把這種鬱結以文字向其同胞發洩，高聲大罵他們的愚行。

憂鬱被視爲一種疾病，當時曾有很多醫生寫過專文，討論這一病症的象徵、原因、及治法。有的列出來特別的食物單，並且禁食某些食物。對此問題研究最精的，要算是羅拔貝爾頓（Robert Burton）於一六二一年出版的一部叫做「憂鬱的剖析」(The Anatomy of Melancholy）這部書了。

憂鬱的原因之一是惡臭。這一點使約翰哈靈頓（John Harington）把憂鬱與希臘神話中的阿傑克斯（Ajax）扯在了一起。阿傑克斯(參看 Troilus and Cressida）很喜歡吹牛，不過他的下場很慘。希臘神話上說，阿奇里斯（Achilles）死後，尤里西斯（Ulysses）與阿傑克斯都想要瓦爾肯神（Vulcan 爲金工神）替他製的盔甲。後來該盔甲爲尤里西斯得到，阿傑克斯遂陷入憂鬱之中，以致引起了種種的幻覺。他把一羣羊認成是對不起他的同伴而加以屠殺。這是故事的大要。在一五九六年，哈靈頓寫了一本賴伯雷式的（Rabelaisian，按賴伯雷爲法國諷刺文作家，後多仿之）的書，叫做「阿傑克斯之變形」(The Metamorphosis of Ajax)，這本書實際上討論的是國內衛生情形，以及他所發明的原始抽水馬桶的設計。哈靈頓用"Ajax"一字代替"Privy"(厠所)一字，並描寫他所設計的第一個抽水馬桶。他解釋說：Ajax＝A Jax＝A Jakes(有時拼作 Jaques)，而"jakes"這個字是"privy"一字的粗俗的同義語。哈靈頓的書很出名，而且引起了不少惡意的嘲弄。此後 Ajax 一字通常兼指厠所及憂鬱的氣質。我們甚至可以說，莎士比亞在「如願」一劇中，把一位憂鬱的哲學家命名為 Jaques，並不是沒有想到哈靈頓書中一段趣事：

這一段故事是說，有一位身材高大而彬彬有禮的紳士，曾任過一個時期的軍械副官，名叫傑克斯溫非爾德大爺(Master Jaques Wingfield)。有一天他去拜訪一位宮廷女官，也許有公事去的，也許祇是禮貌上的應酬。這位宮廷女官派其侍女來問是那一位溫非爾德，他告訴她是叫傑克斯的溫非爾德。其實"Jaques"一字，在法文裏的"James"，那位宮女並不知道，因此一聽到"Jaques"一字(意即「厠所」)，就覺得羞人答答的難以啓口，為了換一個文雅一點的同義字，她回報女主人說是一個叫"Privy"(亦為「厠所」之意)的溫非爾德。我想不論是那位宮廷女官，還是這位紳士本人，知道了他的名字與「厠所」一詞同義的時候，一定覺得是個大笑話。

極端的憂鬱也被認為會引起恐怖的幻想與錯覺。納西在一五九三年寫的「夜的恐怖」(Terrors of the Night)一文中有一段說：

甚至正像汚水坑的汚泥能生出青蛙與蟾蜍以及其他難看的生物一樣，這種粘稠的憂鬱體液，會因其不能動而愈來愈濃，最後會在我們的想像當中，生出許多奇形怪狀的東西。因此「憂鬱的氣質」這一詞，就包括着許多精神不健全的形式，從一般的沮喪到劇烈的癲狂病。

五、鬭熊與鬭牛 (Bearbaiting and Bullbaiting)

在漢斯婁 (Henslowe) 的文件中，有下面一則廣告：

明天星期四，南岸區的熊園有盛大演出。艾賽克斯地方的名手將以五條狗同時咬一條熊，並向觀衆挑戰，誰能作此表演，他願輸五鎊錢。其後並表演鬭牛至死的節目，也作同樣的賭注。爲使觀衆更能滿意，還表演馬與猿的遊戲，及鞭打瞎熊的節目。

從保留下來的文獻看，常常提到鬭熊的遊戲，通常每星期兩次，星期三及星期天 (不過前面的廣告是星期四)。莎士比亞從鬭熊戲中獲得了許多詩的材料。外國的遊客對於這種遊戲的印象特別深。在鬭熊戲中，用一根長繩把熊繫在一根柱子上，使其不能跑掉。然後放四五隻猛犬入鬭熊場中攻擊該熊，熊被犬咬亦作猛烈的反噬。不過在熊受到致命的重傷前，未被熊咬死的狗就牽走了。在鬭牛戲中，牛不用繩子繫，不過要一直繼續下去，直到牛被折磨死爲止。

廣告中還提到了其他遊戲。一匹小馬背上縛着一隻猿進場表演。猿作尖銳的叫喊聲恐嚇馬，馬受驚後猛向犬踢，而犬向馬攻擊要把它拉倒。

鞭打瞎熊是六個人手裏拿着鞭子圍住一隻熊抽打。一直要有人出血才止。因爲熊被鞭打後，猛烈的自衛，把鞭子從打的人手中打落並想折斷，甚至會抓傷人。

想要知道進一步的情形，可參看秦伯斯（E. K. Chambers）的「伊麗莎白時代的劇壇」（The Elizabethan Stage）一書卷二，四四八至四七一頁。

六　文書及印信

法定契約

莎士比亞劇本中很多詩的意境，都是從製作法定文件中得來的。一項法定契約書寫時，按當事人的數目在同一張羊皮紙上寫成若干份，如下圖所示：

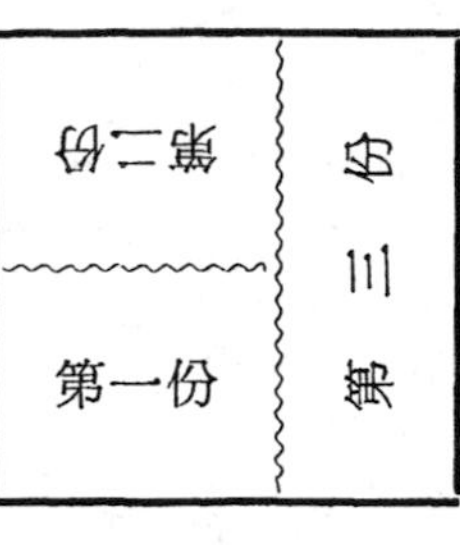

契約寫成後，作鋸齒狀切開；在當時，「契約」一字就是「鋸齒」（indentures），現在法律用語上仍用此字。作鋸齒狀切開的目的在防止造假。如果認為契約的眞實性有問題，可以取另一份來驗合。契約分開以後，每份從底部摺疊起來一吋，摺起處穿數個小孔，再按當事人的數目穿進數個絲帶或羊皮紙的籤條，垂下約三四吋。當事人的姓名，橫簽在籤條上端摺疊部份的穿孔處，籤條下端封進一顆蠟丸內，印上當事人的印章，這是製作正式契約的最後一步。契約當事人通常祇有兩造，不過三方簽約的情形也很普通。

書信

現代舞台上演出莎士比亞劇時，其中的信函很像大學畢業證書——一個捲起來的紙捲，附一個絲帶。其實伊麗莎白時代的書信並不是這樣。較重要的信，是寫在雙層紙的信箋上，字向內摺起，使上方的邊緣超過下方。這樣，內面的文字與外面就隔着兩層紙了。住址等寫在正面，背面折縫處以蠟封之，加蓋送信人的印章。收信人祇須看到印章是完整的，就知道中途未曾拆開過。因此「讀信」有時稱爲「拆封」。信封在當時尙未發明。

七　帽與頭

在莎士比亞時代，對上級的禮貌要求的很嚴，而且也嚴格遵守。在長官面前，下屬必須光着頭站立，以手持帽頭，微向前傾以示恭敬。下級人員，特別是僕從們，也行「曲膝禮」或「請安禮」，兩膝同時彎曲，右膝在後盡可能低。

大人物不論居家或外出都戴帽，在一切慶典場合，帽子代表其重要性。階級間的禮節極嚴，即使在危急時機亦不逾越。比方當艾賽克斯伯爵叛變的時候，樞密院派了一個代表團去艾賽斯的住宅，代表團中有一人係掌璽官。他們先被請到庭院裏，掌璽官先脫下帽子以示對艾賽克斯伯爵的尊敬，因爲他的階級較伯爵低。艾賽克斯與他的朋友們，也都除下帽子，因爲掌璽官代表女王。當掌璽官以女王代表的身份講話時，他就把帽子戴起來，並且命艾賽克斯及其黨徒放下武器以示對女王的忠誠。對此一命令，艾賽克斯及其同黨的答覆是把帽子戴起來，表示故意的輕視。瞭解這種情形以後，就知道何以在哈姆雷特一劇中，當謹守禮節的奧斯里克（Osric）聽到哈姆雷特向她說「戴起你的帽子來」時，會感到侷促了。（見哈姆雷特劇五幕二景）。

八、歌謠

研究文學的人，慣於把歌謠認爲是早期的民間詩歌，帶有某種的詩律。其實在莎士比亞時代，最普通的形式乃是「新聞歌謠」（news ballad）。這種歌謠數以百計，包括各方面的題材：像戰爭與凱旋，國王出巡，悲傷，神奇的事蹟，犯罪與行刑（特別以囚犯的口吻做成哀歌，訴說其邪惡的一生及應得的報應爲最常見），以及各種的醜行。新聞歌謠以一種粗質的與普及的印刷形式印行，其讀者相當於現在祇對報上的漫畫或小報（通常爲十二吋寬十六吋長）感興趣的那一般人。

祇要在街上人多的地方，就會有吟歌的人叫賣這種新聞歌謠。他先向大家唱一遍，再來出售，一個辨士一張。印工都很粗，印在單張的紙上，頂端印有一方木刻，多少配各歌謠的內容，這些木刻都是從印刷廠既有的材料中找出來的。下面是一首典型的代表作。作者是當時最有名的歌謠作家之一，湯瑪斯戴洛尼（Thomas Deloney）：

〔此歌謠敘述當時轟動一時的一個謀殺案。案中有，淑女名尤萊利亞（Ulalia），此女與喬治斯專維奇（George Strangwidge）爲一對情侶，相愛極深，而喬治也完全適合做她的丈夫。女方父母貪圖錢財，强迫其女嫁給一位年老而富有的紳士名叫裴基（Page），在尤萊利亞的主使下，喬治約同另二同犯，將裴基勒死在床上。四人皆處絞刑。當時社會上普遍地同情尤萊利亞，認爲是她父母貪婪的犧牲品。〕原歌謠如下：

裴基太太的哀歌

（氏爲普里茅斯人，因被迫出嫁，遂同意將丈夫謀殺，以示對喬治斯專維奇之愛心不渝。爲此同在得文郡之巴恩斯特堡受刑）

爲命運所捨棄遭此大難兮，
視富貴如敝屣吾愛一向所輕，
情郎不幸爲我闖此大禍兮，
吾方寸已亂六神不寧。

哀此可厭之一生爲時已晚兮，
對此邪惡之罪行，吾實懊悔，

吾爲人妻，竟蓄意走入邪途兮，
爲此大錯，吾現在以死抵罪。

余方在荳蔻年華而我父貪婪兮，
不顧我意爲我擇親，
金銀珠寶滿坑滿谷兮，
無奈我心已屬他人。

吾父之所愛吾甚憎惡兮，
雙親所喜者正吾之所厭，
吾幼稚之心靈與幻想告我兮，
我倆年齡相去過遠。

我曾長跪哀求勿强我嫁兮，
哭訴雙親切勿貪圖財富，
飲泣與嘆息確會使之感動兮，

方慶吾白璧之軀或免爲不愛者所沾汚。

吾枉費口舌一切竟徒然兮，
吾母意決無法阻擋，
富有之裴基佔我軀體兮，
吾之內心仍屬情郎。

掩飾一切使我出嫁兮，
內心之不滿不斷滋長，
我咒咀生存，絕望掙扎兮，
我實被迫爲裴基之妻房。

吾常閉目不欲相視兮，
吾之青春實厭惡其龍鍾神情，
彼享豐食而余實難下嚥兮，
雖在一起亦同床異夢。

吾不知何以輕彼以至於斯兮，
唯余確知對之厭惡逐日加深，
吾之情愛尚頻頻告我兮，
喬治斯專維基才是我眞正愛人。

啊，有此一念余開始墮落兮，
遂一心一意想把他排除，
雖爲其妻而終日怨恨兮，
竟以褫奪其生命爲滿足。

余似聞上蒼要報復余所爲兮，
世界亦將審判此暴戾之氣，
余似聞良心之呼聲兮，
高喊着地獄之火終難逃避。

我焦慮之靈魂確爲此憂戚兮，

我雖犯罪而靈魂確在流血悲傷，
願上帝仍賜我仁慈兮，
救我靈魂而使我肉體死亡。

吾願裴基先生尙在人間兮，
得娶另女爲其妻室，
但不論貴賤吾不欲再活兮，
除非喬治亦能免死。

啊，災難將臨福祉不再來兮，
直至余走出天程，
余深悔此邪惡行徑兮，
尤惋惜喬治對此事之贊同。

父母啊，爲貪心所驅兮，
一心一意貪圖財富，

審判官公允裁決兮，
請在父母之愛與余間下一審斷。

余爲人女必須服從兮，
奈何吾愛不能施與，
嫁與市儈而無限痛苦兮，
余以前曾誓爲喬治之妻。

啊，此悲慘之世界已爲腐銹曚蔽兮，
邪惡之男人貪得無厭，
父母迫嫁而我哭告無門兮，
遭此下場，憂戚、可恥、悲慘。

登郡之仕女與科恩維爾之爵士兮，
專程來此爲着不幸之人，
關懷吾之痛苦同情吾之下場兮，

請對令子女施以更大之愛心。

吾愛，爲余之過汝須死兮，
勿畏懼死亡之痛苦，
一若吾等在世間之相愛兮，
即將雙雙告別斯土。

汝友尤萊利亞向汝最後告別兮，
與汝之靈將永聚天庭，
救生基督，納吾靈魂兮，
吾已全心捨棄世間之虛榮。

父母啊，內心貪婪兮，
聰明遂爲其所蔽，
勿爲我悲痛兮，
日暮前吾靈魂即可安息。

普里茅斯吾向汝告別兮，
善視汝之女輩，
再會，生命，憂傷已盡宣兮，
歡迎，死亡，吾屍體之所委。

現在，主啊，饒恕余之罪兮，
余爲靈魂流血而乞求，
現將靈魂與肉體交托主之手兮，
願以余流之血贖罪得救。

主啊，保祐女王快樂長壽兮，
使每對夫妻相安無事，
願天下父母以此爲鑑兮，
婚姻大事宜各遂其志。

T. D.（作者名）

一五九一年湯瑪斯史卡來特印於倫敦

九　紋章官與紋章學

時至今日，每逢有國家慶典，身着無袖衣服，上面並繡有皇家紋章的紋章官，仍有其地位。不過現在他們祇代表中世紀遺留下來的禮俗而已。紋章官的全盛時期是十四世紀。不過在莎士比亞的時代，他們在社會上及貴族間仍具有重要的地位，而一般紳士的教育，也包括對紋章學的研究。當時的紋章官隸屬於馬歇爾伯爵(Earl Marshal)。此人爲朝臣之一，地位十分重要。紋章官組成紋章院(至今猶然)，每人在院中都有一個奇妙的名字。三位資格老的紋章官皆以「王」見稱——嘉德王紋章官(Garter King at Arms)，克來倫速王紋章官(Carenceux King at Arms)，及那羅厄王紋章官(Norroy King at Arms)。三「王」之下的紋章官在院內的名字是約克(York)，里治孟(Richmond)，薩莫色(Somerset)，蘭卡斯特(Lancaster)，切斯特(Chester)，與溫莎(Windsor)，另外尚有四個屬官，或謂低級紋章官，在院內的名字叫做「丹龍」(Rouge Dragon)，「藍蓋」(Blue Mantle)，「鐵閘門」(Portcullis)，與「赤十字」(Rouge Croix)。

紋章官掌理有關國王，貴族，及紳士們的榮譽與尊嚴的事務。他們主辦所有重要的正式慶典，尤其是國王即位，大婚，加冕，國葬，以及特殊勳爵的莊嚴典禮，如嘉德勳爵與巴斯勳爵。在中世紀時，他們也是國王正式的及神聖的信使，並以此身份宣讀國王的詔令(參看亨利五世劇本三幕六景，及四幕三景)。在決鬬中，他們指導其進行程序(參看理查二世劇本，一幕三景)，雖然以格鬬代替審判的方式，在莎士比亞的時代，已不爲官方正式許可了。除去在朝廷中的職務外，他們還主持一些次要的典禮，特別是貴族或富人的葬禮。

不過，紋章院最重要的任務，還是保存貴族之家的記錄，並頒賜紋章給有資格成爲紳士的人們。他們時常至各處巡視，查考那些自稱係出身貴族的人們，並就查考所得加以記錄。因此，他們的功能就像是當時的社會登錄簿及身份校正處。

紋章的頒予即是正式承認接受者具有了紳士的身份。我們可以想見，這種特權助長了一些虛驕之氣。新進紳士們的那付趾高氣揚的樣子，常令那些已享有數代的紳士們以及無紳士身份的人們爲之側目。眞的，在莎士比亞時代，有人坦白的講，事實也確是如此，祇要有錢就可以從紋章官那裏買到一式紋章，根本不問此人是否值得頒贈。不過話說回來，紳士與常人間品質上的鑑定標準，在英國就一直非常含糊。

「紋章學」(heraldry)最初祇不過是一種辨認身披盔甲的戰士的方法而已。每一個人採用一種徽記，畫在自己的盾牌上以資辨識。到了十三世紀的時候，已經發展出了一種記錄及繪製此種徽記的正規的制度，而盾形紋章也就父子相傳了。這種紋章不僅在作戰時有用，平時也是一種優美漂亮的裝飾品。以後，紋章學遂發展成爲一門很專門的學問，有很多專用的文字描寫紋章的色彩、裝飾、以及數不清的各種圖形的排列法。根據所描述的排列情形，內行的人就能認出或重新繪出某種形式的紋章。盾形紋章之描繪，共使用七種顏色，用七個法文字代表；即黃色或金色(or)、白色或銀色(argent)、紅色（gules）、藍色（azure）、黑色（sable）、綠色（vert）、及紫色（purpure）。盾形牌劃分爲很多樣式，每種樣式都有其專門名稱。有很多盾徽就祗是一個簡單的幾何圖形。不過，特別設計的圖案更爲常見，這些圖形常能適合第一個持用者的姓名或其事功。盾形紋章由父親傳給子孫。不過同一個家庭中的諸份子，爲了彼此鑑別起見，常做輕微的變更，比方加一個邊，或改變底子的顏色，或稍變圖形等；這種紋章稱爲「變體紋章」。女兒使用父親的紋章。如果一位紳士與一位名門閨秀結婚，特別是女繼承人時，則兩家的紋章要結合在一起。結合的方式有「縱分式」(impaling)，即把盾牌自中央縱分，兩家紋徽各繪一半；有「橫分式」(halving)，即自中間上下合繪；有「四分式」(quartering)，即將盾牌分爲四等分，兩家交叉各佔兩格，格內繪製自己的完整圖形，故每家徽形出現兩次。

一位紳士如果繼承數個望族時，其盾徽常常非常精巧，也許要分成十數個小徽紋。紋章學專家從這些徽紋就可以清清楚楚地道出其世系。還有，持用紋章並不限於貴族及紳士；舉凡城市、法人、主教、大學、學院、教區、同業公會等等，皆可請頒紋章。

除盾形紋章外，紋章官還頒贈「盾飾」(crest)。最初，這是全身穿着甲胄的武士在盔頂上戴的一種東西，因此很簡單，例如一隻鷹、一頭獅子、或一個天鵝頭。

莎士比亞的父親於一五九六年獲頒紋章及盾飾。用紋章學的術語說，就是 "The coat was Gold, on a bend sable, a spear of the first, steeled argent"（金黃色底，右上至左下有一黑色帶，帶上有一金黃色矛，尖端銀色）。徽形上選用矛，以與其名相諧（spear 與 Shakespeare 相諧）。盾

飾爲 "a falcon, his wings displayed, argent, standing on a wreath of his colors"（銀色獵鷹，兩翼張開，立於銀白色花冠上）。

十 苦刑與刑罰

苦刑不常見於英國，祗有叛國案件，才使用拷問架來促使不欲吐露實情的見證人招供。拷問架是支在地上的一種大木框子，每端有滑輪，上面繞着一付繩子。被難者的手脚縛在繩子上，然後用槓桿逐漸將繩子拉緊。被難者的四肢向四個方向拉扯，直至忍受不住而招出必要的口供。在其他國家尚有別的刑求方式。莎士比亞的劇本中，曾提到好幾次「吊刑」（Strappado），這是行於意大利的一種苦刑。被難者的肘部被縛起，拉到相當的高度，突然放鬆繩子把人摔下來。

對於已決犯所處的刑罰有多種。星室法庭（Court of the Star Chamber）常判處「站刑」（Pillory）。這是用粗大的木頭所做的架子。上面有幾個洞，受刑人的頭及手從洞中穿出去。這樣固定了以後，抬至當街處，任人圍觀詈罵。所犯的罪狀詳細寫出，置於受刑人頭上。有時並把受刑人的一隻耳朶釘在木架上。判處站刑時，往往附帶判處割掉一隻或兩隻耳朶，或把鼻子割一個缺口。輕犯及地痞流氓，往往處以「足枷刑」（Stocks）。這是一塊厚木板，上面有洞，把受刑人的小腿穿入洞中繫牢，以鞭抽打歹徒之背部，直至流血爲止。妓女犯罪時，以繩縛在馬車背後遊街，一邊抽打，一邊敲打金屬器皿叮噹作響，以吸引過路人圍觀。

欠債的人被關在牢獄裏，不把債還淸不放。獄吏負責隨時交人，如果逃掉，其所欠的債由獄吏負責淸償。坐牢的人自己要交生活費；交不出錢來的，就是到期也不放。貧苦的犯人准許向路人乞討，否則就得挨餓，因爲當時並無免費的囚糧供應。不過在當時也不常判處長時間的監禁。

十一　「綠頭巾」與「犄角」

伊麗莎白時代的戲劇中，有很多關於「綠頭巾」與「犄角」的笑話。所謂綠頭巾（cuckold）指的是太太背後偷人的丈夫，因此也就成爲大家嘲弄的對象了。這一「雅號」來自「布穀鳥」（cuckoo），這是一種無一定習性的季候鳥，約在四月杪出現在北歐，七月間離去。其引人注意處，是它那種淸楚而單調的叫聲，永遠是「布穀，布穀」。當時認爲，現在亦然，這種鳥很愚蠢，也許就因爲這種叫聲，初聽令人高興，因爲是大地回春的象徵，再聽則令人生厭，因爲單調而刺耳。這種鳥還有與衆不同之處，就是它自己永不築巢，把蛋下在其他小鳥的巢裏。而這些小鳥也就心地善良地替它孵、替它養，即使自己的幼雛生出來，仍繼續替它餵養。"cuckold"（綠頭巾）一字的來源，可能是指被一個"cuckoo"、（布穀鳥）所騙的人——此處的"cuckoo"是指太太的姘夫，企圖把自己的後代蒙混進無辜者的子女中去。如在某人背後叫喊"cuckoo"，就是警告他太太的姘夫就在附近了。

「綠頭巾」者也被認爲頭上長有一對看不見的犄角，以象徵他的不幸。這種奇怪的傳說，其來源還沒有弄淸楚；雖有很多種猜測，却都不能令人滿意，最簡單的解釋是說綠頭巾者大都魯鈍、愚蠢，笨得像牛。所以生一對犄角對他們很適合。而「犄角」與妻子不貞之間一旦被認爲有關連以後，作家與一些才子們，就不惜從一切可能的含義中，在「犄角」一字上下工夫了，遂有種種附會的解釋。

十二　招牌與住宅牌

伊麗莎白時代的英國，大城市中的商店及住宅，尚無編號的制度。每一個住宅及商店，都掛一塊牌子。牌子上繪有圖案，與牆成直角突出，以支架支持其重量。牌子上的圖案，簡單而易辨識，比方一個鐘、一個天使、一隻白鹿、一隻狐狸、一條綠龍等。牌子上畫着矇起眼睛的「邱比德」(Cupid愛神）代表妓院。當時畫招牌這一行業十分興旺。時至今日，英國的旅館上面或側面，仍可見到這種牌子。

與畫出來的牌子同樣流行的，是某些行業所使用標誌。比方理髮店（至今有的地方尚沿用）的標誌，是一根漆成螺旋形紅白相間的桿子。矮叢林代表酒店，花環代表啤酒店，旅店的窗戶格子都漆成紅色等等。

十三　滾球戲

莎士比亞常常從滾球戲中找尋詩的意境。玩這種遊戲的時候，在場地之一端放一個小木球作爲目標，叫做「標男」或「標女」，參加遊戲者每人持一球向目標滾動，誰的球距目標最近，誰得分最高，木球非正圓形，一邊稍有突出，突出之一邊稱「偏斜」。木球因有偏斜，在滾動中常呈曲線前進。遊戲場設於草地上，地面不如近代那樣平坦光滑。草地中常有土塊或阻礙物等，稱爲「崎嶇」。
蹤到目標時稱爲「吻」。

十四　豪門巨室

欣賞莎士比亞的戲劇，須對當時豪門巨室的家庭組織有些瞭解。當時有一種風氣，盡量多僱用僕從。每一位貴族或巨富，都住在一所小宮殿式的大宅中，分成許多部門，每一部門有其自己的僕從，由一位紳士管理，並有一小自耕農協助他辦事。僱來任管理職責的紳士，多爲書香門第的幼子。受僱於大宅被認爲是正常的職業，在社會上並不失身份。有前途與有上進心的年青學者，剛從大學裏畢業出來時，常常在巨宅中任家敎或秘書，並能及時躍登高位。同樣地，良家婦女常受僱於巨室服侍貴婦，她們可藉此學到一些文雅的擧止，以及家庭經濟的管理方法，直至結婚時離開。例如在「第十二夜」（Twelfth Night）一劇中，奧利維亞（Olivia）的管家馬瓦利歐（Malvolio）就是出身很好的紳士，而瑪麗亞（Maria）的出身與社會地位與托比爵士（Sir Toby）相等。

十五　婚姻禮俗

全部合乎禮制的婚姻，第一步是雙方正式的訂婚。這是私人間的事情。第二步爲正式的結婚公告：根據法律，牧師須連續三個禮拜天，在教堂內公開宣佈甲乙雙方行將結婚的消息，並徵求異議，即任何人如知道此項婚姻違法時，得當衆宣佈。如婚禮必須提早，可向教區主教領取許可證。

伊麗莎白時代一般人的生活，大都局限於某一城鎮或幾個村莊。所以大多數的婚姻，雙方的住處都在步行可及的範圍以內。全套的結婚慶典，要鬧哄哄地一整天才能完成。一大早先從新娘家裏開始，女儐相們把新娘喚醒，替她化粧。不多時新郎由男儐相、親朋、及樂隊伴同前來迎親。此時連同女方的親戚朋友們，一齊整隊走向教堂，新娘着白色禮服，頭髮鬆開，爲大家注意的中心。

婚禮完成後，大家一齊湧向新郎家裏，男子大張筵席，客人以宴飲、跳舞、遊戲來消磨這一天，如來賓中有詩人，他會作一首祝婚詩。有時也會舉行戴面具的舞會或其他形式的娛樂節目。

到了晚上，大家的興趣就提高了。最後，女儐相領新娘入洞房，替她卸裝，把她放在床上。然後把她的襪帶拿出來任由單身漢的客人爭搶。隨後新郎的朋友們領他出去，替他卸裝，引他入洞房，也把他放在床上。經過一陣喧鬧、轟笑、粗俚的開玩笑以後，把兩人一齊放進被子裏。客人們離開新房，再去歡樂。第二天一大早，齊集在新人寢室的窗前，以歌唱向新人祝賀。自此以後，新人即以已婚的身份出現了。當時並無度蜜月的風氣。

斯賓塞所著的「祝婚詩」(Epithalamium) 一書，對於伊麗莎白時代的結婚禮俗，有較爲精彩的描述。

十六 喪葬禮俗

莎士比亞時代的葬禮非常繁縟。大人物埋葬時，極盡虛飾、浮華、與舖張之能事。屍體入棺，外加棺罩，抬棺材的人皆著黑衣，後面是一長隊送殯的行列，包括死者的親友及僕從。送殯者一律穿帶頭巾的黑色斗蓬，包被着全部身體，手持死者的紋徽。這種紋徽印在盾形的粗麻布上，像僵硬的旗子一樣。全部葬儀由一位紋章官指導並主持，死者家屬付給他相當的費用。葬禮完成後，以筵席招待送殯者，有時並散錢給窮人。葬禮節目有任何一項被忽略，都被認爲是對死者的不敬，有辱死者的聲名與家族。所以在哈姆雷特一劇中（四幕五景），當賴耳提斯（Laertes）聽到他父親的葬禮很潦草時，就大發牢騷了。

在莎士比亞一生中，倫敦所舉辦的一切正式葬禮，以一六〇三年四月廿八日爲伊麗莎白女王所舉行的奉安大典最爲堂皇盛大。最初先由女王的典禮局長派出兵丁淸道；然後是由二百四十名貧苦的婦女組成行列，四人一列，整隊前進；後面是由僕從組成的行列，包括紳士們的、爵士們的、皇家各部門的僕從。第二階段的送殯隊伍，先頭是貴族家的馬車夫，及伯爵與女伯爵家裏的僕人。然後是皇家掌馬官，牽着女王的御馬，馬身上是天鵝絨的馬飾；接着是牧師、軍曹、樂師、外科醫師及藥劑師等等。再後是政府重要部門裏的屬官——包括樞密院的、御璽部的、國會的等——職位低的走在前頭，這一隊中還有內科醫生及女王的牧師。下一個階段的送殯隊伍，走在前面的是倫敦市參議員、副檢察長、檢察長、初級爵士、主男爵、首席法官、大使、及扈從人員。後面是派駐威尼斯及荷蘭等國的人員、倫敦市長；羅拔賽西爾爵士（女王的秘書長）、所有的男爵、主教、子爵、伯爵、侯爵、掌璽大臣、法國大使、及坎特伯里大主教。最後面是紋章官與靈車先導人官，接着就是靈車，女王的屍體經過防腐處理後，裝在鉛質棺材中。棺上並有她本人的彫像，頭戴王冠，身穿在國會中穿的長袍。靈車上有一華蓋，由四位貴族手持，緊跟在引領御馬的渥斯特伯爵之後靈車之後。爲諾贊普頓侯爵夫人，她以最高女貴族之地位，爲首席送殯，由財政大臣及海軍大臣輔佐。跟在她後面的是宮廷女官、伯爵夫人、子爵夫人、伯爵的女兒、男爵夫人、及女侍。整個送殯隊伍以華特羅雷爵士殿後，他是宮廷侍衛長，率領全部禁軍跟進，每五人一列，佩以戰戟，尖端朝下。

當這一個長長的送殯行列前進的時候，史家記載：「威敏斯特城擠滿了各種各類的人羣，大街、小巷、窗口、屋頂、溝渠，到處都是人羣，爭睹此一盛大的葬儀。當他們看到女王躺在鉛棺上的彫像——頭戴王冠、身穿王服，一手握球，一手執王節——的時候，所興起的普遍嘆息、呻吟、以及哭泣的聲音，是從未見過的，歷史上也從不曾提到過有任何民族，在任何時代，對於他們的統治者有過這樣悲痛悼念的情景。」

國王、貴族、及有錢的人們，都埋在教堂裏面，墓上立一精心製作的紀念碑，這種碑都是他們生前自己監督製成的。次要的人物埋葬得較草率。至於普通人的埋葬，連棺材也沒有，屍體放在一張屍架上而已，屍體上包有屍布，其實也祇包住頭及脚而已，有時連面孔也包不住，任其露在外面。埋的時候也祇挖一個淺淺的坑，埋在教堂外的墓地上。當時，墓前立一塊小石碑的風氣尚未流行，而死者也祇被認爲暫時占用墓地而已，過一段時期以後，有了新來的屍體，就會把原來埋在那裏的屍骨挖出來，丟在「藏骨所」裏，任由其爛掉或被人拋棄。

自殺者不許埋在教堂墓地，通常埋在空曠之處，像十字路口等，且不舉行任何葬禮（參看哈姆雷特五幕一景）。

十七　郵　政

在伊麗莎白時代，沒有爲一般人服務的郵政制度，但官方却有一個正規的郵遞系統。沿主要的道路，每隔若干距離，設有一個郵站，養有專用的郵馬，當地的郵站長須使這些馬匹能隨時可用。這些佩了鞍的馬，有錢的旅行家想要加速旅程，也可以弄得到；不過主要地，還是爲傳遞官文書的信差設的，這些官方信差常常需要高速傳信。在緊急的時候，郵站長往往受權徵發馬匹。郵差携帶一隻角號，邊走邊吹，以警告他人讓路或作必要的協助。在莎士比亞的劇本中，常有顯示速度的場面，這是從郵遞系統中得到的概念。

信差的速度究竟快到什麼程度，可以從信件背面的註記中看出。例如一五九七年十月廿六日，艾賽克斯發出一封十萬火急的文書。這封信約於上午十時從普里矛斯傳遞，於下午四時三十分傳抵阿士伯頓（Ashburton 共二十五哩）；於下午八時傳至愛塞特（Exeter 共十九哩）；夜間十時三十分傳至哈尼頓（Honiton 共十五哩）；翌晨一時三十分傳至克魯可恩（Crewkerne 共二十哩）；晨四時三十分傳至舍爾伯恩（Sherborne 共十二哩）；晨七時傳至舍夫頓（Shafton 共十四哩）；晨九時傳至塞利斯伯里（Salisbury 共十七哩）；正午傳至安道瓦（Andover 共十六哩）；午後三時三十分傳至白興斯多克（Basingstoke 共十六哩）。也就是說，在不足三十小時的時間內，走了將近一百六十五哩的距離，中間經過九次換馬，而沿途盡是鄉村道路，入夜並無照明設備。

十八 秉賦與技藝

十六十七世紀的作家們，經常把秉賦（nature）與技藝（art）拿來相互對比。伊麗莎白時代的英語，「秉賦」的意義是指與生俱來的能力；「技藝」的意義則是指經由研究與訓練獲得的能力。班章孫（Ben Jonson）在與蘇格蘭詩人霍桑頓的威廉杜倫孟德（William Drummond of Hawthornden）談話時，抱怨着說莎士比亞「缺乏技藝」；不過在他歌訟莎士比亞的詩中，比較厚道一點（該詩載於莎士比亞全集第一版的序文中）。所謂「缺乏技藝」，班章孫的意思是說，雖然莎士比亞的天賦很高，他並未經常盡力來設計或洗鍊其作品，或者遵守精確的規則。班章孫自己則先天的秉賦較差而後天的磨鍊極勤。他的作品都是經過千錘百鍊後寫出來的。

所以「技藝」一詞的意義，就是技術方面技巧。今天"artist"（藝術家）一詞，除指技巧外，兼含有天才的意味，而且主要地是用來指在繪畫、彫刻、音樂、文學、及演技方面有成就的人。在莎士比亞時代，"artist" 一字祇是指熟練的手藝人而已。當培根（Bacon）把 "arts" 與 "sciences" 對比的時候，他所謂的 "art" 幾乎就是現在所稱的「應用科學」；而 "science" 就是現在的「純科學」。

"art" 一字當時並含有自我修養的意義。加西阿斯（Cassius）很羨慕布魯特斯（Brutus）於聽到波西亞（Portia）死去的消息時，所表現的那種堅忍而鎮靜的態度，他對布魯特斯說（參看「凱撒大帝」一劇四幕三景）：

「我有與你同樣的修養工夫來承受，
但是我先天的秉賦不能忍耐。」

"Art" 與 "matter" 兩字也同樣有其對比的意義。"art" 指的是風格或體裁；"matter" 指的是內容。當普婁尼阿斯（Polonius）就哈姆雷特的變瘋講給皇后聽時，他自鳴得意於自己的語調與優美的措辭，皇后打斷他的話說（參看「哈姆雷特」二幕二景）：

「多講點內容，少耍點花腔。」

"Nature"（秉賦）與 "Fortune"（幸運）二字，也有其對比的意義，西利亞（Celia）與羅莎蘭（Rosalind）之間，有一段輕鬆的辯論討論此事（參見 As You Like It 一幕二景）。"Nature" 賜給人天然秉賦，如能力、美麗、或善良，這是與生俱來的；"Fortune" 帶給人的是偶然性的好運與壞運，如財富、友誼、陞遷、貧窮、倒霉等等，這是外來的。還有，因爲 "Fortune" 的賜予極爲不可捉摸。所以在具體形像上，是用一個瞎女人表示的，這一點副官皮斯托（Ancient Pistol）有很精彩的解釋（參看「亨利五世」三幕六景）。

十九　教堂的鐘

莎士比亞經常提到教堂的鐘。那時有很多場合都要敲鐘。禮拜天或其他聖日，要鳴鐘以召集信徒至教堂參加禮拜；平時鳴鐘是要宣佈好的消息，或警報火警，或警告敵人的入侵，或慶祝國王的即位，或通告婚禮或葬儀。如果可能的話，在病人死去的一剎那也要鳴鐘，以便使其靈魂帶着他朋友們的禱告一同進天國。安葬時也要鳴鐘。故每逢瘟疫流行時，送死人的鐘聲此起彼落，平添了無限憂鬱的氣氛。有許多的鄉村教堂，不祇有一個而是有一組的鐘，而鳴鐘的技術也有很大的技巧。一切高興的場合，都要使各鐘齊鳴；單獨鳴一個鐘，是表示死亡及喪葬。

二十　雙關語

在一五九八至一六〇六的幾年間，「雙關語」(equivocation)的理論，討論的很多。在一五九八年時，英國天主教徒之間發生了一項大的爭辯。有一部份天主教徒希望能平平安安地信他們的天主教，但是他們發現，英國人對天主教的仇視，都是當時在歐洲大陸上的英籍耶穌會（天主教內一派）的信徒們引起來的，這些人被認爲是許多反抗伊麗莎白女王陰謀的策動者。於是耶穌會與非耶穌會的信徒間，展開了一場大的爭論。在這場爭論中，耶穌會的僧侶，與英國境內非聖戰的天主教僧侶間，展開了一場筆戰，連英國國教倫敦區的主教也加入助陣。他鼓勵那些非聖職的僧侶，甚至幫助他們印刷書籍及小册子。有一項理論爭辯得非常利害，也最爲新教徒所普遍痛恨，那就是「雙關語的原則」(principle of equivocation)，因爲藉這一原則，人們宣誓作證時，可能將眞相隱匿。此一原則的維護者是耶穌會人氏，其主要的宣傳家羅拔巴遜斯神父 (Father Robert Parsons) 於一六〇二年出版了一本書叫「天主教僧侶政治辯護提要」(A Brief Apology or Defense of the Catholic Ecclesiastical Hierarchy)，他認爲在某些特殊的場合，「含糊的辭句」(amphibology) 或佯爲不知而掩蓋實情是合法的。到了一六〇六年三月廿八日，亨利加奈特神父 (Father Henry Garnet) 以「參與火藥陰謀」罪，經審判後判處死刑。審判過程中，雙關語成爲主要的爭論點，因爲有些共犯雖經宣誓，仍能故意地隱匿了某些實情。加奈特在辯護中，認爲在特殊場合用雙關語是應該的。他於五月六日執行死刑時，被敦促於生命的最後一刻應該講實話，不要再用含糊辭句了。在莎士比亞作的麥克白(Macbeth) 一劇中，門房所說的那一段話（見二幕三景），很可能就是直接指的這一件事。

二十一　煉金術

近代所研究的化學，在莎士比亞時代一無所知。不過已有相當多有關化學程序方面的實用知識了，特別是那些在冶金方面工作的人，知道許多這樣的知識。「煉金家」(alchemists) 受當時「四行」說的影響（參看前面第三段），相信一切金屬都是由「地」、「水」、「氣」三元素按不同的比例組合成功的。純金是最完美的金屬，由各元素按最完美的比例結合在一起。基於這種假設，煉金家主要的興趣是要發現那種「點金石」(philosopher's stone)。據他們相信，這種點金石可以把賤金屬變爲純金，並能够產生一種「長生不老藥」(elixir of life) 或稱「金藥劑」(aurum potabile)，使身體裏的體液從不調和狀態恢復至調和狀態，因此這種藥能治一切疾病，包括衰老。貪婪的人與輕信的人爲無限財富所誘惑，都捨得在這方面花錢，而許多惡棍也就隨時想欺騙他們。於是煉金術的研究，混進了許多魔術的與神秘的符號，有些是眞與煉金術有關的，有些是爲了騙人的。班章孫所寫的劇本「煉金術士」(The Alchemist)，描寫一羣煉金家的羣像，書中有當時煉金家所使用的許多隱語。不過，儘管如此，還是有許多從事眞正研究工作的煉金家；雖然他們永遠未能發現那塊點金石，至少他們在從事創造性的實驗，而並不完全依賴傳統。

二十二　時間問題

文學批評家們，尤其是不太熟悉伊麗莎白時代戲劇習慣的人，常爲莎士比亞劇本中的時間問題所困擾。最顯明的例子是「奧賽羅」(Othello) 一劇；祗要你仔細讀一讀，就會發覺在時間上有顯著的矛盾處。劇情開始於威尼斯 (Venice)，從奧賽羅與戴絲德莫娜 (Desdemona) 二人逃婚的那天晚上開始。奧賽羅幾乎立刻就被參議院召回，馬上被派往賽普路斯 (Cyprus) 統領軍隊，戴絲德莫娜隨後才去。凱西歐 (Cassio)、戴絲德莫娜、與奧賽羅分乘三條船抵達賽普路斯。就在他們夫妻團聚的同一天晚上，凱西歐值班的時候被伊阿勾（Iago）灌醉，立刻遭到奧賽羅撤職。第二天一大早，凱西歐採納伊阿勾的勸告，去找戴絲德莫娜，請她在她丈夫面前說項。緊接着——就在凱西歐出去的時候——伊阿勾就展開了他的陰謀，他對奧賽羅說戴絲德莫娜不守婦道，很久以來就是凱西歐的情婦了。從本劇所表現的前後情節看，戴絲德莫娜與凱西歐連單獨在一起的機會都沒有，怎麼會變成他的情婦？更怎麼會已經很久了呢？當我們拿着劇本細細研究，加以推敲的時候，這種時間上的矛盾確是存在；但「奧賽羅」一劇，以及莎士比亞所寫的一切其他劇本，並不是寫來讀的。而是要在舞台上「演」的。這個劇在「演」出來的時候，舞台上緊凑而動人的情節，會使觀衆注意不到這種時間上的矛盾。

誠然，莎士比亞寫劇本的時候，在時間觀念上有點隨便，但是他所關心的，是要在觀衆心裏造成一種連續不斷的印象，而不是要提出一串精確的時間問題。在伊麗莎白時代的劇本中，往往隨着戲情的演進，一下就過去了好幾個月甚至好幾年，觀衆也沒有注意，作者也沒有提起。其實就在奧賽羅這個劇本中，還有其他時間緊縮的地方，不過不爲人注意而已。比方在二幕一景中，第二十六行宣佈凱西歐的船抵達港口，第四十二行上場。第五十一行說海上又見到一隻船；十四行以後，宣佈伊阿勾到，他與戴絲德莫娜在第八十一行同時出現。第九十三行上又發現一條船，而奧賽羅在第一百八十三行上場。（譯註：本頁所記「行數」係譯原文，與該劇中譯本行數未必一致）。這樣一來，在舞台上表演的時間尚不足十五分鐘，已經有三條船——帆船而非汽船——被發現、進港、靠岸。就當時的實際生活言，從發現到靠岸，最少也要六小時的時間。

還有一個例子也從來不爲人注意，那是在理查二世（Richard II）一劇中。該劇的一幕四景裏，理查與奧麥利（Aumerle 他剛從伯凌布婁克 Bnlingbroke 處來）在談倫伯凌布婁克被放逐期間的行爲。第五十二行布席（Bushy）宣佈根特的約翰（John of Gaunt）就要死了。理查馬上出去看他。於二幕一景第六十八行時抵達。稍後，根特被抬出，在第一百四十七行宣佈他死去。理查宣稱要攫取根特的財產，並於第二百二十三行退場。到了第二百七十六行，諾桑伯蘭（Northumberland）就宣佈伯凌布婁克「已經」在布列塔尼征集了一隻遠征軍，準備入侵英國了（譯註：有關行數之譯例同前）。

這些以及其他時間上的矛盾，在舞台上實在一點也不重要。在戲劇中，眞實時間的歷程很少有人注意。非到劇情本身與時間有特殊關聯，而引起觀衆特別感覺的時候，誰也不留心時間的問題。

二十三　巫婆與巫術

一般人認爲在莎士比亞時代，每一個英國人都相信巫婆的魔力，因而巫術也非常流行。事實上懷疑的人要比相信的人多的多。當時法庭審理的案件中，有許多是涉及巫術的，其記錄讀起來索然無味，毫無稀奇之處。

在莎士比亞活着的那些年中，有關巫術的著作，以賴吉諾德斯喀特（Reginald Scot）所著的「巫術的眞相」（Discovery of Witchcraft）一書最有名也最精到（一五八四年出版）。在他自己的家鄉，法庭審理的案件也有些是涉及巫婆害人的，而所提出的證據，往往非常脆弱。他爲此事深感煩惱，於是決心對這個問題加以研究。他曾對許多權威著作，包括古典的、外國的、及英國的，仔細地研究過，他證明「所謂巫婆與所有的魔鬼之間，或與冥府中的鬼魂或我們親友的靈魂之間訂有某種契約或彼此有某種交往的說法，祇不過是一些錯誤的與杜撰出來的東西，和一些想像中的概念而已」。斯喀特這種堅定的懷疑理論，並不爲當時所有的讀者所接受，因爲他連聖經上的證據也輕視了。

到了一五八七年，有一位叫喬治吉佛德（George Gifford）的牧師，也是一位很博學的神學家，作了一本書叫「巫婆與巫師使用魔鬼之狡詐魔法的討論」（A Discourse of the Subtle Practises of Devils by Witches and Sorcerers），來答覆斯喀特的理論。六年以後，吉佛德又著了一本書叫「對談巫婆」（Dialogue Concerning Witches），這本書較有名，他在這本書裏，採取了一種折衷的觀點，既不像斯喀特那樣徹底懷疑，也不像一般世俗之見的完全相信。到了一五九七年，蘇格蘭國王詹姆士六世（即後來的英王詹姆士一世，又是莎士比亞劇團的奬助人），出版了一本叫「魔鬼論」（Daemonology）的書，來反駁斯喀特的「該死的見解」。這本書以對話的方式寫成，文句甚佳，對於當時一般人對巫術的種種信仰，做了有價值的扼要陳述。詹姆士本人有很好的理由相信巫術的存在。因爲在一五九一年，有一羣蘇格蘭的巫師與巫婆受審，其罪名是欲藉巫術來謀殺他。詹姆士曾親自參加過數次的偵訊，所獲的證據令人吃驚。經過的情形是這樣：有一個叫艾格尼斯辛浦森（Agnes Sam-pson）的巫婆，所作的供述非常怪誕，詹姆士喊叫着說他們這批人都是在扯謊，這個巫婆要求單獨與國王談話，她向國王「一字不差地說出他在挪威的奧斯陸，於新婚第一天晚上，與皇后之間的談話；國王於震驚之餘，指看上帝發誓說，他相信地獄中的全體魔鬼，也做不到這種事」。這一次審判的一般過程，曾於一五九二年在英國印成小冊子發行，莎士比亞很可能讀到過。麥克白(Macbeth)一劇中的許多巫婆，其所作所爲很像此案中的情形。

現在有很多證據證明在中世紀以及在莎士比亞的時期，巫婆的秘密社團，在法國及蘇格蘭都很盛行。這些團體都是以種種猥褻的儀式，作違反基督教的崇拜，對於植物類的毒藥有很多的知識。但是在當時的英國，這種巫術崇拜傳播的並不廣。男女巫士常是以個人身份被控危害他人，有時被控害人致死。如判定有罪，並不以巫術的罪名，而是以藉巫術殺人的罪名處死。大多數的情形，被告都是獨身的惡毒的老婦。斯喀特對此曾描述如下：

所謂巫婆，通常是一些年老、跛足、爛眼、蒼白、有惡臭，而又有滿臉皺紋的婦女；這些人都是貧窮、鬱鬱不樂、迷信、而又信天主教，或根本不知宗教爲何物：這些老嫗呆滯的心靈，恰是魔鬼盤踞的好地方。因爲她們既迷信、又刻毒、又好咒詛，所以一旦有災害、不幸、禍患、殺戮等等發生，她們很容易誤信是她們咒詛的結果，於是在她們心中留下一種恆久而實在的印象。這些人因爲既瘦瘠、又殘缺、再配上一臉的陰森表情，令人一見即有恐怖的感覺。這種人又行動遲鈍、語無倫次、瘋瘋癲癲、仇恨而刻毒；一般認爲被魔鬼所附的人正是這樣；他們對於自己所說的話，總是出以肯定而堅決的口氣，任何人祇須對這些話的堅定語氣稍存敬意，就很容易相信這些話的眞實性。

這些悲慘的可憐蟲，深爲其鄰居們所厭惡、所畏懼，很少有人敢得罪她們，或拒絕其要求。她們也就得寸進尺，宣揚能做一些超乎人類能力的事情，有時她們也眞會自我欺騙地相信能做這些事。她們逐戶沿門乞討，要一罐牛奶、酵粉、羹湯、或其他的食物；沒有這些東西，她們幾乎無法生存；這些食物之獲取，旣非靠服務及勞苦，也非靠技術。更不可能藉魔鬼的法術（據說她們能與魔鬼打交道，並可得見）獲得任何的好處像美、錢、晉陞、財富、愉快、榮譽、知識、學問等。

她們挨家乞討時，常常不能如願；其粗野與貪婪常遭鄰人譴責。還有，日子一久，這些巫婆自會令其鄰居厭煩，也就顯出對她們的輕視與憎恨。她們也就咒詛這些鄰居，一個又一個，從家主到妻子兒女，甚至家裏養的牲畜，也都遭她們咒詛。終至附近所有的人都使她們不快，也就希望降禍給所有這些人。咒詛的方式也許具有某種形式。當然，人總會有的死、有的病、有的小孩子會害一些奇奇怪怪的病像中風、癲癇、痙攣、高燒、寄生蟲等等。一般無知的父母們自然就會聯想到這是巫婆們的報復。不僅如此，一般低能的醫生還助紂爲虐，遂更使一般人對於巫術信有其事。諺云：「巫術與魔法乃是無知的藉口」。這些疾病實來自不調和的體素，並非來自咒語、巫婆、或鬼怪。如果人們養的牲畜因疾病或意外有死亡時，也把這種不幸歸因於巫婆，也就更增加了她們的名氣，這些人覺得他們的不幸恰恰與巫婆的咒詛相符合，遂堅決肯定地認爲他們的一切的不幸，都是巫婆咒詛的結果。

另一方面，巫婆們一向希望鄰居倒霉，並且有的時候所發生的事情也正與其希望、呪罵、與咒詛相合（包丁〔Bodin〕承認其所咒詛的事情，生效者不過百分之二）。一旦爲法官鞫審，在那種偵訊的環境下，被人指證自己的咒詛與鄰人不幸之間的關聯，宛若自己的符咒效力很大。因此也就承認自己是女巫，使這些不幸發生。其實不祇是巫婆、連告發人及法官，都受騙了，都在那裏亂來。這些人也眞相信巫婆有一套魔法，能嫁禍於人，這實在有辱上帝之名，因爲祇有上帝才有這種能力。

一般言之，當時大多數的英國人對於巫術雖都報以嘲弄的態度，不過總有一點不能言傳的懷疑，覺得「說不定這裏頭也許有點玩藝兒」。因此伊麗莎白時代的戲劇，有關巫婆的描述所留給觀衆的印象，很像現在的恐怖影片。

二十四　跳　舞

十六世紀時，社會各階層跳舞風氣之盛，與今日無異，並受到極端清教徒們的嚴厲抨擊。上流社會所跳的舞，在莎士比亞的劇本中最常提到的如下（欲對十六世紀的跳舞更進一步瞭解，請參閱「莎士比亞時代的英國」卷二，四三七至四五〇頁）：

參希爾舞

麥希爾舞（measure）一種緩慢、莊嚴的舞、步法莊重而文雅，適合年長者及正式的場合。約翰戴維斯（John Davies）在「舞蹈之詩」(Orchestra, or The Poem of Dancing)中，描述如下：

這些舞以後，人們較前文雅而有禮，
情侶遂跳出莊嚴穩重之麥希爾舞步，
秩序井然，姿態優美，
進退舞動，處處諧和，
雖最善挑剔者亦為之口塞，
　睹此情景，每一隻眼睛深為感動，
　充滿驚奇神色與親切之喜悅。

讀書的老生徒們，
如偉大的擎天神與聰明的普洛米修士，
雖終生在衆星上觀望，
亦見不到這樣的麥希爾舞，
充滿變化而不雜亂，
此舞中之一切步法，

都是莊嚴、穩重、緩慢。

在「羅米歐與朱麗葉」一劇中（見一幕五景），卡普萊特（Capulet）的客人跳此種舞，在「無事自擾」（Much Ado About Nothing）一劇中亦有此種舞（見二幕一景）。

孔雀舞

孔雀舞（pavan）「是一種堂皇而高貴的成隊進行的舞，適合於王公們穿的華美的斗蓬與地方長官穿的長袍。西班牙有一句諺語：『每一孔雀舞步都有其蓋利爾舞的成份』，這句話的意思彷彿是說，每一種莊嚴中都有其輕快的成份。這種整齊的舞步是向前兩單步及一雙步，再向後退等數的步子。舞步配合高音簫與喇叭所奏出的音樂」（見「莎士比亞時代的英國」卷二，四四四頁）。

蓋利爾舞

蓋利爾舞（galliard）是一種五步舞，較前兩種舞快速而活潑。戴維斯曾描寫如下：

爲更多的人跳，並爲使場面更加歡愉，
遂發明了一種快速而游動的舞，
舞步多變動，來來往往，
却以確定的規律，應和着
快速演奏的樂曲。
　音樂的節拍每五拍一組，

跳舞的舞步亦與之相符。

此舞華美而豪放，顯出生動的
剛健氣質與德性；
只恨房屋不能凌空飄動，
因爲她（舞）火樣的熱烈與神聖，
常使自己飛向天空，
　空中旋轉與騰躍，
　恰能配合雄壯的曲調。

跳躍舞

跳躍舞（capriol caper）的動作，現在仍常見於芭蕾舞中，舞者跳起，在落地前於空中兩脚相碰。

扣蘭多與拉渥他舞

扣蘭多舞（coranto）與拉渥他舞（lavolta）都是從蓋利爾舞變化出來的。扣蘭多的舞步快捷，有時滑行。拉渥他的舞步，有時須向空中躍動。戴維斯描述如下：

（扣蘭多）目前流行的那種舞，吾將如何命名呢？

以三重「揚抑抑格」之舞步
伴以滑行之動作馳舞，
舞者獲得普遍稱讚，
觀衆須常準備躲閃；
因爲舞步飄忽無定，
廻旋、繞行、任由變換。

（拉握他）尙有一種舞，最討人喜愛，
縱身高躍或廻轉跳動，
男女舞者以臂相繞，
緊抱在一起自我疾速旋轉，
惟舞步仍能按「抑抑揚格」進行，
配此舞之樂曲亦爲抑抑揚揚，
前二音步短，後一音步長。

「無事自擾」一劇，就是在扣蘭多舞中結束的。

布勞爾舞

布勞爾舞（brawl）是源自法國的一種舞，以一對舞伴爲主，其餘的人跟着他們跳。

土風舞

土風舞（country dances）很盛行，尤其是逢到節日或假期。每年到了五朔節（Mayday 此爲英國傳統的春節，爲五月一日），豎起一根柱子，稱五月柱，漆成彩色，少男少女繞柱跳舞。到了聖靈降臨節（又稱五旬節，在復活節七週後，在五月或六月間），大家習慣上跳莫利斯舞（morris 按此舞來自莫爾人，爲莫爾人式的〔Moorish〕舞）。這是一種原始形式的巴蕾舞，舞者皆打扮成傳奇人物，通常爲羅賓漢（Robin Hood）、修道士塔克（Friar Tuck）、少女瑪麗亞（Maid Marian 爲羅賓漢的情人）、及小約翰（Little John 爲羅賓漢傳奇中的重要人物）。舞會中有一人騎一匹木馬——爲以木製成似馬的架子，緊繫腰際，馬飾長及地面，遮住人腿——在各處騰躍舞動。跳莫利斯舞者，膝部纏以鈴。鈴聲與舞步相互激盪。

吉格舞

吉格舞（jig）分爲兩種，一種是輕快活潑的圓舞，步法很像蘇格蘭的瑞爾舞（reel），另一種是以舞台劇的形式表現出來，這種舞台上跳的吉格舞，以傳奇或神仙故事爲基礎，舞者扮成各種脚色，常伴以對話，內客有時非常猥褻。莎士比亞劇團中有一個丑角叫威爾肯匹（Will Kempe），特別以跳吉格舞出名。

二十五　哈姆雷特中的劍術比賽

打賭（見五幕二景）

賴爾提斯（Laertes）自認爲精於劍術，在比賽中讓哈姆雷特三擊。他向國王打賭，在哈姆雷特擊中他九次之前，必可先擊中哈姆雷特十二次。故哈姆雷特在十二次中有三次便宜。

比賽（見五幕二景）

哈姆雷特擊中了頭兩次，因此領先兩擊。於是賴爾提斯加緊他的攻擊，以他的尖頭劍擊中哈姆雷特一次。兩人此時都惱火了。哈姆雷特從其所受的傷口，知道賴爾提斯用的是尖頭劍（按練習比賽的劍應爲圓頭），於是運用了一手强迫對方換劍的攻擊方法。這是一手制式的擊劍法，原劇中未詳述，但是在孫克特戴迪爾（Sainct-Didier）所著的"Traicté contenant les secrets du premier livre sur l'spée seule"一書中對於這種打法有很清楚的描寫。書中打鬪的雙方，一位是中尉（相當於賴爾提斯），一位是縣長（相當於哈姆雷特）。爲使讀者易於瞭解起見，相當於賴爾提斯的一方稱甲，相當於哈姆雷特的一方稱乙。甲向乙短刺；乙躲開，收回左脚，同時以其劍擋住甲劍並推向一邊。乙爲藉機奪對方之劍，左脚迅速向前，全身跟着突進，以左手急握對方的劍柄，用力向己方扭拉。如甲不肯放手，則其手指必被强力所折斷，劍也終被搶去。此時甲祇有以同樣手法，迅以左手抓住對方的劍柄，向回扭拉。故雙方必同時放棄自己的劍，拉回對方的劍。拉回之後，因都在左手，故同時各向後退一步，換至右手，再向前一步，繼續比賽。

哈姆雷特用了這一絕招迫使賴爾提斯換劍。既換之後，向前緊逼，第三次擊中賴爾提斯。這一次用的是賴爾提斯自己的尖頭劍，賴於比賽前並曾在毒液中浸過。恰於此時，皇后昏暈了過去，雙方比賽停止。

在第一四開本中，舞台說明為「他們彼此抓住了對方的劍，雙方皆受了傷」。第一次的對開本，舞台說明為「在打鬬中，他們彼此換了劍」。在第二四開本中，沒有舞台說明。

二十六 鷹與放鷹

放鷹出去使之獵物，簡稱為放鷹，是當時上流社會間很流行的一種消遣，有許多專門用的術語。鷹有多種類型，某種獵物須用某種鷹去擒抓才最為相宜。最上等的鷹是從歐洲大陸進口的。訓練鷹並使之强壯豐滿，需要很大的技巧與經驗。一個職業放鷹者是這方面的專家。

養鷹不能從孵卵開始，必須捉活的，再加以馴服。如果是從鷹巢裏捉來的，則稱為「巢鷹」(ey-as 意謂從鷹裏獲得的雛鷹)，要在手上把它養大。巢鷹當然較易訓練，但是在擒獵技巧上較差。成熟的野鷹捕獲後稱為「蠻鷹」(haggard)。這種鷹難於馴服，不過因為在捕獲前有捕抓獵物的經驗，所以不需要太多的訓練。

馴鷹的第一步工作，是要把鷹的眼睛縫起來。用針將一根線穿入鷹的下眼瞼。把線拉緊繫在頭上，則鷹眼閉合；放鬆，則鷹眼張開。故鷹眼可任由放鷹者開合。鷹一旦看不見外物，則可隨你擺佈而不加抗拒。把鷹帶到外面訓練時，鷹頭上戴一塊布，每隻脚上繫一條細帶，特稱之謂「束鷹帶」(jesses)。如果「蠻鷹」的野性不改，則不許其休息任其掙扎，直至筋疲力竭。這樣來上幾囘，再野的鷹也制服了。馴鷹的術語叫"manning"，意謂「使鷹習慣於與人相處」。

當鷹準備　到野外訓練時，放鷹者先以一隻人造的小鳥爲餌，誘鷹囘來捕捉，這種小鳥稱爲"lure"（誘鷹鳥）。訓練成熟的鷹，可以放出去尋捕獵物。脚上繫以鈴，故即使在密林中捕抓獵物，放鷹者也可以尋囘其鷹。

尙有種種其他的術語，最常用者如下：

"fly"—「放」，意謂放鷹出去捕抓獵物。

"pitch"—「頂點」，鷹向上飛時，翶翔以待獵物之最高點。

"stoop"—「猛撲」，猝然從高空下降，向其獵物猛撲的動作。

"bate"—「鼓翼」，拍動其翅膀。

"imp"—「插羽」，把一根羽毛，插入鷹翼，以調換一根折斷的羽毛。

如對放鷹一事感興趣，可參看「莎士比亞時代的英國」卷二，第三五一至三六六頁。

二十七　幣　値

研究莎士比亞的學者們，所遭遇的難題之一，就是如何把伊麗莎白時代的英鎊，換算成現在的美金。這是一件非常不容易的事情。特別在目前，尤感覺困難，因爲美金的購買力，經常在變動，而英鎊與美金的兌換率，也同樣不穩定。在一九五一年十月，每一英鎊值二元八角美金；在本世紀初，幣值較穩定的時候，每一英鎊值四元八角美金，亦卽半個辨士合美金一分。在短短的五十年中，變動就這樣大了。還有，在十六與十七世紀之際，幣值是隨金銀的價格而波動的，這一點尤增加了本問題的困難。在伊麗莎白時代，尙不知用紙幣，而金銀鑄成的硬幣，含有十足的重量，卽一鎊的金幣，是用值一鎊的金子鑄成的（現在的硬幣，面值遠高於實含的金屬價值）。

伊麗莎白時代英國的貨幣單位與現在相同，一鎊折合二十先令，一先令折合十二辨士，一辨士折合四個小錢，（farthings）。鎊是金子鑄成的硬幣，除鎊外，「安吉」（angel 值十先令）、諾布（noble 值六先令八辨士卽三分之一鎊）、及克朗（crown 值五先令）也是用金子鑄的。最普通的銀幣爲先令、六辨士幣、格羅（四辨士幣）、半格羅（二辨士幣）、及一辨士幣。馬克（mark 值十三先令四辨士，或三分之二鎊）爲一種虛位貨幣，祇用來做算賬時的單位，並無眞正的錢幣。

歷來的歷史家們，曾有多次就不同期之金鎊的購買力，做成近似值的換算，這些算法沒有一次是精確的。比方一六〇〇年的一鎊約合一九一四年六鎊，約合一九四七年十鎊。這種換算不可能十分精確，因爲商品、工資、及日用必須品方面的價值，並非依這種比例變化。尤有進者，現在人們需要的東西，遠較那時多。像汽車、收音機、電影、電話、以及種種的社會服務（免費教育、公共衞生等），在莎士比亞時代根本不存在，因此個人有一部分開支，在當時是不需要的。當時的生活水準非常低，特別是那些收入菲薄的人。

雖無法做精確的比較，不過，給讀者一種粗粗的一般觀念還是辦得到的。我們不妨以伊麗莎白時代的一金鎊折合現在四十美金計算，亦即一先令約值二美金，一辨士值一角六分美金，看看當時的物價情形。

下面這張表，列出來一些實際的數字，可以做一般的比較：

倫敦城內熟練技工的薪金

〔符號：£——鎊，　s.——先令，　d.——辨士，　$——美金〕

	伊麗莎白時代的貨幣	約折合現在的美金
年俸，供生活必需品	£3 6s. 8d. 至 £6 13s. 4d.	$ 125 至 $ 250
日薪，供飲食	6d. 至 9d.	$ 1 至 $ 1.50
日薪，不供飲食	10d. 至 14d.	$ 1.60 至 $ 2.25

軍　隊　薪　餉

1596 年駐在法國的軍隊各級薪餉以下列標準付現

	伊麗莎白時代的貨幣		約折合現在的美金	
在 200 人組成之連中	日餉	每週生活津貼	日餉	每週生活津貼
上尉（連長）	8 s.	56 s.	$ 16	$ 112
中　尉	4 s.	28 s.	$ 8	$ 56
掌旗官	2 s.	14 s.	$ 4	$ 28
軍　曹、鼓　手、軍　醫	12 d.	7 s.	$ 2	$ 14
兵　卒	8 d.	7 s.	$1.30	$ 14

一五九九年食物最高限價

1599 年 8 月，曾公佈動員期間最高物價標準，包括以下諸項

	伊麗莎白時代的貨幣			約折合現在的美金
最上級啤酒	每夸爾	1 d.	（夸爾＝1/4 加侖）	0.16
次級啤酒	每夸爾	½ d.		0.08
奶　油	每　磅	4 d.		0.64

乾　酪	每　磅	$1\frac{1}{2}$d. 至 2d.	0.24 至 0.32
最上等蛋	每七個	2d.	合每打　0.54
最上等牛肉	每八磅	14d.	合每磅　0.28
肥猪（最上等）		16d.	$2.56
肥鷄（閹過）	每　雙	20d.	合每隻　$1.60
牛油燭	每　磅	4d.	0.64

其他一般物價

以下諸項擇自漢斯婁（Henslowe）之日記（以衣服爲主）

	伊麗莎白時代之貨幣	約折合現在之美金
童工工資	每　週　3s.	$　6
普通吃一餐飯	每　人　6d. 至 9d.	$1 至 $1.50
士兵之長刀與短劍	8s.	$　16
士兵戴的盔	8s.	$　16
塞克巴（樂器，似喇叭）	40s.	$　80
縫製服裝：(a) 每套	18s.	$　36

品名	單位	伊麗莎白時代之貨幣	約合現在之美金
(b) 女緊身上衣（連同袖子）		6 s. 7 d.	$ 13
天鵝絨的短外衣，繡有珠飾，並連同一件有頭巾的披肩		£ 4	$ 160
緞子男緊身衣	每 件	40 s. 至 45 s.	$ 80 至 90
女用長袍		£ 10	$ 400
女用灰長衫（工作服）		20 s.	$ 40
次級紅色天鵝絨布料	每 碼	20 s.	$ 40
緞 子	每 碼	12 s.	$ 24
波紋綢	每 碼	12 s. 6 d.	$ 25
一付羽飾		10 s.	$ 20

劇 作 酬 金

	伊麗莎白時代之貨幣	約合現在之美金
1599 年章孫及戴克爾（Jonson & Dekker）合寫"普里茅斯之侍者"（Page of Plymouth）	£ 8	$ 320
1599 年杜雷頓(Drayton)、海茨威(Hathway)，蒙廸(Munday)、及威爾遜等四人，合寫"古堡約翰爵士"上下集(two parts of Sir John Oldcastle)	£ 14	$ 560

第一次上演時並獲得 10 s. 特別酬金		$ 20
1603 年海伍德(Heywood)寫"爲和善殺死的女人" "(A Woman Killed with Kindness"	£ 6	$ 240
每一戲劇獲准出版，須向"皇家宴樂官" (Master of Revels) 繳納	7 s.	$ 14

從以上這些數字可以看出，就食物言，當時的物價與一九四七至四八年冬天美國的物價相似；就衣著言，當時比現在貴的多；就工資言，尤其是製造業方面的工人，遠較現在爲低。

二十八　歷史劇背後的歷史

約翰王（全劇名作 The Life and Death of King John）

在英國的歷史教科書中，約翰王有「英國最壞的國王」之稱。他是亨利二世 (Henry II) 與愛莉娜爾皇后 (Queen Elinor) 的幼子，從小就被寵壞了。成年以後，他變得好色、卑鄙、好報復，並且奸詐狡猾。因此在他統治英國的那段期間，充滿了糾紛與麻煩。

亨利二世死於一一八九年。由利查(Richard)繼承其王位，此人因勇猛過人，有「獅心」(Coeur-de-lion) 之稱。他繼位不久，即參加十字軍東征，欲從回教徒手中奪回聖地耶路撒冷。在遠征途中，他同另一位十字軍戰士奧地利大公利奧波德 (Leopold, Duke of Austria) 發生了口角。到一一九二年年底，十字軍與回教徒達成了停戰協定，利查也就率軍返回英國。在他路過歐洲大陸的時候，爲奧地利大公擒獲，變成了階下囚。

那段著名的有關獅子的傳奇故事，就發生在他被囚禁的這段期間。據說有一頭獅子被放開向他突然撲過來，這位勇敢的國王以手臂揷進獅子的喉頭，猛往下伸，從獅子的口中拉出了牠的心臟。自此以後，利查總是身披獅皮，以紀念這一次勇敢的事蹟。

一一四九年英方花了一筆很大的贖金，才把利查贖回來。一一九九年利查死於法國，當時他在法境攻打一處屬於里摩伯爵（Count of Limoges）的碉堡，在一次進攻時中箭，後箭傷發作而死。在「約翰王」這個劇中，奧地利大公（其實在一一九四已死）與里摩伯爵合成了一個人，此人身穿那一張著名的獅皮，做爲戰勝利查的象徵。

「獅心」利查無嗣，他死之後，英國的貴族選舉約翰爲英王，但是安如的貴族們拒絕承認（安如〔Anjou〕爲法國西部一地區，當時屬英），他們宣稱阿瑟（Arthur）才是眞正的王位繼承人（阿瑟爲約翰的哥哥傑夫瑞〔Geoffrey〕的遺腹子，傑夫瑞死於一一八七年）。

法國的菲力（Philip）支持阿瑟，於是約翰與菲力之間，展開了一場長期而無決定性的戰爭。到了一二〇〇年，雙方停戰。菲力承認約翰爲英國國王兼諾曼第大公；阿瑟爲布列塔尼大公（Duke of Brittany）。第二年阿瑟的母親死了，阿瑟與法王的女兒（當時才六歲）訂婚。一二〇二年戰事再起，四月間，約翰俘虜了阿瑟（當時十六歲），此後就無人再見過阿瑟了。

一二〇五年約翰與教皇間發生爭執。當時坎特伯里大主教出缺，教皇任命史蒂芬藍頓（Stephen Langton）遞補。約翰拒絕接受，教皇下令停其職權。不過這項命令對約翰的影響不太大，他靠掠奪教產又維持了好幾年。後來他終被正式逐出教會。一二一二年，教皇命令他退位，並命菲力強制執行。約翰原擬武力抵抗，但是國內貴族憎恨其蠻橫專斷，羣起反對。約翰不得已，遣使至教皇代表潘迪夫（Pandulph）處，請求投降並願臣服於教皇。一二一三年五月十五日舉行正式歸附教皇的儀式。到了一二一四年，約翰再度入侵法國，爲法國路易皇太子所敗，鎩羽而歸。此時國內貴族已忍無可忍，遂強迫約翰應允改革。他們會約翰王於溫莎附近的蘭尼米德（Runnymede）。一二一五年六月十五日，約翰蓋印於著名的大憲章（Magna Carta）宣言上。這項文件後來被認爲是英國公民自由或個人自由的基石，在英國所受到的尊敬，與獨立宣言在美國所受到者相同。不過在莎士比亞時代，作家們很少提到它，本劇中更完全未予注意。

約翰王不久想要報復，貴族們乞援於路易。這一回教皇是站在約翰這一邊，教皇的代表命路易撤兵，路易不聽，率軍登陸英國，英軍叛約翰倒向路易的很多。約翰作戰不利，而在越過林肯（Lincoln）與諾福克（Norfolk）二郡間的沙質海岸時，他自己所有的行李與一部份軍隊又爲潮水所吞沒。約翰悲憤交集，抵斯文斯台德寺院（Abbey of Swinstead），後即染患重病。約翰之死因，傳說不一，有的說飲了過多的烈性啤酒，有的說吃了過量的熟桃子，更有人說被一名僧侶所毒死——最後這一種說法，爲「紛擾的朝代」（The Troublesome Reign）一書的作者所接受。

約翰死後，其長子亨利繼承王位，繼位時才九歲。貴族們與新王並無恩怨，乃包圍攝政大臣威廉馬歇爾，潘布魯克伯爵（William Marshal, Earl of Pembroke）。雙方議和，法軍遂撤回本國。

利查二世（全劇名作 The Tragedy of King Richard Ⅱ）

亨利四世（上下篇）（I and Ⅱ Henry Ⅳ）

亨利五世（全劇名作 The Life of King Henry V）

莎士比亞所寫的十個歷史劇中，除「約翰王」與「亨利八世」外，其餘八個劇祗有一個中心主題——即藍開斯特王朝（the House of Lancaster）的興衰。這是一段一百年左右的錯綜複雜的歷史。

英王愛德華三世（Edward Ⅲ）在位五十年（1327–77），共生七子，長子亦名愛德華，號稱「黑王子」（Black Prince）。這兩位愛德華都熱中於戰爭，經常在法國或西班牙打仗。愛德華三世在位的末期，年老而體衰，但是却死在太子之後。「黑王子」死於一三七六年，再過數月愛德華三世死，已是一三七七年了。王死後，十一歲的皇太孫利查二世，即黑王子之長子，入承大統。攝政者爲根特之約翰，藍開斯特公爵（John of Gaunt, Duke of Lancaster），亦即愛德華三世尙存諸子中之最年長者。一三八一年發生了歷史上著名的「農民暴動」（Peasants' Revolt）事件。年幼的國王，在這次事件中的表現，極爲英勇。他應許解除農民的痛苦，藉以平息了農民的叛亂，不過他的允諾爲其顧問所阻，未能兌現。一三八二年利查十六歲時，與波希米亞之安妮（Anne of Bohemia）結婚。此時，根特在國外轉戰於西班牙，王國之控制權落入愛德華三世之第六子，伍德斯托克的湯瑪斯（Thomas of

Woodstock）手中，此人卽格勞斯特公爵（Duke of Gloucester）。

利查這時漸漸長大了，在朝廷中以他自己的朋友組成了一個團體，這一點使格羅斯特頗爲吃驚。於是格羅斯特與他的支持者（史稱「控訴貴族」），包括亨利伯凌布魯克卽海雷福公爵（Henry Bolingbroke, Duke of Hereford 此人爲根特之約翰之子）與湯瑪斯莫伯雷(Thomas Mowbray，此人初爲諾丁漢伯爵，後爲諾福克公爵）等人，先下手爲强，逮捕了利查的心腹，全部予以處決。一三八九年，利查突然宣佈他現在已成年，格羅斯特必須辭去攝政之職。此後數年，利查很能幹地並且很適度地處理朝政。他甚至想與「控訴貴族」棄嫌修好，但是格羅斯特又想謀逆，事發被捕，送往加來(Calais 當時屬英），秘密處死。

同時，利查喪妻，又再度結婚，個性變得輕率而揮霍。朝廷裏充滿了寵臣與食客，因而歲出大增，窮於應付。利查藉强迫借貸、「自動」捐獻（富人「自動」出錢）、及「發包稅收」等方法以籌款。所謂「發包稅收」，卽允許某些金融家以現款繳國庫，而獲得收稅權，這是一種籌款的方法，以後流弊極大。

一三九八年，伯凌布魯克與諾福克(同爲「控訴貴族」)發生爭吵。莎士比亞的「利查第二」一劇，卽從此開始。利查將二人一同放逐出國，諾福克放逐終生，伯凌布魯克放逐六年。伯凌布魯克爲根特之約翰（藍開斯特公爵）之子，利查允諾當他父親死時，所遺龐大財產仍將歸他所有。數月後根特死去，利查食言，攫奪了藍開斯特的財產，用來充作軍費，以平定發生在愛爾蘭的叛亂。在利查出國遠征期間，伯凌布魯克返回英國在約克郡登陸，宣稱此行在於恢復他藍開斯特公爵的權益。北部最有權勢的諾桑伯蘭地方的柏西家族(Percies of Northumberland)以及利查所有的敵人們，皆起而響應，加入了伯凌布魯克的陣營。利查返國後，局勢全非，已無能爲力。伯凌布魯克要他退位，利查迫不得已讓出王位，伯凌布魯克遂成爲英王亨利四世。此時立刻發生了反抗新王的陰謀。一四〇〇年，利查二世被謀殺，莎士比亞的「利查二世」一劇至此結束。

「亨利四世」上篇新寫的，是以後兩年間——一四〇〇至一四〇三——的事情。

利查二世無嗣，故黑王子這一支絕後。就長子繼承的順序言，王位繼承人應爲愛德華第三之次子這一支中，最年長的後裔。愛德華三世之次子叫賴諾，克來倫斯公爵(Lionel, Duke of Clarence)，無男性後嗣，女兒叫菲莉帕 (Phillipa)，下嫁愛德蒙莫爾提麻，即第三馬池伯爵 (Edmund Mortimer, third Earl of March)。菲莉帕生子女三人，長子名羅吉 (Roger 後爲第四馬池伯爵)，於一三九八年戰死於愛爾蘭。女兒名伊麗莎白，下嫁亨利柏西 (Henry Percy)，此人綽號「急性子」，爲諾桑伯蘭伯爵之子。這位伊麗莎白，即「亨利四世」劇中的「柏西夫人」。次子名愛德蒙，襲爵爲第五馬池伯爵，此時他變成了在法律上的王位繼承人。

亨利四世的統治，充滿了紛爭與動亂。第一次嚴重的叛亂爆發於一四〇三年，威爾士全面叛英，由一個叫歐文格蘭道爾 (Owen Glendower) 的酋長率領，對抗亨利。但這次叛亂並未成功，因此亨利回京，把統率權交給了「急性子」柏西與愛德蒙莫爾提麻 (此人爲愛德蒙馬池伯爵之叔父)。莫爾提厤爲格蘭道爾所俘，但二人成了朋友，格蘭道爾並把女兒配給他。「急性子」柏西也回到了北方，並在后麥頓山（Holmeden）擊敗了一支由道格拉斯（Douglas）率領的蘇格蘭入侵的軍隊。③

不久，柏西家族與英王之間發生了齟齬。這一家族的主要份子爲亨利，諾桑伯蘭伯爵；「急性子」亨利（其子）；及湯瑪斯柏西，渥斯特伯爵（其兄）。起因爲國王要柏西家族交出向蘇格蘭所要的麥頓山戰役俘虜的大筆贖金。柏西家族拒絕交出，隨即叛變。他們計劃組織聯軍以對抗國王，他們的盟友爲莫爾提厤、格蘭道爾、及蘇格蘭的道格拉斯。「急性子」與道格拉斯向南進軍，期與格蘭道爾會師。一四〇三年在舒茲白雷（Shrewsbury）展開了一場決定性的戰鬪。「急性子」陣亡，渥斯特被俘斬首，道格拉斯被俘贖回。諾桑伯蘭投降，這次戰鬪他未參加。

現在的人很不容易想像或體會到，這些大貴族們的權勢大到什麽程度。他們大都與皇族有姻親關係；尤有進者，他們由於彼此通婚與相互聯姻，遂能累積大量的財富，擁有大片的領地，並能驅使在領地上工作與居住的人爲他們服務或打仗。他們住的碉堡儼然是防衛嚴密的宮殿。貴族們很容易從其領地居民與侍從人員中徵集一支私家軍隊，尤其是當時的士兵裝備甚簡陋，祇不過一把刀、一頂盔、一支弓、一束箭而已。

「亨利四世」上篇止於舒茲白雷之役。

「亨利四世」下篇經過的時間約九年。一四〇三年，約克郡大主教斯可魯普（Scroop），聯合諾桑伯蘭及毛布瑞（Mowbray）此人即「利查二世」劇中諾福克公爵之子），一齊反於北部，旋爲王師所敗。斯可魯普及毛布瑞被擒處決；諾桑伯蘭逃脫，於一四〇八再圖謀反被殺。亨利四世經過一段長期疾病後，死於一四一三年。其子海爾王子（Prince Hal）即位，稱亨利五世，「亨利四世」下篇至此結束。

亨利五世很像他的曾祖父愛德華三世，醉心於戰功。此時法國境內很亂，奧爾良人（Orleanists）與勃艮地人（Burgundians）之間發生內戰。亨利以愛德華三世曾孫的身份，宣稱有權繼承法國之王位，其理由在「亨利四世」（見四幕五景）與「亨利五世」（見一幕二景）中說得很清楚，於是準備遠征。在他快要從騷贊普頓出發之際，發現了一項危害他生命安全的陰謀。主謀者爲利查，劍橋伯爵（Richard, Earl of Cambridge 爲紐克公爵、愛德蒙之子）；斯可魯普（已故紐克大主教斯可魯普之親屬），及湯瑪斯格雷爵士（Lord Thomas Grey）。三人皆被處死。亨利隨卽率軍出發，在塞恩河河口哈福來爾（Harfleur，在 Le Havre 之對面）登陸，經過五星期的圍攻，佔領此城。此時亨利的軍隊死於疾病者甚多，但他仍打算從加來出發，繼續遠征。中途爲一支法國軍隊所阻，於一四一五年十月廿五日，在阿金科戰役中，擊敗了法國遠爲優勢的軍隊。但是亨利自己的軍隊，也已經疲憊不堪，無法進展，遂經加來返回英國。

這些事件皆已編入「亨利五世」的前三幕中。一四一七年亨利再侵入法境，佔領了康城（Caen）。一四一九年正月，攻佔盧昴，遂建立了諾曼第的控制權。一四二〇年五月，他與法境勃艮地人達成協議。條約中規定，在法國目前的猷癡國王在世的時候，亨利爲攝政王；法王死後，由亨利而不由法國皇太子（法王之長子）繼承法國王位。附帶的條件是亨利必須娶法王之女爲皇后。一四二一年，亨利偕其新后凱賽琳（Katharine）返英，把法境英軍統率權交給他長兄湯瑪斯，克來倫斯公爵（Thomas, Duke of Clarence）。克來倫斯在一次戰鬬中爲法國皇太子所殺。亨利遂被迫做第三度遠征，但在一四二二年八月三十一日，亨利死於痢疾。莎士比亞的「亨利第五」所包括的時間，是從一四一三至一四二〇年，即從主張法國王位起至與凱賽琳結婚止。

③ 聖威爾士女的這位愛德蒙，並非前面說的王位法定繼承人，此可參考「世系表」，莎士比亞把這兩位愛德蒙弄混了。

亨利六世（上、中、下篇）

自亨利五世之死（一四二二年）至亨利七世即位（一四八五年）這一段期間的英國史，莎士比亞編成了他最初的四個劇本——亨利六世上、中、下篇，與利查三世。這是一段經常處於鈎心鬬角、奸詐狡猾、暗殺、與內戰的時期；各大貴族間的明爭暗鬬，永無寧日。這些大的貴族，不是愛德華三世的後裔，就是與其家族有近親關係。亨利五世死的時候，他的兒子亨利六世繼承王位，當時才是九個月大的嬰兒。於是英國再度由攝政諸公治理，每一位攝政都想把持朝政而排斥他人。他們彼此紛爭的結果，在國外，喪失了加來地區以外所有的法國境內的領土；在國內，則爭吵不休，引起了長期的內戰。

上面說過，亨利五世起程赴法的前夕，發現了一項要謀害他的陰謀。首腦人物中有一個是利查，劍橋伯爵，此人為紐克公爵愛德蒙（愛德華三世之第四子）之子。劍橋伯爵之妻為安妮，安妮係羅吉爾莫爾提厮之女，此人為克來倫斯公爵賴諾（愛德華三世之次子，參看世系表B）之孫。因此，劍橋伯爵利查的子女，就與愛德華三世之血緣關係言，較亨利五世更為親密。

「亨利六世」上篇，從亨利五世的葬禮開始。此時，法國境內有一大塊領土在英國手裏，其餘的部分則處於內戰與紛亂的狀態中，勃艮地人支持英國對抗查理皇太子。一四二八年英軍圍攻奧爾良，局勢甚為有利，看來很可能進一步擴展英國的佔領區；但是到了一四二九年，聖女貞德出現，向查理皇太子請纓。此後法軍採取攻勢，一四二九年五月奧爾良解圍；六月，英軍最傑出而英勇的指揮官約翰台爾拔爵士（Sir John Talbot）被俘，此人後來被關在法國達四年之久。七月十四日，法軍在聖女貞德狂熱愛國心的鼓舞下，收復了理姆斯（Rheims 在法國東北部）；兩天後，查理皇太子加冕為法國國王。不過此為聖女貞德成功的最高點，十個月之後（一四三〇年五月），此女為勃艮地人所俘送交英軍。

第二年的十二月，孩童國王亨利六世被帶至巴黎，加冕為法蘭西國王。貞德在獄中一年，經過了多次拷問與偵訊，最後以「異端」罪名判處死刑。一四三一年五月三十日，在盧昂被焚而死。

此時亨利對於政治事務表現出了一種早熟的興趣。一四三二年——時僅十歲——他親自主持英國國會的揭幕典禮。在以後爭辯激烈的開會期間，他袒護布佛（Beauforts）集團。三年之後，白德佛公爵（Duke of Bedford）逝世，勃艮地人背棄了英軍。同時查理也已經撤換了那些輕浮的寵臣，任用了一批能幹的司令官。一四三六年，法軍攻克巴黎。此時戰爭於法國極爲有利，英國的戍守部隊一步一步地被趕出了法國。

一四四二年，亨利達到了法定成年的年齡；第二年，與洛林公爵（Duke of Lorraine）之女兒瑪格麗特（Margaret）訂婚。但直至一四四五年，瑪格麗特在薩福克伯爵（Earl of Suffolk）護送之下抵達英國後，才正式舉行婚禮。同時，英法兩國在都爾（Tours）簽訂了一項停戰協議。到了一四五一年，戰事再起，約翰台爾拔爵士（此時已受封爲舒茲伯雷伯爵）被派往亞奎丹（Aquitaine）統領英軍。他這時已是七十歲的老人了，年老氣衰，力不從心，於一四五三年七月十七日，在卡斯提隆一役中陣亡。不久，英法百年戰爭結束，除加來外，英國喪失了所有法境的領土。

「亨利六世」上篇，主要的是描寫法國境內的戰爭。不過劇情的發展，完全未顧及實際的年代。中下兩篇描寫的是英國國內的薔薇戰爭，這一場內戰，斷斷續續地持續了三十年（一四五五至八五）。

亨利六世的童年時代，受他幾個叔叔的管教，特別是格勞斯特公爵韓福瑞（Humphrey, Duke of Gloucester，此人爲亨利四世之子），與布佛家的約翰（薩馬色伯爵）及亨利（溫切斯特主教），後二人爲根特之約翰第三妻所生。做爲一個國王，亨利六世表現得十分無能。終他這一生，他祗不過是權臣的傀儡，從未參與過險惡的政爭。但是他的妻子瑪格麗特，却是一位堅强而狠毒的女人；一四四七年，格勞斯特被其后黨中的政敵指控叛國，被捕下獄，在獄中被謀害。

瑪格麗特婚後最初幾年間，一直未生育，根據當時的王位繼承法，繼承人應爲約克公爵利查

(Richard, Duke of York)，亦即上面提到的劍橋伯爵利查之子。布佛家的人非常嫉刻他，終至公開決裂。約克家族以白薔薇爲標誌，薩馬色家族以紅薔薇爲標誌。國王參加了紅薔薇這一方。

一四五三年瑪格麗特皇后生一子，取名愛德華王子，王位繼承問題已不存在；但翌年亨利六世有一段期間神經錯亂，由約克公爵攝政。國王康復以後，薩馬色家族得國王之助重又掌權。約克爲自衛計，遂起兵造反。在聖阿爾本 (St. Albans) 一役 (一四五五年)，約克擊敗並殺死了薩馬色，而且俘虜了亨利六世。於是約克再度成爲攝政，並迫亨利六世同意死後由約克繼承王位。

薩馬色集團稱藍開斯特家族，因爲他們的祖先爲藍開斯特公爵、根特之約翰。雖然在聖阿爾本一役中戰敗，但瑪格麗特皇后並不投降，她募集新軍再與約克戰，第一次戰役又被約克擊敗，仍不屈服，繼續抵抗。約克第一次擊敗皇后後，廢亨利六世，自己登上了王座。數星期後，在威克非爾德 (Wakefield 在約克郡) 一役中 (一四六〇年)，約克爲皇后的軍隊戰敗並被殺。瑪格麗特傳其首級於約克城示衆，頭上戴一頂紙做的皇冠。

約克之子名愛德華，爲第五馬池伯爵。其父被殺後，帶領軍隊繼續作戰。一四六一年在陶頓一役中，澈底擊潰了藍開斯特家族的部隊，但皇后未被俘，逃回法國。愛德華勝後稱王，號愛德華四世。他的主要支持者係渥利克伯爵利查奈維爾 (Richard Neville. Earl of Warwick)，史稱「國王製造者渥利克」。愛德華不欲依靠奈維爾家族；因此當渥利克正爲他進行與一位法國公主結婚時，他却秘密地與一位平民階級的女子結婚，此女名伊麗莎白吳德維爾 (Elizabeth Woodville)，爲藍開斯特地方一位騎士（Knight）之遺孀。爲進一步强化其黨羽，愛德華四世把皇后的親戚提陞至最高的地位。渥維克爲報復計，嫁其女予克來倫斯公爵喬治（愛德華四世之弟）。於是雙方公然敵視。

一四六九年，藍開斯特家族再度集結武力。此時渥維克背棄了約克家族，經法王路易十一之調停，與仍在法境流亡的瑪格麗特和好。愛德華四世見大勢已去，乃逃出英國。渥維克此時宣佈擁護亨利六世復辟，並爲進一步加强兩家的關係起見，以其女安妮嫁予亨利六世與瑪格麗特之子愛德華。渥維克之軍隊攻佔倫敦，把長久以來卽囚於倫敦塔的亨利六世放出，再登上王座。

亨利六世再度做傀儡王的時期並不長。愛德華四世得其弟格勞斯特公爵利查之助，率領了一支小型部隊，在約克郡之來溫斯帕（Ravenspur）地方登陸，向南方進軍。克來倫斯叛渥維克與其兄愛德華四世和好。決定性的戰役發生於倫敦北方數英里的巴奈特（一四七一年）。渥維克戰敗被殺。數星期後，藍開斯特家族所集合的最後一支部隊，在格勞斯特郡之吐克斯白力（Tewkesbury）地方全軍覆沒。瑪格麗特之子愛德華被俘，後爲格勞斯特公爵利查所害。這次戰役之後，藍開斯特家族所有的貴族，皆被處決，唯一留下來的，爲里治芒伯爵亨利都鐸（Henry Tudor, Earl of Richmond 參看世系表C）。

愛德華四世再回倫敦稱王。同一天，亨利六世在倫敦塔爲格勞斯特所害。莎士比亞的「亨利六世」下篇終於此。

利查三世（全劇名作 Tragedy of King Richard III）

「利查三世」一劇於一四八三年愛德華四世死前不久開始，歷時約二年。愛德華是一個追逐享受，縱情聲色的君主，他與珍妮蕭爾（Jane Shore 一倫敦市民之妻）的戀愛故事尤爲出名。國王之弟格勞斯特公爵利查，被認爲是朝廷中掌握實權的人物，他於害死愛德華王子（亨利六世之子）後，更娶其遺孀爲妻。前面所敘述的幾件事情，已充分顯示出其殘忍的個性。此時他設法使國王相信克來倫斯又有叛意，遂將其送往倫敦塔予以謀害。不過格勞斯特的敵人甚多；皇后的家族及親屬——烏得維爾家族及格雷（Greys）家族——都恨他，而國王又體弱多病，格勞斯特知道，如果國王死後這些人仍掌權時，則他活的機會就很少了。

愛德華一死，格勞斯特很快地先發制人。藉白金漢公爵（Duke of Buckingham）之助，他從雷伍爾伯爵（Earl Rivers）及利查格雷（Richard Grey 此二人爲幼王之舅）處，刼去了幼王愛德華五世，並把利查格雷囚禁於倫敦塔，以後並予以斬首。格勞斯特自己任幼王之攝政，其謀取王位之心已是昭然若揭。他發現宮內大臣海斯汀爵士（Lord Hastings）不同意其作爲，乃於樞密院一次會議中故意與之爭吵，立命推出斬首。

此時，愛德華四世之幼子，即約克公爵利查，由其母帶往西敏寺躲避。格勞斯特說服他母親，使他至倫敦塔與他的哥哥作伴（按倫敦塔兼爲皇宮）。於是格勞斯特公開篡奪王位，在白金漢公爵與其自己的扈從人員支持下，唆使倫敦市民組織請願團，在「萬民擁戴」之下，格勞斯特遂「接受」了王位，稱「利查三世」。爲鞏固其王位，他派人至倫敦塔，將二王子一齊殺害。但是利查過於殘忍，引起了普遍的厭惡，他的政敵開始策劃擁立里治芒的亨利為王，甚至連白金漢公爵也反對他。但白金漢的運氣不佳，為他捕獲處決。

利查的次一項計劃，為去掉他現在的妻子，而與他的姪女兒結婚（愛德華四世之女，約克的伊麗莎白）。但還未來得及實現，里治芒的亨利就在威爾斯登陸了。薔薇戰爭最後一次戰役，於一四八五年在雷斯特附近的色斯瓦爾（Bosworth）進行。利查的軍隊遠較為強大，亨利獲勝的機會甚微。但是雙方一經接觸，利查的軍隊有很多倒向了亨利，連利查本人也在壘戰中陣亡。於是里治芒的亨利即王位，稱亨利七世。後來他與約克的伊麗莎白結婚，遂使紅薔薇與白薔薇結合在一起，結束了為期三十年的薔薇戰爭。

亨利七世之子即亨利八世，伊麗莎白女王為其孫女兒。故薔薇戰爭最後的幾次戰役，對於莎士比亞及其觀眾言，可謂記憶猶新，很像現在的美國人對南北戰爭的感覺。很多戰役發生的地方，莎士比亞都很熟悉；像吐克斯白力，距莎士比亞的故鄉尚不足三十英里，而最慘烈的一次戰役即發生於此。尤有進者，當時大多數的英國人都覺得，伊麗莎白女王死後（無嗣），王位繼承的問題，極可能再度出現。因此當時的觀眾，對於描述薔薇戰爭期間的人物或事件的任何戲劇，都有一種敏銳而直接的興趣。那些殘忍的日子離他們不遠，他們有一種切身的感覺。

亨利八世（全劇名作 The Famous History of the Life of King Henry VIII）

亨利八世爲亨利七世之次子，生於一四九一年。一五〇二年其兄威爾斯王子阿瑟（Arthur）死後（死時年方十五），成爲王位繼承人。阿瑟死前不久，與西班牙公主阿里岡的凱賽琳（Katharine of Aragon 係西班牙非迪南王與伊莎白拉后之女）結婚。阿瑟死後，經教皇之特許，亨利八世（時年方九歲）與其孀嫂訂婚。按照宗教法典，與寡嫂結婚是不許可的；但是教皇頒的特許令，認爲阿瑟與凱賽琳間的婚姻，從未完成合法程序，因此無效。一五〇九年四月廿二日，亨利卽王位，七週後與凱賽琳結婚。

此時亨利主要的大臣與顧問，爲湯瑪斯吳爾色（Thomas Wolsey），此人出身微賤，却極能幹，而且驕傲貪婪。君臣二人從過甚密。吳爾色是一位僧侶（在宗教革命之前，僧侶任行政官員的很多），從聖俸中獲得很大的收入。他累積了一筆龐大的財產，過着極爲排場奢侈的生活。一五一五年，他受封爲紅衣主教。一五二〇年，吳爾色爲亨利與法王佛蘭西斯一世安排了一次正式的會晤，這次的會晤所有參加的人皆極盡舖張揮霍之能事，故史稱「金錦滙聚地」（Field of the Cloth of Gold）。第二年，白金漢公爵以極輕微之罪名被處決，這一舉動充分顯示出亨利的專斷獨裁個性，對於那些想阻撓或反對他的人，是一個危險的警號。

亨利八世與凱賽琳的婚姻並不成功，因爲凱賽琳未生男孩，而亨利也已經對她發生厭倦。到一五二二年，他開始對湯瑪斯布林爵士（Sir Thomas Boleyn）這一家人頒賜大量的恩賞，他對這家的兩

「湯瑪斯莫爾」一劇於一八四四年才首次刋行，編輯者是亞力山大戴斯（Alexander Dyce），他是把原文改成近代的字體印出的。一九〇八年，塔克爾布魯克（C. F. Tucker Brooke）出版了一部叫「莎士比亞待鑑文集」（The Shakespeare Apocrypha）的書，把此劇收集了進去。這一部書所收集的，都是與莎士比亞有關，而在第一次對開本的莎士比亞全集中，沒有收集進去的戲劇。一九一〇年，法莫爾（J. S. Farmer）刋行了一種攝影本；一九一一年，哥萊格（W. W. Grieg）爲馬隆學會（Malone Society）刋印了一種活字版的手稿本，就當時的印刷技術，盡量表現了手稿的特性。

莎士比亞的筆跡問題，是利查辛浦森（Richard Simpson）於一八七一年首先提出的，但當時未受人重視。直至一九一六年，古字體專家愛德華芒德湯浦生爵士（Sir Edward Maunde Thompson）爲「莎士比亞時代的英國」一書收集當時的手跡時，才又對此稿本作了一番深入的研究。不久，他寫了一篇叫「莎士比亞的手跡」（Shakespeare's Handwriting）的文章，公佈他研究的結果，他認爲該劇中有三頁爲莎士比亞所寫。

此時，大家研究莎翁筆跡的興趣已十分濃厚。一九二三年，有五位學者聯名寫了一篇文章，標題爲「湯瑪斯莫爾爵士劇本中的莎翁部份問題之研究」（Shakespeare's Hand in the Play of "Sir Thomas More"）。他們的論證主要地可歸納爲以下三點：(1)手跡的證據問題。莎士比亞親筆寫出的字跡，祗有很少幾處是絕對可靠的。一處是在白勒訴蒙卓愛的案件（Bellot vs. Mountjoy）中，莎翁曾被傳作證，簽名於其口供上。這一簽名式是絕對可靠的。一處是一六一三年三月十日，莎翁曾購置在宗教事務方面，亨利此時的顧問爲湯瑪斯克蘭莫爾（Thomas Cranmer），此人的性格與吳爾色迥然不同，並同情新教之教義。一五三二年鄔爾漢（Warham）大主教逝世，亨利任命克蘭莫爾爲坎特伯力大主教。一五三三年正月，亨利與安妮舉行了一次秘密的結婚儀式；五月，克蘭莫爾宣佈亨利與凱賽琳間的婚姻無效，與安妮的婚姻有效。於是安妮正式加冕爲后。九月七日安妮產一女，是卽後來鼎鼎大名的伊麗莎白女王。凱賽琳則過着一種豪華的引退生活，直至一五三六死去爲止。

亨利與安妮間的婚姻，從各方面看都是悲劇性的，其婚姻關係，尙未維持到三年。安妮也未能生育男孩，而亨利很快就移情別戀了。一五三六年她被指控與人通姦，先由克蘭莫爾宣佈婚姻無效，次被亨利殺頭。

世　系　表

下列三表使讀者對於藍開斯特王朝、約克王朝、及都鐸王朝之複雜家族關係有一扼要的概念，此表已大加簡化，僅包括主要人物。

表 A：藍開斯特家族（The House of Lancaster）

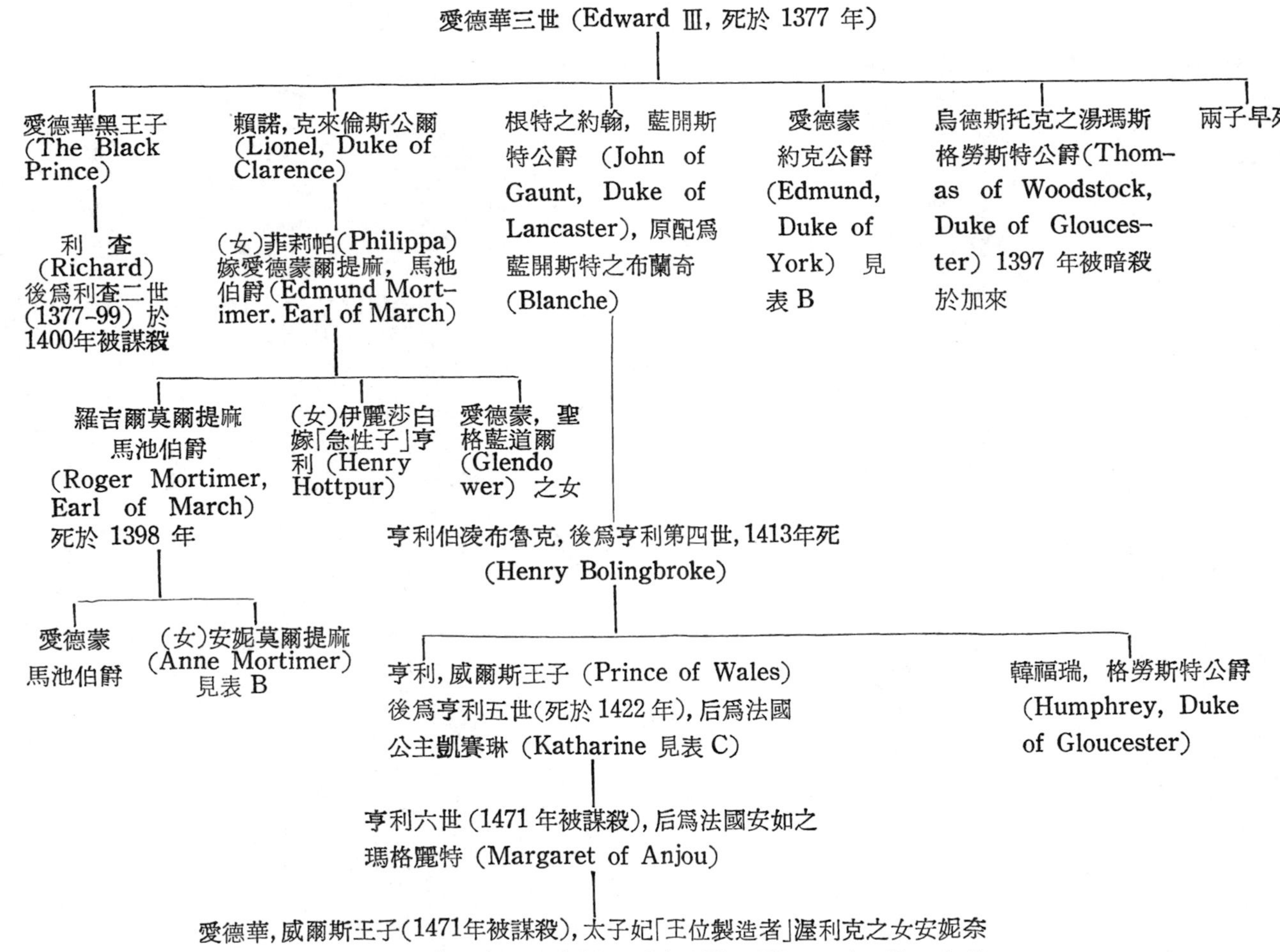

表 B: 約克家族 (The House of York)

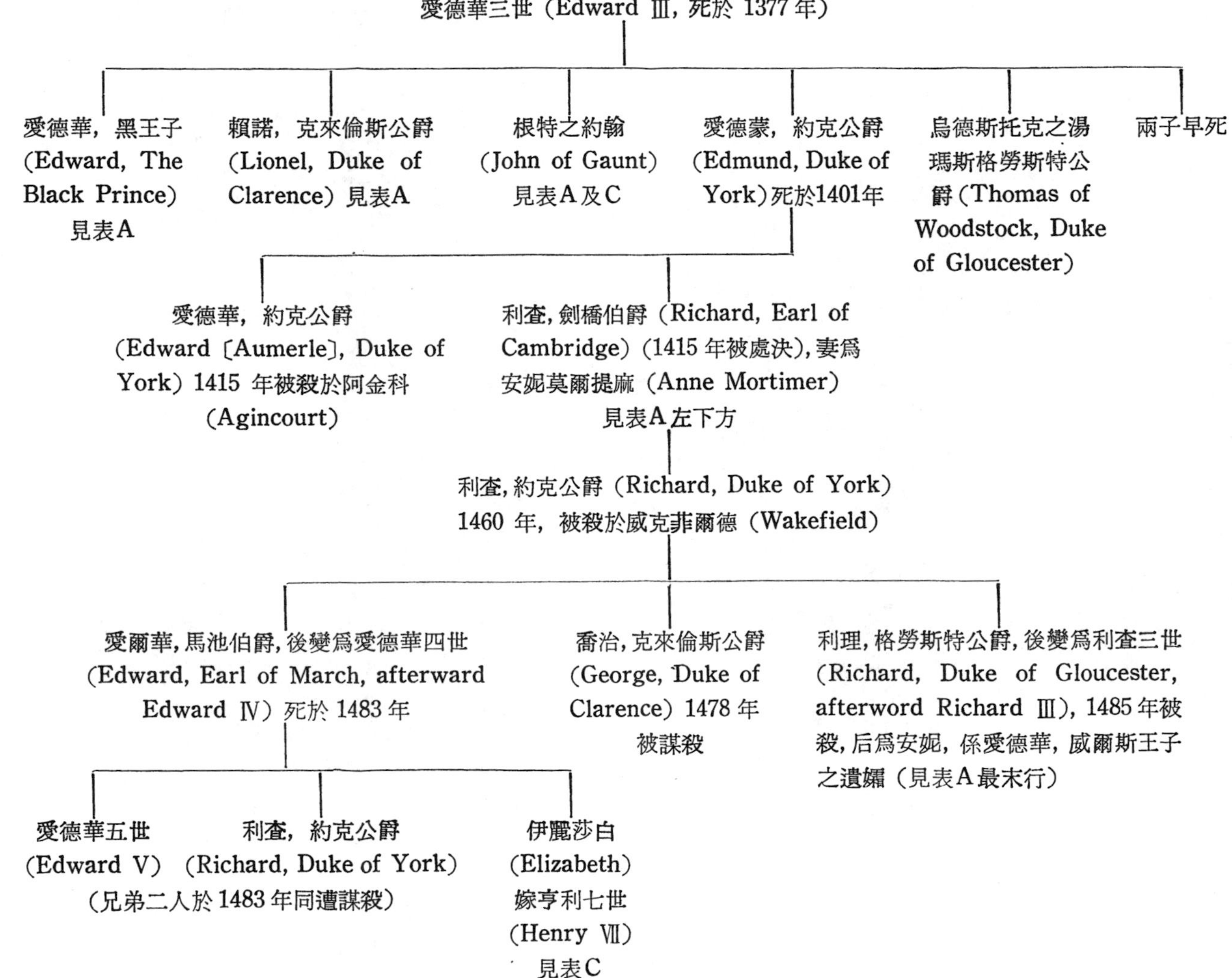

表 C: 都鐸家族 (The House of Tudor)

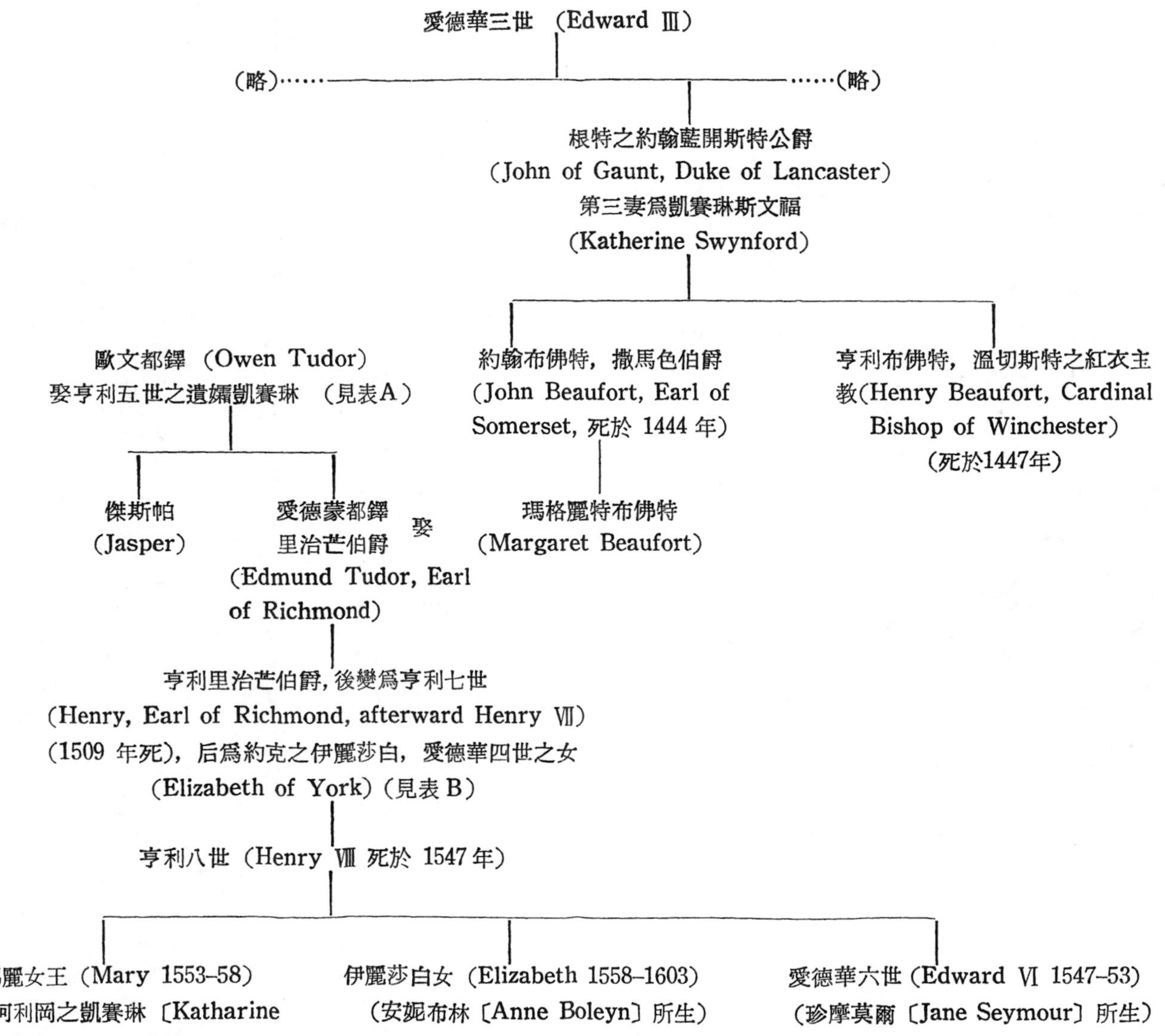

二十九　嘉德勳位

嘉德勳位（the Order of the Garter），有時亦稱聖喬治勳位（the Order of St. George），係愛德華三世約於一三四四年所建立。這是最古老的亦是最尊貴的榮譽勳位，至今仍行於歐洲。

這種勳位的創設，據說是愛德華三世的朝廷中一件偶發事件所引起的。據說有一天朝廷中舉行舞會，薩利斯柏里伯爵夫人（Joan, Countess of Salisbury）的一隻吊襪帶落在地上了，珍生得極美，且與國王熟悉。當愛德華三世從地上揀起這隻吊襪帶的時候，他的朝臣們大笑。愛德華三世大發雷霆，呵叱他們的下流想法，並宣稱要使吊襪帶（garter）變成最尊貴的東西。於是他創建了嘉德勳位。

這種勳位極爲嚴格，包括英國君主在內。在一段時期內祗頒贈二十五人，皆是對國家有特殊貢獻者。此外，其他國家活着的國王和王子，有時受贈此勳。在莎士比亞時代，嘉德勳位團每年於四月廿三日（聖喬治紀念日前夕）舉行隆重會餐。翌日，整隊至聖喬治教堂禮拜；該教堂在溫莎堡（Windsor Castle）的範圍內，每一位嘉德爵士在這裏有其專用的座位，上面懸有他的標幟。每逢重大的慶典，嘉德爵士在其左腿膝下面的部位，繫一吊襪帶，此即勳位標識。襪帶以藍色天鵝絨做成，上面用金線繡出 Honi Soit Qui Mal Y Pense 數字，意謂「作邪思者可恥」（Shame be to him who thinks evil)，襪扣爲金質。此外，每一位嘉德爵士項間圍以琺瑯質的圓領，自領上懸一聖喬治屠龍的彫像；並披一紫天鵝絨質的斗篷。

三十　莎士比亞對「湯瑪斯莫爾爵士」一劇之補充

倫敦的大英博物館所收藏的手稿中，有一個劇本的原稿，標題爲「湯瑪斯莫爾爵士」(The Booke of Sir Thomas More)。這個劇本直至近代才排演和付印。原稿共有對開紙二十頁，其中十頁公認係安東尼孟迪(Anthony Munday)所寫，此人爲當時的一位多產的職業作家。另外的十頁，有亨利茄特爾(Henry Chettle)和湯瑪斯戴克爾(Thomas Dekker)加進去的幾景；有伊麗莎白朝廷的宴樂官愛德華泰內爵士(Sir Edward Tyllney)寫上去的評註，他以戲劇檢查官的身份，不贊成其中的某幾段，並且要求修改。其餘的部分由兩種筆跡寫成，姑以C君筆跡與D君筆跡代表。D君筆跡增補了整整的一景，共一四七行。這一場戲是描寫湯瑪斯莫爾爵士以倫敦執法官的身份，平息了一場暴亂；暴亂的起因，係因爲倫敦的物價因外國人的增加而提高，不肖之徒乃煽動暴民，準備向外國人攻擊。寫這一場戲的D君，有人認爲卽莎士比亞。

究竟這一部分是否眞是莎士比亞的筆跡，多少年來一直爭辯得很利害，不過大多數學者研究過既有的證據之後，都同意一種看法，卽「十分可能」。

「湯瑪斯莫爾」一劇於一八四四年才首次刊行，編輯者是亞力山大戴斯（Alexander Dyce），他是把原文改成近代的字體印出的。一九〇八年，塔克爾布魯克（C. F. Tucker Brooke）出版了一部叫「莎士比亞待鑑文集」（The Shakespeare Apocrypha）的書，把此劇收集了進去。這一部書所收集的，都是與莎士比亞有關，而在第一次對開本的莎士比亞全集中，沒有收集進去的戲劇。一九一〇年，法莫爾（J. S. Farmer）刊行了一種攝影本；一九一一年，哥萊格（W. W. Grieg）爲馬隆學會（Malone Society）刊印了一種活字版的手稿本，就當時的印刷技術，盡量表現了手稿的特性。

莎士比亞的筆跡問題，是利查辛浦森（Richard Simpson）於一八七一年首先提出的，但當時未受人重視。直至一九一六年，古字體專家愛德華芒德湯浦生爵士（Sir Edward Maunde Thompson）爲「莎士比亞時代的英國」一書收集當時的手跡時，才又對此稿本作了一番深入的研究。不久，他寫了一篇叫「莎士比亞的手跡」（Shakespeare's Handwriting）的文章，公佈他研究的結果，他認爲該劇中有三頁爲莎士比亞所寫。

此時，大家研究莎翁筆跡的興趣已十分濃厚。一九二三年，有五位學者聯名寫了一篇文章，標題爲「湯瑪斯莫爾爵士劇本中的莎翁部份問題之研究」（Shakespeare's Hand in the Play of "Sir Thomas More"）。他們的論證主要地可歸納爲以下三點：⑴手跡的證據問題。莎士比亞親筆寫出的字跡，祇有很少幾處是絕對可靠的。一處是在白勒訴蒙卓愛的案件（Bellot vs. Mountjoy）中，莎翁曾被傳作證，簽名於其口供上。這一簽名式是絕對可靠的。一處是一六一三年三月十日，莎翁曾購置一棟在布來克富來爾（Blackfriars）的住宅，文契上有莎翁的兩個簽名式，至今保留，這也是絕對可靠的。還有一處是在他最後的遺囑上，這項遺囑寫於一六一六年三月廿五日，上面有莎士比亞的三個簽名式及 "by me" 二字，此爲莎翁的手跡，也是絕對可靠的。除此而外，並無其他絕對可靠的眞跡，亦爲研究比較的依據。因此從手跡上得到的結論，其證據力不够强。不過芒德湯浦生的努力，至少證明了兩點——這三頁中的字體，很像莎翁的手跡；而不像任何伊麗莎白時代劇作家的手跡。

(2)都瓦爾威爾遜（J. Dover Wilson）的論據，是來自那三頁的特殊的拼字法。他發現在莎翁戲劇的四開本中，有些字的拼法有時很古怪。這種拼字法，在那三頁中也找得到。同時他也注意到，那三頁中某些字母的寫法，很客易被誤認爲是另外的字母，而這種誤印的情形，在四開本中常見。

(3)秦伯斯（R.W. Chambers）辯稱，莫爾爵士在那一場戲中所作的演講，酷似莎士比亞的辭句。這種論據對於一般讀者最具說服力；但對專家而言，證據力最弱。因爲措辭問題是文學修養的問題。像某人的辭句，未必即爲某人所寫。

這篇關於莎士比亞手跡的文章，有些說法很脆弱。比方，他們認爲莎翁加這一場戲的時間，是在一五九三至九五年間。但是，假如確爲莎翁所寫，時間必在數年之後。因爲就那一段演說的文體來看，並不屬於「羅密歐與朱麗葉」與「利查二世」時代（一五九三至九五）的作品；却屬於「朱利阿斯西撒」與「脫愛勒斯與克來西達」時代（一五九九至一六〇一）的作品。柯林斯會斷定（見 Review of English Studies, 1934, Vol. X, pp. 401–11）該劇之作當爲一六〇〇年或一六〇一年。因爲當時艾賽克斯伯爵的叛變事件所引起來的激動情緒，尚未平復下去。所以小心翼翼的泰內才親自加註意見，反對任何有關時事的或帶有絲毫叛亂意識的情節或說詞。

證據既不能十分可靠，於是這一場戲在研究莎翁作品的學者之間，遂成為主要的爭論問題之一。讀者對此問題如有興趣，可以讀一讀「莎士比亞研究」(Shakespeare Survey) 卷二（一九四九年出版）；包爾德 (R. C. Bald) 曾在這本書裏，扼要而精鍊地把各種證據一一摘述。不過，很多學者都認為，在「莎士比亞全集」中，應把這場戲包括進去。下面即是。

錄自「湯瑪斯莫爾爵士」

倫敦，一街道

（林肯、達爾、克朗、喬治白茲、威廉生、以及其他人上場）

林肯：靜一靜，聽我說！凡是不願意見到一條燻鯡魚要賣四個辨士，一磅奶油要賣十一個辨士，一蒲士耳的粗穀粉要賣九個先令，廿來磅的牛肉要賣一鎊半的人們，請聽我說！

白茲：諸位聽他講吧！如果我們允許外國人在倫敦住的話，物價就會漲到那種地步了。

林肯：我們是一個很講究吃食的國家；所以外國人在這裏吃的比在他們本國吃的多。

克朗：一天差不多就要吃半個辨士的麵包。（按當時物價一個辨士可以買四分之一加侖的上等啤酒，所以半個辨士的麵包相當多了）

林肯：他們帶進來一些古里古怪的菜蔬，敗壞那些無知的學徒們的德性（指學他們吃）；試問品德高尙的人們，看到那些防風草（原產荷蘭，根甜可食）做何感想？

（飲食習慣的不同，爲種族間彼此誤會的普通原因之一。這種原因實在沒有道理。）

威廉生：髒東西，髒東西！吃了會爛眼睛的，而且足以使全城的人患痲痺。

林肯：你錯了。不是「足以」而是「已經」使我們痲痺了：因爲這些從糞堆裏生出來的髒東西——你知道的，這些東西是長在糞堆裏的——已經感染了我們，再經由我們的感染，會使全城震動。這起碼有一部分原因是吃倒霉的防風草而引起的。

克朗：對！還有那些可惡的南瓜！

（一法曹上場）

法曹：你們對於國王的仁慈（法律秩序）談論些什麼？你們是拒絕嗎（想鬧事嗎）？

林肯：你認爲我們聚衆滋事，是不是？沒有，我們沒有。我們接受國王的仁慈（統治），但是我們對於外國人可不想仁慈。

法曹：就這一個問題而言，你們所採取的觀點和立場，是最最愚蠢的了。

林肯：你說什麼？你敢說學徒的都是笨蛋？豈有此理。揍他！

衆人一齊：你敢說學徒們都是笨蛋嗎？你說，你說！

（倫敦市長、執法官莫爾、薩雷伯爵、舒茲白力伯爵、湯瑪斯派爾厤爵士、及羅吉爾考姆雷等上場）

市長：不要鬧，看在國王的名份上，不要鬧！

薩雷：朋友們！先生們！同胞們！靜一靜！

市長：安靜，安靜！我命令諸位保持安靜。

舒茲白力：各位先生們，同胞們——

威廉生：是舒茲白力伯爵！我們聽他講。

白茲：我們要聽薩雷伯爵講！

林肯：舒茲白力伯爵！

白茲：兩位都聽。

衆一齊：兩位都聽！兩位，兩位，兩位！

林肯：靜一靜，聽見沒有，靜一靜！你們有沒有知識，怎麼囘事？

薩雷：你們要做的事，不像是有知識的人要做的。

衆一齊：我們不要聽雷伯爵講！不要，不要，不要，不要！舒茲白力，舒茲白力！

莫爾：他們一旦不服從法律的約束，
　　就會如洪水之氾濫，一發不可收拾了。

林肯：執法官莫爾在講話了。我們聽一聽執法官講什麼好嗎？

達爾：大家聽他講！這位執法官爲人很正直，並且他把我的哥哥，阿瑟瓦京斯，介紹給塞夫法曹做助手。讓我們聽莫爾執法官講吧。

衆一齊：執法官莫爾講！莫爾，莫爾，執法官莫爾！

（倫敦執法官是很重要的官吏；負責維持公共秩序。）

莫爾：卽使依據你們自己的法則，

也要求聽衆安靜，是不是！

衆人中一部分：薩雷講，薩雷講！

衆人中另一部分：莫爾講，莫爾講！

林肯及白茲一齊：安靜！安靜！不要吵！安靜！

莫爾：你們在衆人中有聲望有力量的人，

應當要他們靜下來。

林肯：該死的，他們不要安靜。

魔鬼也拿他們沒有辦法。

莫爾：那麼你們該負暴亂的責任，

居然來領導連魔鬼也管不了的暴民！

諸位先生，聽我說！

達爾：我們確願意聽您講，莫爾！您又仁慈又慷慨，我代我哥哥感謝您的恩德。

衆一齊：靜一靜，不要吵！

莫爾：看，你們所要破壞的東西，你們也嚷着要了！
那就是安靜與和平。在場的各位，每一個人，
從你們孩童時代起，就該知道從來沒有人，
像你們現在這樣打算要推翻和平。
如果你們至今仍在亨受着的和平，
在你們孩童時代已經被推翻的話，則在一個互相殘殺的血腥時代裏，
你們根本無法長大成人。
天哪，可憐的人們，即使你們所尋求的給你們，
試問你們獲得的是什麼？

白兹：聖母爲證，說句天地良心話，把外國人移走之後，
必會對於城裏的工人及手藝人等大有裨益。

莫爾：好，就把他們移走，並且假定你們這種吵鬧，
已經使英國官方束手無策，由你們去搞。
想想吧，你們會看見那些可憐的異邦人，
背着他們的孩子們，拖着他們笨重的行李

蹣跚着走向港口，
你們却心滿意足地作威作福。
政府官員被你們吵的不敢作聲，
你們一副盛氣凌人的樣子，一意孤行——
你們得到的是什麼？我告訴各位吧，你們已經使一般人懂得
強權能勝公理，蠻橫處處行得通，
法律與秩序可循這種方式任意破壞。
到那時你們就沒有太平日子過了，
因爲其他的流氓惡棍，也會基於其自己的私慾
以同樣的手段，自私的理由，
向你們刼掠；人們會像貪婪的魚一樣，
互相吞食，彼此殘殺。

達爾：天哪，眞會是這樣哩！

林肯：啊，這個人腦筋很淸楚。聽他講！

莫爾：朋友們，讓我提供各位一種假設的情形，
如果各位就我提出的情形仔細想一想

就會看出你們這種暴亂行爲
其後果是多麼可怕了。第一，這是一種罪（sin）
是「使徒保羅」常常警告我們的罪，
他要求我們的，是對政府服從而非暴亂；
（見新約羅馬書十三章，一至七節）
因此，我如果說你們這種行爲是對上帝的違抗
一點也沒有說錯。

衆一齊：聖母爲證，我們絕不是這樣！

莫爾：是這樣，你們確是這樣，一點兒也不錯：
因爲上帝已經把一部職責授予國王來執行，像
尊嚴、正義、權力、及命令。
上帝吩咐國王治理這個國家，望諸君服從：
並且爲了提高國王的威嚴，
上帝不但使國王具有祂自己的形像，
賜給國王皇位與君權，並且給予國王祂自己的名份，
而稱國王爲地上的上帝（a god）。請問諸君

你反對上帝自己所任命的君主
是不是就是反對上帝？各位這種做法
將如何對自己的靈魂交待？啊，諸位身處絕境了。
用眼淚洗淨你們那邪惡的心吧，還有那邪惡的手，
那反抗和平與秩序的手。
舉起雙手仰望和平吧，曲屈你們那不虔敬的雙膝
跪下來請求國王饒恕吧！
告訴我：一旦叛變與暴亂發生的時候，
有那一個叛亂的頭目，憑他自己之名
能使暴亂平靜下來？有誰要服從一個叛逆？
一張布告一旦爲叛徒所頒發，
如何希望它能發生好的效果？
不錯，你們儘可欺侮外國人，
殺他們，切斷他們的喉頭，佔據他們的房產，
使法律的尊嚴，像獵狗一樣的瘋狂。
試想國王對這些人將如何處置，

假定暴徒們事後悛悔吾王不忍處以重刑，
僅對此嚴重罪行稍示懲戒，而將各位放逐出國，
那時，各位將往那裏去？
你們這種作爲，一旦傳出去，
那一個國家會保護你們？
任你們去法國或去法蘭德斯，去德國任何一省，或去西班牙或葡萄牙，
啊，任何地方，祇要不屬於英國，
你們也就會變成外國人了。
諸君喜歡不喜歡見到一個像這樣野蠻的國家？
一片暴亂，蠻不講理。
不給你住處，
用可憎的利刃抵住你咽喉，
像狗一樣的趕你走，彷彿上帝
不接納也從沒有造出你這個人，又彷彿
地上的萬物你無權享用，祇有他們才能享受！
如果有人這樣對待你，試問諸君做何感想？

這就是你們要對待外國人的殘忍情形。

衆一齊：眞的哩！他說的是實話；「已所欲，施於人」，我們對外國人不能那樣。

林肯：莫爾大人，我們願意聽你處置，祇要你能站在我們這一邊，替我們求國王的赦免。

莫爾：服從在場的各位官員，
懇求他們在國王面前申訴，
安份守法，服從地方長官，
則諸位尋求寬恕，
必會如願以償。

莎士比亞的戲劇作品

梁　實　秋

莎士比亞的戲劇在當時不算是文學作品。劇本寫好之後通常是賣給劇團，其價格是由六鎊到十鎊之數。劇本一經賣掉之後，卽屬於劇團，如同其他道具一樣，與作者不再發生關係。劇本通常是不印行的，因爲印行之後可能反倒對於劇團不利，但是有時候劇本被盜印，或由於演員口授或由於聽衆速記，拼湊割裂而成爲所謂的「惡劣的四開本」。在此種情形之下，劇團往往拿出他們所使用的「提詞本」甚至稿本付印以資抗衡。在劇團遭遇經濟困難的時候當然也會拿出劇本付印。但是這都與作者沒有關係。所以，莎士比亞的全集是在他死後七年(一六二三年)由他的劇團兩個演員代爲編輯出版的，其中包括了三十六齣戲（「波里克利斯」未列入）。這三十六部戲，有半數是在一六二三年「第一對折本」以前所從不會出版過的，有半數是至少有過一個「四開本」的。莎士比亞的四開本刊印的情形如下：

一五九四年　*「亨利六世中篇」，「泰特斯．安莊尼克斯」

一五九五年　*「亨利六世下篇」

一五九七年　*「羅密歐與朱麗葉」，「利查二世」，「利查三世」

一五九八年　「空愛一場」，「亨利四世上篇」

一五九九年　（「羅密歐與朱麗葉」第二四開本）

一六〇〇年＊「亨利五世」，「亨利四世下篇」，「威尼斯商人」，「無事自擾」，「仲夏夜夢」

一六〇二年＊「溫莎的風流婦人」

一六〇三年＊「哈姆雷特」

一六〇四年　（「哈姆雷特」第二四開本）

一六〇八年　「李爾王」

一六〇九年　「脫愛勒斯與克萊西達」，「波里克利斯」

上面打了＊符號的是盜印本，所謂「惡劣的四開本」。

第一對折本是最有價值的第一部莎士比亞全集，編者不僅是與莎士比亞同屬一個劇團（The Chamberlain's–King's Company），而且是他的好朋友們。其標題頁如下：

Mr William Shakespeares Comedies, Histories, & Tragedies. Published according to the True Originall Copies. [Portrait, signed *Martin Droeshout sculpsit* London] London. Printed by Isaac Iaggard, and Ed. Blount. 1623.

這個對折本形式是很笨重的，印刷亦不精良，拼寫是舊式的，幕景亦未分清，也沒有劇中人物表，但是這仍成爲英國文學中的珍品。（耶魯大學 Kökeritz 教授有影印本行世）。第二對折本刊於一六三二年，第三對折本刊於一六六三年（收進了「波里克利斯」），第四對折本刊於一六八五年。一七〇九年 Nicholas Rowe 編印的莎士比亞全集問世，這是第一個近代編本，從此以後莎士比亞的作品經過許多專家學者們校勘編訂，以嶄新的文學作品的形式與讀者們相見了。

莎士比亞的編劇生涯若自一五九〇年算起，至一六一一年，約二十年，差不多每年要寫兩部戲，這數量是驚人的。了解莎士比亞的最好的方法是讀他的作品，精讀他的作品，並且讀他全部的作品，然後才能澈底認識莎士比亞的全貌。第一對折本把他的作品分爲喜劇歷史劇與悲劇三大部門，我們現在就按照這三大部門的順序逐劇介紹一些有關的事實，以爲了解其作品之一助。

1 暴風雨 (The Tempest)

一 著作年代

暴風雨無疑的是莎士比亞晚年最後作品之一。暴風雨沒有「四開本」行世，最初的版本就是在一六二三年「對折本」的全集裏。技術的圓熟，文字的老練，聲調的自然，以及全劇之靜穆嚴肅的氣息，很明顯的表示這戲必是莎士比亞的思想藝術臻於爛熟時的出品。但是此劇究竟是哪一年著作的呢？各家的學說很不一致，佛奈斯的「新集註本」所彙集起來的各家的考釋佔有密排小字三十四頁之多，其各家論斷的結果大致如下：

Hunter ……………………………………………………1598

Knight ………………………………………………………1602 or 1603
Dyce, Staunton………………………………………………after 1603
Elze ………………………………………………………………1604
Verplanck ………………………………………………………1609
Heraud, Fleay, Furnivall …………………………………………1610
Malone, Steevens, Collier, W. W. Lloyd, Halliwell Grant White, (ed. i),
Keightley, Rev. John Hunter, W. A. Wright Stokes, Hudson, A. W.
Ward, D. Morris………………………………………………1610–1611
Chalmers, Tieck, Garnett…………………………………………1613
Holt………………………………………………………………1614
Capell (?), Farmer, Skottowe, Campbell, Bathurst, The Cowden-Clarkes,
Philipcotts, Grant White (ed. ii), Deighton………………a late or latest play

如從多數論斷，大概此劇作於一六一〇及一六一一年間比較的最近於事實。

為確定此劇之著作年代，只有一項絕對可靠的外證。那就是宮廷的娛樂記錄，一六一一年十一月一日國王劇團在白宮哲姆斯一世御前上演此劇，一六一三年二月間同一劇團又在宮中為了慶祝伊利沙白公主結婚大典再度上演此劇。此外的各種證據，都是內證，並且都不免是臆測。

二　故事的來源

暴風雨的故事來源是不易確定的。

湯姆士・瓦頓（Thomas Warton）在他的英詩史卷三（一七八一年版）裏的一個脚註裏曾記載着，據詩人考林斯（Collins）說，暴風雨乃是根據一篇浪漫故事奧瑞理歐與伊薩白拉（"Aurelio and Isabella"）而寫成的，這故事曾在一五八六年以意大利文、法文、英文三種本子編為一冊刊行，在一五八八年復以意大利文、西班牙文、法文、英文四種本子編為一冊刊行。考林斯在晚年是個瘋子。奧瑞理歐的故事，近已被人發見，其內容與暴風雨並不相符。故此說似不能成立。

提克（Tieck）在他的德國戲劇（"Deutsches Theater", 1817）裏首先提出暴風雨與一篇德國戲劇美貌的西地亞（"Die Schöne Sidea"）的關係。這篇德文戲是 Jocob Ayrer 所作的一個很粗陋冗長的東西，他是在一六〇五年死的。在劇情方面講，這兩齣戲相同的地方固然很多，不同的地方也很不少，所以兩劇之間有關係是不成問題的，但是我們怎麼能確定那一篇是抄襲的呢？在一六〇四年與一六〇六年有英國劇團到德國去獻藝，也許他們把暴風雨或類似暴風雨的故事帶到了德國，因而影響了德國的戲劇作家，也許他們把美貌的西地亞或類似美貌的西地亞的故事帶回了英國，因而影響了莎士比亞。也許，如提克所曾暗示，兩齣戲有一個共同的來源。

此外有些批評家看出了 Antonio de Esclava 所作的 "Las noches de invierno" 裏的一篇故事（一六〇九年刊於馬德里），Thomas 所作的 "Historye of Italye"（一五六一年版），Strachey所

作的關於航海遇險的報告 "A True Reportory……" 等等，都與暴風雨有關。我們不能不承認，這都是很近情理的推測。又有人看出剛則婁在第二幕第一景所描述的理想社會是採自法國散文家蒙旦(Montaigne) 的一篇論文論食人肉者 ("Of The Cannibals")，論文集的英譯本刋於一六〇三年。第四幕第一景的化裝表演，據德國學者 Meissner 的考據，是採自一五九四年哲姆斯王在 Stirling Castle 爲亨利王子行洗禮時舉行的一場表演。這一類的指陳只能局部的說明暴風雨的來源。

經過二百年來許多學者的搜索，我們現在可以暫時滿足的說暴風雨的來源問題以闕疑爲佳。新莎士比亞本的編者威爾孫敎授說得好：「那些一定要給每一莎士比亞戲劇的情節搜尋一個『來源』的人們，(好像莎士比亞自己就不能創造似的！) 對於暴風雨就要失望了。」就教他們失望罷。

三　暴風雨之舞臺歷史

暴風雨在莎士比亞生時曾被「王家劇團」在宮廷表演過，也曾在公共劇院表演過。此劇以後的舞臺歷史是特別有趣的，因爲這是莎士比亞戲劇被改動歪曲的最嚴重的例證之一。達文南(D'Avenant)與德萊頓 (Dryden) 合編的暴風雨，又名魔島，刋於一六七〇年，他們自命這是改良的本子，他們大膽的竄動了劇情不少，主要的是：給米蘭達添了一個妹妹道林達，憑空添造一個平生沒有見過女人的靑年希泡利塔，給卡力班配一個雌性怪物西考拉克斯，給愛麗兒配一個雌性精靈米爾卡。這樣一改，劇情稍變複雜，人物却有了對稱。這改編本最初上演是在一六六七年，很受當時觀衆的歡迎，證以皮泊斯 (Pepys) 的日記就可見一斑，是年十一月七日、十三日、十二月十二日，翌年一月六日、二月三日，再下年一月二十一日，都有觀看暴風雨的記載。皮泊斯特別喜歡這戲裏的音樂。實在講，暴風雨本身是有容納大量音樂的可能。一六七三或一六七四年，這改編本變成音樂劇，譜樂者是Purcell。

暴風雨的本來面目在舞臺上出現是十八世紀中葉的事。從一七四六年原本的暴風雨斷斷續續的上演，但是改編本也並未絕跡。改編本的勢力直到一八二一年還沒有消歇，在這一年著名的演員 Macready 還採用改編本上演呢。

四　暴風雨的意義

暴風雨在「第一版對折本」的全集裏，是第一篇戲。爲什麼它要佔這樣光榮的地位呢？Émile Montégut 說，暴風雨就像是古書弁首的圖案一般，暗示給讀者以全書的內容。別的戲不能有這樣效用，沒有別的一齣戲能這樣的賅括有餘。恰似對於一位有經驗的植物學家，三四種選擇出來的植物就可代表半地球的花卉，所以普洛斯帕羅、愛麗兒、卡力班、米蘭達這幾個人物就可以把莎士比亞的整個世界放在我們的想像面前了（見 Revue des Deux Mondes, 1865, Vol. lviii 轉引佛奈斯頁三五九）。這一番話很新穎，但是究竟不免附會之嫌。

暴風雨與仲夏夜夢有一個共同的特點，很明顯的都有慶祝婚姻的插景。若說這兩齣戲僅僅是爲慶祝貴族婚姻纔寫的，並且除了慶祝之外別無其他意義，那不是適當的估量。莎士比亞寫暴風雨的動機，也許是爲了供奉皇家，但是我們現在鑑賞暴風雨時，不能不承認此劇有更嚴重的意義。沒人能否認，莎士比亞最後一個時期的作品，如波里克利斯、辛白林、冬天的故事以及暴風雨，都有一種「和解」(reconciliation) 的意味，好像是表示一個老年人閱世已深，已經磨滅了輕浮凌厲之氣，復歸於冲淡平和之境。在一點上，暴風雨異於仲夏夜夢。

但是給暴風雨以極端的象徵主義的解釋，那也是不健全的。Campbell 在一八三八年就說：

「莎士比亞，好像是覺得這是最後一劇了，好像是觸動靈機要描寫自己，於是把戲裏的英雄寫成為一個自然的莊嚴的和善的魔術家，能從海底喚起精靈，能用極簡易的方術役使他們。——我們的詩人這最後的一劇眞是有魔術呢；因為，什麼能比飛蝶南與米蘭達求婚時所用的言語更樸素，而什麼又能比這一段使我們衷心感動的同情更玄妙？在此地莎士比亞自己便是普洛斯帕羅，或者說，是能役使普洛斯帕羅與愛麗兒的更高的精靈。但是這强有力的魔術家該敲碎他的魔杖的時候快要到了，把魔杖沉在深深海底，——『沉到不曾測到過的海底。』……」（轉引自佛奈斯本第三五六頁）

把普洛斯帕羅認為是莎士比亞自己，這已經成為一種傳統的解釋。Erank Harris 所作 "The Man Shakespeare" 把這種解釋推到極端，他公然的說：「我們從普洛斯帕羅所得到的莎士比亞的畫像，是驚人的眞實而巧妙。」（第三四七頁）「這暴風雨是何等的一齣戲！莎士比亞終於看出了他自己的本色，是一位沒有國土的帝王；但是一位很『有力的魔術』的專家，一位大魔術家，以想像為隨身的侍從的精靈，能點化沉舟，能奴使敵人，能任意揑合情人；所有的力量都用在溫柔仁厚上面。……」

（第三五五頁）我們若信任這象徵主義的方法，把暴風雨當做「比喻」（allegory）看，我們還可以發見許多有趣的解釋，愛麗兒是一個象徵，米蘭達也是一個象徵，卡力班也是一個象徵，甚而至於像Garnett 在 “Shakespeare Jahrbuch” XXXV 所主張在這戲裏還可以找出一段歷史的索隱！攻擊這一派象徵主義的解釋最力的是 Schücking 教授，他的 “Character Problems in Shakespeare's Play” 1922, pp. 237–266 駁倒了一切的傳統的誤解，重新用寫實主義者的眼光來估量這戲裏的人物描寫。

我們不必把暴風雨當做「比喻」，我們越想深求它的意義反倒越容易陷入附會的臆說。莎士比亞在暴風雨裏所用的藝術手段與在其他各劇裏所用的初無二致。他在暴風雨裏描寫的依然是那深邃繁複的人性——人性的某幾方面。他依然是馳騁着他的想像，愛麗兒和卡力班都是他的想像力鑄幻出來的工具，來幫助劇情的發展。暴風雨不一定是最後一劇，所以普洛斯帕羅也不一定就是莎士比亞自己。暴風雨終究是一個浪漫故事，比較的嚴重處理了的浪漫故事，內中充滿了詩意與平和寧靜的氣息，如是而已。

2　維洛那二紳士（The Two Gentlemen of Verona）

一　版　本

維洛那二紳士無四開本行世，初刊於一六二三年之「第一對折本」，列於喜劇，部份佔頁二〇至三八，爲全集中之第二部劇本。此劇在版本方面之最顯着的特點，是完全沒有「舞臺指導」，上下場亦幾全付闕如（除每景首尾之外）。任何劇團不可能根據這樣的版本上演。

「新劍橋本」維洛那二紳士編者威爾孫教授有很好的說明。他說，在莎士比亞時代一齣戲上演時需要有三種劇本方面的資料：一是所謂「提詞本」(prompt-copy)，其中至少有最低限度的「舞臺指導」，以及明確的上場(entry)指示，和一般的較爲次要的下場(exit)指示。二是「單詞」(players' parts)，是從提詞本鈔下來的各個演員所應背誦的臺詞，附帶着「尾語」(cues)，這是分別交發演員們備用的。三是「演員出場表」(plot or plat)，是一張大紙裱糊在一塊木板上掛在後臺，上面寫明各幕各景劇中人物及演員之出場順序。威爾孫教授相信，維洛那二紳士的劇本在排進「第一對折本」時所使用的版本，大概不是「提詞本」，「提詞本」可能已經遺失，所使用的大概是零碎的「單詞」和「演員出場表」，可能雇用了一名書記從這兩種資料拼湊出來一個劇本，然後發排。這樣的一個假設可以解釋這版本中許多奇特之處。例如第二幕第四景的上場寫的是：「瓦倫坦，西爾維亞，斯皮德，公爵，普洛蒂阿斯上」，其實公爵至第四十六行始上，普洛蒂阿斯至第九十七行始上，這就是參照「演員出場表」而鈔寫的明證。還有一點，威爾孫教授很精闢的指出，此劇手民之誤比較的少，這不能證明此本是根據作者的手稿而排印，這正可證明此本是根據「單詞」拼湊而成，因演員最注意詞句的意義之明顯與否，如果「提詞本」有晦澀難解之處可能由演員加以刪改潤色，所以此劇不但手民之誤較少而且詞句也比較淺顯。

伊利沙白時代的舞臺劇通常約爲三千行，但此劇只有二千三百八十行，很可能原劇本經過刪削，約少了六百行。威爾孫教授認爲很可能改編者所以作此刪削，是爲了讓出空間以便插入他自己安排的材料。此劇有兩個丑角，朗斯是幽默的，是莎士比亞特有的類型，但另一丑角斯皮德就平庸無趣，沒說過一句俏皮話。斯皮德可能是改編者的創造，而第二幕第五景全無意義，可能完全是改編者的手筆。

以上所述威爾孫教授的意見（一九二一年），據他自己於一九五五年附註說，是早已成爲過時的學說。所謂拼湊劇本之說，現已不被大家所承認。不過，據我們看，一切學說基本皆是假設。此劇版本的困難問題，除假設法亦無確切可供解決的辦法。

二　著作年代

此劇著作年代無法確定，不過我們深知此劇爲莎士比亞的最早的幾部作品之一。Meres 於一五九八年刊的 Palladis Tamia 提起莎士比亞的若干戲劇，其中有六部喜劇，此劇居首。這是唯一的外證。各家研究推斷，大致如下：

（一）Malone 最初主張此劇作於一五九五年，後改爲一五九一年。

（二）Collier, White, Delius 提出更早的年代。

（三）Furnival 認定爲一五九一——二年，緊接仲夏夜夢之後。

（四）Dowden 表示可能是在仲夏夜夢之前。

（五）Fleay 以爲前二幕作於一五九三年，其餘部份作於一五九五年，後又表示全劇作於「一五九五年前後」。

（六）G. B. Harrison 主張一五九一年。

（七）G. L. Kittredge 主張一五九四年。

耶魯本編者 Karl Young 的綜和意見是：「有資格的批評家們的主張，是自一五九一年至一五九五年之間，大多數贊同一五九一——一五九二年的說法。目前所有的版本既表現出青年作家的作風以及修改的痕跡，我們可以猜想此劇作於一五九〇——一五九一年，作者或其他的人於一五九四——一五九五年又加以改動。我們可以確知的是，此劇有些不成熟的地方，也有一些因改動劇本而生出的不規律之狀態。」這一見解是可以認定的。

三　故事來源

此劇主要的故事來源是初刊於一五四二年的葡萄牙人 Jorge de Montemayor 所作西班牙文的一部田園傳奇 Diana Enamorada 中關於 Felix and Felismena 的故事。這部傳奇於一五九八年始有英譯本刊行，爲 Bartholomew Yonge 所譯。但是這英譯本在刊行前十六年（一五八三年）即已完成，而且在一五九八年前在英國還有兩個不完全的部份的英譯本，惟均未刊行。可能莎士比亞看過這些譯本的稿本。這傳奇主要部份之法文譯本刊於一五七八及一五八七年。此外尙有一部業已遺失的戲劇 History of Felix and Felismena，曾於一五八四年在格林尼治上演，其內容也是表演這一故事。

在若干細微情節及詞句上，莎士比亞可能受了一五八一年譯成英文的意大利人 Bandello 的小說

Apollonius and Sylla 之影響。同樣的 Sidney 的 Arcadia 也可能影響了他。

四　幾點批評

如新劍橋本編者 Sir Arthur Quiller-Couch 所說，此劇是「一部輕鬆愉快的意大利式喜劇」，所謂「意大利式」(Italianate) 這一形容詞是有豐富涵意的。意大利是伊利沙白戲劇的傳統的背景，一方面是罪惡、兇殺、墮落，一方面是音樂、歌舞、愛情故事。維洛那是朱麗亞與朱麗葉的背景；威尼斯是夏洛克與奧賽羅的背景；朗斯與朗西洛特這一對寶貝可以放在二者任何一處。後來班章孫寫喜劇把背景放在英國的倫敦，是一大革新。以愛情與友誼穿插起來的錯綜故事，在意大利喜劇中是頗爲常見的。女主角化裝爲男僮，情人在樓窗對話，長篇大論的有關愛情的討論，這都是意大利的傳統戲劇型式，莎士比亞在戲劇結構上接受此一傳統，因爲伊利沙白時代的一般人的品味歡迎此一文藝復興的作風。維洛那二紳士是定型的意大利式喜劇，如果莎士比亞在其中表現了他的獨創性，那獨創性不在佈局結構，而在其中幾個人物的個性之刻劃。莎士比亞還在年輕時期，手法尚未純熟，但是他的藝術手段和心理觀察之細微深刻則已見端倪。一般人都會感覺到，朱麗亞是後來的 Viola 與 Imogen 的雛型，西爾維亞是 Portia 與 Rosalind 的前驅。所以在研究莎士比亞的藝術的過程，這一齣戲是很重要的，雖然它本身不是最成功的作品。

第五幕第四景瓦倫坦有這樣的一句話：

And, that my love may appear plain and free,

All that was mine in Sylvia I give thee.

這兩行引起了很多批評，這過於突兀的慷慨是嫌粗率，但如 Hanmer 所云「此劇主要部分非出於莎士比亞之手，是爲一大明證」，則亦未免過於臆斷。中古及文藝復興作家喜歡重視「友誼」，有時推崇過分，對「愛情」「孝道」不成比例。中古時之傳奇 Amis and Amiloun 卽其一例。莎士比亞自己的威尼斯商人也是一例。這兩行本身並無可議，惟莎士比亞沒有能充分把握劇情，沒有能作更深刻的剖析，沒有寫出更充實更動聽的戲詞而已。

3　溫莎的風流婦人（The Merry Wives of Windsor）

「亨利四世下篇」的收場白曾有這樣的預告：

『如果諸位沒對肥肉吃得太膩，我們的拙陋的作者將要繼續編寫這個故事，有約翰爵士在內，還有法國的美麗的喀薩琳使大家歡樂一番：在那戲裏，以我所知，孚斯塔夫將要死在出汗上，除非他是早已死在諸位的嚴峻的批評之下……』

預告的戲並未實現。「亨利五世」裏有『美麗的喀薩琳』，但是沒有『約翰爵士』，只是由魁格萊太太很精采的敘述了孚斯塔夫的臨終的情形。這一齣「溫莎的風流婦人」是繼「亨利四世」之後描寫孚斯塔夫的作品。在「亨利四世」裏孚斯塔夫以配角的地位隱隱然有喧賓奪主之勢，他滑稽突梯，機智善辯，是一個活躍的角色。在「溫莎的風流婦人」裏，他雖然變成了一個受人愚弄的被動的蠢材，他雖然失掉了他特有的幽默與光輝，但是他是主角。而且就戲劇而言，此劇有很高的舞臺效果。全劇從始至終，以英國鄉村社會爲背景，故事穿插也大部分是莎士比亞匠心獨運，所以此劇在莎士比亞作品中自有它的地位。

一 版　本

此劇於一六〇二年一月十八日「書業公會」之登記簿上作如下之登記：

18 Januarij. John Busby. Entred for his copie vnder the hand of Master Ston/A booke called An excellent and pleasant Conceited Commedie of Sir JOHN FFAULSTOF and the Merry Wyves of Windesor. Arthure Johnson. Entred for his copye by assignement from John Busbye, a booke called An excellent and pleasant conceted Comedie of Sir JOHN FFAULSTAFE and the Merye Wyves of Windsor.

登記後不久即出版，此一六〇二年的四開本亦即第一四開本，其標題頁如下：

A Most pleasanunt and excellent conceited Comedie, of Syr Iohn Falstaffe, and the merrie Wiues of Windsor. Entermixed with sundrie variable and pleasing humors, of Syr Hugh the Welsh Knight, Iustice Shallow, and his wise cousin M. Slender. With the swaggering vaine of Anncient Pistoll, and Corporall Nym. By William Shakespeare. As it hath diuers times Acted by the right Honorable my lord Chamberlaines seruants.

Both before her Maiestie, and else-where.

第二四開本刊於一六一九年是第一版的重刊本。兩個四開本都含有很多簡略和舛誤不通之處，因此有人疑心四開本可能是「初稿」的性質，亦可能是利用速記法偷印的。有一點事實不容否認，即此劇以後數年中經過幾次改動潤色，行數逐漸增到幾乎一倍，以至於形成了一六二三年的第一對折本的版本。（關於此劇的版本問題，可參看 The Merry Wives of Windsor: the History and Transmission of Shakespeare's Text (The University of Missouri Studies, Vol. xxv, No. 1) by William Bracy.）。

二 著作年代

此劇大概是作於一五九九年春。

關於此劇有兩個有趣的傳說。第一個傳說是初見於 John Dennis 所著 The Comical Gallant or the Amours of Sir John Falstaffe, 這是一齣根據莎士比亞的「溫莎的風流婦人」而改編的戲，在該戲的獻詞裏有這樣的記載：

『我首先要說，我很清楚的知道此劇曾受世界上最偉大的女王之一的賞識……這一齣喜劇乃是在他的命令與指示之下所撰作的，而且女王急於見此劇之上演，乃命令此劇於十四天內完成；據傳說上演情形頗使女王滿意云云。』

在「開場白」裏，他又重複這個故事：

但是莎士比亞的戲在十四天內寫成，
在那樣短短期間寫得如此之工，
實非常人所能嘗試的偉大舉動。
莎士比亞的確是天才橫溢。

在他的「書翰集」裏，他把十四天又縮短爲十天了。

Rowe 在他的「莎士比亞傳」（一七〇九年）裏把這故事又略加擴充。他說：『女王對於亨利四世上下篇裏的孚斯塔夫一角色非常欣賞，於是命令他再寫一齣戲，並且表演他在戀愛中。據說他的「溫莎的風流婦人」是在這樣的情形之下寫成的。奉命編劇結果如何，此劇便是很好的證明。』

過後一年，Gildon 在他的「論莎士比亞的戲劇」Remarks on the Plays of Shakespeare 一文裏說：『第五幕裏的小仙們是對溫莎宮中的女王很優美的敬禮，女王命令莎士比亞寫一齣表演孚斯塔夫戀愛的戲，他在十四天內就寫成了；眞是天才作品，一切編排得那樣好，頭緒毫不紊亂。』

另一個傳說是有關莎士比亞年輕時偷鹿的故事，據說他偷過斯特拉福附近 Charlecote 地方的湯麥斯露西爵士的鹿致被訴於法。此劇開端的幾十行所描述的沙婁顯然是暗指露西（參看拙譯第一幕註七），這一傳說與莎士比亞傳記有關和此劇著作年代無關，茲不具述。

此劇作於「亨利四世下篇」一五九八年之後，另有一證據，那即是 Oldcastle 之名見於「亨利四世」而不見於此劇。又有人說此劇必作於「亨利五世」之前，因爲「亨利五世」中有關於孚斯塔夫之死的叙述。這並不能成爲證據，莎士比亞如果眞是奉命撰述孚斯塔夫戀愛的喜劇，他大可使孚斯塔夫復活。事實上，恐怕如 Rowe 之所指陳，莎士比亞奉命寫此喜劇，把亨利五世稍稍往後推延了。

三　故事來源

故事來源不可考，很可能完全是出於莎士比亞的想像。在莎士比亞集中，就佈局之獨創性而言，此劇僅次於「空愛一場」，「仲夏夜夢」及「暴風雨」。

有人推測此劇可能是一部舊的劇本之改編。如果奉命編劇的傳說是可信的，那麼我們有理由假想莎士比亞當時爲時間所限可能採用改編舊劇的辦法，臨時添寫孚斯塔夫及其伴侶的若干段臺詞。劇中有些「無韻詩」句子生硬，對白幼稚淺薄，甚至魁格萊太太也用起排句的體裁說話（第五幕第五景）都可能是舊劇的遺留的痕跡。

但是在英文和意大利文文學作品中間，我們可以找到和「溫莎的風流婦人」頗爲類似的故事，兩個婦人發現一個情郎向她們兩個同時追求，於是兩個婦人合作加以誘惑勾引使之成爲笑柄。像這一類型的故事，一五六六年倫敦出版的 William Painter 所著 Palace of Pleasure 就有一個，也許是莎士比亞所看到的，這就是 Painter 的第一卷裏第四十九篇故事（這故事是根據 Straparola 及 Ser Giovanni Fiorentino 的意大利故事改編的）。情人於誤會中把幽會的計劃告訴了情婦的嫉妒丈夫。這是又一類型的故事，見 Richard Tarlton, Tale of the two lovers of Pisa 這一故事是在 Tarlton 的小說集 "News out of Purgatorie"（一九六〇年）。近代學者又注意到另一作品，Barnaby Eiche,

"Of Two Brethren and Their Wives" 一五八一年，與本劇亦有很多類似的情婦。

此劇在莎氏集中不是上乘作品。全劇十分之九是散文，情節近於「鬧劇」，人物方面（尤其是孚斯塔夫）亦無突出之描寫。Morgann 一七七七年發表他的著名的「孚斯塔夫論」，根本就沒有提到此劇。但是在舞臺上此劇頗適宜於上演。

四　舞臺歷史

Samuel Pepys 在一六六七年八月十五日的日記上寫：『觀看「溫莎的風流婦人」，我一點也不喜歡，沒有一部分討我歡喜。』這是他第三次看這一部戲。一六六〇年十二月五日他看過一次，對斯蘭德和法國醫生都還有好評，對孚斯塔夫則大不滿。翌年九月二十五日再看，認為演得不好。可見這齣戲在復辟以後至少是時常上演的。

John Dennis 的改編本 "The Comical Gallant" 於一七〇二年在 Drury Lane 上演，情形冷淡，據他自己說是由於扮孚斯塔夫的演員不能稱職。在這改編本裏，孚斯塔夫免於挨打，改由福德被佩芝太太先打了一頓，後被小仙們再打了一頓。

兩年後莎士劇又重新上演，由 Betterton 扮孚斯塔夫，慶祝女王加冕週年。

Quin 扮孚斯塔夫，於一七二〇年上演於 Lincoln's Inn Fields 大獲成功，連演十八次。於一七三四年在 Drury Lane 又連演五次。Quin 死後 Horace Walpole 寫道：『Quin 現在死了，請問誰還能令我們領略孚斯塔夫呢？』Henderson 於一七七七年在 Haymarket 的表演，觀眾麕集，三倍於劇院之所能容納。

在十九世紀此劇上演情形不衰。此劇且常被改爲歌劇。一八二四年二月 Frederic Reynolds 改編的歌劇上演於 Drury Lane 頗受歡迎，連續上演三十二場。Maggioni 的意大利文歌劇本「孚斯塔夫」於一八三八年上演於倫敦。九年後又有 Nicolai 譜樂的德文歌劇本 Die lustigen Weiber von Windsor 上演於柏林，後又在巴黎上演。但最偉大的歌劇本是一八九三年的 Verdi 的「孚斯塔夫」。

在較近的期間，把「溫莎的風流婦人」搬出上演的以 Sir Herbert Beerbohm Tree 扮孚斯塔夫 Ellen Terry 扮福德太太的那一次爲最膾炙人口，在英美兩國演出，使用了一八七四年 Arthur Sullivan 所譜製的音樂，並有繁複的服裝與背景。Benson 劇團亦曾有優異的演出，且能獲得其他較佳劇作所不能獲得的歡迎與成功。

4 惡有惡報 (Measure for Measure)

聖經馬太福音第七章第二節：「毋責人，庶免受責。蓋爾所責於人者，必有援以責爾者；爾所用以細人者，必有執以細爾者。」馬可福音第四章第二十四節：「爾以何等器量待人，爾之受報亦如之。」（吳經熊譯本）莎士比亞此劇標題顯然是引自這些經文，但 measure for measure 在中文裏苦無適當之成語，勉強用佛家語「善有善報，惡有惡報」之意譯之。此一標題在莎士比亞集中是特殊的，是唯一的概括主題的標題 (thematic title)。

一　版本及著作日期

蘇格蘭王哲姆斯六世於一六〇三年五月七日抵達倫敦繼伊利沙白女王爲英格蘭王。女王於三月二十四日逝世，戲劇禁演，但於五月九日又復開禁。五月十九日張伯倫劇團改爲王家劇團，受國王的保護。約於此時市內疫癘盛行，五月二十六日劇院封閉。莎士比亞的劇團遂下鄉巡遊上演。因爲疫癘的關係，哲姆斯王並未進入市內，先後駐蹕於 Wilton 及 Hampton Court，直到一六〇四年三月十五日始正式舉行入城式。在這時候王家劇團的主要演員以內庭供奉的資格接受制服並參加儀式。劇院旋於四月九日重開，莎氏劇團始獲機會向新王大獻慇懃。據一本「宮廷娛樂簿記」所載，莎氏劇團在是年聖誕前後在御前演劇多次，「惡有惡報」一劇是年十二月二十六日在宮內演出的。

此劇大概就是一六〇四年所著。劇中有兩處顯然是奉承哲姆士王的，（一幕一景第六七至七二行，及二幕四景第二六至三〇行），還有一處可能是指一六〇三年的大疫，（一幕二景第八四行）。不過這些內證只能斷定此劇之完成形式不能在一六〇四年以前定稿，不能斷定此劇最初之撰寫不在一六〇四年以前。J. Dover Wilson 認定此劇曾經若干年間不只一次的修改。就大體看，此劇最後定稿於一六〇四年，是無可置疑的。

此劇在莎士比亞生時不曾付印，故一六二三年之對折本爲此劇唯一之版本。此對折本之版本有種種跡象足以說明其所根據的不但不是原稿，而且也不是劇院使用的稿本，大概是一個不仔細的抄稿者的抄本，甚至可能是由各個演員所使用的「單詞」本彙集而成的。許多上下場的說明都被刪略了，舞臺指導也極爲貧乏，這都指示此劇版本之可能爲拼湊成篇者。

二　故事來源

此劇的直接的故事來源是 George Whetstone 所作的 The right excellent and famous Historye of Promos and Cassandra: Divided into Commical Discourses，分上下篇，刊於一五七八年，這是一齣從未上演過的戲劇。四年後，Whetstone 又用散文把這故事寫過，收在一個取名爲 An Heptameron of Civil Discourses 的短篇小說集裏。這個故事不是 Whetstone 編造的，是採自一五六五年刊於西西里的意大利作家 Giraldi Cinthio 所作 Hecatommithi 短篇小說集中的一篇小說。在一五七三年以前不久 Cinthio 也曾把他這故事編寫成爲劇本，取名爲 Epitia。Cinthio 的小說與戲劇可能是莎士比亞所熟知的，至少 Whetstone 的 Heptameron 大槪是莎士比亞所熟知的，因爲那故事中的 Madame Isabella 這個名字極可能暗示了莎氏劇中女主人的名字。不過莎氏劇之主要的來源仍是 Whetstone 的 Promos and Cassandra。

Promos and Cassandra 的劇情是這樣的：「在匈牙利的朱立歐地方，Lord Promos 恢復了一條古老的法律，重懲姦淫，男方處死刑，女方終身爲人恥笑。結果是一位年青紳士名安都吉奧者犯法論死。其姊卡珊卓乃向普羅茂斯請求寬赦。普爲其美貌及辯才所動，允赦安，旋因愛慕而啓淫心，令其犧牲淸白之身方可贖乃弟之罪。卡因弟之哀懇，無可奈何强勉允之，但附有條件，普於赦弟之後必須與之結婚。普佯允接受條件，但淫慾滿足之後即命獄官斬安，以其首級送致其姊。獄官同情安之遭遇，將新斬首之一盜犯的首級以進，縱安逃逸。卡乃向國王伸訴，國王立即懲辦普。令普與卡結婚後即行斬首。婚禮甫成，卡即求王赦其夫。王拒其請，安見其姊哀痛欲絕，乃冒險挺身而出，求王開恩。王受感動，遂並赦安普二人。」從這個簡單的故事，我們可以看出莎士比亞的編劇手腕，他添加了什麼劇情，什麼動機，什麼人物，什麼穿插。

三　舞臺歷史

從文藝批評的眼光看，此劇在莎氏集中是比較惡劣者之一。雖然其中有不少美妙的文字，其人物描寫不够深入，不够突出，其情節發展不够充分，不够自然，其結尾是一個牽强的草率的自天而降的大團圓，與全劇之陰森的悲劇氣氛不相稱。但是在舞臺上此劇還是受歡迎的。十七世紀末葉，此劇經改竄後時常上演。十八世紀及十九世紀初葉之偉大莎士比亞戲劇演員如 Colley Ciber, Garrick, Mrs. Sidons, Miss O'Neill, Kemble, Macready 都演過此劇。Miss Neilson 於一八七六年及一八八〇年在倫敦與紐約分別上演此劇。Tyrone Guthrie 在一九三三年及一九三七年兩度在倫敦 'Old Vic' 劇院演出此劇，皆大成功。此劇之所以能獲得舞臺上之成功，因其劇情之曲折突兀頗有「鬧劇」性質之故。

5　錯中錯（The Comedy of Errors）

這是莎士比亞的最短的一齣戲，只有一千七百七十八行，還不及「哈姆雷特」（三千九百三十一行)的一半，比「暴風雨」(二千一百零八行)，「仲夏夜夢」(二千一百八十行)，都要短些。劇中情節滑稽突兀，在舞臺上演令人發噱，但尤其適宜於年終娛樂集會時演出，故篇幅不宜太長。

一　版本及著作年代

「錯中錯」只有一個本子，那就是刋於一六二三年的「第一對折本」，排列在卷首喜劇項下，位列第五。排印的情形與以前的四齣戲稍有不同，此劇在人名及「劇詞標名」(speech-heading)方面相當混亂，尤其是在前二幕裏，據學者指陳這可以證明「錯中錯」排印時所根據的是莎士比亞的手稿，即所謂 foul papers。如果是「提詞本」似不可能有此混亂情形。

密爾斯 (Francis Meres, 1565–1647) 的「智慧的寶藏」Wit's Treasury, 1598 裏記載着：

『普勞特斯與塞內卡 (Plautus and Seneca) 是公認的拉丁文喜劇與悲劇的兩位最佳著者，莎士比亞乃是英文的這兩種戲劇的最傑出者；在喜劇方面例如他的「維洛那二紳士」，他的 Errors 他的「空愛一場」……。』

所謂 Errors 即是 The Comedy of Errors。是此劇作於一五九八年以前毫無疑義。倫敦的四個法學院之一 Gray's Inn 於一五九四年盛大舉行耶誕節歡樂會，有一小冊子記錄其事，標題爲：

Gesta Grayorum: or the History of the High and Mighty Prince, Henry, Prince of Purpoole……who Reigned and Dies, A.D. 1594

裏面明明記載着是年十二月二十八日作爲歡樂的最後節目演出了「錯中錯」，—— a 'Comedy of Errors' (like to Plautus his Menechmus) was played by the Players 是此劇之作在一五九四年以前。

此劇第三幕第二景第一二二行提到法國王位繼承的事。按法王亨利三世是在一五八九年八月指定 Henry of Navarre 爲繼承人，亨利爲新教徒，激起天主教聯盟的反對，內戰暴發，直到一五九三年始恢復和平，英國伊利沙白女王曾派軍助戰。再此劇亦同時提到西班牙的船隊之被摧毀，如果所指的是無畏艦隊，那是一五八八年的事。以上兩件事對於莎士比亞的觀衆而言，一定是記憶猶新的大事。是此劇之作當在一五八八年或八九年以後不太久的時候。各家的推測如下：

Furnivall: 1589

Collier: 1590 以前

Chalmers, Drake, Delius, & Stokes: 1591

Malone: 1592

Fleay: 1594（據一五九〇年本改編）

Baldwin: 1589

Quiller-Couch & Wilson: 1591–2

Chambers, Greg: 1589–1593

Sifney Thomas: 1594

Foakes: 1590–1593

從戲劇的文字來看，「錯中錯」是莎士比亞的早年之作，詞藻比較生硬，劇詞也不甚生動，像第五幕第一景三十八至八十六行義米利亞之譴責妒婦的那一段實爲例外。第三幕第一景有許多押韻的十四音節的詩行（rhymed "forteener"），這是十六世紀早期所謂 academic comedy 流行的體裁。還有古典戲劇中所常用的「單行對口」stychomythia，在本劇裏也常使用，例如第二幕第一景十至十五及二十六至三十二行。第三幕第二景又多隔行押韻的抒情的十音節詩行。凡此特殊之處皆足以說明莎士當時尙未擺脫模擬的習氣與早年的絢爛的意味。

二 故事來源

「錯中錯」無疑的是脫胎於拉丁喜劇作家普勞特斯（Titus Maccius Plautus, c. 254–184 B.C.）的名劇 Menaechmi（=The Two Menaechmuses）。問題是，莎士比亞沒有受過充分的學校教育，懂得『很少的拉丁文，更少的希臘文』，他有沒有機會研讀普勞特斯的作品？這一問題我們無法作確切的答覆，他可能讀過，可能讀得懂，因爲當時的文法學校的教材可能包括普勞特斯在內。

普勞特斯的「兩個麥奈克模斯」有一個英文散文譯本，登記於一五九四年，出版於一五九五年，其標題如下：

Menaechmi, A pleasant and fine conceited Comaedie, taken out of the most excellent wittie Poet Plautus. Chosen purposely from all the rest, as least harmful, yet most delightfull. Written in English by W. W.

譯者 W. W. 即William Warner。如果莎士比亞的「錯中錯」是根據此譯本而編的，他所讀的一定是譯本的稿本。一本書在印行之前，先有稿本流傳，也是常有的事。這個譯本是獻給 Lord Husdon 的，他正是莎士比亞的劇團的保護人，莎士比亞有機會先讀譯稿似乎更是可能的事。

一說莎士比亞的「錯中錯」是一本已佚的舊劇（The Historie of Error）的改編，這一舊劇於一九七六年七七年新年夜在韓普頓宮上演過，一五八三年又在溫莎宮上演過。這一說之唯一似乎是有力的證據是詩體的變化不勻，尤其是第三幕第一景，其中有較為明顯的改編的痕跡。

無論如何，「錯中錯」與普勞特斯的關係是太明顯的，不僅劇情綱要大致相同，細節亦有多處相同，甚至人名也有數處偶然相同。普勞特斯劇中有九個角色，莎士比亞保留了六個：

the Menaechmi（=the Antipholi）

Messenio（=Dromio of Syracuse）

Mulier（=Adriana）

Erotium（=Courtesan）

Medicus（=Dr. Pinch）

此外戲臺上常見的固定角色（stock characters）如「廚師」「食客」均予芟除，市民麥奈克模斯之岳父則換爲露西安娜。增添的角色則有哀非索斯的德斐米歐，蘇賴諾斯，伊濟安，義米利亞，露斯，及商人等。但是最重要的變動是於原有的一對孿生子之外莎士比亞又添了一對孿生的德斐米歐，這不僅是使劇情加倍的複雜，實在是加了好多倍的複雜。普勞特斯的一對孿生的角色是比較容易扮演的，因爲演員戴着面具，面具相同卽可解決問題。莎士比亞的這齣劇大概是不用面具的，兩對完全面貌相似的演員似乎是不可能找到的，所以劇情儘管複雜，細心的觀衆仍然可以辨認不誤。

三　舞臺歷史

上面提到一五九四年十二月二十八日此劇在 Gray's Inn 上演，但是據宮內大臣的會計室賬簿記載，是日此劇在 Greenwich 宮亦曾上演。同一日何以能在兩處上演，似是一件難解的事。上面也提到過密爾斯的記載，一五九八年他看過這齣戲。於一六〇四年十二月二十八日，據宮中娛樂記錄所載，英王哲姆斯曾在 Whitehall 宮中觀賞此劇，'The Plaie of Errors by Shaxberd'。此後一百餘年中，我們沒有此劇上演的記錄。

一七三四年十月九日 "a Comedy in two Acts taken from Plautus and Shakespeare, called See if you like it, or 'Tis all a Mistake" 在 Covent Garden 上演，這是改編的本子。此後在 Covent Garden 及 Drury Lane 兩處劇院常有演出，但所使用的本子都是不同的改編本，對原本大事刪裁，伊利莎白時代觀衆所欣賞的俏皮話已非喬治時代觀衆之所好，其中以 Thomas Hull 及 Kemble 的改編本爲最受歡迎。

一八一九年 Frederic Reynolds 改編此劇爲歌劇，於十二月十一日在 Covent Garden 上演，標榜着"in five acts with Alterations, Additions, and with Songs, Duets, Glees, and Choruses, Selected entirely from the Plays, Poems, and Sonnets of Shakespeare 眞的把莎士比亞的「如願」「奧賽羅」與「李爾王」裏的幾首歌，以及兩首十四行詩，都囊括在內，形成了一個大雜燴。但是這個歌劇在一季之內連演了二十七次！這一次的成功鼓勵了 Reynolds 改編「第十二夜」「暴風雨」「維洛那二紳士」「溫莎的風流婦人」爲歌劇。

恢復莎士比亞原本「錯中錯」上演的是 Samuel Phelps，他在一八五五年十一月八日（及翌年一月）在 Sadler's Wells 上演此劇。一八六四年莎士比亞誕辰三百週年紀念，此劇又在 Princess' Theatre 及各大城市上演。演員 Charles and Harry Webb 兄弟二人面貌及舉止酷似，扮演德婁米歐二兄弟獲得極大成功，而且全劇演出一氣呵成不使用落幕的方法，亦是一大特色。

一九〇五年 Benson 劇團在倫敦演出此劇。

一九一〇年在德國柏林的 Max Reinhardt 的導演之下此劇上演於慕尼黑之 Künstlertheater 有新的藝術的手法。

6 無事自擾 (Much Ado about Nothing)

一 版 本

「無事自擾」(Much Ado About Nothing) 於一六〇〇年五月二十七日在書業公會登記，當時登記的是四齣戲，都是由莎士比亞所隸屬的劇團所申請的，所以寫明是 my lord Chamberlaine's menns plaies，「無事自擾」是其中的一劇。但是這四部戲都注明「暫緩出版」(to be staied) 的字樣。同年八月二十三日，「無事自擾」又和「亨利四世上篇」同時由出版商 Andrew Wyse, William Aspley 具名登記，而且在這一次登記中首次寫明作者莎士比亞的名字 (Wrytten by master Shakespere)。這是一個紙面的四開本，七十二頁，印刷相當惡劣，定價六辨士。這個四開本從來沒有重印過。其標題頁如下：

Much adoe about
Nothing.
As it hath been sundrie times publikely
acted by the right honourable, the Lord
Chamberlaine his seruants.
Written by William Shakespeare.
London
Printed by V. S. for Andrew Wise, and
William Aspley.

這個四開本顯然是根據劇團的提詞本印的，最有力的證據是在第四幕第二景竟用了兩位演員的名字（William Kemp, Richard Cowley）代替了劇中人物道格伯來與佛傑士。

一六二三年出版的「第一對折本」莎氏全集裏的「無事自擾」是根據「四開本」而加以校訂的，但是「四開本」的錯誤還大體保留未動。「第一對折本」在校訂上改進之處甚少，有些改動之處還不如原來的樣子。第二幕第三景加入了一個人名，Jack Wilson，即是扮演巴爾薩澤唱歌的演員，這足以證明「第一對折本」所根據的「四開本」也是倒流入劇團裏被用作提詞的本子。「第一對折本」的一大改進是將全劇分幕。

二 寫作年代

Francis Meres 所著 Palladis Tamia, Wit's Treasury 刊於一五九八年，書中提起莎士比亞的六種喜劇六種悲劇，據云可與拉丁名家相頡頏，但是「無事自擾」不在其列。這說明「無事自擾」大概是作於一五九八（九月）之後。可是這裏有一個疑問。所開六種喜劇，其中有一種是 Love labours wonne，我們知道莎士比亞的作品裏並沒有一部有這樣的名稱。批評家不斷的在揣測，這可能是另一劇的別名，「無事自擾」也是被揣測的一個對象。就故事內容而論，也許 All's Well 或 The Tempest 比較更適合些。當然，「無事自擾」之沒有被包括在那六種喜劇之內並不能絕對的證明其寫作一定是在一五九八年以後，因爲 Meres 可能就悲喜劇各舉六種，並無完全一一列舉之意。

「無事自擾」之在書業公會登記是在一六〇〇年，五月一次，八月又一次，標題頁上又寫着「曾經多次公開上演」，所以其寫作很可能在一五九九年之夏或秋。

劇本的文字與作風亦可證實此一推斷爲不誤。此劇使用散文部份約佔全劇三分之二，詩句之構造亦多「連行」與「雙尾」(enjambement and double endings)，故事穿插之手段亦臻純熟老練之境界，在在均足以說明此劇決非學習階段中之作品，必是莎士比亞的中年之作，寫作年代列在「亨利五世」與「如願」之間是大致可靠的。

三　故事來源

「一個情人受騙，誤以爲他的未婚妻不貞，因爲看到了一個男人在他的未婚妻的閨房窗前。」——這便是這個故事的核心。類似這樣的故事，在文學中數見不鮮，例如：

（一）紀元四百年左右希臘傳奇 Chaereas and Callirhoe

（二）紀元一四〇〇年左右西班牙傳奇 Tirante el Blanco

（三）一五一六年 Ariosto 的 Orlando Furioso 卷五

（四）一五九〇年 Spenser 的 Faery Queen 卷二第四章

上述三四兩項，都是莎士比亞所熟悉的。但是「無事自擾」的主要故事來源是意大利小說家 Matteo Bandello (1480?–1562) 的一篇小說（一五五四年）。這意大利文的小說於一五八二年有法文的意譯本，見 Francois de Belleforest 編的 Histoires Tragiques。莎士比亞可能沒有參照法文本，而是直接取材於意大利文本。這原本故事的綱要如下：

『一二八三年西西里島上發生大屠殺，以鳴晚鐘為號，法國人四千名被殺害，阿拉岡王彼斐受教皇命卽進駐該島，在麥西拿設立朝廷。他的部下丁伯利歐（Timbreo di Cardona）見了本地老紳士李昂拿圖（Lionato de' Lionati）之女芬尼西亞（Fenicia）而悅之。最初他擬以她為情婦，未成功，乃遣使和她父親商議正式婚娶。遂訂婚約。但丁伯利歐之戰友吉龍都（Girondo）亦見此女而悅之。為防止其婚姻，乃串通一愚蠢青年，令他密告丁伯利歐謂芬尼西亞經常每星期中有三夜與其好友某幽會。丁伯利歐為求證起見，隱身於花園之中；果見前述之青年，偕一由吉龍都僕人化裝之紳士，另一携帶梯子之男人，於夜間走向李昂拿圖邸寓。此假扮之情人由窗間進入芬尼西亞於晝間常去盤桓而夜間則無人居住之一室。丁伯利歐忍無可忍，遣介紹婚姻的朋友前去取消婚約。李昂拿圖認為他悔婚是為了嫌其家貧，揑造故事以為口實。芬尼西亞聞訊昏厥者再，大家以為她已死去，於準備喪葬時復甦。當經決定送她到鄉間叔父家中暫住，而喪葬照舊進行，作為她已物故。吉龍都開始悔禍。在教堂芬尼西亞墓前對丁伯利歐坦白懺悔，遞出他的短刀，請求任意加以懲處。但是丁伯利歐宥恕了他，同赴李昂拿圖家請罪。李昂拿圖只是要求丁伯利歐於再想結婚時前去看他。丁伯利歐於哀悼一年之後果然再去訪他，與芬尼西亞再度締婚，時芬尼西亞年已十七，亭亭玉立，更為嫵媚，丁伯利歐已不復辨識。婚禮於鄉間叔父家中舉行，新婚之身分遂被揭露，吉龍都亦與其妹貝爾菲歐欣然成婚，全體於歡樂情緒中回到麥西拿。』

這便是希羅與克勞底歐的故事的藍本。莎士比亞從 Ariosto 得到的最大的一點啓示是，小姐的女侍之如何受賄買而化妝爲小姐與人幽會。從 Spenser 得到的最大的一點啓示是，冒充與小姐幽會的人是一個下流的馬夫，其動機爲嫉妒與天性之邪惡。

四　幾點批評

莎士比亞善於改編舊的故事，以點鐵成金的手段使粗糙的情節成爲動人的戲劇。「無事自擾」是最好的一個例證。我們可以先看看他的經濟的手法。原來的故事背景是從麥西拿到鄉下，再從鄉下，回到城裏，在時間上拖到一年以上，在情節上把不需要的「西西里晚鐘」大屠殺事件也描述在內。這一切在莎士比亞手裏都得到了修正。背景都集中在麥西拿的幾個地點；時間緊縮到九天，而其中四天是空着的，五個不同的背景和五天的功夫就夠了。在情節上把唐佩德婁所剛剛結束的戰事改爲對唐約翰的叛變的討伐，這樣既可造成凱旋後的歡樂的氣氛，又可使那被宥的叛徒在戲裏成爲一個可理解的無事生非的小人。在劇中人物裏有一個重要的刪除，那便是李昂拿圖的妻，亦即是希羅的母親。四開本和對折本在第一幕第一景和第二幕第一景的「舞臺指導」中都列入了她，而且在前一場合還寫出她的名字叫 Imogen，可是她沒有臺詞，並且以後也不再上臺，顯然的是莎士比亞認爲這是不必需的角色而終於予以刪除了。有人指陳在莎士比亞的戲裏很少有母女關係的描述，描述得比較深刻的是父女關係，很少女主角是有母親的。

原來的故事的頂點是午夜幽會那一景。莎士比亞認爲這一景難得很好的舞臺效果，於是不在臺上演出，改爲口頭描述，並且把教堂當衆拒婚一場大肆渲染，成爲全劇的高潮，其緊張可以媲美「威尼斯商人」中之法庭審判一景。這一景放在第四幕，以後便是照例的喜劇的收場了。

爲了增加喜劇的氣氛，莎士比亞增加了道格伯來與佛傑士這兩個滑稽角色。伊利沙白時代的觀衆要求一齣喜劇要有幾個丑角插科打諢。這個故事中的人物全是意大利人，而這兩個丑角是在英國就地取材的，因爲只有在寫實的手法處理下丑角才能格外的顯得眞實而親切。道格伯來是丑角中的一個傑出者，雖然他對故事之進展並無多大的幫助，可是對於這部戲劇的成功却有甚大之貢獻。他的職務類似警察，實際是屬於民防組織近於保甲長之類，是英國民衆所最熟悉的一個類型。他沒有多少知識，不認識多少字，所以他出口便是錯誤，把「標準英語」(King's English)割裂得體無完膚，把法律上的名詞隨便亂用。這都能給觀衆以極大的娛樂。哈茲利特 (Hazlitt: Characters of Shakespeare's Plays, p. 303) 說：「此劇中之道格伯來與佛傑士乃是措詞錯誤與意義誤解之最妙的例證，亦是官僚之裝模作樣毫無頭腦之標準紀錄，無疑的莎士比亞是從實際生活中描寫下來的，二百年來此種情形已從國家之最低級官吏瀰漫到最高級官吏羣中去了。」這樣說來，莎士比亞於滑稽的穿插中又給人以諷識的聯想了。

就故事論，劇中主要人物當然是希羅與克勞底歐，其悲歡離合構成全劇的骨幹。但是單就人物而論，則此劇中人物之能最引人入勝者不是希羅與克勞底歐而是璧阿垂斯與班耐底克。這兩個角色是莎士比亞的創造。一個是出身高貴的亭亭玉立的少女，有靈活的頭腦與敏捷的口才，但是她太高傲不肯向人低頭，尤其是不肯屈服在一個男人的手裏；另一個是出身高貴的勇敢善戰的男士，有靈活的頭腦與敏捷的口才，但是他太高傲不肯在人面前服輸，尤其是不肯在一個女人面前服輸。一個因此而不肯嫁，一個因此而不願娶。兩個人都是在怕，怕的不是對方，怕的是自己，怕自己一時情不自禁而宣告投降。這兩個內心良善而舌鋒似劍的年青人，遇在一起便各逞機鋒互相譏誚了。這口舌之爭，有時很精彩，有時很庸俗，勝利總是屬於女的一方時居多。這種舌戰也是莎士比亞當時觀衆所欣賞的，所謂 high comedy 者是。如果從這齣戲裏抽出了璧阿垂斯與班耐底克，那將是不可想像的事。他們的談話的主題是婚姻，其中有些俏皮話在今日看來已失去不少的辛辣，但是仍不失爲莎士比亞的最好的「喜劇的散文」。

「無事自擾」在莎士比亞全部作品裏的地位是相當重要的。一八七九年四月二十三日（莎士比亞的生日）莎士比亞的家鄉愛文河上的斯特拉福新建立的「莎士比亞紀念劇院」行開幕典禮，演的就是這一齣戲，主演璧阿垂斯的是 Lady Martin，她曾有精彩的記錄（看佛奈斯本頁三六〇—三六一。）

7 空愛一場 (Love's Labour's Lost)

一 版 本

在一六二三年的第一對折本之前，「空愛一場」已有一個四開本行世，其標題頁如下：

A/Pleasant/Conceited Comedie/called,/Loues labors lost./

As it was presented before her Highness/this last Christmas./
Newly corrected and augmented/by W. Shakespere./Imprinted at London by W.W./
for Cutbert Burby./1598

因爲在這標題頁上有『新經改訂增補』的字樣，而且這個四開本未在同業公會登記，在此以前可能至少還有一個四開本存在，不過這較早的四開本已經佚失了。一五九八年的這個四開本是否根據莎士比亞的手稿排印的，我們亦不得而知。

第一對折本是根據四開本印的，改正了若干錯誤，但也增添了若干錯誤，並且有了分幕。

二　著作年代

依四開本標題頁，我們知道此劇作於一五九八前數年。但是究竟在哪一年，各家學說不一，由一五八八至一五九六，有不同的揣測。依標題所說，此劇會在去年聖誕節在宮庭演出，那便是一五九七年的事。看此劇所使用的文字，其寫作年代當更往前推。單就詩體而論，押韻的詩句有一千零二十八行，無韻詩僅五百九十七行，幾成一與二之比。如果押韻句與無韻詩的比例可以算是莎士比亞寫作藝術的發展之絕對可靠的標準，此劇作爲莎士比亞最早的喜劇亦非無理。

莎士比亞的「十四行詩」大概是作於一五九二至一五九八年之間。「空愛一場」所含有的十四行詩，其數量較任何其他劇本爲多。密爾斯提到莎士比亞的「十四行詩」時也提到了「空愛一場」。如果我們相信威爾孫教授的推測，「空愛一場」最早上演是在騷賚普頓的府邸，我們更會聯想到「十四行詩」正是奉獻給騷贊普頓的。「十四行詩」與「空愛一場」的主題都是宣揚愛的福音，可能都是對騷贊普頓而發。

英國派遣軍隊至法國協助拿瓦爾的亨利 (Henry of Navarre) 爭取王位是在一五九一年七月，到翌年夏秋之際英國民衆的熱狂達到高潮。伯龍(Marshal de Biron)與朗葛維(Duc de Longueville)是拿瓦爾部下大將，杜曼(Duc de Mayne)是他的最强項的對手。這四個名字都被莎士比亞在劇中借用了，而且在劇中也提到了這一場戰事。故此劇之寫作不可能離此次戰事過久，也許就在一五九二或九三年。

劇中第四幕第三景提到的 school of night 也可提供一點有關此劇寫作年代的消息。在一五九〇以後最初一兩年間倫敦有一批知識分子，以 Sir Walter Ralegh 爲首，包括科學家 Henry Percy Earl of Northumberland，數學家 Thomas Harriott，文人 Matthew Roydon，著名詩人 Christopher Marlowe 與 George Chapman 等人。這一批人當時被目爲無神論者，因爲據說這一集團嘗教人譏嘲聖經，懷疑靈魂不朽及死後生活的信仰，甚至教人把 God 一字倒轉來拼寫。Ralegh 因略誘宮女，失寵坐獄，那是一五九二年事。

一五八二年俄國沙皇伊凡遣使來英，向女王伊利沙白的一位親屬求婚，一時轟動成爲新聞。第五幕的有關俄人的穿揷當係指此。

威爾孫教授編新劍橋本，肯定的認爲此劇作於一五九三年。我想事實上也許是如此的。

三　故事來源

此劇故事不知取自何處，可能是有來源的，而其書已佚，因爲莎士比亞其他各劇都是有來源可考的。因此也有人猜想此劇故事可能是莎士比亞所獨創。

但是莎士比亞也利用了歷史的事實。拿瓦爾國王確曾接待過法國國王的使節，一次是一五七八年法國公主瑪格萊特（Marguerite de Valois）來訪，一次是一五八六年法國王后喀瑟琳（Catherine）自己來訪。四開本有好幾處應稱「公主」處而稱「王后」，大概就是在參考史實時發生的混亂。兩次王家使節於外交活動之中均有風流韻事流傳，客方率領的大批宮女長於肆應，主人方面的盛大款待也顯着分外慇懃，整個的氣氛都很像是劇中的情節。

拿瓦爾國王之組成學院潛心自修也是有歷史根據的。文藝復興的精神由意大利傳至法國，拿瓦爾便是深受影響的一個君王，他在宮庭中供養一批學者詩人藝術家音樂家。所以他的宮庭中舉行大規模的遊藝活動，也不乏人才的供應。對於法國學術空氣之濃厚，莎士比亞不會不知道的，因爲法國人Pierre de la Primaudaye 所寫之"L'Academie françoise"一書於一五八六年即有英文譯本暢行於世。

英國喜劇作家黎來(John Lyly)對於莎士比亞此劇之影響是不可否認的。在莎氏所有的戲劇裏，此劇的宮庭氣氛最濃厚，所使用的文存是宮庭文字，（與黎來的所謂「優非體」(Euphuism)正相類似，不過莎士比亞的態度是帶着諷刺的。至於劇中的若干配角，如學究，鄉下牧師，狂妄誇口的軍人，以及僕子僕人之類，則是仿自意大利的所謂 Commedia dell'Arte，這是通行於十六七世紀的一種戲，亦稱 Commedia all'improviso，其特色爲對話臨時拼湊，人物有固定類型。特別是一五七〇至一五八〇之間，意大利此種劇團屢次來英獻演，莎士比亞的戲劇受它的影響不止一次。

四　舞臺歷史

照四開本標題頁所述，此劇於一五九七年十二月至一五九八年一月所謂聖誕季節中演出，是在女王伊利沙白御前演出的。同年密爾斯（Meres）在他的「智慧的寶藏」（Paladis Tamia）也說看到過此劇，列爲六部喜劇之第三部。同年 Robert Tofte 的一首詩（Alba）也稱讚上演此劇的演員。

在伊利沙白逝世一年多之後，此劇又在宮中上演，以娛哲姆斯一世之王后 Anne of Denmark，這是一六〇四年一月初的事。可見此劇一開始卽是宮庭戲。

一六三一年「空愛一場」又一四開本印行，是爲第二四開本，這是比較罕見的事，因爲第一對折本與第二對折本印行之間通常是沒有另印單行本的需要的。標題頁上寫着：

As it was acted by his Majesty's Servants at the Blackfriars and the Globe.

這可以說明此劇於一六〇八年以後又在上演，因爲莎士比亞劇團是於一六〇八年纔開始使用「黑僧劇院」。

厥後有一百年以上此劇沒沒無聞。批評家對於此劇的劇本幾乎一致的貶抑，不但沒有舞臺演出，改編本亦未出現。在整個十八世紀的舞臺上，只有此劇末尾之「布穀歌」被移在別的劇本裏出現過。

第一個改編本刊於一七六二年，其標題為：

The Students. A Comedy Altered from Shakespeare's Love's Labours Lost, and Adapted to the Stage.

但是似乎從來不會上演過。莎士比亞的原文只保存了八百行左右，情節改動得很厲害，劇中人物亦有刪減。改編人的姓名不詳。

另一改編本，亦不詳編者姓名，刊於一八〇〇年。

莎士比亞原著「空愛一場」之重上舞臺是在一八三九年九月三十日，地點是 Covent Garden。Samuel Phelps 於一八五七年上演此劇於 Sadler's Wells Theatre。一八八五年及一九〇七年莎氏誕辰紀念時在斯特拉福紀念劇院亦曾演出。此後此劇在舞臺上即不斷出現，最近 Old Vic 於一九一八年及一九二三年均包括此劇於經常上演的劇目之內。

五　幾點批評

「空愛一場」是莎士比亞早年不成熟的作品，受過很多不利的批評。例如約翰孫博士就說：『此劇為所有編者所譴責，有些且認為不配為莎翁之手筆而加以剔除，其中實在是有些段落非常卑鄙幼稚庸俗；有些字句根本不該寫了出來在一位處女的女王面前宣誦，而據說是曾在女王御前上演的。』不過約翰孫補上了這樣的一句：『但是在全劇中散見許多天才的火花。』德來頓（Dryden）評論說，有些戲劇『不是向壁虛造，便是寫法惡劣，其中喜劇部分不能令你歡娛，嚴肅部分亦不能令你關切，』

而此劇則是屬於後者。浪漫派的批評家哈茲利特（Hazlitt）坦白的說：『如果我們要把作者的喜劇捨棄任何一齣，那麼就是這一齣了。』

此劇的缺點是很明顯的，「文字遊戲」的分量過多，人物的描寫不足。蒲普（Pope）編到此劇時，常整頁的删節，改列在頁下端作爲附錄。但是近年來一般批評家對此劇已漸有好感，以爲此劇在情節上雖然荒誕不近人情，在文字上雖然勉强造作，但在結構上不失爲勻稱完整之作，在氣氛上有音樂的超然之美。在舞臺上演出，有歌劇的風味。

8　仲夏夜夢（A Midsummer-night's Dream）

一　「仲夏夜夢」之標題

這齣戲爲什麼取名仲夏夜夢呢？在英國，仲夏日爲六月二十四日，卽聖約翰節，習俗於是日演劇作樂。而劇情發生於四月二十九至五月一日之間。約翰孫博士首先提出這個問題說：『余不知莎士比亞何以爲此劇命名爲仲夏夜夢。』批評家提供幾種不同的答案。Farmer 博士謂：『此劇之標題似是根本未有指陳劇情發生時間之用意，猶如「冬天的故事」，其劇情發生於剪取羊毛之節季。』Malone 有進一步之解釋云：『余以爲此標題係由上演日期而得，其時蓋當仲夏，其義爲作爲「仲夏夜娛樂之一夢」，「第十二夜」及「冬天的故事」之標題或由於同樣之情形。』

一般英國民衆均熟知與仲夏夜有關之各種神異傳說，此標題本身頗富於誘惑力量，在此標題之下所包涵之各種幻境都是奇麗可喜的，故只覺其虛幻，而不注意到問題之所在。據 Chamber's Book of Days 云：『與聖約翰夜有關之一些迷信見解頗富幻想性質。在英國，其他國家或亦同然，一般相信如終夜齋戒坐於教堂門口，則可望見此教區內於此後一年間行將死亡者之鬼魂……Grose 所提及之情形可支持吾人之揣測——一般認爲於聖約翰夜之睡眠中靈魂可以出遊，而守夜不睡者似能望見睡者之遊魂，……一般習慣於此夜採取某種植物，認爲具有某種神秘之力量。』此劇劇情，頗涉怪誕，故名爲「仲夏夜夢」，暗示其虛無漂渺之境界，實無異於仲夏日之夢。

但是最好的解釋恐怕還是佛奈斯博士（Dr. Furness）在他的新集註本仲夏夜夢序裏說的：『余以爲約翰孫博士所注意到之矛盾，未嘗不可解釋，只須憶及在英國五月節之慶祝儀式與六月二十四之慶祝儀式大體上顯有不同：前者於晝間舉行，後者則於夜間舉行。提西阿斯之新婚娛樂，有獵犬號角及捕劇等等，均於晝間舉行，故五月節乃適宜之節季；至於情人等之錯綜情節係於睡眠中得神仙符呪而獲得解決，故又不得不選定夜間，晝夜交織，混爲一體，一股强有力之魔力在仲夏夜夢的幻境當中籠罩一切。』

二　版本歷史

「仲夏夜夢」有兩個四開本刊於一六〇〇年。其中有一本曾於是年十月八日在書業公會登記，是爲「第一四開本」，因登記者名 Thomas Fisher，故又稱「Fisher 四開本」。另一本未曾登記，是爲「第二四開本」，因印行者名 James Robert，故又稱「Robert 四開本」。兩個本子孰前孰後，尚不無疑問。照普通情形，未登記之版本殊無先行問世之理。如已先有印本行世，當然無再繳費登記之必要。故「第一四開本」應在先，「第二四開本」應是重印本。「第二四開本」排印較精，但內容較劣，故 Halliwell 以爲「第一四開本」刋行在後。Fleay 以爲「第一四開本」亦係 Robert 所印行，但未署名，此本銷售甚速，第二版始署名云。此近臆測，殊不可憑。

「第一四開本」拼音法較舊，「第二四開本」則拼音幾與現代英文無異。兩種四開本都有許多誤植，誤植的來源是很有趣的。十六七世紀時，排字工人不看着底稿排字，排字房裏雇有專人誦讀底稿（有時同時可以誦讀三四種底稿），工人憑聽覺而排字，如工人程度較低，則誤植自然較多（佛奈斯引 T.L. De Vinne: "The Invention of Printing, p.524)。仲夏夜夢四開本中之錯字殆皆由此而生。

「第一版對折本」刋於一六二三年，這是莎士比亞的全集，據編者序言，是根據莎士比亞的手稿編印的，事實上當不如此。這對折本的仲夏夜夢很顯然的是根據「第二四開本」印的。不但標點同，甚至錯字亦相同。有些地方「對折本」顯露出編者删改之痕。在舞臺指導 (stage directions) 方面，「第一四開本」的有五十六處，「第二四開本」則約有七十四處，「第一對折本」增至九十七處，這也是「對折本」的進步處。

「對折本」根據的是「四開本」，「四開本」則的確是莎士比亞的舞臺本 (stage-copy)，即演員實際使用的脚本。關於此點，有一有趣的鐵證。在第一景，提西阿斯命令宮宴樂總管非婁斯特雷特去「鼓舞雅典青年去作樂」，非婁斯特雷特下，緊跟着義濟阿斯上，在全劇中除最後一景外，非婁斯特雷特與義濟阿斯從不同時在臺上出現，故演員一人即可兼扮此二角色。兼扮的辦法，在圜球劇院裏是常用的。可是在最後一景裏，非婁斯特雷特要呈進娛樂節目，非上臺不可，而義濟阿斯也非上臺不可，一人兼扮既不可能，兩個角色就非去其一不可。當然是那個不重要的非婁斯特雷特被去掉，由義濟阿斯來權充宴樂總管。劇本如果是爲閱讀用的，當不必如此改動，如果是舞臺上用的，則臺詞前面的角色名義自然要改，非婁斯特雷特的名字要塗去，代以義濟阿斯的名字。「對折本」所根據的「四開本」無疑的是經過這樣改動的，但是改動之際却有了疏忽，第五幕第一景第八十四行忘却改了，仍保留了非婁斯特雷特的名字。這足以證明「對折本」所根據的是「舞臺本」。

三　著作年代

「仲夏夜夢」初刊於一六〇〇年，著作年代却不能確定。

密爾斯的智慧寶庫（Meres's "Palladis Tamia"）刋於一五九八年，書中提到莎士比亞的「仲夏夜夢」這可以證明「仲夏夜夢」之寫作是在一五九八年以前。

第二幕第一景九十四至一二〇行鐵達尼亞所說的天時變異，夏行冬令，風霧爲災，有人認爲是指一五九四年英格蘭的夏天而言。關於那一年，Forman 的日記載着這樣的話：六月七月天氣很濕，冷得出奇，儼如冬日，七月十日猶擁爐而坐，其寒有如此者；五月六月亦然；幾無兩日連續放晴，每日多少下點雨。」他家亦有同樣記載。如果鐵達尼亞所說確係指一五九四年的天氣而言，則此劇之作當不致晚於一五九四年過久之時，因只有在觀衆記憶尚新之時此種暗指方有意義可言。

第五幕第一景五十九行提到的「九位文藝女神哀悼一位學人最近貧困乞討中之死」，很可能這是有所指的。（一）詩人斯賓塞作文藝女神之淚（Spenser's "Tears of the Muses"）刋於一五九一年，Warburton 首先發現這也許就是讚美斯賓塞之意，因斯賓塞有類似之作。這猜想如果不錯，仲夏夜夢之作當移到距一五九一年較近之一年。（二）『斯賓塞於一五九八年餓死在都伯林，此處或是暗諷那些坐視詩人餓死不救之人』，這是 Steevens 的看法。斯賓塞死於一五九九年，不是一五九八年。仲夏夜夢據密爾斯記載於一五九八年既已存在，則其寫作當然是在斯賓塞死前無疑，焉能預先諷刺斯賓塞之死？但是 Malone 又有解說，他以爲這可能是在斯賓塞死後仲夏夜夢刋印之前補揷進去的一筆。（三）Knight 又有新的解釋，他以爲這是指戲劇詩人格林（Greene）之死，他死於一五九二年，而且是在極度貧困中死的。他對莎士比亞固不友善，但是莎士比亞未嘗不可慷慨的稱讚他。

在「仲夏夜夢」裏，結婚的空氣很濃厚，好幾對情人都圓滿的結婚了，在最後一景裏還有衆仙來祝賀，這使我們不能不想到此劇也許是爲了什麼貴族結婚大典而寫的。但在這幾年間有什麼貴族舉行婚禮以至勞動莎士比亞的大筆了呢？Gerald Massey 隨着德國的 Tieck 的指示以爲是爲了騷贊伯頓伯爵與伊莉莎白凡爾農(Earl of Southampton and Elizabeth Vernon)的結婚，那是在一五九八年。Elze 教授認爲應該是爲了哀塞克斯伯爵（Earl of Essex）的結婚，那是在一五九〇年。兩種學說都有困難在。這兩段婚事不都是在秘密中舉行的嗎？不都是沒得到伊利沙白女王的允許嗎？劇中有恭維女王的話（第二幕第一景一六四行），很顯然的暗示此劇初演是在女王面前演奏的。但是這幾年間有什麼貴族結婚而又有女王親臨觀禮了呢？這都是不能解決的問題。並且，如 Ulrici 所指陳，仲夏夜夢的情節是如此的輕佻滑稽，把愛情處理得如此之離奇可笑，怎麼能成爲一個貴族結婚時的祝賀節目呢？Fleay 在他的莎士比亞的生平與作品裏又提供了一個新的揣測：一五九五年正月廿六日 William Stanley, Earl of Derby 舉行婚禮於格林尼治宮，又一五九四年十二月十二日 Lucy Harington 與 Third Earl of Bedford 結婚，當時都曾大張盛筵，很可能的演出了仲夏夜夢。但這都不能算是確證。

從全劇的作風以及詩的韻法看，仲夏夜夢當然是莎士比亞的早年作品。劇情的結構是有定型的，無韻詩也寫得相當齊整，詞藻也相當的華麗，這都是詩人早年作品的象徵。

總括的說，仲夏夜夢的著作大概是在一五九四——五年之間。

四　故事來源

「仲夏夜夢」有三個故事：主要的是提西阿斯與兩對雅典情人的故事，附帶着有一套神仙的故事，和一羣丑角扮演皮拉摩斯與提斯璧捧劇的故事。莎士比亞很巧妙的把三個故事編織在一起了。在他的所有劇本中，仲夏夜夢是少數的比較最富獨創性的一個。

巢塞的坎特堡來故事集的騎士的故事（Chaucer's The Knight's Tale）可能給了莎士比亞相當的暗示，普魯塔克的傳記（North's translation of Plutarch's "Lives"）也必定給了莎士比亞關於提西阿斯的資料。但是我們要看出，這其間的關係並不密切。莎士比亞從騎士的故事和普魯塔克傳記裏所得的不過是幾個人名和描寫幾點。主要的故事是莎士比亞自己的。

皮拉摩斯與提斯璧的故事，見奧維德變形記（Ovid, Metamorphoses, Bk IV），此書之英譯本（Golding's translation）第四卷刋於一五六七年，對於莎士比亞是很熟習的。最初巢塞坎特堡來故事集也講過這故事。在變形記譯本刋行之後，仲夏夜夢刋行之前，英國文人利用這個故事而加以編寫的，更不一而足。一五六二——三年書業公會登記簿記載着「一本書名皮拉摩斯與提斯璧」。一五八四年又有皮拉摩斯與提斯璧之新歌，收在 Robinson's "A Handfull of Pleasant Delites" 裏面。佛奈斯博士說得對，除了奧維德之外，如果我們一定要指定某一作品爲莎士比亞的這個故事的來源，那實在是太孩氣了。這個故事是一個極普遍流行的故事，從巴比倫起，經希臘羅馬，而中古，而近代各國，一直在流傳，早已成爲古老的國際的民間傳說了。（看 Dr. George Hast: "Die Pyramus-& Thisbe-Sage 1889）

神仙故事的來源比較複雜。衆小仙而擁有王后，這思想來自巢塞商人的故事。奧伯龍的名字，原是德國的，經過法國，傳到英國。德文是 Alberich，意爲「仙王」。十三世紀時在一部查爾曼傳奇裏作 Auberon，這部傳奇在十六世紀（大約是一五三四年刋）裏被譯成英文，Oberon 的名字首次出現。莎士比亞很可能是看過這譯本的。在莎士比亞之前，格林寫過一齣哲姆斯四世，裏面也插進了奧伯龍的故事，但對莎士比亞沒有多大關係。斯賓塞的仙后（一五九〇年）第二卷第十節也提到奧伯龍。仙后鐵達尼亞的名字，是莎士比亞自己創用的，至於撲克，那個淘氣的好惡作劇的小鬼，莎士比亞也許從 Scott 的「巫術的揭發」裏得到一些資料，但是主要的來源應該是民間傳說。

五　舞臺歷史

「仲夏夜夢」在當時舞臺上是受歡迎的。兩個「四開本」標題頁上都寫着「曾經多次公演」，同一年內印了兩個本子，可以證明這戲在當時是受歡迎的。演這戲的是「張伯倫爵士的僕人」，即是莎士比亞自己所隸屬的那個劇團。

這齣戲最受歡迎的兩點是神仙故事和羣丑的插劇，所以不久就有人模倣了。一六〇二年牛津聖約翰學院的學生演 Narcissus，其中就用一個人來代表一口井，這是倣效皮拉摩斯與提斯璧的那堵牆的辦法。一六一一年班章孫演出了 "The Masque of Oberon the Fairy Prince" 並於二十三年後，在他的 "Love's Welcome" 裏穿插了一段「匠人跳舞」。

但是「仲夏夜夢」也有它的噩運。英國的清教徒是反對戲劇的。在一六三一年九月二十七日，林肯主教約翰威廉斯博士家裏演戲，演的大約卽是仲夏夜夢。和威廉斯有隙的人以為有機可乘了，主教代表（Cominissary genenal）斯賓塞先生（John Spencer）立刻採取行動，據說除了致函警告一位參加觀劇的女客以外，還頒布了這樣的一道命令：

本庭據主教代表報告，林肯主教家中九月二十七日發生重大失檢行為，居然延致若干男賓女賓及其他家屬僕役人等，同觀一劇或悲劇，查此日為禮拜日，此劇約於晚間十時上演，直至清晨二三時始畢。茲特頒佈命令，林肯主教犯有過失，着卽令於伊頓或大斯陶頓建一官費學校，永久每年捐贈二十鎊，作爲維持該校教師之用……。

茲再頒佈命令，威爾孫先生對於此次事件因係一手負責，並曾以如此下流之姿態頂套驢頭參加扮演，着於下星期二早六時至晚六時，罰在主教公館門房中枷脚，並戴驢頭，面前置稻草一束，胸前懸掛招牌：

『好人們，我扮過畜牲，
作了壞的事體。
我本是人，
現在變成一條蠢驢。』

這段事的眞確性也許可疑，因爲只見於 Collier 的記載，而且所談的戲是否即莎士比亞的仲夏夜夢，亦不能確定。也許是威爾孫先生自己或他人所編製的另一齣類似的戲呢？無論如何，有一樁事我們是確知的，在清教革命期間「仲夏夜夢」連同其他的戲劇都不能上演了。一六四二年至一六六〇年是戲劇中斷的時期。在此期間，『公共劇院被封閉了，演員們禁演悲劇，因爲眞的悲劇已經够多了，又禁演喜劇，因爲當時的罪惡表現得太彰明昭著了；吾人所能有之娛樂僅爲一些滑稽短劇，藉一個荒誕可笑的蠢才爲名，例如織工線團，鐵匠呆瓜，掃夫約翰之類，這還要偸着舉行，或冒充繩技之類的雜耍。』（見 Francis Kirkman: "The Wits" 1673）這織工線團當然就是「仲夏夜夢」的一臠。這具體而微的織工線團還流傳到了德國，變名爲 "Peter Squenz" 作者爲 Andreas Gryphius，刊於一六六三年，其中保留着譯自英文的痕跡，字句間也有與莎士比亞原文相符之處。

一六六〇年復辟後，一般的戲劇趣味變了。「仲夏夜夢」按照本來面目上了舞臺，皮泊斯（Pepys）在他的著名的日記裏有這樣的記載：『赴皇家劇院觀仲夏夜夢，此劇前所未見，以後亦不欲再見，此乃余畢生所見最淺薄無聊之一劇也。吾承認吾見有一些良好的舞蹈與若干美貌女人，吾所得之快樂，僅此而已。』（一六六二年九月二十九日）爲了適應當時的趣味，「仲夏夜夢」改編爲歌劇，於一六九二年在倫敦上演，改名爲仙后，有 Purcell 的音樂，和 Priest 的舞蹈。據說『朝野都認爲非常滿意；但開支過大，劇團獲利甚少』。Downes 據 Genest 記載，第五幕中鳩諾（Juno）凌空而降，還有孔雀開屏，充滿了劇場中部；隨後佈景變爲中國花園，其中有一中國男子一中國女子歌唱，六隻猴子跳舞！這種改編的風氣一直延長到十八世紀，唱歌大量的羼入。據說加立克 Garrick 曾演出此劇，把『粗野的匠人』完全刪去，加進二十多隻流行的曲子。自一七六三年至一七七七年間還有一個改編本一直的在佔據着舞臺，性質改變爲趣劇，在廣告中特別聲明『提西阿斯及一切嚴重角色』概行刪去！一八一六年一月十七日 Reynolds 的改編本上演，把全劇縮成三幕，有十六隻歌，廣告上說『此劇五十年未曾上演』，「仲夏夜夢」之被支解，這大概是最後一次了。

本來面目的仲夏夜夢之復活，是隨着浪漫運動以俱來的。在浪漫的氣氛裏，「仲夏夜夢」裏的詩一般的幻想的美纔又開始被人欣賞。復活的地點是在德國，時在一八二七年，主持的人是詩人提克（Tieck）其經過是很有趣的：——

提克住在德來斯頓全盛時代，很熱心的鼓吹排演仲夏夜夢。但是演員經理及一般看戲的人士都搖頭。

『這東西是不可能的，』自作聰明的人們說：『這是一場噩夢——仙后的幻夢——永遠不能實現的。』

提克怒冲冲的往椅上一靠，不作聲了。

許多年過去。

提克終於被召赴柏林，在威廉四世宮內誦讀詩篇，其中一部卽莎士比亞之仲夏夜夢。在座貴賓均至感愉快，讀畢國王問道：『這戲可是眞的不能在臺上演出嗎？』

提克以後曾幽默的叙說，當時如聞霹靂。他覺得心跳到舌端了，足有一分鐘說不出話。二十多年來，幾乎是一生，他的一點熱望總是遭遇冷酷的反對，膚淺的駁難，或同情的聳肩。如今，一位皇帝，有知識又有權威，居然來問這戲能否上演！提克的頭暈了；在他眼前泛起了畢生渴望最切的事情終於實現的景象。『陛下喲！』他終於喊出，『陛下喲！只要我得到允許與便利，這戲能成爲世上最美妙的表演呀！』

『好，那麽，立刻動手，魯得維科先生，』威廉愉快而取笑的說：『我給你全權，並令Kuestner（當時皇家劇院的總管）把劇院所有演員都由你支配。』

這是魯得維支提克一生最樂的一天！這位年老的詩人，患風濕病而跛着腿，回到家裏，被快樂所陶醉了。整夜的他在想，凝思，盤算，換景。第二天，他把這喜劇整理好了，對參加的演員讀了一遍，和 Mendelssohn 商討了必需的音樂。

老年的魯得維支先生囘復了青春，年紀消失了，他驅車東跑西跑——全部心力都用在他現在就要使之復活的作品上面。

最後那一天來到，要把作品在那懷疑而又驚訝的觀衆面前表演了。是什麽樣的一羣觀衆啊！柏林所有的知名之士，無論是科學，藝術，學術，已成名及未成名的作家，有技藝的，有天才的，有美貌的，有聲譽的——全都被請到了波次坦皇宮，第一次公演卽在那裏舉行！

筆者很榮幸的也是被邀的一個，永遠不能忘記當時所得的印象。

舞臺是盡量按照古舊英國式樣佈置的，只是在裝飾方面當然是用最美最雅的方法。Mendelssohn 立在樂隊中間，滿面得意之色，提克在他後面，容顏煥發，風度翩躚，如神仙中人。四圍聚集的是輝煌的朝中要人，後面是一層比一層高的賓客。

何等的一個集會喲！在座的有偉大的宏堡特，博學的波哀克，巴赫曼，歷史家勞默，蘭克，大學的全體教授，詩人考皮施，枯格勒，貝丁那阿寧，培爾索，……和無數的其他的賓客。

這是全世界都對威廉四世熱烈矚望的時候。他的演說的天才，他的機智，他對藝術的愛好與了解，誘惑了各階層的人，使他們充滿了希望。他愉快的微笑着進來，在客座中就位的時候所有的人都掬誠相迎。

眞是的，我們好像是置身於諸路易的凡爾賽宮。這是全國狂歡的一天，比歷史中任何一天都更精采。

所有的面孔上照耀着何等的愉快，何等的期望，何等的懸念喲！國王入座是件大事，容顏煥發的提克向他的樂隊裏的那位快樂的朋友點首示意，音樂便開始了，那優美的獨創的誘人的音樂和詩的內涵的意義與提克的示意是非常吻合的。結婚進行曲成了風行的不朽的作品；其他部份又是多麽可愛，多麽優美，多麽精妙，其間又佈滿多少歡樂！Mendelssohn 是一代巨匠，他的魔力眞令人讚美不置，他用不斷的一聲音調來表達精靈的耳語，月夜的摩娑動盪，愛的一切魔幻，匠人的蠢鬧，瘋撲克的呼嘯叫囂。

這如何的抓住了這一羣優秀觀衆的想像啊！他們靜聽，他們驚異，他們是在夢中了！最後這戲開始，全體又多麽像是有天神祝福，沒有一個人動彈，沒有一個人移動，全像中了魔似的一直坐到最後，然後一股不可形容的熱狂迸發了，每個人，從國王以至最小的作者，喝采鼓掌，再鼓掌。

整個的看，這一天是永不能令人忘的，這一天是當着一位愛好藝術的國王面前一位詩人表現了一個演奏的奇蹟，並且巧妙的證明了對於忠於藝術的人這不是不可能的。在這夏夜夢裏，精靈的世界像是復活了；許多精靈從地下，從空中，從樹林裏，從花叢裏，湧現出來了！他們在月色中翩飛！光明，陰影，聲音，廻響，花與葉，太息與歌唱，喜悅的歡呼！一切都幫助使這奇異現象變成眞實而且生動！

同樣的不能再見到第二次。

這是威廉四世一代的最高峯。誰能夢想到在這富有詩意的燦爛的戲劇之後，就有黑暗的殘酷的革命和命定的死呢？然而事實却正如此，……（引佛奈斯本，頁三二九——三三〇。）

莎士比亞的仲夏夜夢加上曼德松的音樂，眞是珠聯璧合。英國的舞臺直到一八五六年 纔有 Charles Kean 導演的「仲夏夜夢」以嶄新的姿態出現。他採用了曼德松的音樂，演撲克的是一個十歲左右的小女孩，淡黃頭髮的淘氣孩子，穿赭紅色服裝，鑲着血紅的苔蘚花邊，坐着一棵毒菌從地下湧上，這孩子便是後來有名的女演員 Miss Ellen Terry，她的名字和十九世紀中好幾個最著名的莎士比亞戲劇的復活成爲不可分離的。以後著名的演出有 Phelps 在 Sadler's Wells 的公演，Charles Calvert 在曼柴斯特的公演，Benson 在倫敦圜球劇院的公演。煤氣燈開始被採用。第一幕以後舞臺上罩一層薄薄的藍色紗幕，代表夢霧。

「仲夏夜夢」是莎士比亞青春時代最後的也是最成熟的一齣喜劇，裏面充滿了幻想和豐富的生活力，有一般天眞無邪的趣味。Campbell 有一段批評：

在他的所有的作品裏，仲夏夜夢在我心上留下最深的印象，使我感覺到在這悲苦的世界裏至少有一次會有一個快樂的人。詩的較爲莊嚴的妙處是從苦痛的情緒中淘濾而來，而此劇則雋永得如此純粹，絕少雜有苦痛的情緒，歡樂的心情如此之洋溢，如此的溫柔，又如此的恣肆，所以我不能不想莎士比亞在編寫此劇的時候，靈感迸發，其心境必是一片極康健的快樂。不過我曾聽說有一位冷酷的老批評家提出反對的意見，他以爲莎士比亞自己一定也預料到這戲永遠不能成爲一齣好的上演的戲，因爲你從哪裏去找能躺在花朶裏的小演員呢？是的！我相信劇團經理沒有那樣好運氣去在仙境招到演員，但是我曾聽說大約二十年前仲夏夜夢於 Covent Garden 上演，劇本是 Reynolds 改編過的，不見得改得好多少，可是也連演了十八夜，尙受歡迎。即使此劇永不能上演，我要更感謝莎士比亞，因爲他是以詩人身份而不是以戲劇家身份來寫作的。一部想像的產物，無論合於舞臺與否，詩人自己能不感覺到它的價値嗎？一個母親對於她自己的孩子的美能是盲目的嗎？不！莎士比亞不會不曉得後世將鍾愛這部作品，這是他的最可愛的作品之一。他寫到把驢頭放在線團肩上的時候，他一定是格格的笑個不住哩！關於鐵達尼亞之鍾愛那變形的織工，以及織工之要豆子做點心，後世多少代人都感覺到可樂，這樂趣莎士比亞一定是預先嚐過了。當他寫到提西阿斯描寫的吠聲調和的獵犬以及行獵的盛況，我想他的旺盛的血氣一定和那獵人的快樂一齊在跳盪。他描寫快樂的小仙，那時候他自己一定也和撲克一般的愉快，他一定始終自信他的天才『要給地球圍上腰帶』，尙未生存的人類將要享受他的幻想的狂歡。（引佛奈斯本，頁三〇一。）

「仲夏夜夢」是想像的一場狂歡，我們應該以快樂的心情去欣賞它，若是想從這戲裏尋求什麼意義，發掘什麼「意識」「思想」，我們不免要受線團的那句奚落：「如果有人想解釋這個夢，他便是個蠢驢。」

9 威尼斯商人 (The Merchant of Venice)

一 版本歷史

「威尼斯商人」在一六〇〇年有兩個「四開本」出版，一個本子的標題頁是這樣的：

THE/EXCELLENT/History of the Mer-/chant of Venice./With the extreme cruelty of Shylocke/the Jew towards the saide Merchant, in cut-/ting just pound of his flesh. And the obtaining/of Portia, by the choyse of/three caskets./Written by W. Shakespeare./Printed by J. Roberts, 1600.

另一個本子的標題頁是這樣的：

The most Excellent/Historie of the Merchant/of Venice./With the extreame crueltie of Shylock the Jewe/towards the sayd Merchant, in cuttinga just pound/of his flesh: and the obtayning of Portia/by the choyse of three/chests./As it hath beene divers times acted by the Lord/Chamberlaine his Servants./Written by William Shakespeare./AT LONDON,/Printed by I. R. for Thomas Heyes/and are to be sold in Paules Church-yard, at the signe of the Greene Dragon./1600

前者簡稱爲「羅伯茲本」，後者簡稱爲「海斯本」。這兩個本子究竟孰前孰後，是不易判斷的，今從劍橋本編者及一般學者意見，稱「羅伯茲本」爲第一四開本，「海斯本」爲第二四開本。（據 John Dover Wilson 教授在他最近編的「威尼斯商人」，劍橋，一九二六年版，九一至一一九面所述，則「羅伯茲本」實較「海斯本」晚十九年之多。）

第一版對折本裏的「威尼斯商人」是根據「海斯本」印的，稍有改動而已。

二　著作年代

一五九八年七月二十二日書業公會登記簿上有羅伯茲爲「威尼斯商人」請求登記的記載；同年密爾斯(Meres) 在他的 "Palladis Tamia" 裏也把「威尼斯商人」包括在他所開列的莎士比亞的喜劇名單以內。可知「威尼斯商人」之寫作不能遲於一五九八年，也許比這年代還要早幾年，但是我們沒有十分可靠的證據了。

漢斯婁(Henslowe)的日記於一五九四年八月二十五日記載着一齣「威尼斯的喜劇」的演出，但這是否即是莎氏此劇，是可疑的。

從作風方面觀察，我們可以斷定這戲是作者的中年時代的作品，因爲裏面有大量的散文和流利的詩句，絕不是早年的作品。

所以我們可以判定，威尼斯商人大概是做於一五九六年或一五九七年、

三　故事來源

「威尼斯商人」的故事，據 Capell 的考據，是根據了一三七八年出版之意大利人 Ser Giovanni Fiorentino 所作 "II Pecorone" 裏的一篇小說而編成的。但是劇中波西亞擇婿的方法，以及夏洛克有一個女兒與基督徒私奔，這兩點都不是意大利故事裏原有的。擇婿的方法，是採自英國的十三世紀的拉丁文的一部小說集 "Gesta Romanorum"（莎氏時代英文譯本）。傑西卡的私奔的故事在 "Tales of Massuccio di Salerno"（作者著名於一四七〇年左右）裏可以找到類似的情節。

但是有人疑心在「威尼斯商人」之前早有一個同樣情節的戲，而莎士比亞大概是根據那戲而改編成爲「威尼斯商人」。一五七九年 Stephen Gosson 作 "The School of Abuse" 一文攻擊當時的戲劇，其中有一齣便是『猶太人一劇，………演於紅牛劇院………描寫的是一羣擇偶的人之貪婪及放債的人之兇狠』。這猶太人無疑的是威尼斯商人的前身，可惜這劇本沒有遺留下一行給我們，我們只能揣測罷了。

此外如 Marlowe 的戲劇 "The Jew of Malta"（一五八九或一五九〇年作），也許供給了莎士比亞以夏洛克這樣的脚色。一五九四年倫敦絞殺的一個囚犯圖謀毒殺英國女皇的猶太名醫 Dr. Roderigo Lopez，也許是夏洛克的本身罷。

四　「威尼斯商人」的意義

「威尼斯商人」是一齣喜劇，但也是莎士比亞的喜劇中之最富於悲劇性者。在莎士比亞時代一般觀衆也許覺得夏洛克的狡猾兇狠是非常可惡的，夏洛克的受窘與被罰是極其可樂的，那三對情人的結婚是很可令人愉快的；但是由我們近代人的眼光來看，這戲裏面包藏着多少人道的精神，夏洛克是個可憫的人，他代表一個被壓迫民族的心理。在英國，猶太人所受的壓迫不亞於歐洲大陸上任何國的情形，從一二九〇年起，猶太人就被逐了，直到共和國成立，這禁令纔被取消。猶太人因受迫害所以纔不敢置產，以防被沒收；因不敢置產所以只得收集巨量現金，因有巨量現金，故往往以放債爲業；因以放債爲業，故不得不取重利；因此我們纔有夏洛克這樣的一個角色。莎士比亞寫「威尼斯商人」時不見得一定是想替被壓迫的人呼冤，但也不見得就和當時一般小市民一樣的要以被壓迫的人來取笑。至少，我們可以說莎士比亞看準了猶太人受壓迫這樁社會現象，用公正深刻的手腕把這一個現象表現出來了。

在批評「威尼斯商人」的文章裏，我覺得最深刻的要算是德國的海涅的一文，他是一個詩人而同時亦是革命主義的同情者，他又是一個猶太人，所以他的見解很値得介紹，他說：

『我在「德瑞街劇院」觀看此劇的時候，在我的包廂後面立着一個面貌灰白而秀麗的不列顚人，到了第四幕臨完之際，他竟痛哭起來，嘆着說了好幾聲：「那個可憐的人是受寃抑了！」那個人的臉是有最高貴的希臘風度的，眼睛是大而黑。我所以永遠忘記不了那一雙爲夏洛克而流淚的大黑眼睛！

『我一憶起那些眼淚，我就要把「威尼斯商人」列在悲劇一類裏去，雖然此劇的骨幹上是裝了不少的頂歡樂的面具，山神，愛神之類的角色，雖然作者是有意使成爲喜劇的。莎士比亞也許是原來有意的爲了大衆的娛樂起見創造出一個野心的浪子，窮凶極惡的人物，結果是折了女兒失了財，且博得大家的一場奚落。但是這詩人的天才，詩人胸中的人道精神，却超出了他的私人的意志；所以夏洛克雖然有他的醜態，而詩人却由這夏洛克的角色中擁護了一個被壓迫的民族，這民族不知爲了什麼神秘的緣故却受着上下流社會的嫉恨——並不是永遠以德報怨。

『我說什麼呢？莎士比亞的天才超過了兩種宗教的民族的爭端，這篇戲劇並不曾整個的描寫了猶太人種或基督教徒，描寫的是壓迫與被壓迫者，描寫的是被壓迫者一旦得到了變本加厲的報仇雪耻的機會，是如何的瘋狂刻毒。這戲裏毫無宗教的糾紛的意味，莎士比亞所表現的夏洛克僅僅是一個天性厭恨敵人的人，在另一方面莎士比亞也不會把安圖尼歐及其他人描寫成信奉「愛敵人」的宗教的信徒。夏洛克對向他借錢的人說：「我永遠聳聳肩忍受下來，」安圖尼歐回答說：「我以後還是要罵你，唾棄你，踢你。」

『請問基督徒的愛的精神安在？實在的，假如莎士比亞是有意拿夏洛克的敵人而又實在不配給他解鞋帶的這一般人來代表基督徒，此劇將是對基督教的諷刺了。那破產的安圖尼歐是個優柔寡斷的人物，一點力量也沒有，沒有力量恨，自然更沒有力量愛，有一顆女人的心，和除了「釣魚」之外更無他用的一身肉。他沒有付還那被騙的猶太人的三千兩銀子。白珊尼歐也沒有還他錢，這傢伙簡直是個唯利是圖的小人，有一位英國批評家就這樣的說過：他借錢原是爲「裝體面」用的，原是爲獵取一位富家的孤女及其裝奩用的。

『至於洛蘭鄒，更是一個無耻盜刼的共同犯，若在普魯士的法律之下要處以十五年監禁的，要打烙印的，要站枷籠的，爲了他是如此的愛金錢珠寶以及月夜音樂。至於其他的作爲安圖尼歐的朋友的威尼斯人，他們似乎也並不十分恨錢，他們的可憐的朋友遭了惡運的時候，他們也只是拿一些空話來安慰他，更無其他的表示。我們的虔篤的信徒，佛蘭茲荷恩，曾說過煞風景而甚正確的話：「此地有一個問題很合理的發生了：安圖尼歐何以竟能弄到這種窘境呢？全威尼斯認識他，尊敬他，他的好朋友也全都知悉他的可怕的契約，並且也知道那猶太人一絲也不肯讓步。然而呢，他們竟看着一天一天的過去，以至於最後弄到三個月滿期，一切絕望。」他的好朋友如此之多，並且又都是富商大賈，應該不難湊出三千兩銀子，救他一命——並且是這樣的一條命！但是解囊一類的事是諸多不便的，所以對於他們的這位好朋友毫無救濟，毫不援手，這大概就因爲他們是僅僅的名義上的所謂朋友罷。他們對於這位常以盛讌相饗的朋友是不勝憐憫之至，但是他們也爲了圖自己的快意起見而大駡夏洛克，這也是在無危險的情形之下的一種慣技，也許他們以爲如此便算是盡了朋友的義務了罷。夏洛克的可惡的地方固然多，但是如果他有點看不起這一般人，也許他是有點看不起他們，我們却很難怪他哩。……

『老實講，除了波西亞之外，夏洛克還是全劇中最體面的一個人哩。他愛錢，但是他並不諱言——他到市場上大聲呼號，但是他還有一點更寶貴的。在受害的心的滿足——不可言述的恥辱之公正的報復；雖然他們以十倍的錢還給他，他也拒絕，三千兩銀子，十倍的三千兩的銀子，他也不婉惜，只要能買他的敵人的一鎊肉。……』（據佛奈斯本）

10 如願 (As You Like It)

一 著作及出版年代

「如願」大概是作於一五九八年至一六〇〇年間。在一六〇〇年八月四日書業公會登記簿上有「如願」的記載，但是底下注着「暫緩」字樣，原因不明。「如願」迄未付印，一直到一六二三年纔印在那有名的「第一版對折本」裏。

一五九八年 Meres 在他的 Palladis Tamia 裏所列舉的莎士比亞的喜劇裏，並沒有「如願」一劇，故「如願」之作不能早於一五九八。且劇中有句引自 Marlowe 所作而於一五九八年始出版之 "Hero and Leander" 是亦一旁證。

二 故事的來源

「如願」的故事是根據勞芝 (Lodge) 的「羅薩蘭 (Rosalynde)」而改編的。「羅薩蘭」是一部散文小說，刋於一五九〇年。而勞芝的故事又是根據十四世紀中葉的一首詩 The Tale of Gamelyn 而成的，此詩相傳是巢塞的作品，也許不是巢塞的手筆而巢塞曾想加以潤飾並收入坎特堡來故事集裏去(Skeat教授的揣測)。莎士比亞曾否讀過此詩，我們不知道。有些地方「如願」的情節頗似此詩，並且與「羅薩蘭」反倒不同，然而這也許是偶然的雷同罷？在詩裏除了近尾處提到 Gamelyn 的妻以外，並無女角參加。關於「如願」中的愛情的部分，那是勞芝的創造。

爲什麽這齣戲叫做「如願」（As You Like It）呢？這需要一點說明。莎士比亞之所以給這戲這樣的一個名字，是根據了勞芝的「羅薩蘭」弁首致讀者書中的一句話。勞芝說：『諸位，簡單說罷，此書乃武人與水手之作品，是在航海時寫成的，每一行都有海水噴漬，每一種情感都有風暴的衝襲。諸位若是喜歡它，那是最好；』最後這一句的原文是 “If you like it, so……” 大概即是莎士比亞的喜劇之命名的根據了。莎士比亞的意思是說：『我的戲是這樣的寫了，是否能令大家滿意，我不知道，如其諸位喜歡它，那是最好……』這樣看來，As You Like It 應該譯爲『任隨尊便』這樣意義的一句成語纔好，但是這樣的成語不大容易想出來。我所以譯作「如願」者是沿用一個大家習慣的譯名而已。（上海北新書局一九二七年出版張采眞先生譯的這齣戲，即取名爲「如願」，據張先生說，『這是周作人先生擬譯，而經我採用的。』）雖然我很知道「如願」二字頗易啓人誤會，誤會到這是指劇中情人均『如願以償』的意思。而其實這是作者對讀者謙遜的意思。

三　舞臺歷史

相傳在一六〇三年莎士比亞的劇團在 Wilton 地方演劇以娛哲姆斯一世，並且演的即是「如願」，並且莎士比亞自己也參加表演了，（或者許是阿得姆罷？）但是我們現在沒有確證。在十六世紀、十七世紀這二百年裏，「如願」上演的情形是沒有一點文件的證明的。自一七四〇年起我們纔有如願的表演的記錄，此後「如願」遂成爲很受歡迎的一劇。從這一點看，我們可以知道「如願」的浪漫精神在十七世紀和十八世紀上半是不受歡迎的，等到浪漫運動起來，此劇纔成爲大衆所能接受的東西。

四　如願的意義

哈茲利特(Hazlitt)說：『這是作者的各劇中之最理想的。這是個「田舍劇」(Pastoral Drama)，其興味從情致與人物而來的多於從動作與情境而來的。引我們注意的，不是戲裏做了什麼事，而是說了什麼話。修養於幽靜之中，「在樹蔭的深處」，想像力變得很溫柔細緻，才智於閒散之中大放異彩，恰似一個從不上學的驕養的孩子。奇思與幻想在這裏縱恣歡樂，嚴重的世故都貶到宮廷裏去了。……』(講演，頁三〇五。) 這是一段讚美的話，但是也道出了這戲的眞像，眞是一齣「田舍劇」。森林的背景，浪漫的戀愛，牧人的生活，哲理的風味，這都是「牧詩」或「田園詩」的特徵，現在不過是挪到戲劇裏來罷了。若就情節論，以現代人的眼光看，那是極其滑稽幼稚的！只有伊利沙白時代的觀衆能感覺到有興味。女扮男裝而能騙倒人那樣久，戀愛之奇突，類此的情形都差不多是不可能的。不過我們一方面可以用現代人的眼光批評，一方面也不能忘記這部作品在歷史上的價值。這戲是伊利沙白朝代 Arcadianism 或 Idyllism 的最好的表現。

莎士比亞寫這樣的一齣戲也是有因的。都敦 (Dowden) 說得好：『莎士比亞，當他寫完他的英國歷史劇之後，需要給他的想像力一個休息；在這樣的心情之下，企求着休養與娛樂，於是他寫了如願。若要明瞭此劇的精神，我們需要記住這是在他寫完他的偉大的歷史劇之後寫的。莎士比亞是從那樣嚴重，那樣眞實，那樣艱鉅的歷史題材裏面轉過身來，如釋重負一般，長嘆一口舒適的大氣，逃出了宮廷與軍營，到了阿頓森林裏來，這纔找到了安逸，自由與快樂。』(莎士比亞的心理與藝術，頁七六。）這是非常正確的。用現代的術語來說，「如願」無疑的是一種「逃避現實」的態度的表現。不過若說莎士比亞拿「如願」之寫作當做是『休息』，倒不一定是事實。「逃避現實」原是浪漫主義的一方面，莎士比亞的這種傾向還比較不算太顯著。「逃避現實」是吃力的工作，像「如願」這樣的東西之寫作，不能算是一個詩人的「休息」罷？

二　馴悍婦（The Taming of the Shrew）

一　幾點事實

「馴悍婦」是莎士比亞的比較早年的著作，其故事來源，著作年代，以及編寫經過，均含有複雜的問題，多年來批評家聚訟不休。G.B. Harrison 指出下列四點爲不爭之事實：

（一）劇院經理漢斯婁(Philip Henslowe, d.1616)有一部日記，記載着一五九四年六月間 Lord Admiral's Men 與 Lord Chamberlain's Men 兩個劇團聯合演出了約五六天，有一齣 The Tamyinge of A Shrew 是在六月十一日或十三日上演的。這一齣戲我們簡稱之爲 A Shrew 以別於莎士比亞的 The Shrew。我們還須注意，Lord Chamberlain's Men 即是莎士比亞的那個劇團。

（二）書業公會登記簿在一五九四年五月二日記載着一位名叫 Peter Short 申請登記：

"a booke intituled A Pleasant Conceyted historie called the Taminge of a Shrew

（三）上述登記劇本旋即出版，其標題爲：

A Pleasant Conceited Historie, called The Taming of a Shrew. As it is was sundry times acted by the Right honorable the Earle of Pembrook his seruants. Printed at London by Peter Short and are to be sold by Cutbert Burbie, at the shop at the Royall Exchange. 1594

這部戲很短，不到一千四百行，版本淩亂，種種跡象顯示其爲未經授權的出版物。這不是莎士比亞的作品，可是與莎士比亞的「馴悍婦」有密切的關係。兩劇情節有些地方相同，但人名除了喀特琳娜之外全不相同。對話除少數例外亦不相同。究竟是莎士比亞根據 A Shrew 加以改編而成爲「馴悍婦」呢，還是 A Shrew 根本乃是「馴悍婦」的盜印本呢？二者皆有可能。改編舊戲原是莎士比亞的慣技，同時盜印本行世也是當時常有的現象。這是一個爭辯很久的問題。據 G.B. Harrison 的論斷，較舊的一派學說主張莎士比亞的 The Shrew 是 A Shrew 之改編，似較爲合理，因爲兩戲情節與人名之差異頗巨。盜印本的戲，人名通常不變，對話無論經過多少剪裁，必有甚多與原本相同之點。

（四）莎士比亞的「馴悍婦」初刊於一六二三年之「第一對折本」：列爲喜劇中之第十一部戲，共二六四九行。版本相當良好，大概是根據莎士比亞的手稿印的。全部分幕，但第二幕未加標出，未分景。序幕亦未予標明。其第三第四第五各幕，近代本改分如下：

第一對折本：第三幕——近代本：第三幕第一景至第四幕第二景

第四幕—— 第四幕第三景至第五幕第一景

第五幕——第五幕第二景

二　著作年代

根據上面四點事實，我們可以推定：假如 A Shrew 是盜印本，那麽莎士比亞的「馴悍婦」便是作於一五九四年五月之前。假如莎士比亞的劇本在後，那麽除了文體作風之外我們便沒有任何內證或外證足以幫助我們認定其著作年代。就文體作風而論，詩句僵硬，雙關語特多，均表示其爲早年作品，大約與「維洛那二紳士」或「錯中錯」屬於同一時期之產物。

「馴悍婦」一劇全部文筆並不勻稱，有些對話非常精采，有些又非常粗陋，因此有人疑心可能於莎士比亞之外另有作者共同寫作。一八五七年 Grant White 力主此說，把精采的部分劃歸莎士比亞，粗陋的部分劃歸另一作者。此一學說使問題益趨複雜，反對者頗不乏人，例如 Charlotte Porter, J. M. Robertson, Gollancz, Boas, Earnest P. Kuhl 等均表示異議。

三　故事來源

「馴悍婦」的故事可分爲三個部分：

（一）補鍋匠斯賴被人捉弄，被迫相信自己是一個貴族。

（二）潑婦被馴服成爲一個忠順的妻子。

（三）一對情人由於機智的僕人的幫助而成了眷屬。

這三部分故事都有古遠的來源。第一部分可以遠溯到「天方夜譚」；第二部分也是一個古老的話題，莎士比亞當時有些民間歌謠就有同樣的內容，例如 A Merry Jest of a Shrewd and Curst Wife Lapped in Morel's Skin for her Good Behavior 便是；第三部分可以經由意大利的 Ariosto 數到羅馬的喜劇。

故事的性質雖然古遠，但是莎士比亞實際着手利用的資料是什麼呢？這問題就不簡單。我們不能不回到 A Shrew 與 The Shrew 究竟有如何關係的老問題上去，單從漢斯婁的日記的記載來看，A Shrew 在前 The Shrew 在後，我們可以相信莎士比亞利用了 A Shrew（雖然 Peter Alexander 的看法正相反）。通常莎士比亞改編舊劇有點鐵成金之妙，「馴悍婦」却有些地方比舊劇反有遜色，例如序幕，在結構上實際是主要的故事，馴悍婦的故事實際上是「戲中戲」，而序幕中的斯賴在莎士比亞的「馴悍婦」裏於第一幕第一景之後便不見踪影，在舊劇裏斯賴則始終有出面評論的機會，尤其是在終局處首尾照顧結構完整。其結尾是這樣的：

二人抬斯賴着原裝上，把他放在原來被發現的地方然後退去。酒保上。

酒保　現在黑夜已過，黎明已在晶瑩的天空出現，我要趕快出去了：但是且慢。這是誰？啊，斯賴，好奇怪，他在這裏躺了一夜？我來叫醒他，我想若非肚裏塡滿了酒，現在他一定餓得要死了。喂！斯賴快醒來罷。

斯賴　再給我一點酒：演員們都哪裏去了？我不是一個貴族麼？

酒保　什麼貴族！起來，你還在醉麼？

斯頼　你是誰？酒保，啊天呀，我今夜作了一場你從沒聽說過的最美妙的夢。

酒保　是麼，但是你最好回家去，因爲你的老婆要罵你在這裏作夢。

斯頼　她會麼？我現在知道怎樣馴悍婦了。我整夜的夢着這件事，你却把我從這向來沒有過的美夢中喚醒了。不過我現在就回家去馴服我的老婆，如果她激怒我。

酒保　慢一點，斯頼，我陪你回家去，我要聽你再講，你今夜所作的夢。「來下。」

不知爲什麼莎士比亞的戲裏沒有保留這樣的一個結尾。

關於畢安卡的那個次要的故事，不管是莎士比亞的親筆，還是另外一個作者寫作，其來源當是 George Gascoigne 的一部戲，其標題是：

'Supposes: A Comedie written in the Italian tongue by Ariosto, and Englished by George Gascoyne of Grayes Inne Esquire, and there presented.'

其演出日期是一五六六年，印行日期是一五七三年。也許莎士比亞讀過義大利文原本（作於一五〇九年），但是更可能的是利用了這個英文的改編本。有一些細節見於這個劇本而不見於 A Shrew，例如特拉尼歐那個角色，較年長的情敵格來米歐，學究與化裝的僕人之關係，勸服學究冒充人父之詭計，眞假父親之對値，皮圖秋與李奇歐這兩個名字（雖然在 Gascoigne 作品裏是配角的名字）。這至少可以說明莎士比亞或另一作者在編寫「馴悍婦」之際並不以 A Shrew 作藍本而滿足，還參考了 Gascoinge 的 The Supposes。

Ten Brink 另有一個學說（見 Shakespeare-Jahrbuch, 12〔1877〕, 94），他說 A Shrew 與 The Shrew 二劇有一個共同的來源，最近支持此說者爲 Hardian Craig，他假設有「一個已佚的原始的潑婦劇」。根據此一學說，二劇中之相同處與相異處均不需費力迎刃而解。但這只是假設，無法證明。

四　舞臺歷史

「馴悍婦」的上演，Meres 的 Palladis Tamia 一五九八年未有記載 Sir E.K. Chambers 等人認爲其中所謂之 Loue Labours Wonne 即是「馴悍婦」。此說有其可能，但無確證。

宮中娛樂大臣 Sir Henry Herbert 記載「馴悍婦」於一六三三年十一月二十六日在聖哲姆斯宮於國王王后御前上演。

復辟（一六六〇年）以後莎士比亞的劇本多遭割裂，但其情形之慘莫過於馴悍婦。一六六七年四月九日 Samuel Pepys 所看到的 The Taming of a Shrew 實即 Sauny the Scot: or, The Taming of the Shrew，係由王家劇團的一位演員 John Lacy 改編莎氏劇而成。Sauny 即 A Shrew 中之 Sander 相當於莎氏劇中之葛魯米歐，被改成爲一個蘇格蘭僕人，說蘇格蘭語，全劇用散文寫成，序幕全刪，加強了這個蘇格蘭人的分量，插入了寢室一景（使 Margaret 被 Sander 剝下了衣服）皮圖秋迫悍婦吸煙斗，迫她承認牙痛而延請理髮匠拔牙，宣稱她已死亡而準備殯葬。此劇當時頗受歡迎，J. Worsdale 所作之兩幕歌唱鬧劇 A Cure for a Scot 即係大部分根據此劇而編 Charles Johnson 的鬧劇 Cobler of Preston 於一七一六年在 Drury Lane 上演，同時 Christopher Bullock 搶先數日於 Lincoln's Inn Fields 上演，唱對臺戲。所演都是「馴悍婦」的序幕而加以擴充。

Sauny the Scot 繼續在舞臺上演，直到一七五四年 Garrick 的 Catharine and Petruchio 上演始取而代之。加立克刪去了序幕，全劇縮編爲三幕，全部用詩體。但是他保存了的莎士比亞的本來面目比以前的改編本爲多。此劇大受歡迎，一直維持上演到十九世紀後半，Beerbohm Tree 在一八九七年還演出了此劇。

莎士比亞的「馴悍婦」原本之在舞臺上重現，比他的其他各劇爲晚。Benjamin Webster 掌管了 Hymarket Theatre 之後，委托 J. R. Planche 籌劃莎氏「馴悍婦」的演出事宜，終於一八四四年三月上演，按照伊利沙白時代的方法演出，包括序幕在內。後來 Samuel Phelps 於一八五六年在 Sadler's Wells 又演出了此劇，自扮斯賴。莎氏原劇雖然恢復了舞臺上的地位，但其受到近代大衆歡迎實始自一八八七年一月十八日 Augustin Daly 在紐約 Daly Theatre 的演出。一八九三年三月十二日倫敦的 Daly Theatre 開幕時亦演出了此劇。英國的 Benson Company 亦常演出此劇。一九〇七年九月 Old Vic 劇團在 Lyric Theatre, Hammersmith 演劇時首先演出的便是此劇，同時又以伊利沙白時代演劇方法在 Maddermarket Theatre, Norwich 演出。

12　皆大歡喜　(All's Well that Ends Well)

一　版本及著作年代

密爾斯（Francis Meres）在他的一五九八年出版的「智慧的寶藏」（Palladis Tamia）裏說：

"for Comedy, witnes his Gentlemen of Verona, his Errors, his Loue labors lost, his Loue labours wonne, his Midsummers night dreame, & his Merchant of Venice."

這六部喜劇裏的第四部 Love Labours Won 究何所指？是不是莎氏集中有某一部戲曾經有過這樣的名稱？一七六四年 Bishop Percy 寫信給 Richard Farmer 說：『我注意到密爾斯所引述的一部莎士比亞的戲（卽名爲 Love's Labours Wonne 者）現已不復存在。那也許是我們現有的在另一名稱之下的一部戲：這個名稱大可以給予「皆大歡喜」，或其他戲劇也。』於是 Farmer 在他的著名的論文「論莎士比亞的學問」（Essay on the learning of Shakespeare, 1767）裏便正式宣稱「皆大歡喜」卽以前所謂之 Love's Labour Wonne 也。』此一見解已爲大部分學者所接受。

如 Farmer 的看法不錯，則此劇之著作年代必卽是一五九八年，但是批評家的意見又不一致。例如 Malone，他本來承認這一年代，後來却又改變主張指此劇作於一六〇六年。據近代學者的考證，一五九八是嫌太早。此劇與「哈姆雷特」有相關處，與「惡有惡報」尤爲近似，其聲調之沉着與人物刻劃之老練，皆明白顯示其爲較晚之作品。

Coleridge 的演講（一八一三與一八一八年）提出另一主張：『我們現在所讀到的這部戲是莎士比亞的一生中兩個不同的時期所寫成的。』「皆大歡喜」卽是一五九八年之Love's Labours Wonne，但我們所讀到的「皆大歡喜」却是一五九八年以後的本子。Collier 更進一步說明，原劇可能是由莎士比亞於一六〇五年加以修改。這一見解是較爲進步的，也是大家所能接受的。劇文中有若干語氣不能聯貫之處，例如第一幕第一景第一七〇行，就可能是原本與修改本在銜接處發生的紕漏。

「哈姆雷特」作於一六〇一至一六〇二年間，「皆大歡喜」大概是作於一六〇二至一六〇三年間。

此劇無四開本，初刊於一六二三年之第一對折本，列爲喜劇部門之第十二齣戲。是根據草稿排印的，有刪汰的痕跡，版本不是很好的。

二　故事來源

主要故事的來源是鮑嘉邱的「十日談」(Boccaccio's Decameron) 之第三日的第九篇小說，關於 Gilietta di Nerbona 的故事。莎士比亞不見得能讀意大利原文，他讀的可能是 William Painter 的英文譯本，收在他的 "The Palace of Pleasure" 裏面，作爲他的第三十八篇小說，刊於一五六六年。但是據賴特教授 (Prof. H. G. Wright) 的研究，此英譯本不僅是譯自意大利文，同時也參考了 Antoine le Maçon 的法文譯本。那麼莎士比亞也有利用過法文譯本的可能。

無論莎士比亞利用的是哪一種譯本，他如何運用原有的故事，如何的改動原有的情節，那纔是重要的問題。英譯者所作的這個故事的撮要是這樣的：

Giletta a Phisician's doughter of Narbon, healed the Frenche Kyng of a fistula, for reward whereof she demaunded Beltramo Counte of Rossiglione to husbande. The Counte beyng maried againste his will, for despite fled to Florence and loved an other. Giletta his wife, by pollicie founde meanes to lye with her husbande, in place of his lover, and was begotten with child of two soonnes: which knowen to her husbande, he received her againe, and afterwardes he lived in greate honor and felicitie.

『吉萊塔者，拿邦一醫生之女也，因治癒法國國王之瘻管，要求與洛西格利昂伯爵貝爾特拉摩成婚。伯爵被迫成親心有未甘，逃往翡冷翠另結新歡。其妻吉萊塔施巧計設法得與其夫同牀，取代其新歡盡情繾綣，一索而得二男；其夫廉得其情，遂再納之，以後終身共享榮華幸福云。』

莎士比亞在大體上保存了原來的故事，但也有若干修改，例如在原來故事中（一）吉萊塔是富家女，雖與貝特拉姆一起長大，並非是義兄妹的關係，（二）法國國王未在最後和解的場面中成爲突然介入的排難解紛的人物。此外瑣細情節之更動處甚多。最重要的是人物描寫部分，如海倫娜，貝特拉姆，與國王，在原來故事中都沒有多少深刻的描寫，因爲重點是在故事上而不是在人物上，到了莎士比亞手裏這些人物纔成了有血有肉的人。至於老伯爵夫人，拉佛，拉瓦施，及有關佩羅雷斯的整個的副故事，那完全是莎士比亞的創造，與原來故事無關了。

三　舞臺歷史

此劇在莎士比亞生時沒有上演的記錄可考，在他死後一百多年以內也沒有演過。第一次上演是在一七四一年，當時報紙上有這樣的廣告：

'For the Benefit of Mrs. Giffard. At the Late Theatre in Goodman's–Fields, Saturday, March 7, will be performed A Concert……N. B. Between the Two Parts of the Concert, will be reviv'd a Play, call'd All's Well That Ends Well, Written by Shakespear, and never performed since his Time……the part of Helena by Mrs. Giffard, with an Epilogue adapted to that Character'……

這一次演出相當的成功，因爲在此後一年之中在 Drury Lane 劇院上演了十次之多。Covent Garden 不甘落後，於一七四六年也跟着演出了此劇。此後十七年中，亦有數次上演，但在一七六三年至一九〇〇年間差不多每隔十年有一次演出的紀錄。在這期間的演出，大部分使用的是經過删節的本子，其中不雅馴的詞句均被剔除。比較近的演出是一九二二年的 Old Vic 在倫敦的上演，與同年紀念劇院在斯特拉福的上演。

此劇演出次數較少，成爲莎氏劇中較爲不受歡迎的一齣，蓋亦有故。戲的本身像是 Interlude 性質，僅供兩小時觀賞的餘興節目，其中沒有嚴肅的思想與深刻的情感。約翰孫的批評足以代表一般的意見，他說：

『此劇有許多可喜的場面，雖然在事實上無充分的可能性，也有幾個有趣的人物，雖然不够新穎，並且也不是由於深刻認識人性而刻劃出來的。佩羅雷斯是個誇口的懦夫，乃舞臺上所常見者，但從沒有像在莎士比亞手中所引起那樣多的哄笑與鄙夷。

我無法同情貝特拉姆，其人高貴而不慷慨，年輕而不誠實，與海倫娜結婚無異懦夫行逕，遺棄她則又是浪子行爲；在她受辱欲絕之際，溜回家來再度結褵，被一個受騙的女子所控訴，以虛言爲自己辯護，終於得了享福的下場。

其實最爲人詬病的一點是所謂的"bed trick"，在牀上李代桃僵的那一穿插，這是近代人所不能安然接受的一個情節，尤其是在維多利亞時代的道德標準之下，這是駭人聽聞的。在莎士比亞時代，觀衆的態度是不同的，而且在中古浪漫故事中也是很平常的。

13 第十二夜 (Twelfth-Night; or What You Will)

「第十二夜」(TWELFTH NIGHT: or, WHAT YOU WILL)這個名稱首先需要一點解釋。原來聖誕節後的第十二天，即一月六日，是一個節日，即所謂「十二日節」(Twelfthtide)，又稱「主顯節」(Epiphany)，紀念耶穌誕生後東方的博士於此日來到伯利恒朝拜耶穌的故事。在這一天，不僅教堂裏要照例舉行儀式，在宮廷裏和貴族家裏也常常演劇慶祝。莎士比亞此劇顯然是爲了這樣的節日寫的，故逕名之爲「第十二夜」。「仲夏夜夢」的命名也有類似的情形。至於副標題 WHAT YOU WILL, 這是沒有什麼特殊意義的，大概等於是說：『如嫌第十二夜命名欠佳，則任隨君便，請隨意命名可也，』或是說：『如謂此劇係一混和體，既非純粹喜劇，亦非純粹浪漫故事，則請君隨意呼之可也。』AS YOU LIKE IT 的命名也有類似的用意（參看拙譯「如願」序第二頁）都是作者對讀者謙遜的意思。

一　著作年代

「第十二夜」是爲哪一年的「主顯節」而寫的呢？此劇是在哪一年著作成的呢？

我們知道 Meres 所著 Palladis Tamia: Wit's Treasury. 刋於一五九八年秋，書中列舉莎士比亞名著而並沒有提起「第十二夜」，這是可注意的。

不列顚博物院所藏「哈雷鈔稿」(Harleian MSS.) 中有日記一卷，經 Collier 於一八三一年翻印，經 Hunter 之考訂斷爲滿寧漢 (John Manningham) 之日記，此項日記稿，自一六〇一年聖誕節起至一六〇三年四月十四日止，其中尙有間斷。一六〇一年 Feb. 2 ① 有下列一段記載：

『二月二日——在我們宴會席上有戲一齣，名第十二夜，又名任隨君意。劇情頗似錯中錯 (the commedy of errors) 或 Plautus Menechmi, 但尤似意大利文之欺騙 (Inganni)……』

下文係撮述其中情節（關於計騙管家 Steward 一段。）這一段記載很重要，雖然沒有明說這是初演，但其語氣似是指明「第十二夜」在當時係一新戲。否則在日記中似無撮述劇情之必要。所以我們根據這一段記載似可認定「第十二夜」最遲是著於一六〇一年。這是有力的一個外證。

但是第十二夜也許是著於一六〇一年以前的呢？我們有證據證明它不能是太早。（一）第二幕第三景有一支俗歌的幾行。（『再會罷，好人兒，既然我必須要走。』……）這歌辭是誰的手筆我們固然不能知道，但是這歌除了見於此處之外，同時也被收在 Robert Jones 於一六〇一年所編之 Booke of Ayres 了。此編所收，均時當時流行之新歌，而非舊歌謠。無論莎士比亞會否利用 Jones 所編歌集，在一六〇一年以前莎士比亞似乎不能插入此歌。（二）第三幕第二景提到的「新地圖」是指一六〇〇年新出的地圖。（參看拙譯第三幕註二十）這都可以證明「第十二夜」的著作不能早於一六〇〇年。

近代學者大概都認定「第十二夜」作於一六〇一年。不過還有一點需要解釋。「第十二夜」似乎是經過一番修改，並且至少有一次修改似乎是在一六〇六年五月二十七日之後。因爲在這一天政府下令禁止舞臺上用褻瀆上帝的誓詞。「第十二夜」裏許多地方都用「周甫」而不用「上帝」，即爲此故。這顯然是事後修改的痕迹。主張「第十二夜」會經過修改者，先有 Fleay，（看 Shakespeare Manual 頁二二七——二二九，）後有 Richmond Noble（看 Shakespeare's Use of Song 頁八七），但是威爾孫教授的解釋最精到，（看「莎士比亞」本之第十二夜頁八九——一〇一，拙譯第三幕註一。）

二 故事來源

「第十二夜」的故事來源很多，Arden 本編者臚列其來源如下：

1. Gl' Ingannati
2. Le Sacrifice, by Charles Estienne
3. Gl' Inganni, by Nicolo Secchi

4. Novelle, by Bandello
5. Los Enganos, by Lope de Rueda
6. La Espanola de Florencia
7. Hecatommithi, by Giraldi Cinthio
8. Histoires Tragiques, by Francois de Belleforest
9. Riche his Farewell to Militarie Profession, by Barnabe Riche
10. Laelia, MS
11. Gl' Inganni, by Curzio Conzaga
12. Gl Inganni, by Domenico Cornaccini

以上所舉有些是與「第十二夜」有直接關係的，但有些並無多少關係。因爲「第十二夜」的故事（關於環歐娛與奧維利亞的愛情故事那一部份）本是陳腐的題材，女扮男裝和攣生兄妹在古典喜劇中就已經是習見的情節了。與「第十二夜」有直接關係的是上面所舉的第九頁，第一項，第十一項。這第九項是一部英文的短篇小說集，刊於一五八一年，共八篇，其第二篇爲 Historie of Apolonius and Silla，「第十二夜」無疑的是取材於此篇。第一項是一五三一年在 Siena 上演的一齣喜劇，作者不明。第十一項是一五九二年在威尼斯刊行的一齣喜劇。（看佛奈斯本第十二夜頁三二六——三七七。）

但是「第十二夜」的情節也有一部份是莎士比亞的創作，例如對馬孚利歐的陰謀。滑稽的部分，以及富於詩意的地方，不消說都是莎士比亞的創作。

三　關於版本及舞臺歷史

「第十二夜」沒有什麼版本問題，因爲它沒有四開本行世，初次刊行就是收在一六二三年莎士比亞的全集裏，即所謂第一對折本。在校勘上「第十二夜」是可以令人滿意的，所以雖然沒有四開本供我們參考比較，我們也不至於太失望。

在舞臺上，「第十二夜」是常被表演的。除了上文提到的滿寧漢日記中所記載的一六〇二年二月二日的公演（那是在 Middle Temple 爲慶祝「聖燭節」而演的）以外，此劇於一六〇六年或許在舞臺上復活過，因爲在這一年丹麥王訪英，從七月十七日住到八月十一日，莎士比亞的劇團曾數度奉召入宮演劇。「第十二夜」也許是其中一齣。（參看拙譯馬克白序）在一六一八年四月六日耶穌復活節，此劇又在宮庭出演；一六二二年聖燭節又有演出的記載。在這些早年的表演裏，馬孚利歐是最惹人注意的一個角色，因爲那一位曾在第一版對折本上題詩讚美莎士比亞的 Leonard Digges 在一六四〇年出版的莎士比亞詩集又題了這樣的詩句：

let but Beatrice
And Benedicke be seene, loe in a trice
The Cockpit, Galleries, Boxes, all are full,
To hear Malvoglio that crosse garter'd Gull. ②

可見「第十二夜」在那時候的舞臺上是有號召力的。

在復辟時代，此劇由達文南特（D'Avenant）在 Duke's Theatre 於一六六〇年十二月十二日表演，但是達文南特是否按其慣例將此劇亦加以刪改，則不可知。不過當時的日記家皮泊斯（Samuel Pepys）却屢次看了都不感興趣，而皮泊斯確是代表了那時代的品味。莎士比亞的戲劇在那時代是不易迎合觀衆的胃口的，除非是經過改編。一七〇三年「第十二夜」終於被 Charles Burnaby 改編爲 Love Betrayed; or, the Agreeable Disapointment. 在一七〇五年又重演一次。自此以後「第十二夜」脫離舞臺約三十餘年。

在舞臺上恢復「第十二夜」的也許是由於演員馬克林（Macklin）的影響。一七四一年馬克林演「第十二夜」中之馬孚利歐。自此以後此劇不斷出演，大致均能依照莎士比亞的原文，以至於今日。但是我們亦不可忽略，「第十二夜」於一八二〇年被 Frederick Reynolds 改編爲樂劇而演出，德國的及英國的歌曲均被大量的羼入，原劇之本來面目全失。不過這僅是一時的時髦，並不能奪去原劇在舞臺上的地位。近代著名演員如 Ellen Terry, Henry Irving, E. H. Southern 都演過此劇，而 Elizabethan Stage Society 在一八九五年的表演，Granville-Barker 在一九一二年的排演，以及 the Benson Company 在一九〇〇年的表演，均有不可磨滅的價值。

四　幾點批評

「第十二夜」作於一六〇一年，那時候莎士比亞是三十七歲，他的藝術已臻成熟時期，並且即將邁入他的悲劇創作時期。哈茲利特（Hazlitt）對於此劇的稱讚是很熱烈的：

『此劇很公允的被認為莎士比亞的喜劇中最可愛的之一。其中滿是中和的諧謔。也許做為喜劇是太柔和了。其中很少諷刺，絕無憤怒。其刻畫的目標是滑稽方面，而不是荒謬方面。它令我們笑人類的荒唐，而不是輕侮，更不含惡意。莎士比亞的喜劇天才像是蜜蜂，能從野草毒花中吸取汁而不蜜遺下一根毒針。』（見所著之 Characters of Shakespeare's Plays 1817 頁二五〇）

這是浪漫派批評的慣調，並不能幫助我們理解什麼。至於德國的浪漫派批評家如施萊格爾（Schlegel）一流，當然也是只有稱讚而已。

喜劇大概總多少帶一點諷刺的意味。馬孚利歐是一個清教徒，他所受的嘲笑戲弄是這齣戲裏極精采的一部分，那麼莎士比亞是不是有意在這戲裏諷刺清教主義呢？這是一個問題。

亨脫（Joseph Hunter）說：

『雖然在別的莎士比亞戲劇裏，我們看見對於英國新教中的清教一派之言行頗有間接的諷刺的話語，但那只是偶然提到的，眞正的大肆攻擊乃是在這齣戲裏。在這裏有系統的譏嘲，並且把作者所認為是清教徒的性格之黑暗的一面暴露出來，令觀衆憎惡。此不僅於劇中某一節某一語可以看得出來，對於那些熟知清教的敵人所加於清教的責難者，莎士比亞在此劇中有意的把馬孚利歐做成為清教性格的抽象代表，頂壞的特點都在他身上表現了出來，並且把別的荒謬的特色還附加上去，這是很夠明顯的了。』（轉引自佛奈斯本頁三九七）

亨脫這段話顯然是失之誇大。要說莎士比亞有意的在這劇裏對清教徒的性格『大肆攻擊』，這是不能令人信的。馬孚利歐的被戲弄，無論如何有趣，只能說是陪襯的『插曲』。並且莎士比亞之編寫一劇，其用意所在，吾人雖不妨多方揣測，却不能簡單的肯定的加以武斷。

但是亨脫的批評却有不可抹煞者在。莎士比亞的戲裏，每逢遇到清教徒，輒出以嘲笑的口脗，例如在 The Winter's Tale, The Merry Wives of Windsor, All's Well That Ends Well 等劇。而在「第十二夜」裏確實是比較的有最多的諷刺。在這戲裏，莎士比亞諷刺了清教主義，這是事實。清教徒與戲劇家之互相水火，在當時原是普通現象；莎士比亞在馬孚利歐身上尋到了一個方便的諷刺對象，這也是很近情理的。不過莎士比亞並沒有在這戲裏對清教『大肆攻擊』罷了。假如莎士比亞有意要這樣做，他很容易把這諷刺寫得更顯明深刻，更酣暢淋漓！莎士比亞只是順便的發洩了他的對清教的憤慨罷了。這諷刺是有價值的，但我們不可把它放大，以致失了適當的透視。

「第十二夜」的主要義意仍是愛情心理的描寫。不過莎士比亞在這戲裏所表現的乃是一種輕鬆調笑的態度。西德尼李(Sidney Lee)把「第十二夜」和 Much Ado About Nothing, As You Like It, 總稱爲一個「三部曲」，是有見地的。因爲這三劇都是在浪漫的富詩意的氛圍中描寫了愛情的種種。「第十二夜」的結尾處似倉卒。(看佛奈斯本引 Wilh. Oechelhäuser 的批評，頁三八六——七。)其實在情節上第十二夜有許多不合理處，約翰孫博士說『此劇沒有適當的表現人生』(It exhibits no just picture of life.)，固然是嚴正的批評，但是我們若把這戲當做慶祝一個狂歡的節目的娛樂，並且是根本的屬於浪漫故事一類，那麼，它的情節上的缺陷就可以在其他的方面——例如富詩意和詼諧處——取得適當的報償了。

【註　釋】

① 此項日記起自一六〇一年之聖誕節，但關於第十二夜之記載係發見於一六〇一年二月二日，此何故歟？按照當時曆法，新年係自三月二十五日起，故此處所謂之二月在當時是一六〇一年最後之一個月，而按照吾人現時之計算則是一六〇二年之第二個月也。

② 大意謂：「只要有 Beatrice 與 Benedicke 上演，一瞬間，池子樓上包廂都擠滿了人，來聽那交叉綁携帶的馬孚利歐。」按 Beatrice 與 Benebicke 乃另一劇 Much Ado About Nothing 中之人物，上下語氣不貫。

14　冬天的故事　(The Winter's Tale)

所謂「冬天的故事」是十六世紀時常用的一個名詞，相當於現代英文還襲用着的「老婦談」(old wives' tale)。我們明知其非眞事，但仍願傾聽以消磨漫長之冬夜。此劇標題爲「冬天的故事」，其用意卽在警告我們對於劇中情節不要看得過於認眞。這齣戲是莎士比亞最後的殘部浪漫喜劇之一。

一　著作年代

此劇沒有「四開本」行世，初刊於一六二三年的「第一對折本」，故沒有版本問題。

一八三六年有一位學者 Collier 發現了一部手稿，標題爲 Booke of Plaies，作者是一個古怪的人，名 Simon Forman，是一位醫生兼星相家。這手稿裏記載着：『一六一一年五月十五日環球劇院演出「冬天的故事」』，並且對於劇中歐陶利克斯一角色表示最有印象，從而獲得一項教訓：『對於喬裝的乞丐與諂媚的佞人不可輕易信任。』這部手稿並非贋品。

主管宮庭娛樂的昇平署（The Revels Office）在一六一一至一六一二年間的紀錄裏載着『一齣名「冬天的故事」的戲』在一六一一年十一月五日由莎士比亞的劇團上演於 Whitehall。這一部紀錄是一七九〇年首先被 Malone 發現的，裏面提到「冬天的故事」之審查通過，一八四二年 Cunningham 續有發現，才有上述的記載爲人所知。這些紀錄曾被疑爲僞造，但現已證明爲眞的。

Prof. Thorndike 指陳，一六一一年一月一日宮廷上演 Ben Jonson 作的假面具戲 "Oberon" 其中有半人半羊的森林之神所組成的合唱隊於歌唱之後狂舞至鷄鳴。這和「冬天的故事」第四幕第四景之十二個扮演半人半羊的森林之神的歌舞，頗有相似之處。究竟是誰襲用誰的手法，很難斷定，不過很可能的是莎士比亞模倣班章孫。

根據以上的外證，我們可以推定「冬天的故事」是作於一六一一年之初，一月一日至五月十五日之間。根據此劇所使用的文字，詩行的韻律，亦可看出確是莎氏晚年之作。

二　故事來源

此劇是根據格林（Robert Greene）的一篇散文傳奇 "Pandosto: The Triumph of Time" 所

撰寫的。格林是莎士比亞的舊敵，於一五九二年曾在臨終前譏諷莎士比亞爲『一借用我輩的羽毛而暴發的烏鴉』。這篇傳奇初刊於一五八八年，於一六〇七年再版，改名爲 "Dorastus and Fawnia"，以後曾重版十四次之多，兩度譯成法文，改編爲法文戲，又譯成荷蘭文，延至十八世紀盛況未衰。我們不知道爲什麼格林自己沒有把這故事編成爲戲。莎氏利用這篇作品的時候，格林已死了九年，這篇傳奇已行銷到第三版。在那時代，把另外一個人的小說改編爲戲劇，不算是抄襲，不過格林地下有知當作何感想，我們也不難料到。

莎士比亞追隨格林很緊。格林作品中的人物換了名字，例如 Bellaria 改爲 Hermione，Egistus 改爲 Polixenes，Franion 改爲 Pamillo，Pandosto 改爲 Leontes。在文字方面亦頗多雷同，例如「神諭」的措詞，格林是這樣寫的：

Suspition is no proofe: ielousie is an unequall iudge: Bellaria is chast: Egistus blameless: Franion a true subject: Pandosto treacherous: his babe an innocent, and the king shal live without an heire: if that which is lost be not founde.

再看莎士比亞是怎樣寫的：

Hermione is chaste; Plixenes blameless; Camillo a true subject; Leontes a jealous tyrant; his innocent babe truly begotten; and the king shall live without an heir if that which is lost be not found!

附帶還可說明一點，莎士比亞把阿波羅在 Delphi 的神龕放在 Delphos「島」上，頗爲後人所譏笑，因爲他把 Delphi 神諭所在地與其出生地 Delos 島混爲一談了。不過這也是格林所創出來的錯誤，他在故事裏是這樣說的：國王「派遣六名親信前往 Delphos 島求阿波羅神諭」云云。

在故事的情節上，莎士比亞與原作之重要出入處有下列數端：

（一）在格林的故事裏，Pandosto（卽莎士比亞之利昂蒂斯）之猜忌是逐漸發展的。在劇中是突然的，不可理解的，强調了人性之邪惡的一面。

（二）在故事裏小公主是放在一隻船上任其獨自漂流。在戲裏添進了安提哥諾斯及熊，在悲劇的插曲中製造喜劇，使情節變得格外離奇。

（三）剪羊毛宴會庸俗醜陋的一面，以及奧陶利克斯這一角色，都是莎士比亞的創造。

（四）格林使 Pandosto 愛上他自己的女兒，因爲他不知道她究竟是誰。莎氏劇中免除了這一段不愉快的情節，只在對話中稍留下一點痕跡。

（五）在故事裏王后死去之後，國王悔恨交加亦終於自殺。莎士比亞使赫邁歐尼復活，利用「雕像」一景使與國王和好如初。這當然是脫胎於當時衆所習知的 Pygmalion 的傳說。

總之，莎士比亞的劇情比原來的故事要愉快得多。在另一方面，原來的故事充滿了傳統的古典的田園風味，這種作風是伊利沙白時代許多傳奇作者所共有的，其用意在揚棄中古的作風而回到古典的趣味，莎士比亞則更進一步，使得此劇的一羣鄉下人竟成了英國 Warwickshire 的農民，平添了濃厚的寫實的氣氛。更重要的是，莎士比亞給這離奇的故事加上了深刻的人生意義，甚而至於宗教的意義——使一個懺悔的人得到了拯救。

三　幾點批評

此劇在史實上有很多的驚人的錯誤。最常被人指責的是把波希米亞當做了濱海的一個國土。其實這一地理上的錯誤不是莎士比亞的創造，他是因襲格林的故事。時代錯誤的例子也很多，例如：赫邁歐尼的父親是俄羅斯皇帝，故事是基督紀元以前的故事，彼時俄羅斯尚未開化，焉有皇帝？再如，雕刻家 Julio Ramano 死於一五四六年，如何可以把他提前一千六百多年來為赫邁歐尼雕像？再如，在崇奉阿波羅神諭的時代，如何可以引進許多有關基督教的事情，諸如清教徒、上帝、原始罪、猶大賣主、以及聖靈降臨節等等。這些都是錯誤，但無關宏旨，在一篇想像的作品當中，與史實相刺謬的地方只能算是小疵，觀眾並不介意。

安提哥諾斯之被熊追逐的那一場，事實上無此需要，他大可以與其他船員一齊沉海。有人指陳，環球劇院附近有鬬熊場，其中有馴熊，牽出一隻到台上來受觀眾歡迎的。這一說不無道理。

第三幕與第四幕之間隔了十六年之久，有人說這是違反了「三一律」中「時間的單一」。三一律本身是有問題的，未嘗不可以違反。不過一齣戲很明顯的分成了兩截，在藝術上總是不好的。前一半是緊隨着格林的，後一半是莎士比亞的匠心獨運處。格林的單純的希臘式的田園風味(Arcadianism)和牧詩作風(Pastoralism)，雖然在那時代風靡一時，並不能滿足莎士比亞的要求，他要用寫實的手法引進英國的鄉村風光，以代替那傳統的作法。因此他創造了那個不朽的人物奧陶利克斯。就戲的故事結構而言，這一角色是無關重要的，Mary Lamb 在她的「莎士比亞戲劇本事」裏把這一角色完全略去，是有見地的。但是在另一方面，創作鄉村氣氛方面，這一角色是很凸出的效果之一。

「冬天的故事」只是娛樂性的傳奇故事，還是含有一些內在的意義呢？The New Clarendon Shakespeare 的編者 S. L. Bethell 强調此劇中之人生哲學與宗教的意義，特別是基督教信仰。我們不否認，莎士比亞在劇中直接或間接的提到基督教，而且肆力渲染懺悔對於作惡的人之發生意想不到的效力，乃是多多少少有意的一種安排。但是我們不能同意莎士比亞有任何說教的用意。我們毋寧要指出，「大團圓」的想法乃是莎士比亞最後幾部作品的共同的特點之一，他在向舞台告別之前的作品都有濃厚的「和解」(reconciliation) 的精神，乖離的兄弟父子夫婦都以和好如初的姿態收場。這固然是結束劇情的一個最有效的辦法。但同時這也表示出了作者的心情。作者已經超過了以前的熱狂時期和憂鬱時間，現在他留下來的是和平與寬恕。

15 約翰王 (The Life and Death of King John)

「約翰王」在舞台上演時是相當成功的，不過在近代舞台很少上演，其主要的原因是此劇在大體上是一齣近於時事問題劇 (a topical play) 這是莎氏唯一的劇本觸及當時的宗教問題以及英國君王與羅馬教皇的衝突，在一五九〇至一六一〇年間有時候對觀衆有很大的號召力，但是時過境遷，我們到如今不可能再有那樣親切的感受。就文學的觀點而論，此劇有急就之嫌，不能算是莎氏的精心之構，約翰孫的批評，『我們不大感覺他的筆端醮的是他的心血』，是有見地的。

一　版本與著作年代

此劇初刊於一六二三年之「第一對折本」，標題爲 The Life and Death of King Iohn，在歷史劇部份列爲第一齣，佔一至二十二頁。事實上這標題是不甚恰當的，因爲劇中情節開始於約翰王之第三十四年，所包括的情節僅佔一十七年。

在莎士比亞的沒有疑問的作品當中此劇是唯一的不曾在「書業公會」登記的。其所以未登記的原故可能是受了另一舊劇冒用了莎士比亞的名字（見下）影響的。

「約翰王」的著作年期不可確考，不過有三點可以注意：

（一）Meres 的 Palladis Tamia: Wit's Treasury 刋於一五九八年，提到了莎士比亞的十二部戲，「約翰王」是其中之一。故知「約翰王」之作必是在一五九八年以前。

（二）就「內證」而言，只能以詩體作風爲衡量的標則，「約翰王」應是屬於「利查二世」，「仲夏夜夢」，「威尼斯商人」一個時期的作品，一般批評家均主張一五六九或一五九七年爲「約翰王」的著作年代。

（三）莎士比亞編寫「約翰王」時所曾利用過的那個舊劇 The Troublesome Reign 是刋於一五九一年，故「約翰王」當然是作於一五九一年以前。但是威爾孫教授假想莎士比亞所利用的可能不是那舊劇的刊印本，而是提詞本(Prompt-book)，故「約翰王」之寫作亦可能早於一五九一年。威爾孫根據「約翰王」第二幕第一景第一三七行之所謂「諺語」與 Thomas Kyd 的The Spanish Tragedy 之關係，斷定「約翰王」作於一五九〇年。因「約翰王」上演成功，那舊劇 The Troublesome Reign 始於翌年付印。這是一個較新的說法。

二　故事來源

「約翰王」無疑的是根據一部無名氏的舊劇改寫的，那舊戲分兩部，各有標題，均係刊於一五九一年，其標題如下：

The Troublesome Raigne of Iohn King of England, with the discouerie of King Richard Cordelione Base sonne (vulgarly named, The Bastard Fawconbridge): also the death of King Iohn at Swinstead Abbey. As it was (sundry times) publickely acted by the Queenes Maiesties Players, in the honourable Citie of London.

The Second Part of the troublesome Raigne of King Iohn, conteining the death of Arthur Plantaginet, the landing of Lewes, and the poysning of King Iohn at Swin-stead Abbey. As it was (sundry times) publickely acted by the Queenes Paiesties Players, in the honourable Citie of London.

一六一一年這兩部又合爲一部印行，標題頁上印明 Written by W. Sh. 字樣。一六二二年刊行第三版，寫得更淸楚：Written by W. Shakespeare，這當然都是假冒莎士比亞的名義以爲商業的號召。不過也有些個批評家認爲確是莎士比亞所作，如 Capell, Steevens, Tieck, Ulrici 皆是。我們若把舊戲與莎士比亞的「約翰王」對照觀看，就不難發現二者在文字上顯然作風不同，舊戲的文字淺顯平實，莎士比亞的文字瑰麗奇偉而多詩意，這是不容爭辯的，舊戲究竟是誰的手筆，我們不易斷定，我們知道其上演是欲與 Marlowe 的 Tamburlaine 爭衡，大概是作於一五八九年，正在西班牙的無畏艦隊潰敗之後不久。Fleay 認爲可能是 Greene, Lodge 或 Peeie的作品，尤以最後一位爲近代許多名家所同意。

這部舊戲雖然不是什麼天才之作，但是主要的故事穿插以及幾個重要的人物都已具備，莎士比亞加以刪汰改寫，大體的面目都被保存，甚至舊戲中的錯誤亦依樣葫蘆。不過舊的重點在於反天主教，莎士比亞的重點在於人物描寫。例如私生子那個角色，好像是爲了某一個演員（可能即是 Richard Burbage）而特寫的一般，大事渲染，除第三幕外每幕結尾處均是私生子的台詞。莎士比亞刪掉了舊劇的四景，沒有增加新景，比舊劇共少三百行，但是給與我們一個更充實有力的印象。這是研究莎士比亞如何改編舊戲之最好的一個實例。

三　舞台歷史

「約翰王」在上演的時候比在我們閱讀的時候要生動有趣得多，因爲戲裏有三個可以扮演得出色的男角和一個女角有富有戲劇性的場面，有炫示佈景與服裝的機會，但是仍然少在舞台上出現。主要原因是此劇牽涉到英國的一個最難處理的問題，宗教問題，而莎士比亞對於英王與教皇之爭的處理方法，一方面暴露教皇的壓迫手段，一方面又暴露了英王的喪權辱國，使得此劇在雙方面都不便引爲宣傳之用，在復辟期間，自一六六〇年至一六八八年，此劇沒有上演的紀載。

桂冠詩人 Colley Cibber 於一七三六年改編莎士比亞的「約翰王」爲 Papal Tyranny in the Reign of King John，但到了一七四五年二月十五日才在 Covent Garden 登場。改編本的主旨是攻擊羅馬天主教會，可以說是恢復了 The Troublesome Raign 原有的色彩。不僅情節改動很多，原有第一幕全部刪除另寫，全劇的文字也改動了，成爲十足的政治劇。改編本上演之前一七三七年二月「約翰王」已竟在Covent Garden上演，同年三月又在 Haymarket 上演。改編本雖然上演在後，但是時當 The Jacobites 第二度叛變的前夕，改編本正好迎合人民的情緒，所以是頗受歡迎的。

但是這改編本也刺激了「約翰王」原本的上演，著名演員加利克（Garrick）於改編本上演後五天（二月二十日）在 Drury Lane 主演「約翰王」。從此以後「約翰王」即不斷的上演，確定的恢復了它的舞台的地位。此後著名的演出包括 Kemble 與 Mrs. Siddons 在一七八三年十二月十日在 Drury Lane 的精采表演，Edmund Kean 在一八一八年六月一日的演出，一八二三年三月三日 Macready 的演出，兩年後 Samuel Phelps 在 Sadler's Wells 的演出。 Charles Kean 於一八四六年在美國盛大演出，極爲成功，此後在英國表演的次數較少，直到一八九〇年 Osmond Tearle 在斯特拉佛上演，翌年牛津大學戲劇會再行演出，一八九九年 Haymarket Theatre 又有縮編成三幕的演出。一九二六年 Old Vic 在倫敦演出。

16 利查二世 (The Tragedy of King Richard the Second)

「利查二世」與「亨利四世」上下篇和「亨利五世」合起來成爲一個三部曲。其中的歷史故事是連貫的，而且每一部都吐露出一點下一部的端倪。不過當初莎士比亞撰寫這幾部歷史劇的時候是否胸有成竹，想要一氣呵成，我們不敢確說。我們至少可以說「利查二世」的寫法和以後的有關亨利的戲的寫法是頗爲不同的。「利查二世」是莎士比亞的較早的作品，有人曾指陳「利查二世」對於其他歷史劇的關係有如「羅密歐與朱麗葉」對於其他悲劇的關係，這一觀點是很正確的。「利查二世」有較多的抒情氣氛，有較多的押韻的詩句，但是沒有亨利數劇的那些幽默的穿插。無論如何，「利查二世」本身是一部優秀的早年作品，同時又是亨利數劇有不可分割的關係，所以此劇是重要的。

一 版本

「利查二世」是莎氏劇中最受歡迎的之一，在莎士比亞生時四開本有五個之多。

第一四開本刊於一五九七年，其標題頁如下：

The/Tragedie of King Ri/chard the se/cond./As it hath been publickly acted/by the right Honoura le/the Lorde Chamberlaine his Ser/vants. /LONDON/Printed by Valentine Simme for Abdrew Wise, and/are to be sold at his shop in Paules church yard at/the signe of the Angel./1597

發行人 Wise 顯然是從劇團買到的稿本，可能是莎氏原稿，也可能是鈔本。標題頁上沒有莎士比亞的名字，有人以爲這是表示當時莎士比亞尚不甚著名（以後四個四開本都列有莎士比亞的名字）。這個四開本公認爲「好的四開本」之一，現有四本保留在世間，四本內容互略有不甚重要之出入。

翌年，一五九八年，Wise 又刊行了第二四開本與第三四開本，除了 Pericles 以外這是唯一的在一年之中刊行兩版的莎氏劇，而在兩年之中連刊三版則又是在莎氏劇中唯一之例。第二四開本是根據第一四開本印的，舊有的錯誤未加改正，並且又添加了一百二十三處新的錯誤（根據 Pollard 的計算）。第三四開本對於第二四開本略有改正。

「書業公會登記簿」記載着一六〇三年六月二十五日 Wise 將「利查二世」連同其他四劇的版權轉讓給 Matthew Law, Law 於一六〇八年刊行了他的第四四開本，內容是根據第三四開本，但是有重大的不同處，那便是增添了前三個四開本所缺的利查退位的那一段，所謂 deposition scene，即第四幕第一景第一五四至三一八行。第四四開本的標題頁有兩種版式，較後的一種版式是這樣的：

The/Tragedie of King/Richard the Second:/With new additions of the Parlia-/ment Scene, and the deposing/of King Richard,/ As it hath been lately acted by the Kinges/ Maiesties seruants, at the Globe./ By William Shakespeare./ at London,/ Printed by W.W., for Mattew Law, and are to/be sold at his shop in Paules Church-yard,/at the signe of the Foxe/1608

如何獲得這增加的一百六十五行的稿本，我們只能臆測。很可能是憑記憶寫下來的，因爲文字很不整齊。

一六一五年的第五四開本是根據第四四開本印的，應是比較最不重要的一本。但是有人認爲一六二三年的第一對折本是根據一本經過改正的第五四開本印的，所以也有它的重要性。

第一對折本，是編輯很好的本子，但是究竟根據哪一個四開本編印的，是一個聚訟紛紛的問題。在第一對折本裏改正了第一四開本原有的錯誤約三分之一，第二第三兩個四開本的新錯誤約二分之一，第四第五兩個四開本幾乎所有的新錯誤。但是第一對折本本身也有不少新的錯誤。

第一對折本缺少五十一行，但是增加了不少舞台指導，標點也加强了甚多，詩行也較齊整，第三幕第四景之舞台詞的配角也有較清楚的分配，台詞分配的標識（speech tags）也較爲正常。

二 著作年代

「利查二世」的著作年代不能確定，一般推定是在一五九五年，第一四開本出版前二年。論據有三：

（一）就作風而論，此劇屬於早期，與「羅密歐與朱麗葉」及「約翰王」頗爲相近。押韻的地方特別多，約佔全劇二千七百二十八行的五分之一，有三處用的是四行體（quatrains），並且對於「末尾標有段落符號的詩行」（end-stopped lines）有特別的喜愛。

（二）Samuel Daniel 著之史詩 Civil wars between the Houses of York and Lancaster 的前四卷刊於一五九五年，其第一二卷與莎氏劇有若干類似之處，例如第五幕第四景愛克斯頓所述殺害利查之動機一段，以及把稚齡的王后寫做爲成年的婦人，國王回倫敦後之與王后相晤，布靈布洛克與利查同時騎馬進入倫敦，等等。

（三）同時代的人 Sir Edward Hoby 是一位活躍的國會議員，他在一五九五年十二月七日寫信給他的朋友 Sir Robert Cecil 請他觀劇，其內容是這樣的：

Sir, findinge that you wer not convenientlie to be at London to morrow night, I am bold to send to knowe whether Teusdaie (Dec. 9) may be anie more in your grace to visit poore Channon rowe, where, as late as it shal please you, a gate for your supper shal be open, & K. Richard present him selfe to your vewe.……Edw Hoby.

可遺憾的是我們不知道這信中所說的戲是否即是莎士比亞的劇，因爲我們知道寫利查二世的作品很多，除莎氏劇之外還有其他的作品。

一般學者對此劇著作年代的意見，據新集註本編者 Matthew Black 的報導大致如下。

White	1595
Chambers	1595

Parrott	"in or about" 1595
Wilson	sometime in 1595
Neilson & Hill	1595 "a reasonable conjecture"
Campbell	"about" 1595
Craig	"late in the year 1595".
Brooke, Cunliffe, & MacCracken	1594–6
Harrison	1594 or 1595
Kittredge	1595 or early 1596

三　故事來源

「利查二世」的主要故事來源是 Raphael Hollinshed 的 Chronicle of England, Scotland, and Ireland，一五八七年刊的第二版，簡稱爲何林塞「史記」。第二幕第四景第八行以下一段不見於「史記」的第一版，見於第二版，故知莎士比亞所利用的是第二版。「利查二世」之近代編本都把「史記」中之有關部份摘錄附在劇本後面供讀者參考。莎氏劇有若干地方是「史記」之所無，有若干地方與「史記」不甚相符，我們不能一概推爲莎士比亞之創造。事實上除了何林塞「史記」之外，莎士比亞還參考了其他作品，而得而言者大略如下：

（一）所謂「舊戲」，即假設在莎士比亞編寫「利查二世」之前即已存在的一部舊戲。修改舊戲本來是莎士比亞的慣技，莎士比亞本非學者，他不直接從歷史書裏找材料，而把一部舊戲潤色一番交付劇團使用，這當然是可能的事。主此說者有 Chambers, Wilson, Feuillerat，而威爾孫主張尤力，他說：

『他的無名的前驅者，深通英國歷史，早已替他精讀各種史記，把所有的有關利查覆亡的各種資料加以咀嚼，寫成了一本戲劇，留待他來修改。那是劇院生意鼎盛的時期；他的劇團是於一五九四年新改組的，急於賺回一五九一——四年疫癘期間所受之重大損失，並且要和唱對台的 Admiral's men 一競勝負；莎士比亞是他們的主要的劇作者，在這一時期還可能是他們的唯一的劇作者。並且，以我們所知的有關莎士比亞的一切而論，我們是否有理由假設，莎士比亞在任何能走抵抗力最小的路線的時候就會走那條路線呢？我看不出有任何理由來相信，他會費事去讀何林塞或任何其他史記以便撰寫「利查二世」，會比他以前撰寫「約翰王」費更多的事。Daniel 的詩篇，一個演員對於 Thomas of Woodstock 所知的一切，以及我們所假想的當初撰寫 The Troublesome Reign of King John 的作者所撰寫的一個劇本，加起來就足夠解釋這一切事實了。』（新劍橋本 Introduction, p. lxxv）

可惜這只是一個假設。

（二）Edward Hall 的 "The Union of the Two Noble and Illustrate Famlies of Lancastre

& Yorke" 刊於一五四八年，何林塞的「史記」之有關利查二世部份的資料取給於此 。莎士比亞的「利查二世」第五幕第二景及第三景，即有關歐默爾參加陰謀部份，可能是直接採自 Hall、威爾孫說：『Hall 與「利查二世」之最顯著的相似之處是二者均以同一事件(即毛伯雷與布靈布洛克互控)開始，也可以說 Hall 爲整個一系列的莎士比亞歷史劇豎起了間架並且撐開了帆布。』(新劍橋本 Introduction, p. liv)威爾孫相信利查退位時的一段詞(第三幕第三景一四三——五九行)也是受 Hall 的啓示。

(三) 法文作品方面：

① Jean Creton: Histoire du Roy d'Angleterre Richard (John Webb Translation of a French History of the Seposition of King Richard, 1399)

② Chronique de la traison et mort de Richard Deux Roy Dengleterre (?1412) 無名氏作。

③ Jean de Beau: La Chronique de Richard Ⅱ (1399–1499) 無名氏作。

上述三種資料之相互的關係現尚不能十分澄清。我們知道，第一種和第二種內容大致相同，第三種是第二種之又一翻述，第一種簡稱 Créton，此文作者係於一三九八年來到英國陪同利查二世遠征愛爾蘭，直到利查在威爾斯被捕投降之後才回法國。此文所記，以出國遠征愛爾蘭開始，直寫到王后伊薩白爾自己返回法國爲止，絕大部份都是目擊的資料。第二種無名氏作，簡稱 Traison，作者可能是王后伊薩白爾家人，文中所紀自一三九七年中間開始，直寫到利查被殺埋葬爲止。這兩種文件都是偏向利查立論的。莎士比亞大概是看過上述三種法文作品，我們也有理由相信莎士比亞劇中對利查當有同情的或溫和的描述，是受這些法文作品的影響。不過前兩種在莎士比亞時代只有鈔本行世，莎士比亞是否一定參考過，不無問題。

（四）無名氏的戲劇 The First Part of the Reign of King Richard the Second or Thomas of Woodstock (c. 1591) 簡稱 'Woodstock'，莎士比亞劇中之剛特的約翰，其性格與行爲皆不見於何林塞史記，何林塞的剛特是一個急躁的自私的貴族，莎士比亞筆下的剛特是一個愛國者預言家。莎士比亞把剛特理想化了，很可能是受 'Woodstock' 的暗示，因利查之另一叔父 Woodstock 即格勞斯特公爵也是在無名氏作家筆下被理想化了。在文字方面，兩個劇本亦有不少類似處。

（五）The Third and Fourth Boks of Syr Johan Froissart of the Chronycles of Englande……Translated……by Johan Bourchier……Lorde Berners (1525)

這一部史記，和上述 Woodstock 一樣對於剛特的描述有甚大影響力，但是在文字上莎氏劇並無任何受過影響的痕跡。

（六）Samuel Daniel 的史詩 The First Fowre Bookes of the Civile Wars Between the Two Houses of Lancaster and Yorke (1595)

這部史詩在情節上有許多地方與莎士劇相似，前面在講著作年代時已經述及。在文字上和在思想上，二者相同之點，據 Peter Ure 指陳約有三十處，主要的是「利查二世」第五幕與史詩卷二第六十六至九十八首。史詩刊印在前，莎氏劇在後，故莎氏參考史詩似無疑義。

四 舞台歷史

「利查二世」最早上演的文字紀錄是 Meres 的 Palladis Tamia, 1598 此劇是被放在「悲劇」之列。當然此劇上演是自一五九五年始，伊利沙白女王親自說過：『此悲劇在大街上在劇院裏已竟演過了四十次。』

一六〇一年二月六日，Essex 伯爵武裝叛變的前一天，他的朋友到環球劇院約請莎士比亞所屬的劇團上演利查二世被廢被殺的戲，答應付給他們四十先令額外報酬，其目的爲「激起民衆情緒」。戲是上演了，不過事後劇團並未受株連。這個戲的政治色彩顯然對於伊利沙白的觀衆是有刺激的。此劇在莎氏生時有五個四開本行世，可以證明此劇在當時是受歡迎的，雖然一大部份理由可能是政治的。

一六〇七年九月三十日東印度公司的船 Dragon 號，據船長 William Keeling 記載曾在船上演出「利查二世」。

一六〇八年第四四開本出版，標題頁上聲明「最近」曾經在環球上演。

一六八〇年十二月十一日桂冠詩人 Nahum Tate 改編「利查二世」上演於 Theatre Royal，於第三日即被禁演，翌年改戲名爲 The Sicilian Usurper，人名地點均加以變更，仍未獲准上演，可見此劇無論如何編排是有政治上的危險性的。

一七一九年十二月十日 Lewis Theobald 的改編本上演於 Lincoln's Inn Fields，以「新的佈景與服裝」爲號召。前兩幕全被删，背景集中於倫敦堡壘。演出並不出色，但連演了七次。

一七三八年二月 Ladies of the Shakespeare Club 上演此劇於 Covent Garden，表演甚爲莊嚴愼重，上演十次。

Francis Gnetleman 改編本於一七五四年上演於 Bath，但劇本未刊行。

Goodhall 改編本於一七七二年刊行，但從未上演。

Edmund Kean 於一八一五年三月九日上演此劇於 Drury Lane，劇本是由 R. Wroughton 改編的，劇情改變很多，例如比武一場及歐默爾陰謀的被删去，王后一角加重，王后哭利查時幾乎完全使用李爾王哭戴斯地蒙娜的詞句 。哈兹利特批評 Kean 的話是有意義的，他說 Kean 把利查演成了『一個感情激動的人物，那即是說，感情加上力量：實在他是一個動人哀憐的人物，那即是說，感情加上脆弱。』此劇上演十三次，此後也常再演，直到一八二八年。

一八五七年三月十二日 Charles Kean 上演此劇於 Princess's Theatre 得到盛大成功，連演八十五晚。布靈布洛克凱旋進入倫敦，在莎氏劇中只有口述的盛況，此次則在舞台上實際演出。服裝佈景道具均極精確之能事。但劇本删節亦多。

十九世紀之成功的演出者包括 Junius Booth and Edwin Booth (1875–1878)，Sir Henry Irving (1898), Sir Frank Benson (1898, 1899)。尤其是 Benson 於一八九九年八月二十一日在 Flint Castle 戶外搭台演出，即是利查王投降五百週年的日子，格外的饒有意義。

一八九九年十一月十一日 Elixabethan Stage Society 在 Burlington Gardens 之倫敦大學講演場上演「利查二世」，不用佈景，只用壁幔，用具只僅合坐及木椅數事，但服裝則甚考究，其目的在模倣十六世紀的演出方法。演出時間達四小時之久。毀譽參半。

一九〇三年 Beerbohm Tree 在 His Majesty's Theatre 的演出是極成功的。不僅包括了進入倫敦的大遊行，還添了加冕典禮，其他方面則有刪節。

一九三七年九月 John Gielgud 在 Queen's Theatre 演出此劇是近年最盛大的演出，倫敦觀衆爲之震驚，感覺到這是莎士比亞最偉大的成就之一。同年在美國亦有 Maurice Evans 在紐約的演出，連續演出一百七十一場。

五　幾點意見

此劇政治意味甚爲濃厚。戲的本身寫的是利查二世的被廢，這種題材在伊利沙白女王時代尤其富有刺激性。在一五七〇年羅馬教皇對伊利沙白下令逐出教外，一五九六年更下令，號召英國臣民起來叛變。伊利沙白對他的管理倫敦堡壘史蹟的大臣 William Lambard 說：『我就是利查二世，你不知道麼？』歷史家 Sir John Hayward 在一五九九年寫了一篇 "First Part of the Life and Raigne of Henrie IIII, extending to the end of the first yeare of his raigne" 其中描述了利查二世之覆亡與被廢，竟被認爲有影射時事之嫌，被捕下獄。所以莎士比亞的「利查二世」中有關國王被廢的一百六十五行在前三個四開本裏都被刪除了。莎士比亞冒大不韙寫出了這樣的一齣戲，我們不能不說莎士比亞有他的政治眼光。莎士比亞並不同情利查二世所迷信的「君權神授說」，他盡量的提到了利查二世的失政，但是在他的筆下利查還不失爲一個有豐富想像與柔情的人物。這不僅是一齣歷史劇，也可以說是一齣有高尚情調的悲劇。

Wat Tyler 的叛變發生在利查二世的朝內，在歷史上那是一件大事，因爲那是第一次農民武裝叛變，Tyler 失敗被殺，但我們不能以成敗論英雄。莎士比亞在這戲裏沒有提到他，理由是很顯然的，莎士比亞繼續 Marlowe 所創的歷史劇的型式，是以中心人物描寫爲中心，不僅是聚集一些歷史事件加以編排。何況 Wat Tyler 的叛變發生在一三八一年，利查二世只有十五歲，當時負實際政治責任的是剛特，利查親政是八年以後的事。而且農民叛變的目標是貴族，不是國王。莎士比亞所最熱心的是愛國主義，他把一篇最著名的愛國的台詞（第二幕第一景四〇至六八行）放在垂死的剛特的嘴裏，對於有平民革命意義的事並不感覺興趣。

莎士比亞爲要表現利查二世的性格，除了加强描寫布靈布洛克作爲陪襯對照之外，還不惜歪曲史實來追求戲劇的效果。剛特不是他所描述的愛國者，事實上他早有篡逆之心，在軍事領導和政治管理上均無治績可言，激起一三八一年的民變，早爲民衆所不齒。莎士比亞把剛特理想化，只是反襯利查的劣跡而已。王后伊薩白爾在一三九六年和利查二世結婚，她只有八歲，在劇情開始時也只有十一歲，而莎士比亞把她描寫成爲成年的婦女，非如此不足以和利查講出那些對話，非如此不足以襯托出利查的性格。

17 亨利四世 上篇（The First Part of King Henry the Fourth）

「亨利四世」分上下兩篇。其中的故事是聯貫的，而且就劇情的發展而論，無論在亨利王子或孚斯塔夫任何一個角色的性格與命運的演變方面來看，這上下兩篇都好像是一個完整體，而不是正篇續篇的性質。所以約翰孫博士很早就說：

『對於不以在批評上有所發現爲職志的讀者們，這兩篇戲會給人以非常銜接的印象，下篇僅是上篇的延續；所以分成爲兩篇者，只是因爲合爲一篇則嫌太長而已。』（Johnson's Shakespeare, 1765, iv, 235)

而威爾孫（John Dover Wilson）教授在他新編的「亨利四世」（The New Shakespeare）裏，也追隨着約翰孫的看法，認爲上下篇是一齣戲。

上下篇之「聯貫性」固無可置疑，故事太長分爲兩篇亦是事實，但有一點我們必須首先指出：上下篇分開來看，每篇都是有起有訖，自成一有機的整體。兩篇接連上演是不可能的，讓觀衆看一齣不完整的片斷的作品也是同樣不可能的。上篇寫亨利王子如何由淫佚浪漫而變成爲正規的英雄武士，這一段情由已經是描寫得告一段落了。由英雄武士而再登極稱王，那乃是亨利王子的又一進展，留在下篇再述。孚斯塔夫原是幽默穿插的性質，其目的原不外是藉以調劑歷史劇的枯燥單調而已，故其情節可多可少，吾人正不必把孚斯塔夫當做實有其人看待，從而希望看到他的被拒甚至抑鬱以亡而後已。

我們看完上篇，已能得到一個圓滿的印象而無遺憾。何況，第一版四開本的「亨利四世」的標題頁，根本並無「上篇」字樣，可見莎士比亞原意亦並未要有上下兩篇，下篇是以後補上去的。

「亨利四世」之前有「利查二世」，之後有「亨利五世」，故事都是銜接的，合起來成爲一個四部曲，如果把「亨利四世」上下篇看做爲一齣戲，則是一個三部曲。由亨利四世的篡位，以至於亨利五世之揚威法蘭西，這一段歷史是非常有意義的，因爲在這期間我們看到英國如何由封建的中古的社會過渡到近代的統一的王國。當然，我們不可過份誇張「亨利四世」之政治的意義，因爲莎士比亞所最感興趣的是人，是人的心理，是人性。歷史劇乃是當時的一種時尚。唯因莎士比亞抓住了這普遍的固定的人性，所以像「亨利四世」這樣的歷史劇至今仍爲人所愛看愛讀，其中的角色成爲不朽的人物而活在我們心裏。

一　版本歷史

「亨利四世」上篇的四開本，前前後後一共有九個：

第一四開本　一五九八年
第二四開本　一五九九年
第三四開本　一六〇四年
第四四開本　一六〇八年
第五四開本　一六一三年

第六四開本	一六二二年
第七四開本	一六三二年
第八四開本	一六三九年
第九四開本	一七〇〇年

第一四開本很可能是莎士比亞的原稿本付印的，因爲其中有關 Oldcastle 一字的調侃尙未刪去 (I, ii, 40)，在印刷方面我們也可以看出這第一四開本是很仔細的。第五四開本是很重要的，因爲第一對折本 (First Folio) 是根據這一個本子編印的。第九四開本是 Betterton 的「舞台本」。

第一對折本的內容與四開本略有出入，R.G. White 大概是唯一的著名的批評家認爲對折本的內容勝過四開本 (ed. 1859, vi, 278)。一般的意見以爲第一四開本是標準的。不過我們也要承認，有些地方對折本是較優的，雖然四開本的錯誤在對折本裏並未改正。

第一四開本的標題是這樣的：

The History of Henrie the Fourth; with the Battell of Shrewsburie. Between the king and Lord Henry Percy, surnamed Henrie Hotspur of the North. With the humourous conceipts of Sir John Falstalffe.

這標題特別標明了此劇劇情的兩個重心：一個是 Shrewsbury 之戰，一個是孚斯塔夫的幽默。亨利四世本人在「亨利四世」一劇裏並不太重要。從這裏也可以窺見莎士比亞的一點用心之所在。

「亨利四世」的版本問題上還有值得注意的一件事。現在美國華盛頓的 Folger Shakespeare Library 藏有一卷殘本，此殘本顯然的是此劇之最早的版本，大約是刊於一五九八年之初，在第一四開本之前。殘本僅存四頁，相當於 Q I, iii, 201–II, ii, 102，在版本考證上並不太重要。

二　著作年代

此劇初刊於一五九八年，大約是著於一五九七年，雖然也有人主張把著作年代提前到一五九六，甚至到一五九三。現在一般公認一五九七是此劇的著作年代。有兩項外證：

一、書業公會的登記簿（Stationers' Register）有這樣的紀載：

1597 (1598, new style), xxvto die ffebruarij. Andrew Wyse. Entred for his Copie vnder th handes of Master Dix: and master Warden Man a booke intituled The Historye of Henry the 111lth with his battaile of Shrewsburye agains Henry Hottspurre of the Northe with the conceipted mirthe of Sir John Ffalstoff

二、密爾斯著「智慧的寶藏」（Meres: Palladis Tamia）是於一五九八年七月七日在書業公會登記的，書中有這樣的記述：

『Plautus 與 Seneca 乃公認為拉丁文作家中最佳之喜劇與悲劇作家；在英國作家中，莎士比亞同樣的是這兩種戲劇作家中之最優秀者；在喜劇方面，例如……，在悲劇方面，例如他的「利查二世」，「利查三世」，「亨利四世」，……』

密爾斯把「亨利四世」列入悲劇之內，他還從這才出版的「亨利四世」裏面引用了一些詞句。

這兩項外證還不能確切的證明此劇的著作年代，因爲莎士比亞的作品通常並不是於寫作完成或舞台上演之後立即到書業公會去登記或逕行出版。不過，就該劇的文字及詩體特徵之內證而論（散文幾佔一半），此劇之著作顯然是與「威尼斯商人」在同一時期。

Hudson (ed. 1852)說：『孚斯塔夫的名字本來是 Oldcastle 是毫無疑義的；所以我們可以假設此劇之寫作必當在最初登記於同業公會之前相當久的時候，以便詩人發現其有改變那名字的必要。」要相當久，但亦不會太久。因爲此劇上演於宮廷，是在「懺悔節」，女王在 Whitehall 看此劇上演是在一五九六——七年二月六日或八日。而 Lord Cobham 之對於其祖先 Oldcastle 遭受誣蔑之抗議當然不會在此劇上演之後太久。所以把「亨利四世」的著作年代放在登記的前一年，大概是適當的。我們有理由相信，此劇寫成之後立即上演，立即遭到抗議，立即修改，立即登記，立即出版，這一連串的行動是極爲迅速的，可能是莎士比亞作品所受到的處理之最迅速的一例。

三　故事來源

「亨利四世」是一部歷史劇，在史實方面莎士比亞依賴的是何林塞的「史記」(Holinshed: Chronicles of England, 2nd ed. 1587)，此劇之主要的歷史的骨幹皆取給於此。此劇就歷史背景而言，所描寫的是緊接「利查二世」之後，直到一四〇三年七月二十一日的舒斯伯來之戰爲止的一段期間。莎士比亞所利用的「史記」是自四九八頁至五四三頁的一段。但是一部歷史劇是與歷史不同的把一二十年的史實縮短在三數小時的戲劇裏，這其間不但需要剪裁，還需要修改增删，以加强戲劇的效果。所以，此劇與史實有許多出入之處，可得而言者有下述諸端：

一、此劇開場國王宣佈要到耶路撒冷去遠征，在「史記」上這是亨利四世在位時最後一年之事。

二、史記並未述及蘭卡斯脫的約翰親王，他生於一三九〇年，舒斯伯來之戰發生在一四〇三年，那時節他只有十三歲，不可能參加戰爭。莎士比亞需要一個年青而老成的弟弟以爲狂放不羈的哈利王子作一陪襯而已。

三、同樣的，莎士比亞揷入了波西夫人，與毛提摩夫人，一面可以增加一些女性的溫柔的氣氛，一面由波西夫人的出現可以得到機會描述霹靂火的一些特殊性格。這都是「史記」裏所沒有的。

四、在本戲，和讃屯之戰（The battle of Holmedon）是在毛提摩在威爾斯作戰失利之後。而據「史記」，則毛提摩在威爾斯敗績是在一四〇二年六月二十二日，而和讃屯之戰則發生在一四〇二年九月十四日。（可能莎士比亞把讃屯之戰和另一次邊疆戰事弄混了，因爲那另一次戰事發生在Nisbet Moor，確是與毛提摩敗績發生在同一天的。）

五、第三幕第二景王子與父王之會晤是根據「史記」的，但是莎士比亞把這一會晤提前了好幾年。

六、但是莎士比亞之最重要的一項歪曲史實，乃是劇中主要人物的年齡的改動。這一歪曲，使一段嚴肅而沉悶的歷史變成了生動而有趣的戲劇，這就是莎士比亞的點鐵成金的手段。

因爲戲劇需要有兩個主要的角色互爭雄長，同時此戲雖以亨利四世爲名，實際是以哈利王子爲主要角色，兩雄相爭當然是以哈利王子與霹靂火對抗爲宜，而二人的年齡又均以年輕而又相等爲宜。因此之故，在莎士比亞的筆下霹靂火是個野心勃勃性情暴躁的小夥子，而哈利王子也成爲一個年紀不相上下的行爲放蕩的青年。要這樣的兩個青年遇在一起相鬭，然後這一場鬭爭才顯得格外的有聲有色。而事實呢，哈利王子生於一三八七年八月，在此劇開始時應只有十四歲，霹靂火生於一三六四年五月，在此劇開始時應已有三十七歲，比亨利四世還要年長一些。十四歲的孩子不可能成爲主將，三十七歲的人亦不好再算是青年（雖然哈利王子確曾出現在舒斯伯來戰場上而且相當出力）。可能莎士比亞把他們的年齡一增一減，都變成了青年。據何林塞，王軍的勝利，應歸功於國王的英勇，亨利四世正在壯年，在戰場上手刄了三十六名敵人。而在戲裏，國王的威武却爲王子所掩。第五幕第一景所描寫的王子向霹靂火挑釁決鬭，在歷史上也是沒有根據的。霹靂火之死，是在敗亂中被人刺殺，不知是死於何人之手，並不如戲中所描寫的被王子當場格斃。國王之險遭德格拉斯毒手，幸遇王子援救，這一節在何林塞的「史記」裏亦不見叙述。凡此種種皆是莎士比亞有意使王子成爲劇中英雄而不得不採取的歪曲史實的藝術手段。

除了何林塞的「史記」之外，莎士比亞可能也看過 Samuel Daniel: The First Fowre Bookes of the Ciuile Wars Between the Houses of Lancaster and Yorke。這是一部 ottava rima 體的叙事詩，四開本刋於一五九五年，對折本刋於一六〇一年。對於莎士比亞的「亨利四世上篇」影響最大的是該詩四開本的卷三第八十六至一一四各節（亦即該詩對折本之卷四第十五節以下各節）。莎士比亞可能從這首詩裏得到很多的啓示，因爲 Daniel 有很多點與莎士比亞是一致的。例如：①哈利王子之援救父王，免遭德格拉斯的毒手；②王子與霹靂火之對打；③霹靂火之被寫成爲一個年青人；④舒斯伯來之戰，格蘭道渥的軍隊未到場助戰；⑤亨利四世之遭受封建勢力的圍攻以及王子的生活之放蕩，被視爲其篡位之報應(Nemesis)。總之，凡莎士比亞之修改史實之處，幾乎完全和 Daniel 雷同。我們有理由推測，莎士比亞受此詩影響極大，至少在觀點方面。〔參看 Frederic Moorman: Shakespeare's History-Plays and Daniel's "Civile Wars" (Sh.-Jahrbuch,xl) 1904〕

除了上述兩部作品之外，就要提到一部著者不明的舊劇本，The Famous Victories of Henry the Fifth，此劇於一五九四年五月在書業公會登記。大家公認，莎士比亞從這戲劇裏沒有受到多大影響，沒有襲取任何詞句。Bernard M. Ward 在一九二八年 Review of English Studies 的卷四裏有一篇精到的論文，"The Famous Victories of Henry V": Its Place in Elizabethan Dramatic Literature. 據他的研究，莎士比亞從此劇得到三方面的影響，如下：

一、歷史與喜劇的混合。莎士比亞的歷史劇裏，只有三齣是相當勻稱的把歷史與喜劇揉和在一起。這就是兩篇「亨利四世」和「亨利五世」。而這正是那齣舊劇的特點，二十二景之中有九景是喜劇的，包括第一、二、四、五、六、八、十二、十八、廿一諸景，分配得如此均勻。

二、包括的時代。舊劇劇情是自嘎茲山搶刼始，至法蘭西王嫁女給亨利五世止。關於搶刼的細情，史無記載，而莎士比亞也是遵照舊劇描述的。

三、劇中人物。四個歷史上無根據的劇中人物不但在兩劇中姓名相同，而且擔任同樣的角色。主角是 **Oldcastle**，莎士比亞最初亦採用此名。舊劇中的 Ned，莎士比亞亦命名爲 **Ned**。舊劇中的强盜綽號爲 Gadshill，莎士比亞亦沿用之。Robin Pewterer 爲舊劇中匠人之一，莎士比亞劇中之搬運夫乙則呼搬運夫甲爲 "Neighbour Mugs"，必定是 Pewterer 一字之所暗示。兩劇所描寫的王子常常臨幸之地，均爲東市一古老的酒店。

四　舞台歷史

「亨利四世上篇」雖然自初即是極受歡迎的，但是以「亨利四世上篇」的名義公開上演的正式紀錄却很晚。一六〇〇年 **Lord Chamberlain** 招待 **Flanders** 的大使曾演出此劇，這仍然不是公開上演，而且戲名是 "Sir John Oldcastle"，並非是「亨利四世上篇」。

一五九七年冬是大家公認的此劇最早公演的年代，但實際上並無正式紀錄可爲憑證。

一六一三年伊利沙白公主結婚，此劇曾經上演，而戲名是 "The Hotspur"，可能即是「亨利四世上篇」。是年另有此劇上演的紀錄，戲名是 "Sir John Falstaff"，可能是指「亨利四世上篇」而言。（參看 E.K. Chambers: Elizabethan Stage, ii. 217; iv. 180）

一六二五年元旦夜，宮廷中曾上演一劇名："First Part of Sir John Falstaff"。一六三八年五月二十九日公主生辰，宮中又上演此劇，名 "Ould Castel"。我們無法辨明一六〇〇年上演的 "Sir John Old castle" 及一六三八年上演的 "Ould Castel" 究竟是否則是「亨利四世上篇」，抑是「下篇」，還是上下兩篇。也很可能這是把有關孚斯塔夫的幾景（尤其是屬於上篇的）拼湊而成的另外一部作品，如那有名的 Derling MS. 之所代表的。

復辟以後，Pepys 的「日記」於一六六〇年十二月三十一日記載着此劇的上演，表示失望，但於次年又認爲是很好的戲。一六六七年他特別喜歡 Cartwright 所扮演的孚斯塔夫一角。當時著名演員 Hart 演霹靂火。這一角色於一六八二年由 Betterton 扮演，於一七〇〇年左右 Betterton 改扮孚斯塔夫一角，據說是空前的成功。Betterton 的此劇之舞台本卽是前面所述的「第九四開本」，其特點是在最能脗合莎士比亞的原版。

到了十八世紀初期，最著名扮演霹靂火的是 Booth，扮演孚斯塔夫的是 Quin。Garrick 於一七四六年亦曾五次扮演霹靂火，但不大成功，厥後卽放棄嘗試。自 Quin 以後最好的孚斯塔夫是 Henderson，他於一七七七年開始扮演此一角色，一直到一七八五年。

此後二十年間（卽浪漫運動初期）此劇不曾上演，後來 J. P. Kemble 才又於一八〇二年重演此劇，扮演霹靂火。他的胖弟弟 Stephen Kemble 於同年演孚斯塔夫，雖然批評家 Hazlitt 譏笑他身體够胖而頭腦不足，仍然是頗受歡迎的，因爲他從一八〇二年演起，演到一八二〇年，其間並無人能與競爭。

一八三八年最奇特的一場表演是詩人 Beddoes 在 Nürich 包租劇院把上下兩篇縮成爲一齣戲，用德文上演。詩人自行扮演霹靂火，另一肥胖的業餘演員於數月前努力加餐使身體益爲碩大以便扮演孚斯塔夫。

自浪漫運動以後，此劇在英國卽逐漸較不大時髦，一般趨向是要把孚斯塔夫演得文雅一些。維多利亞時期一般觀衆對孚斯塔夫漸懷反感。此一時期根本也沒有多少傑出的莎士比亞喜劇演員。近代的著名的演出是 Beerbohm Tree 於一八九六年的表演，扮孚斯塔夫。Benson 較喜「亨利四世下篇」，但亦曾偶爾演出上篇。Old Vic 劇院於一九二〇年亦曾演出此劇。

在美國，此劇在舞台上亦有悠久之歷史。最早的演出是在一七六一年，在紐約。此後也有幾個著名的孚斯塔夫演員，如 Hackett, John Henry Jack, William F. Owen 等。在若干著名大學裏，此劇不時上演。

五　幾點批評

莎士比亞的歷史劇在我們中國是比較不被大家所注意的，因爲我們很容易發生一種誤解，誤以爲莎士比亞的歷史劇既然是以英國歷史爲題材，則對於不大熟悉英國歷史的中國讀者們當無多大的興趣。其實不然。他的歷史劇，固然用英國歷史的故事及人物做爲骨幹，但是他用的是戲劇的方法，他從英國歷史裏擷取若干精采的情節，若干性格凸出的人物，以最經濟的最藝術的手腕加以穿插編排。是以動作及對話，不是以叙述及描寫，來表達一段歷史。我們不需要多少有關英國歷史的知識，卽可充分領略一齣歷史劇。至少一齣英國歷史劇不比英國的任何悲劇或喜劇更令我們發生陌生之感。

「亨利四世」（尤其是「上篇」）之所以特別的受人歡迎，主要的有兩個原因，一是孚斯塔夫這個幽默人物的創造，一是這齣戲之政治的意義。

孚斯塔夫不是一個簡單的丑角。他的複雜性幾乎可以和悲劇的哈姆雷特相提並論。他在「亨利四世」裏所佔的重要性遠超出尋常丑角的比例。「上篇」一共十九場，孚斯塔夫出現了九場，第二、五、七、十、十二、十五、十七、十八各場都有他的戲。在沒有露面之前，他在幔帳後面鼾聲雷動，已引起了觀衆的大笑。他的顢頇，他的天眞，他的妙語如珠，他的飲食男女的大欲，使得他成爲一個又好玩又可愛又可惡的東西。這樣，莎士比亞破壞了一齣戲之應有的「單一性」使得歷史劇變了質。但是哪一個觀衆或讀者能捨得不要這一個特殊的角色呢？許多的批評家都費了筆墨研討孚斯塔夫。Maurice Morgann 於一七七七年發表的 An Essay on the Dramatic Character of Falstaff 在莎士比亞批評裏是劃時代的，他把孚斯塔夫當做一個實有其人的角色來分析，替他辯護，說他不是一個懦夫，說他在性格上是勇敢的，說他是一連串的矛盾的綜和。這是一派浪漫批評的開始。一直到 A.C. Bradley 教授在一九二〇年的「雙週評論」發表「論孚斯塔夫的被斥」而登峰造極，另一派是寫實的歷史的批評，可推 E.E. Stoll 教授於一九一四年發表的「孚斯塔夫論」爲代表，最近的出色的著作當屬 J.D. Wilson 教授一九四三年的劍橋講演「孚斯塔夫的命運」。我們客觀的看，孚斯塔夫無疑的是莎士比亞的最成功的傑作之一，他是丑角，他是配角，他異於傳統的 miles gloriosus，他也異於中古劇中的 Riot，他太有趣，所以他喧賓奪主，如是而已。

一個戲劇家的政治意識本是不易加以說明的，但是選材遣詞之間他總不免要流露一些輕重偏倚的趨向，我們亦不妨從而加以推測衡量。歷史上的亨利五世（即此劇的哈利王子），在伊利沙白時代的英國人心目中，是英國最偉大的英雄，最英武的國王，因爲他統一全國揚威域外。他是萬民擁戴的偶像。莎士比亞無疑的也抱着同樣的一份愛國的心情。所以他在兩篇「亨利四世」和一篇「亨利五世」裏，一心一意的要形容這一位英主，其他人物均是陪襯。我們知道，亨利四世面臨着一個全國再度陷於分崩離析的局面，他的兩大敵對勢力一是天主教僧侶，一是封建主。這兩大勢力互相勾結，想要維持他們的搖搖欲墜的既得利益，主要的是土地。統一的政府，王權的增加，固然可以帶給全國人民以和平與繁榮，但不啻是給封建勢力及僧侶階級敲了喪鐘。所以亨利四世之獲取王位縱然非法，但就整個歷史發展趨勢而言，他（國王）代表的是一種前進的力量。擁護國王最力的是人民，伊利沙白時代的新興的商人階級之擁護伊利沙白女王亦正是同一的前進力量的現象。莎士比亞個人，在戲裏描寫反叛的封建主及僧侶，是不惜加以貶抑的。他對亨利四世是處處加以譽揚的。所以我們可以看出，在封建與統一的整個的鬬爭中，莎士比亞的位置是應該放在哪一方面。關於這一課題，一九三五年Donald Morrow 有一本小册子，"Where Shakespeare Stood: His part in the crucial struggles of the day." The Casanova Press. 有極透徹的說明。當然，一齣戲的政治意義，或著作者的政治意識，並不一定就影響一部作品之藝術的價值，但是他們要充分瞭解一個作者或一部作品，却不可不加以注意。

18　亨利四世 下篇 (The Second Part of King Henry the Fourth)

「亨利四世」上篇的成功使得莎士比亞立刻又編了下篇。在這一齣戲裏，有不少極出色的詩與幽默的段落，但是就全部而論，較上篇不無遜色，從最早的時候起其受歡迎的程度即不及上篇。上篇在一六二三年第一版對折本以前曾有六個四開本行世，下篇則只有一個四開本，這就是很明顯的證據。不過這是有關亨利王四世的三部曲之中間的不可或缺的一環，同時又是有關孚斯塔夫的命運之重要的補充與結束，所以在莎士比亞的歷史劇中仍是極為重要的一部。

一　版　本

四開本登記於一六〇〇年八月二十三日，很快的在當年就出版了。其標題頁如下：

The Second Part of Henrie/ the fourth, continuing to his death, and coronation of Henrie the fifth. With the humours of Sir John Fal/staffe, and swaggering Pistoll./ As it hath been sundrie times publickely acted by the right honorable, the Lord Chamberlaine his servants./ Written by William Shakespeare. London. Printed by V.S. for Andrew Wise and William Aspley. 1600.

這四開本排印得相當良好，很可能是根據莎士比亞的手稿（即所謂 foul papers）而排印的。

第一對折本的「亨利四世」下篇不是根據四開本排印的，而是根據莎士比亞手稿的一個抄本排印的。那個抄本的性質如何，是提詞本還是提詞本的抄本，就不得而知。第一對折本比四開本要多好些重要的段落，其中較重要的如下：

（一）毛爾頓對腦贊伯蘭的一段話（第一幕第一景第一六三至一八〇行）
（二）巴多夫爵士論叛變的一段話（第一幕第三景第三六至五六行）
（三）大主教論民衆之善變的一段話（第一幕第三景第八六至一〇八行）
（四）波西夫人回憶其亡夫的一段話（第二幕第三景第二三至四五行）
（五）大主教訴說叛黨不滿的一段話（第四幕第一景第五五至七九行）
（六）毛伯雷與韋斯摩蘭的對話（第四幕第一景第一〇三至一三九行）

由此可見，第一對折本應是較完整的本子。也有人因此而推測，很可能的第一對折本是根據一冊經過校勘補訂的四開本而排印的。

不過四開本之所以缺少那麽多段落，並非是偶然。伊利沙白時代的朝廷權力鬬爭是很劇烈的，歷史劇很容易被指爲影射當時政治，這是戲劇作者所不願的，所以要盡可能避免捲入漩渦，把可能引起指責的段落刪去。在一六〇〇年八月，Essex 已經失寵，但是同情他的人還是很多，如果有人攻訐，指霹靂火爲暗射 Essex，或約克大主教等人的憤怨爲暗射 Essex 的積恨，其結果將是不堪設想。

第一對折本在字句間還有一點小小的改動。一六〇〇年國會通過法案禁止在舞台上提起上帝、耶穌、聖靈、三位一體等等的誓語，違者每次處罰十鎊。因此孚斯塔夫及夥伴經常掛在嘴邊的賭咒的字眼都被删節了。「天」代替「上帝」，God save me 改爲 in good earnest，God's light 改爲 what. 甚至於輕微的口頭語 in faith 都被删掉了。

二　著作年代

此劇作於上篇之後，上篇是作於一五九七年，此劇當然是寫於一五九七年之後。同時有兩件事亦可證明此劇之寫作不可能較一五九八年春爲更晚：（一）孚斯塔夫的名字還留有 Oldcastle 的痕跡，而上篇的第一版（刋於一五九八年）裏已經把名字改過來了。（二）班章孫的喜劇 Every Man Out of his Humour 在一五九九年初演，裏面提到「亨利四世」下篇的一個角色賽倫斯法官。因此我們想下篇的寫作當在一五九八年春。

三　故事來源

和上篇一樣，下篇裏有關歷史的部分，其故事來源主要的是 Raphael Holinshed 著之 The Chronicles of England, Scotland, and Ireland，此書刋於一五七七年，不過莎士比亞編「亨利四世」上下篇時所參考的是該書之一五八七年的第二版。但是也有些情節是參考了一齣舊戲 The Famous Victories of Henry the Fifth（初演於一五八八年，刋於一五九八年），例如：哈利王子之於病榻取試王冠，以及隨後父子之和好，再如加冕後孚斯塔夫等之被擯斥。Samuel Daniel 的長詩 The Civil Wars of England 也可能給莎士比亞一些指示，因爲在這詩的卷四裏，史實是被緊縮了，舒斯伯來之戰勝利以後國王立刻就病倒，受良心的懲罰，對兒子叮嚀囑咐。莎士比亞努力把舒斯伯來與國王之死中間的距離盡量拉長了。

上篇裏面有關孚斯塔夫及其一夥的部分，全是莎士比亞的創作。鄉間法官賽倫斯與沙婁也是莎士比亞的特有的人物，取材於當時英國的實際情形。

四　舞台歷史

「亨利四世」上下篇，在作者當時，直到一六四二年各劇院關閉時止，在舞台上是受歡迎的，惟下篇遠不及上篇。一六六〇年復辟以後，上篇恢復上演，Pepys 曾觀賞不下五次之多，對下篇則從沒有提起過。

一七〇〇年著名演員 Betterton 於演出上篇大獲成功之後改編並且演出了下篇。這改編本在劇壇享譽許多年，情節次序大有更動，字句則保存莎氏原文。

一七二〇年在 Drury Lane 劇院連演了五晚，後又演一次。在這一演出中 Cibber 飾沙婁法官，極為成功，Mills 演孚斯塔夫，Wilkes 演王太子。十一年後在同一戲院又復上演，Mills 演王太子，Harper 演孚斯塔夫，Cibber 則仍飾沙婁。五年後（一七三六年）該劇團又在該劇院上演一次，由著名的 James Quin 演孚斯塔夫。一七四四年及一七四九年在 Covent Garden Theatre 的演出都是由 Quin 演孚斯塔夫的。

Garrick 扮演國王，於一七五八年在 Drury Lane 露演此劇。他在十二年前曾扮演過上篇中的霹靂火，但並不十分成功，此次改演下篇的國王，「體型上很吃虧，但面部之有力的表情及强勁的發音頗足以補其短。」

一七六一年十二月，爲了慶祝英王喬治三世加冕，曾在 Covent Garden 連演「亨利四世」下篇二十二天之久。

此後於一七六四年，一七六七年，一七七三年，一七八四年，均有上演的紀錄，而較重要的是一八〇四年 John Philip Kemble 演國王，Charles Kemble 演王太子的那一次。一八二一年英王威廉四世加冕時，Macready 又排演了此劇。

一八五三年 Samuel Phelps 在 Sadler's Wells 演出此劇，自己飾演國王與沙婁兩個角色。由於此次上演的成功，一般原來深感懷疑的批評家也認爲此劇是適宜於舞台的劇本了。他於一八六四年和一八七四年曾一再的演出此劇。

在美國此劇幾乎完全不爲人所知。十八世紀時上篇演出過二十六次，下篇一次都沒有。十九世紀美國的喜劇演員 James H. Hackett 演孚斯塔夫有四十年之久，幾乎每年都要演一次，奔走於英美兩地，但他扮演的都是上篇及 The Merry Wives 中之孚斯塔夫。

五　幾點批評

下篇與上篇比較起來，我們會發現下篇不但在結構上不甚緊凑，而且其中許多人物與觀念都是上篇的擴展與延長。例如：酒店老闆娘在上篇只是短暫的露面一下，在下篇便發展成爲魁格來夫人了；孚斯塔夫所說如何招募新兵的方法，在上篇第四幕第二景裏只是口頭說說，在下篇裏便擴充爲很長的一景了（第三幕第二景）。在上篇裏孚斯塔夫只是給太子捧場的一個人，在下篇裏他變成爲一個主要的角色。

舒斯伯來戰役之後，到國王崩駕，其間本沒有太多的事情可寫，下篇可以說是舒斯伯來與國王駕崩之間的塡充物。霹靂火已死，格蘭道渥也不再出場，賸下的敵人只有北方的叛軍及約克大主教。國王之死是全劇高潮，這高潮需要盡力往後推。莎士比亞在這一點上頗費苦心。他的主要的辦法是大量穿插幽默的劇情，在舞台上已經成功的孚斯塔夫之外再加上一個皮斯圖，再加上兩個愚蠢的鄉下法官沙斐與賽倫斯。上篇有一千五百零一行描述歷史，一千五百三十九行描述幽默的穿插；下篇有一千三百七十行描述歷史，一千九百九十一行描述孚斯塔夫的故事。上篇的歷史故事是一有連貫性的整體，下篇則僅包含歷史中的九個景，而且這九景之中，有三景給了波西家人，三景給了垂死的國王，兩景給了北方的叛軍，一景給了新王登位後的措施。亨利四世在全劇中不佔多少分量。與其說此劇是「亨利四世的悲劇」，毋寧說它是「孚斯塔夫的喜劇」。

喜劇性的穿插過多，成爲喧賓奪主，但從另一方面看，孚斯塔夫這個角色的充份成長，成爲莎士比亞的幽默人物之最成功的代表，亦正是一大收穫。在此劇末尾，孚斯塔夫興高釆烈，從格勞斯特縣連夜騎馬趕回倫敦，看着新王加冕後出來，大呼大叫，所贏得的回答是新王的一句：「我不認識你，老人。」這是極富戲劇性的一景。這就是所謂「孚斯塔夫之被拒」引起了許多人的不平與驚異。A.C. Bradley 教授的一篇「論孚斯塔夫之被拒」（一九二〇年）是最好的分析研究，據他看是莎士比亞的描寫太過火了，他創造了孚斯塔夫，他無法控制自己，把他寫得太有趣太值得同情了。

19 亨利五世 (The Life of King Henry the Fifth)

「亨利五世」是「亨利四世下篇」的繼續。「亨利四世下篇」的「尾聲」裏曾有這樣的預告：

『如果諸位沒對肥肉吃得太膩，我們的拙陋的作者將要繼續編寫這個故事，有約翰爵士在內，還有法國的美麗的卡薩琳使大家歡樂一番；在那戲裏，以我所知，孚斯塔夫將要死在出汗上，除非他是早已死在諸位的嚴峻的批評之下；歐卡塞是殉教而死的，這個人並不是他。』

這個諾言並未實現。因爲孚斯塔夫並未出現在「亨利五世」裏，雖然在這戲裏我們聽說到有關孚斯塔夫之死的叙述，並且孚斯塔夫的老夥伴和新夥伴（尼姆）在這戲裏扮演了滑稽的角色。爲什麼孚斯塔夫不出現？可能是因爲亨利五世登極之日已經把孚斯塔夫摒斥了，無法再帶他到法國去。也可能是孚斯塔夫的受觀衆歡迎會有損於亨利五世的威望的描寫。也可能是孚斯塔夫的情趣在「亨利四世的上下篇」裏已經表現無遺，難以爲繼，他在「溫莎的風流婦人」裏已是强弩之末。也可能是因爲莎士比亞劇團裏擅演孚斯塔夫的那位演員（Will Kempe）離開了劇團。也可能劇本裏原有孚斯塔夫的戲，而宮庭的娛樂官（Master of Revels）爲了怕再觸怒 Lord Cobham 於是刪除了有關孚斯塔夫部分。無論如何，「亨利五世」的面目與「亨利四世」不同，在這裏喜劇成分沒有掩蓋了歷史的成分，亨利五世是名符其實的「亨利五世」的主人，「亨利五世」名符其實的是一齣歷史劇。

一 版　　本

一六〇〇年八月四日「書業公會登記簿」上載有莎士比亞的三部戲劇的名字，那便是「亨利五世」「無事自擾」「如願」，但是註明了"to be staied"字樣，這便是先行登記防止盜印的意思。不過就在這一年出現了「亨利四世」的一個四開本，標題是：

The Chronicle History of Henry the fift, With his battel fought at Agin Court in France. Togither with Auncient Pistoll. As it hath sundry times played by the Right honorable the Lord Chamberlaine his seruants. London. Printed by Thomas Creede, for Tho. Millington, and Iohn Busby.

這本子很壞，即所謂「壞四開本」之一，不但字句錯亂之處甚多，而且比全本約少一千七百行（全本長三千三百八十行），缺劇情說明（choruses）與尾聲，其中有三景全被略去（一幕一景，三幕一景，四幕二景），顯然是靠速記及記憶拼湊而成。

這個四開本後來在一六〇二年及一六一九年（假冒爲一六〇八年）又重印了兩次。

一六二三年第一版對折本裏的「亨利五世」是唯一的完全的本子。很可能是根據莎士比亞的草稿（foul papers）而印的。

二 著作年代

「亨利四世下篇」作於一五九八年春，此劇之作當然是在較後。四開本印行於一六〇〇年，此劇之作當然是在這一年之前。

此劇第五幕前面的劇情說明（chorus）第二十九至三十四行，把亨利五世的由法凱旋和 Earl of Essex 之將要由愛爾蘭勝利歸來相比擬。我們知道遠征愛爾蘭是在一五九九年，Essex 離開倫敦是在三月二十七日，九月二十八日歸來，在六月的時候英國人對於這次遠征的結果已不熱心，證之以莎士比亞對 Essex 出征所作之熱烈的期望，可見莎士比亞寫此劇時尚不知愛爾蘭的軍事失敗，此劇之作當在是年之仲夏。

三　故事來源

莎士比亞寫「亨利五世」時可能想到了一部無名氏所作的戲 The Famous Victories of Henry the fifth: Containing the Honourable Battell of Agin-court: As it was plaide by the Queenes Maiesties Players. 此劇印於一五九八年（可能作於一五八八年）。在莎氏劇中可以找到幾處此劇的痕跡：（一）第一幕第二景法太子派人送網球那一段，（二）第四幕第四景法兵求饒那一段，（三）亨利向法公主求婚那一段。在字句間均顯示有此劇的痕跡。

但是莎士比亞的主要故事來源 Raphael Hollinshed's Chronicles of England, Scotland, and Ireland. 他使用的是這部史記的第二版，刊於一五八七年。莎士比亞運用歷史資料，在取捨之間是頗具匠心的。亨利五世一朝之中之最足受人注意的事件無過於阿金谷一役，故莎氏把何林塞史記中之有關亨利五世的前十幾段完全略去，以商略進攻法國開端。第二幕和第三幕擷取何林塞的一些零碎事蹟，揉和一些滑稽的穿插，目的在保留阿金谷的高潮到第四幕。第四幕第一景，最長的一景完全是莎士比亞自己的，第二第三兩景取材於何林塞之處亦極少，主要的原故是戰爭的經過放在舞台上表演需要另外的一種技巧，與敘述文迥然不同。阿金谷以後的故事佔去何林塞的三分之二的篇幅，但是莎士比亞在第五幕裏僅僅襲取何林塞的一些細節描繪亨利之凱旋倫敦，略去了以後的在法國進行的戰役，直接創造了一個脫窪和議的場面，然後以求婚結束全劇（求婚一場取自 The Famous Victories，與何林塞無關）。

四　舞台歷史

「亨利五世」在莎士比亞當時是很受歡迎的一齣戲，主要的原是因它充足的表現了伊利沙白時代英國人的愛國精神。莎氏劇團中的最著名演員白貝芝（Richard Burbage）死後，有人寫詩悼念他，還提到他所扮演的亨利王。一六〇五年一月七日此劇曾在宮中上演，此外在莎氏生時此劇便別無上演的紀錄了。

復辟時代中，此劇亦無多少上演紀錄。日記家皮泊斯(Pepys)在一六六八年七月六日看過 Betterton 扮演亨利王。此外便是一片沉默。

到了十八世紀的二十年代，「亨利五世」在舞台上開始活躍起來。最初是 Aaron Hill 一七二三年的改編本 Henry V or the Conquest of France，刪去了喜劇的數景，使此劇變成了傷感的愛情戲。十八世紀中莎士比亞的「亨利五世」之最初上演是在一七三五年十一月，在 Goodman's Fields。

此後 Convent Garden 與 Drury Lane 兩家戲院不時的演出此劇，直到十九世紀中葉。加立克(David Garrick)在一七四七年演出此劇，但他自己只是扮演了「劇情說明者」(Chorus)的角色。自加立克以後，此劇不時上演，普通都是炫示偉大場面。Kemble 一七八九年的演出特別注重服裝及佈景。Macready 一八三九年的演出在第三幕便用了活動畫面(moving diorama)，以寫實的手法表演英國艦隊的橫渡海峽以及阿金谷前夕雙方的軍隊的狀況。Charles Kean 於一八五〇年上演此劇於 Princess' Theatre，對哈夫勒圍城作詳細的表演，最出色的是把亨利的凱旋由口述改爲實際的舞台演出連續演了八十四晚。後來 George Regnold 於一八七九年在 Drury Lane 演出此劇也還是沿用 Kean 二十多年前的創作。

較近的上演之傑出者爲 Benson(一八九七年)及 Lewis Waller(一九〇〇)，在此後二十年的期間內亨利五世這一角色爲這兩個著名演員分別擔任了。凡是在舞台上需要鼓吹愛國精神的時候，「亨利五世」輒應時上演，例如在波爾戰爭(Boer War)的時候，在一九一六年第一次世界大戰的時候，在倫敦上演都是坐無虛席。在美國最著名的一次上演是 Richard Mansfield 在一九〇〇年的演出。

五　幾點批評

亨利五世常被認爲是莎士比亞心目中的「理想的國王」。亨利五世是一個精神強幹的人，是英國的英雄，他有眼光有果斷，心狠心辣，所以他能敉平叛亂，能得民心，能得軍心，能殺敵致果。他爲人謙遜虔誠，有禮貌，有同情，幾乎完全符合文藝復興時代所謂「理想的君王」(ideal prince)，莎士比亞的狹隘的愛國精神使得他誇張了英國人的沉着勇敢等等美德，同時也誇張了法國人的浮躁狂妄的缺點。不過在劇情編排上莎士比亞還是相當公正的，例如劇情一開始便明白告訴觀衆對法掀起戰爭的動機並不怎樣光榮。亨利四世臨死留下的遺囑便是對外要掀起戰爭以轉移國人對於他篡位的注意與反感。亨利五世是執行這一政策。教會人士支持他遠征，是因爲如此可以暫且避免教會所有土地之被沒收。

一般批評家常說「亨利五世」與其說是戲劇的，毋寧說是史詩的。這齣戲是有史詩的意味。莎士比亞自己亦可能意識到他所要處理的乃是一連串的會議，行軍，圍城，談判，議和，中心人物只有一個亨利五世，故事沒有曲折穿插，但是又需要偉大的場面，所以每幕之前加了「劇情說明」，其任務除了報告兩幕之間的所發生的事之外還用口述的方法描繪了舞台上所不易表演的動作。這戲以戰爭爲主題，但是舞台上並無打鬬出現，就連兩人揮劍對打的場面也沒有。我們不能不說這是一種戲劇化的處理。

有人指陳亨利五世的性格在此劇中並無深入的描寫。的確是，除了兩處獨白之外，亨利王的內心很少吐露。不過我們不可忘記，這一齣戲應該和「利查二世」「亨利四世上下篇」連在一起當做一部「三部曲」或「四部曲」來看，亨利五世的性格發展在「亨利四世上下篇裏」已有詳盡的刻劃，在此劇中已不需畫蛇添足了。

20　亨利六世 (The First Part of King Henry the Sixth)

一　版本與著作人問題

「　　六世」上篇在莎士比亞生時沒有印行過，初刊於一六二三年的第一對折本裏。第一對折本的登記有這樣的字樣：

Mr William Shakspeers Comedyes Histories, and Tragedyes soe manie of the said Copies as are not formerly entred to other men. vizt …… The thirde parte of Henry ye Sixt.…………

這所謂 The thirde parte（第三部）實際即是「上篇」，因爲中下兩篇前此已在另外名義之下登記過了，自然無需再爲聲明。

上篇在文字上有許多不規則處，矛盾和前後不符處，例如人名的形式與拼法常有出入，詩的形式常有變化（據威爾孫教授估計音節過多的詩行(hypometrical lines)有三十，音節缺陷的詩行 (defective lines) 有二十五。）歷史的事實有時矛盾而前後不能貫穿。因此這部戲的著作人遂成爲問題。耶魯本編者 Tucker Brooke 分析各家意見，綜爲四類：

（一）莎士比亞未參加此劇之編寫。Richard Farmer, Malone, Drake, Collier, Dowden, Furnivall 均持否定的意見。

（二）全劇爲莎士比亞所寫。Samuel Johnson 說：『僅從作品之拙劣不能抽繹出任何結論；天才的作品是會有瑕瑜互見的現象的。』Steevens 申述說：『這一部歷史劇可能是莎氏最早的作品之一；每一詩人開始寫作生涯都是靠了模仿。所以莎士比亞在獨闢蹊徑以前也許是規規矩矩的因襲了前人的作風。』Capell, Charles Knight，美國的 Verplanck 與 Hudson，以及幾乎全部的德國批評家如 Schlegel, Bodenstedt, Delius, Ulrici, Sarrazin, Brandl, Oreizenach（唯一例外是 Gervinus），均主是說。近年的英國學者如 Courthope (History of English Poetry, Vol. iv, Appendix, 1903) 以及新亞頓本編者 Andrew S. Cairncross, 1960 同樣的主張甚力。

（三）莎士比亞與其他作家合作此劇。Grant White 說：『莎士比亞來到倫敦之後兩三年內，即大約一五八七年或一五八八年之際，他受雇幫助 Marlowe, Greene, 甚或 Peele 把亨利王六世一生事跡編爲戲劇。』(Essay on the Authorship of King Henry The Sixth 1859) 舊亞頓本編者 H.C .Hart說：『我認爲沒有理由去尋求一部想像的較早期的完整劇本。……我們可以很容易想像得到莎士比亞是被邀請幫助 Greene 與 Peele 從事編劇。』

（四）莎士比亞獨力自行修改別人所作較早期的一部作品。Theobold 好像是第一個創爲此一學說的，他說：『這二部劇中雖有幾處老到的筆處，顯然無疑的是出自莎士比亞的手筆，但我們仍不能無疑是否全部爲他所寫。除非這三部戲是他在很早的時期所寫，否則我便不能不認爲這三部戲當初只是舞台脚本交由他來加以潤飾。』Coleridge, Gervinus, Staunton, Halliwell-Phillipps, Dyce 均持此說。Fleay 說得很具體，他以爲「亨利六世上篇」本爲 Marlowe 協同 Kyd, Peele, Lodge 所作，由女王劇團（The Queen's men）演出，後由該劇團將此劇本連同其道具售予 Lord Strange's men（卽莎士比亞的劇團），於是莎士比亞添寫了有關 Talbot 部份以嶄新的戲劇的姿態於一五九二年演出（Life and Work of Shakespeare, 1886）。Rives（1874）以爲舊戲是只以法蘭西戰事爲限，莎士比亞予以修訂並擴增。Henneman（1901）的主張亦大略相同。Rolfe 與 Sidney Lee 把莎士比亞的修訂工作縮減到幾個景；而 Ward, Gollancz, Schelling 則强調莎士比亞不是「修訂者」而是原劇的「增補者」。

誠如耶魯本編者所說，以上四派學說在現代最爲大多數所擁護者爲第四說。我們旣不能否認此劇爲莎氏之作，又不能否認其全爲莎氏手筆，合作之說更難徵信，當然只好接受「修改」的說法。劇中哪一部分是莎氏手筆呢？一般公認的有下列部分：

第二幕第四景（Temple Garden 的爭議）

第二幕第五景（Mortimer 之死）

第四幕第二至七景（Talbot 之死）

第五幕第三景（Suffolk 向 Margaret 求婚一段）

二　著作年代

如果我們承認「亨利六世上篇」原稿不是莎士比亞的而是經過他的修改增補的，那麽原稿作於何時，莎氏修補又在何時，這是很難決定的問題。我們現在只能就現有的這個劇本整個的加以探討。

無疑的亨利六世三部曲是莎士比亞最早的歷史劇的嘗試。可是密爾斯(Meres)沒有提起這齣戲。也許密爾斯的戲單只是舉例的性質，並不一定要包括莎氏所有作品。最早提到此劇的是漢斯婁(Philip Henslowe) 的日記，一五九二年三月三日 "Harey the vj" 上演於玫瑰劇院。漢斯婁沒有提莎士比亞的名字，但是玫瑰劇院正是莎士比亞劇團在那時所使用的劇院。此劇連演了十四五天。我們相信這個 "Harey the vj" 即是「亨利六世上篇」。

Thomas Nashe 在一五九二年印行了一本諷刺文 "Pierce Penilesse his Supplication to the Diwell"，裏面有這樣一句『Talbot（法國人的最怕的人物）若是想到在墳墓裏安眠二百年之後還能在舞台上耀武揚威，還有萬千觀眾（在各個演出時間）灑淚在他的朽骨之上，還能藉了演員的飾演讓觀眾於想像中目睹他淌流鮮血，他將是何等的快樂。』這足以證明此劇在一五九二年時已經大受歡迎。

漢斯婁明白的說 "Harey the vj" 是一齣「新」戲。所謂新，可能是新編的，也可能是戲團新購入新排演的。如果我們相信這個「新」戲即是「亨利六世上篇」，並且內中包括了莎士比亞的修補，那麼莎士比亞所加工修補的原劇其完成至少當略早於一五九二年。F. E. Halliday 列此劇之寫作為1589–90，大致是不錯的。新亞頓本編者 Cairncross 似亦同意一五九〇年的說法。

三　故事來源

「亨利六世」是歷史劇，其故事來源當然是歷史，莎士比亞的主要根據是何林塞的「史記」(Holinshed:Chronicle of England, 2nd ed., 1587)。但是有些地方，例如第四幕第五景與第六景裏 Talbot 和他兒子的對話，便不是根據何林塞，而是根據一部較早的史書，Edward Halle: The Union of the Two Noble and Illustre Famelies of Lancastre and Yorke, 2nd issue, 1548。事實上何林塞也常抄襲 Halle。

在「亨利六世上篇」裏，莎士比亞並沒有忠實的按照歷史編排，其中史實的年代往往有錯亂，例如此劇開場是亨利五世的發喪，這是一四二二年十一月七日的事，當時亨利六世還沒有滿一週歲，而劇中稱他為 "an effeminate prince……like a schoolboy"。劇中最後的一件事是 Talbot 死後軀體的發現，那是一四五三年七月十七的事，把三十一年的事蹟湊在一齣戲裏了。其他年代錯誤的例子還有很多。至於第二幕第四景之花園摘玫瑰，以及第二幕第三景 Countess of Auvergne 之企圖捕獲 Talbot，等等，則根本沒有歷史根據可尋。

不忠於歷史的若干情節並不足為病，因為看戲的人並不希望從戲劇裏印證史實。近代觀眾所最感覺不快的當是關於 Joan of Arc 的歪曲描寫。在這戲裏這個十八歲的一代英傑被形容為一個蕩婦，一個巫婆！雖然這一切誣衊大部分是取自何林塞，雖然那時代的觀眾歡迎充滿狹隘愛國精神的作品，我們對於戲劇作者之未能超然的冷靜的描述史實，是不能不覺得有所遺憾的。

21 亨利六世 中篇（The Second Part of King Henry the Sixth）

一 版本及著作人問題

一九五四年三月十二日倫敦出版商 Thomas Millington 在書業公會作這樣的登記：

the firste parte of the Contention of the twoo famous houses of York and Lancaster with the death of the good Duke Humfrey, and the banishment and Deathe of the Duke of Suffolk, and the tragicall ende of the proud Cardinall of Winchester, with the notable rebellion of Jack Cade and the Duke of Yorkes ffirste clayme vnto the Crowne.

此年此劇出版，標題頁的字樣相同。一六〇〇年又重版一次，但均未列作者姓名，亦未說明演出的劇團名稱。

但是在一九五五年出版了另外一部四開本的戲，其標題爲：

The true Tragedie of Richard Duke of Yorke, and the death of good King Henrie the Sixt, with the whole contention betweene the two houses Lancaster and Yorke, as it was sundrie times acted by the Right Honourable the Earl of Pembroke his seruants

這便是「亨利六世下篇」的前身，此地暫且不說。

到了一六一九年，上述兩個四開本合併起來印成爲一個戲，其標題換成爲：

The Whole Contention betweene the two Famous Houses, Lancaster and Yorke With the Tragicall ends of the good Duke Humphrey, Richard Duke of Yorke, and King Henrie the sixt. Diuided into two parts: And newly corrected and enlarged.

Written by William Shakespeare, Gent.

這個合訂的本子之可注意的是上面有了莎士比亞的名字，而且特別聲明『新加改訂與增補』。

一九五四年的四開本 The First Part of the Contention 可能卽是莎士比亞集中的「亨利六世中篇」的前身。「亨利六世中篇」沒有四開本，初刊於一六二三年之第一對折本。這四開本（The Contention）很像是根據口頭報告而刊行的盜印本，亦卽所謂的「惡劣的四開本」之一，篇幅較對折本爲短，約短三分之一，全劇約有兩千行弱，許多對折本裏有的段落均不見於四開本，而對折本亦缺少若干見於四開本的段落。在詩體，文法，句法各方面，四開本均較遜，全劇約只有一千二百五十行可以算是「五步」詩體。如果我們承認四開本是對折本的前身，那麽莎士比亞只是作了修訂增補的工作。但是如果我們承認四開本是一個盜印本，那麽是不是盜印莎士比亞的對折本呢？如果是的，那麽莎士比亞的對折本之寫作當約在四開本刊行之前了。

約翰孫博士的常識的看法往往是中肯的。他首先不承認莎士比亞修改舊戲的說法，他說早出的四開本乃是聽戲的人所偸記下來的本子。（我們現在知道「偸記」的不是聽戲的人，往往是演戲的人。）他這一說與近代的較詳細的版本批評家如 A. W. Pollard 與 Sir Walter W. Greg 的結論大致脗合，近代關於此劇版本研究之最有價值的貢獻之一是 Prof. Peter Alexander 於一九二九年發表的 "Shakespeare's Henry VI and Richard III"，他確定了四開本的 The Contention （以及 The True Tragedy）是「惡劣的四開本」，不是莎士比亞據以修補的早期劇本（亦不是早期劇本的盜印本）。四開本與對折本的文字及作風有與 Marlowe, Greene, Peele 近似處，那可能是彼此間互相模仿的結果，或是取材於同一來源之故。

『四開本爲盜印本尙有旁證可資參考。一五九三年倫敦大疫，Pembroke's Men 下鄉演戲，入不敷出，而這四開本卽於翌年出版，並且還有其他劇本刋入了 Lord Chamberlain's Men 的演劇單裏。這可以說明四開本是演員們匆率間拼湊而成，拿出去付印，或賣給其他劇團到鄉下去上演的。現代批評家大體同意四開本是盜印本，但仍有不同的看法，例如威爾孫教授便堅持說「亨利六世」上中下三篇都是集體創作，Greene 主稿，Nashe 或 Peele 合作而成，後來又由莎士比亞加以修改。雙方均能言之成理，著作人的問題可能永不能徹底解決。

二　著作年代

和莎士比亞差不多同時代的戲劇作家 Robert Greene，在一五九二年印了一個小册子，"Groats-worth of Wit"。在這小册子裏他警告他同時的三位戲劇作家說，不要信任演員們，而且特別叮嚀：

> there is an vpstart Crow, beautified with our feathers, that with his *Tygers hart wrapt in a Players hyde*, supposes he is as well able to bombast out a blanke verse as the best of you: and being an absolute Iohnnes fac toc totum, is in his owne conceit the onely Shake-scene in a countrey.

這一段話顯然是特別攻擊莎士比亞的，其大意是：『現在有一隻暴興的烏鴉披上了我們的美麗的羽毛，只緣 Tygers hart wrapt in a Players hyde（他的演員的皮裏包藏着虎狼的心），便以爲他和你們可以同樣的出口成章，以一個打雜的人，竟自詡全國之內唯一善寫莎氏劇的人。』所謂烏鴉，當然是指伊索寓言裏那隻烏鴉。Tygers hart……一句用斜體印，是模仿 The True Tragedy 與「亨利六世下篇」裏一句話，所謂 parody，影射莎氏的戲。Shake-scene 更是明白的標出了莎士比亞。Greene 攻擊的是一般演員，因爲一般演員可以把戲詞記熟之後湊和成劇出賣圖利，而莎士比亞則不僅是演員，還是作者，所以特別值得攻擊了。這攻擊發生在一五九二年，足以證明「亨利四世」中篇下篇在一五九二年均已存在，中篇之作大概是在一五九一年。

三　故事來源

和上篇一樣，中篇也是主要的根據 Halle 和何林塞的歷史。不過在中篇裏莎士比亞似乎是比在上篇裏較忠於史實與年代的順序，因爲中篇的情節比較簡單一些。間或也有一些與史實不符的地方，例如王后瑪格莱特與格勞斯特公爵夫人之間的爭吵是不可能發生的，因爲公爵夫人在瑪格莱特來到英格蘭的時候三年半以前卽已失勢。蘇佛克事實上也不是王后的情人。Jack Cade 的叛亂中有些情節是經七十年前的 Wat Tyler 叛亂中移轉過來的。

第四幕描寫的全是 Jack Cade 的叛變，這是莎士比亞首次在戲裏安排羣衆場面(crowd scene)，以後在「朱利阿斯西撒」和「考利奧雷諾斯」續有開展。在這一幕裏莎士比亞穿插了平民人物，使用了平民的語言。

四　舞台歷史

莎士比亞的「亨利五世」的收場白有這樣的幾行：

『亨利六世，還在襁褓之中，
　就繼位爲英法兩國的國王；
太多的人幫助他攝理國政，
　喪失了法國，使得英國也把血淌：
那段情節我們的舞台常有上演；
願此劇能够討到諸位的喜歡。』

可以證明此劇是時常上演而且受歡迎的。

復辟後 John Crowne 改編此劇，名爲 "Henry the Sixth; or, The Murder of the Duke of Gloucester."，刋於一六八一年並於同年上演於 Duke of York's Theatre。大體上保存莎氏原劇的

面目，但在第四幕以後注入了反羅馬教會的情緒。他又寫了一部名爲 “The Miseries of Civil-War” 的戲，實爲「下篇」的改編，但包括了一部分的「中篇」的情節。

一七二三年 Ambrose Philips 編 “Humphrey Duke of Gloucester”，並於是年演出，採用法國戲劇作風，全劇動作集中於一個地點，並且發生於二十四小時之內。此劇與莎士比亞原劇關係較少。

「中篇」在近代最著名的演出是在一八一七年十二月廿二日，由大演員 Edmund Kean 演出於 Drury Lane，劇名改爲 “Duke of York, or, The Contention of York and Lancaster”，是「中篇」的改編，但也擷取了「上篇」「下篇」若干部分，改編者爲 J.H. Merivale。

一八六三年 Anderson 的改編本 “The Wars of the Roses” 在 Surrey Theatre 演出了三四十場。德國人爲了紀念莎士比亞三百週年誕辰紀念在魏瑪演出了「亨利六世中篇」的德譯本。一九〇六年 F.R. Benson 劇團在斯特拉福紀念節演出了莎士比亞的整套歷史劇，由「利查二世」到「利查三世」，「亨利六世中篇」是在五月二日演出的。

22 亨利六世 下篇 (The Third Part of King Henry the Sixth)

一 版本及著作人問題

「亨利六世下篇」，和中篇一樣，有兩個版本，一個是一五九五年的四開本，其標題頁如下：

The true Tragedie of Richard/Duke of York, and the death of / good King Henrie the Sixt,/with the whole contention betweene/the two Houses Lancaster/and Yorke, as it was sundrie times/acted by the Right Honoura-/ble the Earl of Pem-/brooke his seruants./Printed at London by P.S. for Thomas Milling-/ton…/1595.

另一個是一六二三年的第一對折本。

四開本是 "The Contention" 的延續，所以沒有登記。也沒有著者姓名。一六〇〇年重印，是為第二四開本。一六一九年這個四開本與 "The Contention" 合刊，易名為 "The Whole Contention"，標明為莎士比亞所作，而且聲明『新加修訂並增補』。

現代一般公認這一個四開本是一個「惡劣的四開本」，是根據第一對折本所採用的版本經由演員口頭報告拼湊而成的，不是最早存在的版本而以後被莎士比亞修改增補的。這情形是和「中篇」完全相似的。

自從 Malone 提出「下篇」有 Greene 的手筆在內，「下篇」的著作人究竟是否莎士比亞便一直成為討論的問題。他主要的根據是格林在臨死時所寫一個小冊子 "A Groats-worth of Wit" (1592) 模仿了「亨利六世下篇」第一幕第四景第一三七行：

O tiger's heart wrapped in a woman's hide!

故意把這一行寫成：

Tygers hart wrapt in a Players hide

指斥莎士比亞是一個包藏虎狼之心的演員，控訴他犯了「抄襲」的過錯。換言之，莎士比亞抄襲了格林，格林是那四開本的原著者。莎士比亞頂多算是修訂者。不過抄襲一行一句是一件事，整個的戲劇的編寫又是一件事。格林控訴莎士比亞可能不是毫無根據，莎士比亞在早年時代可能摭拾他人的牙慧，但是似不能因此而否認其整個劇本的著作權。如果「下篇」不是莎氏作品，格林的攻擊當不只以一行一句的模仿爲限。

二　著作年代

格林死於一九五二年九月三日，他既在臨死時攻擊莎士比亞而且模仿了「亨利六世下篇」的一行，此劇的寫作當然是在一五九二年九月以前。是年六月二十三日起倫敦各劇院關閉，所以至少還需再往前推上幾個月。

何林塞的「史記」第二版刊於一五八七年，故「亨利六世下篇」之寫作不能早於一五八七年。「下篇」大概是繼「中篇」之後而作，所以我們有理由相信「下篇」是作於一五九一年。「亨利六世」三篇戲是在一五九〇年兩年之內寫成的。

三　故事來源

和「中篇」一樣，「下篇」的故事來源也是何林塞的「史記」與 Halle 的史書(Edward Halle: The Union of the Two Noble and Illustre Famelies of Lancaster and Yorke)。據近年學者研究，莎士比亞依賴 Halle 者有過於何林塞，似乎對於前者特別熟悉，而後者僅供參考。當然何林塞本人也曾利用 Halle 的書。莎士比亞究竟是直接取材於 Halle 還是間接的通過了何林塞，有時是很難決定的。

四 舞臺歷史

據四開本標題頁，此劇是由 Pembroke 公爵劇團上演的，我們知道此一劇團是於一五九三年解散的。「亨利五世」（一五九九年）的收場白明說「亨利六世」幾部戲在舞台上早已演過而且頗受歡迎。班章孫在他的 "Everyman in his Humour"（一六一六年修訂本）的開場白裏以不屑的口胳提到當時成爲時尚的這部以描寫『約克與蘭卡斯特長期鬬爭』爲內容的戲。

復辟以後 John Crowne 改編「下篇」爲 "The Miseries of Civil-War"，其中有關 Jack Cade 及第一次聖阿爾班斯之戰的部分是採自「中篇」。此改編本兩千七百九十三行，只有七十五行是直接取自莎士比亞。

一七二三年七月五日 Theophilus Cibber 的改編本上演於 Drury Lane，劇本標題頁爲：

An Historical Tragedy of the Civil Wars in the Reign of King Henry VI (Being a Sequel to the Tragedy of Humphrey Duke of Gloucester: And an Introduction to the Tragical History of King Richard III). Alter'd from Shakespeare, in the Year 1720.

這個改編本有九百八十五行是莎士比亞的，五百〇七行是 Crowne 的，七百四十六行是 Cibber 自己的，（據 Krecke 的統計）。

一七九五年一位 Reading 學校教師 Richard Valpy 改編此劇爲 "The Roses: or King Henry the Sixth" 在學校上演。這是專爲青年演員而編的，以「下篇」的後四幕爲主，參以上中篇以及「利查三世」的資料。一八一〇年再版。

一八一七年十二月廿二日 Drury Lane 劇院上演 I. H. Merivale 改編的 "Richard Duke of York"，這是根據「亨利六世」上中下三篇改編而成的，大部分採自中篇，但第五幕則相當於下篇的第一幕。

一八六三年 Shepherd 與 Anderson 在 Surrey 劇院演出了「亨利六世」的改編本，名爲 "The Wars of the Roses"，稿本燬於火。一八六四年「下篇」譯爲德文，在魏瑪上演，爲紀念莎氏三百週年誕辰演出的一連串莎氏歷史劇之一，演出人爲 Dingelstedt。近年最重要的一次演出是 F. R. Benson 劇團於一九〇六年五月四日在斯特拉福莎士比亞紀念節的上演，Benson 自己飾演格勞斯特的利查。

23　利查三世　(The Tragedy of King Richard the Third)

「利查三世」寫的是自一四七一年五月亨利之死至一四八五年八月利查之覆亡這十四年的故事，是緊銜接「亨利六世」三篇的一齣歷史劇，但是四開本及對折本的標題都是「利查三世之悲劇」。這是莎士比亞的比較早年的作品，內中有許多模仿前人的痕跡，羅馬戲劇作家 Seneca，甚至也模仿 Kyd 與 Marlowe。這戲一開始即成爲極受觀衆歡迎的戲，主要的原因是利查三世這個人物，是饒有戲劇性的人物，不是由於利查三世的藝術的價值。

一　版　本

第一四開本刊於一五九七年，標題頁如下：

The Tragedy of King Richard the third. Containing, His treacherous Plots against his brother Clarence: the pittiefull mruther of his iunocent nephewes: his tyrannicall usurpation: with the whole course of his detested life, and most deserued death. As it hath beene lately Acted by the Right honourable the Lord Chamberlaine his seruants, At London. Printed by Valentine Sims, for Andrew Wise, dwelling in Paules Churchyard, at the Signe of the Angell. 1597.

這不是一個「壞的四開本」顯然是根據一個「提詞本」印行的。很可能是和「利查二世」同時賣給書商的，爲的是防止盜印，因爲在那一年「羅密歐與朱麗葉」可能還有「空愛一場」三劇本被人盜印已使演員蒙受損失。

第一四開本行世後大受歡迎，以後陸續重刊許多次。

第二四開本，刊於一五九八年，註明了 “By William Shake-speare” 字樣。

第三四開本，刊於一六〇二年，聲明是 “Newly angmented”，但事實上並無增加。

第四四開本，刊於一六〇五年。

第五四開本，刊於一六〇二年，改寫 “As it hath beene lately Acted by the Kings Maies-ties seruants.”

第六四開本，刊於一六二二年。

莎士比亞的全集第一對折本，刊於一六二三年，「利查三世」列在歷史劇部分，爲第九齣戲，佔頁一七三至二〇四。景幕均有劃分。內容與四開本頗有出入，一方面約較四開本少四十行，但在另一方面又較四開本約多出二百三十行。第一對折本與四開本的不同來源以及其優劣的比較是一個很難決定的問題。可能第一對折本的「利查三世」是根據最後的一個四開本（即第六四開本）刊印的，但編者同時參考了劇團中所保存的另一稿本加以增補改訂。我們可以相信，對折本大致可以代表莎士比亞原作，四開本是爲了適合舞台演出而經過刪削的本子。

二　著作年代

「利查三世」一般認爲大概是作於一五九二——三年，Marlowe 曾經主張爲一五九三——四年，總之是莎士比亞寫作生涯的第一期的末後數年內。第一四開本標題頁提起 Lord Chamberlain's seruants，可以說明此劇寫作當在一五九六年七月之前。不過主要的證據完全是在戲的內部，例如：

（一）無韻詩體之 end-stopped lines 所佔比例甚高；所謂 run-on lines 僅佔全部行數百分之

十三，散文僅佔百分之二，韻語僅佔百分之四，（據 F.E. Halliday: A Shakespeare Companion, p. 516）以及喜劇穿插（Comic relief）之欠缺，均足以說明此劇之寫作時期顯然是在受 Marlowe 的影響最劇之際。

（二）利查的獨白頗似 Seneca 悲劇之 Choruses，復仇觀念之貫穿全劇亦爲顯著的 Seneca 的影響。

（三）本劇開場時利查的劇詞像是「開場白」。利查絕不隱諱他的動機，坦然自承其一切邪惡的念頭，與較晚作品中之 Edmund 或 Iago 截然不同，可以說明此劇作於早年時代。

（四）謀殺，流血，鬼魂出現等等，可能是受 Kyd 的影響，亦爲早年寫作之徵象。

三 來 源

「利查三世」的主要的故事來源是何林塞的「史記」第二版 Hollinshed's Chronicles, 1st ed., 1577; 2nd ed., 1587）。何林塞的「史記」在許多地方是根據 Edward Halle: The Union of the two noble and illustre families of Lancastre and Yorke, 1550，而 Halle 的歷史又是根據了兩部較早的作品，一是 Sir Thomas More: History of King Richard the thirde, 1513，另一是 Polydore Vergil 所作之 Historia Angliae, 1555。

以利查爲題材的戲劇在莎士比亞的一五九七年刊行的第一四開本「利查三世」以前已經有了兩部：

（一）Dr. Thomas Legge's Richardus Tertius 是以拉丁文寫成的悲劇，於一五七九年會於劍橋大學聖約翰學院上演。(二) 無名氏作 The True Tragedie of Richard Ⅲ, with the conjunction and joining of the two noble houses, Lancaster and Yorke; as it was played by the Queenes Maiesties Players, 1594。對於前者，莎士比亞並不曾加以利用。後者與莎士比亞究竟有何等的關聯，各家學說不一。在字句方面莎士比亞可能偶然接受幾處暗示，在整個的作風上及編排技術上二劇截然不同。

關於利查的性格描寫，莎士比亞一直是跟隨着 More，在劇情方面，他利用的是何林塞的「史記」。

四 舞臺歷史

「亨利三世」自始即是受大衆歡迎的戲，其中『一匹馬！一匹馬！願以我的國土換一匹馬！』A horse! A horse! My kingdom for a horse! 這一名句，當時有許多作家在他們的戲裏都加以模擬。即此一端即可見此劇如何風靡一時。名演員白貝芝 Richard Burbage 扮演此劇主角，獲得非常的成功，死後猶爲人所懷念。但是在一六四二年戲院關閉以前，此劇實際舞臺上演的紀載却很少，我們只知道一六三三年十一月十七日在聖哲姆斯宮內上演過一次。

復辟以後劇院重開，莎士比亞的「利查三世」不見上演，但是其他作家的有關利查三世的戲却層出不窮，主要的是 John Caryle 的 The English Princess, or The Death of Richard the Third (1667)，由當時名演員 Thomas Betterton 領銜主演。一七〇〇年七月九日演員兼劇作家 Colley

Cibber (1671–1757) 所改編的莎士比亞「利查三世」上演於 Drury Lane 劇院，此一改編本被人使用歷久未衰，前後約有一百五十年，雖然曾受到許多嚴厲的批評，英美著名演員如 Garrick, Kean, Kemble, Edwin Forrest 等都使用這個改編本。「利查三世」劇本特長，計有三千六百一十九行，僅次於「哈姆雷特」，Cibber 的改編本删去了好幾景，裁掉了瑪格莱特與克拉倫斯兩個角色，使全劇緊縮，使利查的性格描寫成爲全劇唯一的趣味中心，所以特別的合於舞台的需要。有天才的演員，可以在這個人物的表演上得到充份顯示他的技能的機會。

Samuel Phelps 在 Sadler's Wells 劇院於一八四五年二月二十日演出「亨利三世」，使用的是莎士比亞的原本，但有删節，連演了四星期，後來再演時又回復到 Cibber 的改編本了。Henry Irving 於一八七七年一月二十九日在 Lyceum 演出的「亨利三世」也是莎士比亞的本子，但亦經過嚴重的删節，繼 Irving 之後的有 Sir Herbert Tree 及 Sir Francis Robert・Benson 的演出，均係使用莎士比亞原本。

24 亨利八世 (The Famous History of the Life of King Henry the Eighth)

「亨利八世」是莎士比亞的最後一部作品，雖然其中可能只有一部份是出於他的手筆。劇中所述的事蹟，如開始時之亨利與法王佛蘭西斯一世盟會於 the Field of Cloth of Gold 那是一五二〇年的事，煞尾處之伊利沙白公主受洗，那是一五三三年的事，已經是很接近莎士比亞自己的時代了。

一　著作年代

「亨利八世」沒有四開本，在一六二三年時「第一對折本」裏初次出現，排列爲歷史劇的最後一部。最初上演的年代已無可考，但是我們確知此劇於一六一三年六月二十九日在圓球劇院演出，因爲就在演出此劇到第一幕第四景第四十九行的時候劇院起火，建築全部焚毀。主要的有三項紀錄：

（一）Edmund Howse 續寫 Stow 的 Chronicle of England 時說，圓球劇院之被焚毀乃是由於 "negligent discharging of a peale of ordinance…… the house being filled with people to behold the play, viz. of Henry the 8"（放炮不慎……當時劇院中充滿了來看有關「亨利八世」的劇的人）。

（二）Rev. Thomas Lorkin 於一六一三年六月三十日寫給 Sir Thomas Puckering 的一封信裏說：

> "no longer since then yesterday, while Bourbage his companie were acting at the Globe the Play of Henry Ⅷ., and there shooting of certayne chambers in way of triumph, the fire catch'd and fastened upon the thatch of the house and there burned so furiously as it consumed the whole house and all in lesse then two houres"

（三）比較更詳盡的是 Sir Henry Wotton 於一六一三年七月二日寫給他的外甥 Sir Edmund

Bacon 的一封信，他說：

"Now, to let matters of State sleep, I will entertain you at the present with what hath happened this week at the Banks side. The Kings Players had a new Play, called *All is True*, representing some principal pieces of the Raign of Henry 8, which was set forth with many extraordinary circumstances of Pomp and Majesty, even to the matting of the stage; the Knights of the Order, with their Georges and Garter, the Guards with their embroidered Coats, and the like: sufficient in truth within a while to make greatness very familiar, it not ridiculous. Now, King Henry making a Masque at the Cardinal Wolsey's House, and certain Canons being shot off at his entry, some of the Paper, or other stuff, wherewith one of them was stopped, did light on the Thatch, where being thought at first but an idle smoak, and their eyes more attentive to the show, it kindled inwardly, and ran round like a train, consuming within less than an hour the whole House to the very grounds."

說這戲是「一齣新戲」，如果這戲即是「亨利八世」，那麼「亨利八世」便是作於一六一三年了，至少也應該是一六一三年以前不久，否則就不能說是「一齣新戲」。至於他所提起的劇名 "All is True"

那顯然是「亨利八世」的另一名稱，在「開場白」裏好像是影射到了這一點。

在內證方面，有幾點史實的引證是可以注意的。在最後一景裏，有對哲姆斯一世之頌揚，還可能隱隱的提到了一六〇七年佛琴尼亞的移民，（按馬龍的意見，可能是指一六一二年英國政府之發行獎券資助建立佛琴尼亞殖民地。）這樣看來，所謂「一齣新戲」之說獲得了有力的支持，但是問題不這樣簡單，因為對哲姆斯的頌揚可能是後來插進去的，早期的批評家 Theobald, Johnson, Steevens, Collier, Schlegel, Kreyssig, Elze 如等皆主是說，馬龍亦同此論調。伊利沙白女王在位之時，她是否願意把她父親母親進行戀愛的情形搬到舞台上演倒是十分可疑之事，何況劇中又把咯薩琳形容得那麼高尚正好成一對比？事實上任何想把「亨利八世」的著作年代提到一六一三年以前的企圖，都只是臆測，沒有證據支持。

我們假定「亨利八世」作於一六一二年，大概距事實不遠。

二　著作人問題

起初沒有人懷疑「亨利八世」是否莎士比亞的作品。「第一對折本」是莎士比亞同一劇團的兩位演員所編纂，並且這兩位演員都曾在這一部戲裏擔任過角色。似不應發生著作人問題。不過莎士比亞劇團演過的戲不一定就全是莎士比亞所編寫的戲，並且「第一對折本」的出版只是商業上的一宗行為，牽涉到許多單獨的版權，與劇團無關。一七五八年 Rogerick（在 Thomas Edwards's Cannons of Criticism, 6th ed.）就發現了「亨利八世」在詩體方面有三項特點：

（一）很不尋常的在詩行中常有贅出的音節（redundant syllable）

（二）行中的停頓（caesura）亦很顯著。

（三）字句意義的重點與詩的節奏的重點之衝突。

但是他不能說明其所以然。直到了差不多一百年後 James Spedding 在一八五〇年八月份的「紳士雜誌」(Gantleman's Magazine) 發表了一篇論文「莎士比亞的亨利八世是誰寫的？」"Who Wrote Shakespeare's Henry Ⅷ?" 這個著作人問題纔算是揭開。Spedding 即是以編印培根全集著名的學者，他對於「亨利八世」全劇之效果薄弱以及詩體的奇異之處早就疑竇叢生，後來看到詩人丁尼生偶然的一句評論 Lord Tennyson: "many passages in Henry Ⅷ. were very much in the manner of Fletcher." 而益發堅定了他的研究決心。他的論文是引用所謂「詩體測驗」(metrical test) 之最早的模範的嘗試，對於以後考證莎氏作品著作年代的工作甚有影響。他的結論是，莎士比亞很少使用「贅出的音節」(redundant syllable)，即一行中之十一個音節，亦稱 feminine ending 而此劇中偏偏有許多部份特別使用此種「贅出的音節」，而這種作風正是佛萊徹（John Fletcher）的慣常作風。因此他斷定「亨利八世」是莎士比亞與佛萊徹二人合作的。其合作的分配如下表

Act	scene	Lines	Red. Syll.	Proportion	Author
1	1	225	63	1 to 3.5	Shakespeare
	2	215	74	1 to 2.9	Shakespeare

	3 & 4	172	100	1 to 1.7	Fletcher
2	1	164	97	1 to 1.6	Fletcher
	2	129	77	1 to 1.6	Fletcher
	3	107	41	1 to 2.6	Shakespeare
	4	230	72	1 to 3.1	Shakespeare
3	1	166	119	1 to 1.3	Fletcher
	2 (to King's exit)	193	62	1 to 3	Shakespeare
	3	257	152	1 to 1.6	Fletcher
4	1	116	57	1 to 2	Fletcher
	2	80	51	1 to 1.5	Fletcher
	3	93	51	1 to 1.8	Fletcher
5	1	176	68	1 to 2.5	Shakespeare (altered)
	2	217	115	1 to 1.8	Fletcher
	3	almost all prose			Fletcher

這一篇文發表之後不久，即發現另有一位學者 Samuel Hickson 已經作過同樣的研究，而且結

論幾乎完全相同。此外尚有其他學者們如 Fleay, Furnivall, Ingram 等亦曾就 rhymes, double-endings, unstopped lines 等加以研究，其結論如下表：

	Shakespeare	Fletcher	
Double-endings	1 in 3	1 in 1.7	proportion
'Unstopt" lines	1 in 2.03	1 in 3.79	
Light endings	45	7	
Weak endings	37	1	numbers
Rhymed lines	6 (accidental)	10	
Alexandrines	23	8	

他們以「亨利八世」中所謂莎士比亞的部分與「冬天的故事」作一比較，會有如下之發現：

	Winter's Tale	Henry Ⅷ
Double-endings	1 in 3.2	1 in 3
'Unstopt' lines	1 in 2.12	1 in 2.03
Light endings	1 in 32	1 in 25.46
Weak endings	1 in 42.44	1 in 31

這可以說明「亨利八世」中之莎士比亞部分比「冬天的故事」（一六一一年）的著作年代要稍微晚一

點。

但是也有人堅決主張「亨利八世」全部為莎士比亞一人的手筆，例如 Swinburne 在他的 Study of Shakespeare 一書裏便是一方面承認『這戲裏很大一部分就外表看像是佛萊徹常有的作風，而不像是莎士比亞常有的作風』，另一方面又說『我們能否發現一景或一篇劇詞或一小段台詞在精神上在局面上在用意上能有與佛萊徹作品相同或近似之處』頗成問題。例如白金安的告別詞與烏爾西之告別詞，初看都像是佛萊徹的佳構，但仔細考察之後就會發現其中有一種『較高的較嚴的自我控制的精神』是佛萊徹在別處不會表現過的。他不承認「詩體測驗」是充份的可靠的證據。附和這一種學說的有 Singer Knight, Ulrici, Elze, Halliwell-Phillipps 等。

還有一個第三種看法：在「亨利八世」裏根本找不出任何莎士比亞的痕跡。Robert Boyle 在 New Shakespeare Transactions, 1880–5 指出此劇『不是佛萊徹與莎士比亞寫的，是佛萊徹與馬星哲（Massinger）寫的，為的是代替一六一三年燬於環球劇院之火的莎氏劇 All is True』。Spedding 所認定為佛萊徹作品的部分，除了第四幕第一景（加冕禮之一景）外，他也認為是佛萊徹的手筆。加冕禮那一景以及全劇其他各景，他說全是馬星哲的作品。近人 H. Dugdale Sykes 是屬於這一派的。Aldis Wright 也是認為全劇之中沒有一點莎士比亞的痕跡，並且指出大量的「非莎士比亞的」字與詞，但是他沒有積極的指出作者或作者們是誰。

因缺乏外證的關係，我們無法確切的解決此一問題。「詩體測驗」價值若何故不具論，此項方法確能發現此劇作者不是一個人，則事屬可信。就全劇結構之鬆懈而云，亦足證明決不像是莎士比亞一個人匠心獨運所能產生的東西。假定莎士比亞是作者之一，另一個是誰？最合理的當數佛萊徹。此說當屬無可非議。可惜的是，全劇中最精彩的一景，第四幕第二景，喀薩琳之死的那一景，必需劃歸到佛萊徹的名下，而佛萊徹在別處都沒有過這樣出色的表現，這樣難於解釋的一點。

三　故事來源

「亨利八世」的前四幕及第五幕之最後一景是取材於何林塞的「史記」(Raphael Hollinshed's Chronicle, 2nd edition, 1587)。第五幕之前四景是取材於 Foxe 的 Book of Martyrs, 1563 亦名Actes and Monuments。

劇情包括了歷史上二十四年的期間，在何林塞的書裏佔一百頁上的篇幅，所以這劇本的編者們不能使用緊縮的手法，選擇若干情節，編排起來，使戲裏的動作集中在六七天之內的一段時間。因此時代的紊亂，次序的顛倒，乃成為不可避免之事，同時歷史上二十四年的時間變化，在戲劇裏也只好不加理會，例如戲劇開始時是在一五二〇年，國王只有二十九歲，年富力強，耽於逸樂，到了戲劇的末尾時的一五四四年他是年老多病，雄心萬丈的一位霸王。但是在戲裏他從始至終是一個樣子，沒有任何變化。

「亨利八世」有若干地方好像是取材於 Cavendish 的「烏爾西傳」(Life of Wolsey)，事實上此書至一六四一年才印行，本劇編者會否閱過該書底稿大是問題，可能是間接的從何林塞「史記」第一版中獲得此書的一點資料。不過何林塞也沒有直接參考過「烏爾西傳」，他也是轉錄 John Stoe's Annals of Gneeral Chronicle (1580) 所抄錄的幾段文字。

此外如 Edward Hall 的「史記」(全名是 The Union of the Two Noble and Illustre Families of Lancastre and Yorke, 1548) 也提供了一些瑣節。同時代的另一部戲 Samuel Rowley 的 When you see me you know me, or the famous Chronicle Historie of King Henry the Eighth, with the birth and vertuous Life of Edward Prince of Wales. 刊於一六〇五年)，其內容與「亨利八世」頗為相似亦可能提供了一些瑣節。

四 舞臺歷史

「亨利八世」裏面有幾個很出色的場面，例如第四幕第二景描述喀薩琳之死，約翰孫博士便譽為『優於莎士比亞其他悲劇之任何部分，並且也許是優於任何其他詩人之任何一景』。但是就全劇而論，我們無法承認其為精心傑構。其最大之缺陷為缺乏「動作的單一性」，全劇像是一連串的情節拼湊在一起的，沒有中心的情節，沒有高潮。起初是動作與人物均集中於烏爾西，但是他隨着第三幕而告結束，他的突然消逝對於以後兩幕的情節不發生任何影響。第四幕大事渲染安卜倫的加冕禮，但是安卜倫在全劇之中一直是個不重要的人物。

第五幕的主要人物是克蘭默，其受審對於全劇毫無關涉。像這樣結構散漫的作品，在莎士比亞集中是沒有第二部的。更嚴重的缺陷是全劇的用意不明，觀衆的同情顯然是投給受屈的喀薩琳，而劇情的發展顯然的是要觀衆分享安卜倫加冕及生女受洗之歡騰的氣氛，我們很難說明作者在處理劇情的時候究竟有怎樣的用心。

雖然如此，這齣戲在舞台上還是很受歡迎的，因爲劇中含有好幾個輝皇的偉大場面，也有幾個能使優秀演員發揮演技的角色，都足以吸引觀衆。白貝芝(Burbage)親自參加演出Wotton，還特別强調其中服裝之燦爛。皮泊斯（Pepys）在一六六四年看到此劇之偉大的演出，由 Betterton 飾國王，Mrs. Metterton 飾喀薩琳，Harris 飾烏爾西，Smith 飾白金安。他的批評是不利的，他說：

『但是我的妻與我假裝爲有事，離席起立，到公爵劇院（即 Lincoln's Inn Fields），這是我根據我最近的誓約六個月以來第一次觀劇，看了頗負盛譽的「亨利八世」；我去的時候帶着欣賞此劇的決心，但此劇竟是如此的簡單，許多零碎情節拼湊而成，除了其中的場面和遊行之外，可以說一無是處。』

但是四年後他不這樣挑剔了：

『飯後偕妻赴公爵劇院，看「亨利八世」；對於這歷史劇及其中的場面都十分滿意，比我們所預計者爲佳。』

在十八世紀中至少有十二次重演。一七二七年，英王喬治二世行加冕禮的那一年，此劇盛大上演，由 Barton Booth 飾國王，在 Drury Lane 演出，據說加冕禮那一景卽斥資達一千磅之多。後來在該劇院一七六二年演出的一場，第四幕第一景的大遊行包括了一百三十人以上。「西敏斯特雜誌」

提到一七七三年在 Covent Garden 的演出時說：『從許多莎士比亞戲劇中特別選擇了這一部戲，因爲它有最多的熱鬧場面。』

到了十八世紀末，烏爾西與喀薩琳已經好像是成了公認的劇中主角。Kemble 與 Macready 都是扮演烏爾西的名角，喀薩琳成了 Mrs. Siddons 的拿手角色之一。因爲這兩個角色之被特別强調，第五幕便受了冷淡，有時也被大量删裁。一八五五年 Kean 演出此劇時便聲稱『恢復近年來完全删的第五幕』。Kean 的演出建立了新的寫實的時尚，他使用了「活動換景」來表演倫敦景色，在舞台上引進了一艘眞船載白金安而去。爲了寫實的佈景與效果，換景時使用了垂幕。

一八九二年 Sir Henry Irving 以飾演烏爾西得到一項極大的成功，當時 Lyceum Theatre 舞台場面之豪華可謂空前，比 Kean 更爲邁進一步，爲了加冕一場把舊日的倫敦一絲不苟的在舞台上複製出來了，爲了最後一景把格林尼治的灰僧教堂也複製了一遍。這一次雖然盛況空前，實際是大虧成本，此後沒有人再敢踵事增華。不過二十世紀的演出此劇，幾無不在服裝及其他細節上力求忠於歷史。

一九一六年莎士比亞忌辰三百週年紀念，Beerbohm Tree 上演此劇於紐約，着重的也是場面佈景而不是演技，有人說在這樣的機緣演出這樣的戲，恐怕九泉之下莎士比亞不得安枕。較近的重要的演出可推 Tyrone Guthrie 一九三三年在 Sadler's Wells 的一場，一九四九年在斯特拉福的一場，Old Vic 的一場，三場之中可能以第二場爲佳。目前「亨利八世」不是很受歡迎的戲，一直遭受譏許，但是對於演員及演出者仍然是富有誘惑力的。

25 脫愛勒斯與克萊西達 (Troilus and Cressida)

一 版 本

「脫愛勒斯與克萊西達」的版本問題相當複雜。

一六〇三年二月七日書業公會的登記簿上有下面的一項記載：

Master Roberts. Entered for his copie in full Court holden this day to print when he hath gotten sufficient authority for yt, The booke of Troilus Cresseda, as yt is acted by my lord Chamberlens Men.

這一個四開本可能即是莎士比亞的這一劇本，但是好像是根本不會印行，其所以要破費六辨士作此登記，顯然的是想藉此阻止其他同業印行此劇，即所謂 "blocking entry" (阻止性的登記)。類此的舉動 Master Roberts 已經作過不止一次。

六年後，一六〇九年一月，登記簿又有一項記載，准許出版家 Bonian 與 Walley 印行 The History of Troylus and Cressida，言明此劇乃莎氏劇團所曾上演者。是年春，此四開本出版，其標題頁如下：

THE Historie of Troylus and Cresseida. As it was acted by the Kings Maiesties servants at the Globe. Written by William Shakespeare. (Design) LONDON Imprinted by G. Eld for R. Bonian and H. Walley, and are to be sold at the spred Eagle in Paules Church–yeard, over against the great North doore. 1609.

此四開本印行後不久，在同一年內，不知爲了什麽緣故停止印行，將標題頁上半頁拆版重排，如下：

THE Famous Historie of Troylus and Cresseid. Excellently expressing the beginning of their loues, with the conceited wooing of Pandarus Prince of Licia. Written by William Shakespeare.

同時又添上一篇序文，標題爲 "A Never Writer, to an Ever Reader. News." 內容平泛無奇，但强調此劇從來未曾上演過，與登記簿的記載及標題的說明全然矛盾。可能這是一種廣告術，未曾上演過的劇本可能更受讀者歡迎。不過此劇在舞台上不是一齣受歡迎的戲也是事實，我們找不到當時有關此劇上演的記錄。這四開本也從未再版過。

在一六〇三年的第一版對折本裏，此劇原來計劃排在「羅密歐與朱麗葉」之後，但是不知爲了什麽，可能是版權上發生問題，排了三頁之後便停頓下來，終於排在史劇部分與悲劇部分之間的那個地方，即「亨利八世」之後，「考利歐雷諾斯」之前。並且加了一個「開場白」。前三頁是完全依照四開本，這三頁以外則全部依照似是經過校勘的一個四開本，因爲原四開本的一些誤植改正了，而且還有些新的改訂的字。有些詞句見於四開本而不見於對折本，亦有些見於對折本而不見於四開本，互有損益，不過總結起來對折本比四開本多出四十行。並且我們有理由相信，這多出來的四十行及開場白是出自莎士比亞的手筆。

所以此劇的兩個版本，顯然的是對折本優於四開本。

二　著作年代

此劇的著作年代未能確知。

就外證而論，可得而言者約有數端：（一）一六〇三年的同業公會的登記應該是一個最後的期限。（二）一五九八年的 Frances Meres 的 Palladis Tamia 列舉莎氏戲劇十二種並未提到此劇，似可說明此劇之寫作是在一五九八之後。近人 Leslie Hotson 在 "Shakespeare's Sonnets Dated" 裏說此劇即是 Meres 所稱的那一齣令人迷惑的 "Loves Labours Wonne"，其論證尚嫌不足。（三）Chapman 譯荷馬，Seven Books of the Iliads 刊於一五九八年，莎氏此劇似不能早於此年。

從文筆作風考察亦可推斷此劇之著作年代。Fleay 於一八七四年首先提出一項意見，認定此劇是分三期寫作的，其中的戀愛故事約作於一五九四年，赫克特哀傑克斯故事作於一兩年後，優利賽斯阿奇利斯故事則屬於一六〇六——七年。以後他自己也屢次修正他的意見。Stokes 在一八七八年提出了他的兩分法，戀愛故事部分約成於一五九九年，營地故事部分約成於一六〇二年。後來許多批評家都接受這兩分法的觀點，例如 Raleigh 即強調此劇是分兩次寫成的，戀愛故事部分在「羅密歐與朱麗葉」之前即已着手寫作，然後停頓下來，至一六〇二年或以後再補修完成。Conrad（Germanisch-

Romanische Monatschrift, I, 1909）亦就詩律分析而支持此一觀點。但是也有反對此一觀點的，例如 Chambers（Wm. Sh., 1930）和 Small（The Stage-Quarrel between Ben Jonson and the So-called Poetasters, 1899）。

Miss Spurgeon（Shakespeare's Imagery, 1935）認爲在 imagery 方面可以證明此劇與「哈姆雷特」頗有關聯，而「哈姆雷特」是作於一六〇一——二年。

一般論者相信此劇是作於一六〇二年，很可能以後有過一度或兩度的潤色。

三 故事來源

此劇故事是很古老的，而且在莎士比亞以前就有好多人寫過。但是我們難得確證來說明莎氏此劇直接取材之所自。

此劇有兩個故事穿插在一起，一個是脫愛勒斯與克萊西達之戀愛的故事，一個是希臘與脫愛之戰爭的故事。

關於前一故事，問題比較簡單，莎士比亞的主要來源可能即是喬塞（Chaucer）的偉大的詩篇 "Troilus and Criseyde"，不過在喬塞之前這故事尙有一段經過。故事可能是個古典的故事，其情節實在是中古作家的創造，因爲在荷馬的史詩裏我們只能看到此劇中的幾個人名，根本並沒有戀愛的敍述。這戀愛故事之最早寫作當推法國十二世紀的一位詩人 Benoit de Sainte-Maure 所寫的 "Roman de Troie"。這篇詩到了十三世紀被 Guido delle Colonne 改寫成爲一篇拉丁散文。隨後由 Boccaccio 擴大描寫成為一首長詩，繼 Boccaccio 而更加細膩人物描寫的便是巢塞。

在許多點上，莎士比亞戲裏的故事大綱是追隨巢塞的詩。但是莎氏對於幾個人物的態度和口胳，和巢塞大不相同。在莎氏筆下，巢塞詩中幾個人物（亦即荷馬詩中人物）的品格被大大的貶抑了。這種貶抑的趨向不自莎氏始。一五三二年版的巢塞詩集在卷末附有十五世紀蘇格蘭詩人 Robert Henryson 的一首詩 "The Testament of Cressid"，詩的內容是繼續描寫克萊西達以後的下場，說她在死前淪為乞丐和瘋瘋患者。十六世紀時大家一直認為這首詩是巢塞作品之一部，且喜其申張了報應。莎士比亞讀過巢塞是有極大可能的，不過我們要記得，這一戀愛故事早已以各種形態流行於世，例如戲劇、小說、詩、歌謠之類，到了莎士比亞的時候已形成為一家喻戶曉的傳統。一般觀衆，不必讀過巢塞或 Henryson，就已熟知這個故事的梗概。潘達勒斯成為淫媒那一行業的代表，「人肉販子」，在十六世紀中葉之前就已經變成一個普通名詞 pander。在英語裏，"a woman of Cressid's kind"（克萊西達那類的女人）即是娼婦的別名。所以莎士比亞執筆寫此劇時，故事情節是已經固定了的，不容有太大的更動，他必須接受此一早已形成的傳統。

關於戰爭部分，我們首先要注意的是，荷馬的原文在十六世紀以前英國人是不大知曉的。莎士比亞可能利用過的是：

（一）李德蓋特 Lydgate 的 "Troy Book"。李德蓋特(1370?－1451?)是個僧人，寫過許多詩，這部 "Troy Book" 是其最著名的幾部之一，詩凡五卷，用十音節聯句體（couplets），應亨利王子

（卽後之亨利五世）之請而寫，開始於一四一二年，完成於一四二〇年，刋行於一五一三年，寫的是有關脫愛的「偉大的故事」，根據的是 Guido di Colonna 之拉丁文的歷史 "Historia Trajana"，這部詩首先傳進了伊尼阿斯的曾孫布魯特斯在英格蘭殖民的傳說。在第三卷裏講到脫愛勒斯與克萊西達的戀愛故事，而且對於巢塞表示了崇敬。莎士比亞使用的可能是一五五五年的再版本。

（二）卡克斯頓（Caxton）的 "Recuyell of the Historyes of Troye"。卡克斯頓（1422?－91）是英國的第一個印刷家，他的這一篇散文故事是譯自 Raoul le Févre 的一部法文傳奇 "Le Recu eil des Histoires de Troyes"，翻譯始自一四六九年，完成於一四七一年，於學習印刷術後卽將此書付印，時約一四七五年左右。以後再版數次，一五九六年的修訂版可能是莎士比亞所使用的。卡克斯頓的故事比李德蓋特詩流行較廣，莎士比亞取材的來源主要的是卡克斯頓，但是在人物描寫方面莎士比亞也顯然受了李德蓋特的影響。

（三）查普曼（Chapman）譯的荷馬。查普曼（1559?－1634?）在一五九八年發表了他譯的「伊利阿德」，"Seven Bookes of the Iliades"（i, ii, vii-xi）與 "Achilles Shield"（xviii）共八卷，用的是十四音節押韻體，全部的「伊利阿德」是發表於一六一一年。莎士比亞很可能讀過一五九八年刋的翻譯。例如，有關澤賽替斯之描寫，雖然簡短，見於查普曼而不見於李德蓋特與卡克斯頓。當然，也有可能莎士比亞讀過拉丁文的荷馬，甚而至於希臘文的原本。

四　幾點批評

讀過這部作品的人一定要問，這戲的主題是什麼，作者的用意安在？作者沒有義務回答這個問題，但是讀者有權利提出這個問題。也可以說，作品本身已經包含了這問題的答案，讀者需要自己去在作品裏蒐尋它。這答案不易蒐尋，像謎一樣的不易捉摸，所以這戲也就成爲莎士比亞作品中最受批評討論而又最難理解的幾部之一。

有人說它是喜劇，因爲結果脫愛勒斯和克萊西達都沒有死；有人說它是悲劇，因爲「第一對折本」把它編在悲劇部分裏；有人說它是歷史劇，因爲它的人物和故事背景都是歷史的；有人說它是諷刺劇，因爲史詩上的光榮的事蹟被寫成瑣屑的無聊的糾紛，崇高的愛情被寫成爲肉慾的荒唐，諷刺了荷馬，諷刺了英雄美人，諷刺了戰爭。其實這些說法，全無交涉。這部作品，明明的放在那裏，說它是屬於哪一類型，無關宏旨，尤其是莎士比亞的寫作根本上是在「浪漫的戲劇」傳統的精神籠罩之下，對於「類型」(genre) 並無尊重之意。

嚴格的講，此劇在結構上是並不完美的，因爲愛情與戰爭兩大主題幾乎佔有同樣重的分量，反而失去重心。作者原意想來是以愛情故事爲主，但是戰爭的背景是太偉大了，太爲大家所熟悉了，太富誘惑性了，以至於『下筆不能自休』，幾乎演成了喧賓奪主的現象。此劇在舞台上不是頂成功的，也許這也是原因之一。施萊格爾 (A.W. Schlegel) 說：『「脫愛勒斯與克萊西達」乃是莎士比亞的唯一的未經上演卽行付印的一部戲。他這一回好像是不顧舞台效果如何，硬是要滿足他的特殊的想像以及某種方式之人物描寫的要求。』是的，我們在這戲裏所宜欣賞的不是故事的發展，而是人物描寫之刻劃入微。

因爲佈局失掉重心，所以此劇結尾特別乏力。Snider ("System of Shakespeare's Dramas." 1877) 批評得好：『此劇之結尾好像是一艘在波浪裏被撞碎了的漂亮的船；逐漸的碎裂，除了在怒海上漂浮着的碎片之外，什麽也看不見了。此劇實實在在的是觸了礁。』須知脫愛圍城的故事，家喻戶曉，這一對不幸的愛人的故事，也家喻戶曉；戰事拖延十載，一直成爲不了之局，愛情故事突然生變，結果也是不了之局。莎士比亞不能改動大家所習慣接受的情節，所以結尾只得如此草草了事。

Coleridge, Schlegel, Ulrici, Knight 一派認爲此劇乃是對於荷馬之譏嘲的批判。誠如澤賽替斯所說，紛爭的主題只是「戰爭與淫慾」。荷馬所描寫的英雄事蹟，變成了愚蠢荒謬的行逕。不過我們知道，莎士比亞取材來源不是荷馬史詩，而是後人的轉述。批判荷馬之說似嫌過重。荷馬的作品是將現實加以理想化，以成其史詩之偉大；莎士比亞是求深入，以探討人性之深邃。時代不同，觀點自異。T. Spencer 在他的 "Shakespeare and the Nature of Man" P. 121 裏說：『此劇以新的方式描寫了人應如何如何與人實際如何如何之分別。人應該是有秩序的宇宙之有秩序的狀態中的一部份；他應該按照理性而行動，不是按照熱情來行動。』理想與事實的對立，也可以就說是諷刺，不過諷刺的不是荷馬，不是古代浪漫故事，諷刺的是人生。

脫愛勒斯和羅密歐不同，羅密歐是典型的浪漫情人，他的抒情的談吐把他的愛人比擬成爲天仙一般，脫愛勒斯則比較的着重在色情一方面。克萊西達更是莎士比亞筆下的女性中之最卑鄙者。莎士比亞在這戲裏表達了一種陰黯而悲觀的氣氛。

26 考利歐雷諾斯（Coriolanus）

「考利歐雷諾斯」是莎士比亞的偉大的悲劇中之最後的一部，寫過這齣戲之後，他的寫作生涯便進入了最後的那一個階段。這部作品也是他的以羅馬故事爲題材的三齣戲之一，其他二劇是「朱立阿斯西撒」與「安東尼與克利奧佩特拉」。

一 版本

此劇版本問題很簡單，因爲只有一個版本，那就是一六二三年出版的「第一對折本」。顯然的，在這以前，此劇不曾付印過，書業公會登記簿上一六二三年十一月八日記載着此劇乃『以前不曾有別人登記過』的十六個劇本之一。

這唯一的版本，有人稱讚它好，例如 Charles Knight，他說：『除了幾個明顯的排印錯誤乃是作者親自監印亦在所難免的之外，這個本子實在是極爲精確。』但亦有人嫌它惡劣，例如劍橋版的編者們就說：『這版本錯誤甚多，大概是由於排者粗心或稿本字跡不易辨識之故。』平心而論，此劇版本不是頂好，也不是頂壞。

第二第三第四對折本均是重印，無大變動。

二 著作年代

一般公認此劇乃是莎士比亞的晚年作品之一，但究竟成於何年則甚少確定的佐證。

Halliwell-Phillips 認定此劇必係成於一六一二年以後，他的論據是建立在一個假設上面，即莎士比亞所使用的普魯塔克的傳記之英譯本乃一六一二年的重印版。其理由是，劇中第五幕第三景第九十七行所使用的 "unfortunate" 一字，在一六一二年以前的各版傳記英譯本均作 "unfortunately"，因此斷定莎士比亞撰此劇時手頭參考的普魯塔克譯本必係一六一二年版，從而認定此劇之寫作必在一六一二年以後。Allan Park Paton 支持此一看法，並且聲稱他自 Greenock 的圖書室裏發現了一本一六一二年版普魯塔克傳記英譯本，上面有幾處顯係莎士比亞親筆的批點，足以證明莎士比亞是在一六一二年以後使用此本撰寫此劇。其實此一論據甚難成立。莎士比亞可能使用一六一二年以前的普魯塔克譯本而逕改 unfortunately 爲 unfortunate，而且事實上爲了那一行詩的音節亦有如此改動的必要，一六一二年的版本之改用 unfortunate 可能只是偶合。至於 Greenock 圖書室的那本書，縱然筆跡是眞的，亦不能證明什麽。

肚子的寓言（第一幕第一景第九十六至一六四行）見於一六〇五年出版之 William Camden: Remains of a Greater Worke, Concerning Britain, p. 199，而且故事的內容較普魯塔克所叙述者爲詳細，其中有些措詞與莎士比亞幾近雷同，似不可能說是偶合。這一事實只能說明莎士比亞大概看過這本書，此劇之寫作是在此書之後。肚子的寓言來源甚古，轉述者多，我們難以確定莎士比亞究竟是否取材於 Camden。

第一幕第一景第一七四行有 "Coal of fire upon the ice" 一語，有人指陳這可能是暗指一六〇七——八年倫敦之嚴霜，泰晤士河爲之結氷。這只是臆測。

第三幕第二景第七十九行提到「最成熟的桑椹」，有人說這與一六〇九年哲姆斯一世下令廣栽桑樹飼蠶有關。但植桑養蠶之事在英國早有所聞，莎士比亞在他的一五九三年之「維娜斯與阿東尼斯」(Venus and Adonis, 1103)及一五九五年之「仲夏夜夢」(三、一、一五一)都提到過桑椹。

Steevens 發現第二幕第二景第一〇一行有 "lurched" 一字，其用法很特殊，作「奪取」解，與班章孫在他的一齣喜劇 (Epicaene, or The Silent Woman, V.i.) 所使用的這一個字完全相同，而班章孫之喜劇上演於一六〇九年。Malone 對這一指陳加以嘲笑。事實上 Nash 也使用過這一個字。並且班章孫與莎士比亞之間，究竟誰是襲用者，亦無法斷定，恐怕還是班章孫在後呢。

以上的考證均不得要領，最後乃不得不乞靈於詩體測驗。吾人習知莎士比亞之使用無韻詩體，其總趨勢是趨向於句法之自由，故其常用之技巧有下列諸端：

一、聯行 (run-on lines)。

二、行中之停頓。

三、行中或行末格外添加音節。

四、三音節的音步。

五、輕與弱尾 (light and weak endings)。

最重要的是第五項。據統計，安東尼與克里歐佩特拉所使用之輕與弱尾佔全劇總詩行數百分之三點五三，計爲七十一個輕尾，二十八個弱尾。考里歐雷諾斯的輕與弱尾佔百分之四點零五，而暴風雨的則佔百分之四點五九。是莎士比亞之無韻詩，愈近晚年則愈趨豪放，不再爲呆滯的規格所拘囿。故詩體測驗的結果顯示此劇之寫作當在一六〇八至一六一〇年之間，尤其可能的是一六〇八或一六〇九年。

也有人指出，莎士比亞的母親死於一六〇八年九月，而此劇主題之重要的一部分爲母道（motherhood）的描寫，二者之間也許不無關聯。這種想法似是頗爲牽强。

三　故事來源

此劇的故事來源是普魯塔克的傳記。普魯塔克是希臘人，生於 Boeatia 之 Chaeronea，生卒年代不詳，約在紀元後 40—120 之間。莎士比亞所根據的是英譯本，英譯本又是從法譯本轉譯的，英譯本的標題頁是這樣寫的：

The Lives of/The Noble Grecians/and Romanes/Compared Together by that Grave Learn-/ed Philosopher and Historiographer/Plutarke of Chaeronea/Translated out of Greeke into French by/James Amyot/Abbot of Bell-ozane, Bishop of Auxerre, One of the/King's Privy Counsel, and Great Amner of France/And out of French into Englishe by/Thomas North/1579.

此書於一五九五，一六〇三，一六一二，一六三一，一六五六，一六七六均有重印本行世。莎士比亞的三部羅馬的戲劇固然都是取材於是，其他的作品仲夏夜夢、雅典的泰蒙、以及可能與 Fletcher 合撰的 The Two Noble Kinsmen 也多少借重了這一部內容豐富的鉅著。這一部書不僅是供給後人以寫作的原料，其本身也是傑出的作品。George Wyndham 在爲該書英譯本（W.E. Henley's Tudor Translation Series)所作序言裏說：『這部列傳，在其領域內，對每一時代的偉人們的心靈具有極重大的影響力。』這也是哲學家愛默生（Emerson）所謂「世界名著」(world-books)之一。此書之所以偉大，是因爲各篇傳記的主人都是有豐功偉績的豪傑之士，都是在行爲上凸出的人物，而戲劇的目的即是行爲。所以傳記的題材最容易一變而成爲戲劇的資料。傳記本身是饒有戲劇性的。附帶着還要提起，North 的翻譯亦不可等閒視之，那是很優秀的伊利沙白時代的散文。

莎士比亞受 North 譯本的文字的影響甚深。讀此劇時最好是能把莎氏作品與普魯塔克英譯本參照並讀。（一般的教科書編本，附錄中大概都有普魯塔克原文英譯。）莎士比亞追隨原文有時是過於密切了。伊利沙白時代的散文，因受詩的影響，往往是有高度的節奏的，莎士比亞有時只是把那散文稍稍緊縮一下即成爲無韻詩。例如：考利歐雷諾斯在安席姆的奧非地阿斯家中對奧非地阿斯所說的一大段話（第四幕第五景），其中措詞與 North 非常相近，幾乎是化散文爲無韻詩。這種情形，在我們讀者看來，不能不說是遺憾，因爲試一比較緊接着的奧非地阿斯對考利歐雷諾斯的回答，我們就可以發現一個顯明的對照，前者是一段漂亮的台詞，後者是莎士比亞所持有的情思洋溢的詩。第五幕第三景裏服龍尼亞對她兒子的兩大段話以及她的兒子的回答，也是非常忠於 North 的原文。我們還可以附帶提起，莎士比亞過度的忠於原文，至少有兩次（第一幕第四景第五十七行；第二幕第三景第二三八至二四八行）他陷於「時代錯誤」，因爲他直接引用 North 的叙述揷入劇中人物的口裏，以致歷史事蹟前後顚倒。

在故事的結構上莎士比亞不是沒有剪裁的。在他的編排之下，故事顯得更爲緊湊。例如：

一、麥匿尼阿斯對民衆的演說，改在羅馬，而不在聖山（Mons Sacer），以求地點之集中。

二、高利貸與糧荒是一前一後使人民怨憤的兩大原由，現在合而爲一，使劇情簡化，使考利歐雷諾斯之被放逐成爲全劇中之高潮。

三、在普魯塔克書裏，考利歐雷諾斯對於穿粗布袍和袒露傷痕並未表示厭惡之意，經莎士比亞的改筆，其高傲之態乃大爲加强。

四、選舉乃憲法賦予人民之權利。在莎士比亞筆下，人民被描寫成爲無理取鬧愚頑善變的亂民，合法的政治活動被描寫成爲暴動，以增加戲劇的效果。

五、考利歐雷諾斯進攻羅馬不止一次，莎士比亞改寫爲一次總攻，以求劇情簡化，效果單純。

六、在普魯塔克書裏，考利歐雷諾斯對羅馬貴族並無惡感，在軍事行動中且曲予愛護。在莎氏筆下則貴族亦被遷怒，以强調其不顧一切之忿恨。

但是最重要的還是莎士比亞所增加的幾個場面，例如：

一、第一幕第二景家庭生活之描寫。

二、第四幕第五景奧非地阿斯家中僕役之無意義的閒話。

三、第五幕第二景麥匿尼阿斯之過份的自信。

這些場面的作用是爲與强烈的悲劇氣氛作一對照，藉以發生鬆弛（relief）之效。

四　舞臺歷史

這一齣戲不是舞台上很受歡迎的戲。在復辟（一六六〇）以前，我們找不到此劇之舞台上的紀錄。

一六八二年 Naham Tate 的改編本出現，其標題爲 "The Ingratitude of a Common-wealth: or, The Fall of Caius Martius Coriolanus." 據改編者自稱：『仔細研究這一篇故事之後，發現其中某些部份與我們自己這一時代之紛紜的黨爭頗爲類似，我承認我寧願把這些類似點强調的表而出之，而不願把它冲淡了放棄在較遠的距離。』這是要藉莎士比亞的戲劇來影射當時政治狀況的企圖，在本質上就已注定其不能成功。該劇前四幕尚能相當忠實的保持莎士比亞原劇的面目，惟許多詩句均已改造。重要的變動是在人物和情節上，例如：瓦利里亞被寫成爲復辟時代的一個矯揉造作的言多行詭的婦人。第五幕幾乎是 Tate 的，使奧非地阿斯成爲維吉利亞之失敗的追求者。在最後一景，麥匿尼阿斯、維吉利亞、小馬爾舍斯、全都慘被屠殺，與奧非地阿斯和考利歐雷諾斯同歸於盡，服龍尼亞變成瘋狂。這種 Tate 特有的作風不能不說是唐突了莎士比亞的原作。

一七一九年十一月十一日 Drury Lane Theatre 演出了 John Dennis 的改編本 "The Invader of his Country: or, The Fatal Resentment"，只演了三次，刊行於一七二〇年。這一改編本之結

尾的一場亦甚奇特，使考利歐雷諾斯於殺死奧非地阿斯之後又與伏爾斯的四護民官力戰而死。執政的選舉被寫成爲與英國的競選無異。

以作四季詩著名的陶姆孫（James Thomson）也編有考利歐雷諾斯一劇，於一七四九年正月十三日（即其死後約五個月）在 Covent Garden 上演。這不是改編性質，與莎士比亞全然無涉，而是根據羅馬歷史家 Livy 與 Dionysius of Halicarnassus，置普魯塔克於不顧。故其中人物姓名亦略有不同，例如奧非地阿斯爲 Attius Tullus，考利歐雷諾斯的母親爲 Veturia，其妻爲 Volumnia。陶姆孫此一劇本之所以成爲重要，乃是由於後來有人根據莎士比亞的作品與陶姆孫的作品揉和而成新的改編本，例如，一七五四年 Th. Sheridan 之改編本，一七八九年 John Philip Kemble 之改編本。Kemble 於一八一七年與舞台告別時即係主演此劇。

莎士比亞之本來面目係由 Edmund Kean 所首先恢復，於一八二〇年六月廿四日在 Drury Lane 演出。與此次演出相抗衡的有前一年十一月廿九日 W.C. Macready 在 Covent Garden 之演出。厥後則有 John Vandenhoff (1823), Samuel Phelps (1848), James Anderson (1851), Henry Irving (1901) 等均有演出之嘗試。我們可以說，十九世紀中葉以後並無特別傑出之表演。直到一九三八年 Old Vic 劇院由 John Gielgud 主演的一場才打破了相當長久的沉寂。

在美國，Kemble 的莎士比亞本於一七九六年六月三日，陶姆孫的本子於一七六七年六月八日，在費城上演。在十九世紀後半，美國演員如 Edwin Booth, John McCullough, Lawrence Barrett

等均有良好之演出，最佳者當推 Edwin Forrest（1806–1872）。最近 John Houseman 於一九五四年在紐約亦有演出。

在法國一九一〇年 M. Joubé 在巴黎之 Odeon 劇院曾有演出。在德國則演出次數較多，從一九一一至一九二〇年曾有一百零三次上演的紀錄。

五　幾點批評

考利歐雷諾斯的故事是屬於傳說的性質，Mommsen 在他的羅馬史上說：『這故事中有多少是眞實的無法確定。』（ed. 1881, p. 287）莎士比亞之編寫此劇，着重的不是這一段歷史，而是其中的人物，所以是悲劇而不是歷史劇。一個受有特殊教養的羅馬貴族軍人，勇敢、高傲、自負，遇上政客挑撥，民衆愚闇，於是由民族英雄而變爲流囚，由憤恨而投敵而進攻祖國，但是由於禁不住母親妻兒的哀求，終於軟化以至於死——這其間有錯綜矛盾，形成了高度的悲劇性。莎士比亞的興趣不在歷史的準確，而在人物的性格。所以他對歷史背景往往不求甚解，有時有意無意的還要把伊利沙白時代的色彩混入到羅馬生活裏去。他所肆意經營的是對人性的描寫。

考利歐雷諾斯有濃厚的政治意味，因爲背景的一部分是羅馬的政治鬬爭，但是政治不是此劇的主題。關於政治，莎士比亞在他的十齣英國歷史劇裏已有充分的闡述。歷來的批評家喜歡在此劇中尋求莎士比亞的政治傾向的佐證，例如哈茲利特（Hazlitt）就批評莎士比亞偏袒貴族貶抑平民，一似羊羣中張牙舞爪的狼比驚駭萬狀的羊要更富於詩意。當然也有批評家爲莎士比亞辯護，說他描寫這個驕傲的貴族不是沒有充分暴露他的缺點，描寫平民有時出之以戲謔有時亦頗寄與同情，作爲一個戲劇家，他的態度是公正的。其實這些意見的衝突是不必要的，因爲羅馬之貴族與平民的對峙是一個衆所週知的事實，莎士比亞秉筆之際亦不可能毫無偏倚，莎士比亞本人所處的時代尚不是崇尚民主的時代。莎士比亞稍稍偏袒考利歐雷諾斯是可以理解的，究竟他是這一劇的主人翁，一切可以使他成爲悲壯的筆法當然均在可以使用之列。莎士比亞並不是貶抑平民以成全考利歐雷諾斯的偉大，而是在盡力形容他的高傲。我們不宜於在此等處尋覓莎士比亞的政治傾向，而宜於在此等處發現他的戲劇手段。

服龍尼亞是一個很有個性的女性，雖然不是可愛的。原始羅馬的理想，第一是作驍勇的戰士，第二便是作母親，羅馬人重視母親。服龍尼亞正是這種環境育孕的一個典型的母性。

27 泰特斯・安莊尼克斯 (Titus Andronicus)

一 版 本

一五九四年書業公會登記簿上記載着：

vjto die ffebruarii. John Danter. Enterd for his Copye vnder thandes of bothe the wardens a booke intituled a Noble Roman Historye of Tytus Andronicus.

第一版四開本刋於一五九四年，其標題頁如下：

THE/MOST LA-/mentable Romaine/Tragedie of Titus Andronicus:/As it was Plaide by the Right Ho-/nourable the Earle of Darbie, Earle of Pembrooke,/and Earle of Sussex their Seruants./〔Device〕/LONDON,/Printed by Iohn Danter, and are/to be sold by Edward White & Thomas Millington,/at the little North doore of Paules at the/signe of the Gunne./1594

第一四開本現僅存有一冊，於一九〇四年在瑞典發現，現藏於美國福哲圖書館，有影印本行世。

第二版四開本刊於一六〇〇年，其標題頁如下：

The most lamenta-/ble Romaine Tragedie of Titus/Andronicus./As it hath sundry times beene played by the/Right Honourable the Earle of Pembrooke, the/Earl of Darbie, the Earl of Sussex, and the/Lorde Chamberlaine theyr/Seruants./AT LONDON,/Printed by I.R. for Edward White/and are to be solde at his shoppe, at the little/North doore of Paules, at the signe of/the Gun. 1600.

第二版四開本現存二冊，一在哀丁堡大學圖書館，一在美國亨丁頓圖書館。排印較第一版略優，尤其是在標點方面。

第三版四開本刊於一六一一年，其標題頁如下：

THE/MOST LAMEN-/TABLE TRAGEDIE/of Titue Andronicus./As IT HATH

SVNDRY/times been plaide by the Kings/Maiesties Seruants./[Device]/LONDON,/Printed for Eedward White, and are to be solde/at his shoppe, nere the little North dore of/Pauls, at the signe of the/Gun. 1611

此本現存十四冊。在字句舛誤之處較以前版本略有改正，但亦有很多新的錯誤。此本唯一的價值在於成爲第一對折本的藍本。

第一對折本刋於一六二三年，除增加數行及舞臺指導外，復增加整個一景，即第三幕第二景。這增加的一景，顯然是根據另一抄本，但何以除了檢出這一景加進去之外沒有再加利用這一抄本？這是一個問題。可能，如威爾孫所說，準備對折本稿本的人僅是選了一景添加進去，根本沒有閱覽其他部分。

另有殘稿一頁，所謂 The Longleat Manuscript，甚有趣味，是 E.K. Chambers 所發現的，上面是一張挿圖，畫者爲 Henry Peacham，畫的是 Tamora（哥特人之王后）跪在泰特斯面前，爲她的兩個兒子請免一死，她身後跪着被綁的兩人大概就是她的兒子，摩爾人阿倫立在一旁。立在泰特斯旁邊的大概是行刑的人。挿圖下面是 Tamora 與泰特斯及阿倫的對話。這張挿圖可以說是莎士比亞的戲劇之最早的挿畫，因爲是成於一五九五年。

二　著作年代與著作者問題

「泰特斯」一劇是密爾斯（Meres: Palladis Tamia, 1598）所提到的十二齣戲之一，故此劇寫作當在一五九八年以前。

當時一個劇院經理漢斯婁(Philip Henslowe)曾留下一部日記，記載着一五九四年一月二十四日上演過 "Titus & Ondronicous"，而且註明 "ne" 字，ne 大概即是 new，表示其爲新戲（新編的戲或新上演的戲）。故此劇寫作應再提前幾年。

第一版四開本刊於一五九四年，其寫作自應在稍早的一個時期。

一五九三年是此劇的著作年代，大概是可以認定的。

至於著作人問題，最早提出來的是 Edward Ravenscroft，他於一六八七年在改編此劇的時候聲稱『據熟悉舞臺情形的一位老手相告，此劇本非莎士比亞所作，是某一作者送去請求上演，他只是就幾個主角略加潤色一二；我相信這一說，因爲在他所有作品之中這是最不合格最不成熟的一部；好像是一堆垃圾，不像是一個結構。』這一指摘不一定可靠，但此劇因品質較差而引起著作人問題，經此一提而歷經二百餘年至今議論未休。三個四開本的標題頁上都沒有莎士比亞的名姓，這不足爲奇，因爲其他劇本也有不列作者姓名的，如「亨利五世」的各四開本以及「羅密歐與朱麗葉」的前三個四開本皆是。但是講到作品的內容與作風，則不能不啓人疑竇了。

十八世紀的批評家與編者皆否認其爲莎氏作品，唯有 Capell 是例外。Theobald 以爲莎士比亞可能有幾處潤色。其他如約翰孫，Farmer, Steevens，均完全否認其與莎氏有關。約翰孫·率直的說：『所有的編者與批評家皆認此劇爲贋品。我看不出有什麼理由可以獨持異議；因爲其文筆與其他各劇全然不同，劇中有遵守正規詩律以及藻飾詞句的企圖，不是全不優美，不過難得討人喜歡。場面的野蠻以及大規模的屠殺，任何觀衆恐皆不能忍受，而章孫告訴我們不僅被接受而且被讚美。我看不出任何理由相信此劇任何部分是出於莎氏手筆，雖然 Theobald 說是無可置疑。我看不出莎氏潤色的痕跡。』Malone 以爲莎士比亞可能寫了幾行，也可能幫着原作者進行修訂工作。

十九世紀的批評家意見不一致。Seymour, Drake, Singer, Coleridge 父子，Hallam, Dyce, Fleay 及其他皆否認其爲莎氏作品。Furnivall, Dowden, Herford, Hudson, Rolfe 都以爲劇中很小的部分可能是莎氏手筆。但是在另一方面也有一羣批評家主張此劇確爲莎氏所作，如 Collier, Verplanck, Knight, Appleton, Morgan, Crawford 等皆是，他們認爲此劇乃是他的最早期的最簡陋的作品，尚未擺脫 Thomas Kyd 的影響。德國的批評家大體皆同意此一看法，包括 Schlegel, Delius, Bodenstedt, Franz Horn, Ulrici, Kurz, Sarrazin, Brandl, Creizenach, Shröer 等，唯有 Gervinus 是例外，他同意於英國的否定一派。

到了一九〇四年第一版四開本出現，經過審愼考訂校勘之後，此一問題乃引起更熱烈的討論。Collins, Boas, Saintsbury, McCallum, Raleigh, 等認爲此劇乃莎氏較早期的作品。Courthope 認爲從劇本內部考察，吾人沒有理由拒絕承認其爲莎氏作品。Greg 則認爲非莎氏原作，莎氏可能曾加潤飾，而演出相當成功，其脚本於一六一三年環球劇院起火時被毁，後據一六一一年之第三四開本，發現至少缺乏一景（即第三幕第二景），遂憑演員之記憶增補約八十五行之數，十年後遂成第一對折本所依據之底稿。J.M. Robertson 則完全否認此劇爲莎氏作品。

如果此劇非莎氏手筆，原著者是誰呢？大家的推測又不一致。有人認爲是 Kyd，但也有人主張 Peele, Greene, Marlowe 等。這一問題是不可能有一結論的。

總之，在外證無法推翻的情形之下，我們無法根據內證而拒絕承認其爲莎氏作品，我們更不能因爲其內容比較粗陋文筆比較幼稚而把它排出莎氏全集。須知「泰特斯」乃莎氏最早之悲劇，初試鋒芒，尚未脫前驅者之影響，像「泰特斯」這樣的成績，毋寧說是很合理的收穫。沒有一個作家的作品，綜觀之下，能在品質上前後一致均勻的，莎士比亞自然亦非例外。不過劇中有別人的手筆羼雜在內，這個可能是不容否認的。在大體上，應該算是莎士比亞的作品。

三　故事來源

「泰特斯」在寫作時所參考的故事來源現不可考。我們不知道莎士比亞根據什麼資料寫下了「泰特斯」。羅馬的戲劇作家 Seneca 所寫的 "Thyestes" 可能提示了莎士比亞以鬼魂及復仇的觀念。羅馬詩人奧維德的「變形記」(Ovid: Metamorphoses)可能提供了 Philomela 的故事。這都是遙遠的資料，不能算是故事來源。Kyd 的「西班牙之悲劇」與 Marlowe 的「馬爾他的猶太人」無疑的都啓發了莎士比亞的靈感，爲他樹立了寫作的楷模，但不是故事來源。

但近年有一重大發現。一九三六年 J.Q. Adams 在福哲圖書館發現了一本故事小冊 (a Chap-book)，據他說可以認定是十八世紀前半(1736–1764)刊印的，標題如下：

The History of Titus Andronicus, The Renowned Roman General………Newly translated from the Italian Copy printed at Rome. London: Printed and Sold by C. Dicey in Bow Church-Yard, and at his wholesale Warehouse in Northampton.

據 Adams 說這一本小冊子是從一五九四年起即一再翻印流傳下來的。就這散文故事的內容而論，其爲莎士比亞以前的作品殆無疑義。小冊子雖是十八世紀的出版品，其內涵的故事可能即是莎士比亞所依據的資料。這小冊子現無影印本，「新亞頓本」序及其他有關的研究文字均有詳盡的分析。

四　舞臺歷史

「泰特斯」的故事很複雜，高潮迭起，缺乏「動作的單一性」。內容粗野，屬於「流血的悲劇」或「復仇的悲劇」的類型，緊張刺激，但不深刻。M.C. Bradbrook 在她的 Shakespeare and Elizabethan Poetry 一書中所說：『與其說是一齣戲，毋寧說是更像一場化裝遊行』，("more like a pageant than a play")，是很恰當的批評。但是此劇在當時是受觀衆歡迎的，漢斯婁的日記提到此劇前後有十五次之多（如果這十五次都是指的一個戲）。班章孫 (Ben Jonson) 於一六一四年還以鄙夷的口氣提到那些『仍以 Ieronimo 與 Andronicus 爲最佳戲劇』的人們。不過戲劇的時尙很快的變了，此劇的盛況也逐漸衰減了。

復辟之後，Edward Ravenscroft 的改編本 "Titus Andronicus, or The Rape of Lavinia" 於一六七八年上演，這改編本比莎氏原劇更粗野，殺戮兒童和吞食死童之肉以及火焚活人均在臺上表演了出來。在十八世紀的前半，此劇有好幾次的演出，包括名演員 James Quin 於一七一七年飾 Aaron 在 Lincoln's Inn Fields 的演出，所使用的劇本都是這一個改編本。

一八五二年三月十五日在倫敦 Britannia Theatre 演出的「泰特斯」是 C.A. Somerset 的改編本，情節改動甚多，主演 Aaron 的是著名的黑人悲劇演員 Ira Aldridge。在倫敦與都柏林斷續上演了五年之久。

也許是因爲悲劇的情節太淒慘了，爲了迎合觀衆趣味起見，一七一七年的上演附帶着演出了 Farquhar 的獨幕鬧劇 "The Stage-Coach"，一八五二年則附帶演出了鬧劇 "Mummy" 及一些黑人民歌。

一八五七年以後此劇不見演出。直到一九一四至一九二四年間 Old Vic Theatre 在 Miss Lilian Baylis 的經營之下把莎士比亞的所有三十七部戲劇全部陸續排出的時候，此劇才再度送上舞臺。那是在一九二三年十月八日。所使用的劇本是第一對折本原文。演出的成績是良好的，但是批評家一致承認這是一個壞的劇本。當時有人這樣記載：『觀衆在此劇演到將近終了之際再也不能保持認眞看戲的態度了，看着 Tamora, Titus, Saturninus 在約五秒鐘之內相繼死去便忍不住的大笑起來。』一齣悲劇使人笑了！當時連演了九晚。

此劇在美國只演過一次，那是一八三九年一月三十日在費城 Walnut Theatre 演的。所使用的劇本不是原文，是 N.H. Bannister 的改編本。

28 羅密歐與朱麗葉 (Romeo and Juliet)

一 版 本

「羅密歐與朱麗葉」初刊於一五九七年，是爲第一四開本，其標題頁如下：

An Excellent conceited Tragedie of Romeo and Juliet.

As it hath been often (with great applause) plaid publiquely, by the right Honourable the L. of Hunsdon his Seruants.

這個本子顯然的是盜印本，通常稱之爲「壞的四開本」。約有二千二百行，遠較後出的本子爲短，其中有若干較長的幾景似乎是變成了粗陋的撮要。內容固然顯着比較貧乏，但在另一方面亦有其可取之點，因其爲盜印，所根據的是報告員之耳聞目睹，故在「舞臺指導」一項頗多詳細之描述。例如，決鬪之一景，提拔特是從羅密歐的臂下乘墨枯修不備而刺殺之，然後逃逸。以後各本便無此種敘述。而此種敘述正足令吾人得以窺見當時此劇上演實際情形之一斑。

第二四開本刊於一五九九年，通常稱之爲「好的四開本」，其標題頁如下：

The Most Excellent and lamentable Tragedie, of Romeo and Juliet. Newly corrected, augmented, and amended, as it hath bene sundry times publiquely acted, by the Right Honourable the Lord Chamberlaine his Seruants.

這個本子顯然是從劇院裏用的脚本印出來的，也有可能所根據的是莎士比亞的手稿，內容是較爲完善的，約三千行多一點點。有三點值得注意：（一）羅密歐之最後的一段戲詞內中有重複處，足以證明脚本經過修改而在排印時將已删之句誤爲排入。（二）第四幕末尾之「舞臺指導」，「彼得上」誤刊爲「Will Kempe 上」，此一 Will Kempe 正是扮演此一彼得之莎氏劇團中之著名的丑角，足以證明此第二四開本確實是劇院脚本無疑。（三）第二四開本雖遠較第一四開本爲優，但刊行時仍不免受了第一四開本的沾染，例如乳母的戲詞之毫無理由的使用斜體排印。

第三四開本刊於一五〇九年，是根據第二四開本而略有改正。第三四開本之最大的重要性在於第一對折本（一六二三年刊）是根據它而刊印的。第二對折本（一六三二年），第三對折本（一六六三年），第四對折本（一六八五年），都是沿襲性的本子。第四四開本（約刊於一六〇九至一六三七年間）承繼第三四開本而偶亦參考第一四開本，並且影響到後來的 Pope 的編本（一七二三年）。第五四開本（一六三七年）是根據第四四開本的。

耶魯大學本之「羅密歐與朱麗葉」，Richard Hosley 編，在一六三頁上有表格說明版本沿襲的情形，如下：

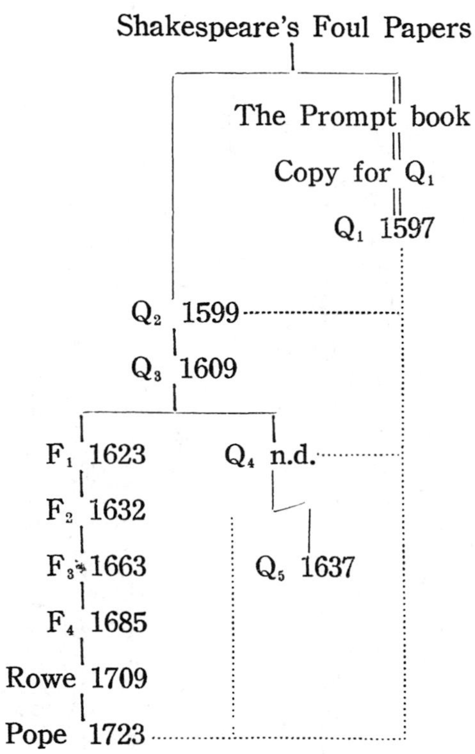

二　著作年代

「羅密歐與朱麗葉」是莎士比亞的劇本在其生時刊行的第四個或第五個劇本。是莎士比亞所完成的第十個劇本，在此劇以前完成的有：

Henry VI (1, 2, and 3)　Richard Ⅲ

The Comedy of Errors　Titus Andronicus

The Taming of the Shrew

與此劇大約同時的有：

The Two Gentlemen of Verona　　Love's Labour's Lost

但是確實的著作年代是很難認定的。我們確實知道此劇於一五九六年七月至一五九七年三月之間爲Hunsdon保護下的劇團所上演，但究竟在上演前之哪一年完成其著作，則殊少證據。唯一之內證是乳母口中所說有關朱麗葉斷奶的一句話(Tis since the earthquake now eleven years)。在英國，地震是不常有的，所以一有地震，便成爲一件值得一提的事。一五八〇年四月六日英國發生地震。如果此劇成於此次地震後十一年，則其寫作應是在一五九一年，這好像是未免太早了。但是也有人指陳，倫敦的劇院於一五九二年曾因疫癘流行而暫行封閉，此劇可能是作於一五九一或一五九二年，在疫癘前上演過幾次，直至一五九四年劇院重開後始廣受歡迎。現在一般的學者們斷定，此劇之寫作應在一五九五年，其主要的論據是在於「詩體的測驗」，例如其中押韻的排句之多，每行音律之齊整，在在均足證明其爲早年之作。

三　故事來源

以情人離別及睡藥爲中心的浪漫故事，其起源甚早，可遠溯到羅馬的奧維德（Ovid）及基督教早期作者 Xenophon of Ephesus. 但是以莎氏此劇的主要劇情而論，其直接有關的來源應該首先提起的是一四七六年拿帕勒斯印行的 Masuccio Salernitano 所著 Novellino 之第三十三個故事。在這故事裏沒有兩個家族結下宿仇的話。

Masuccio 的這一篇關於 Mariotto 與 Ciannozza 的愛情故事，曾經多人引用，撰成了一打以上的作品，其中最可注意的是一五三〇年的 Luigi da Porto 的小說，因爲在這篇小說裏這一對情人首次採用了 Romeo 與 Giulietta 的名字，並且以十三世紀的兩家宿仇（Montecchi of Verona and Cappelletti of Cremona）爲背景。

Da Porto 的小說又成爲一五五四年 Matteo Bandello 的 Novelle 的來源。許多新的人物被加入了，主要的是那個多彩多姿的乳母。陽口洋臺的那一景，繩梯的故事，以及後來的約翰修道士的前身 Fra Anselmo 都在這篇作品裏出現了。

Bandello 的故事於一五五九年被 Pierre Boisteau 譯爲法文，成爲他的 Histoire Tragiques 裏的第三篇故事。在這法文譯本裏，賣藥人成爲一個角色，而且在故事結尾處略有變動，使羅密歐於朱麗葉醒前死去，朱麗葉用羅密歐的短刀自戕。

一五六二年，Boisteau 的故事被 Arthur Brooke 用 poulter's measure（即輪流用十二音節一行與十四音節一行寫成的詩體）改寫成爲一篇英文的長詩。其標題爲：

> "The Tragical History of Romeus and Juliet, written first in Italian by Bandell, and now in English by Ar. Br."

這一首長詩是重要的，因爲它是莎士比亞的戲劇之直接的唯一的來源。這首詩的序言說作者曾經看過「同樣的情節在舞臺上演」。這一附帶聲明引起後人許多猜想，可能是一齣法文的「羅密歐與朱麗葉」約於一五六〇年左右演出過，但是莎士比亞是不會知道的，亦可能是一齣較早的英文的「羅密歐與朱麗葉」根本不會刊行過，那就更不必認眞考慮了。

Boisteau 的故事於一五六七年被 William Painter 直譯成英文散文，成爲他的 Palace of Pleasure 中的第二卷第二十五篇故事。莎士比亞可能讀過，但是沒有使用它。

莎士比亞依據 Brooke 甚爲密切。但是莎氏把故事情節所佔的時間縮短了，原詩的故事延長到九個月之久，莎氏縮短到五天，這當然是爲了使劇情緊湊之故。莎氏使巴利斯死於朱麗葉的墓門，使得故事前後照應。在人物描寫上，如修道士之充滿同情，乳母之極度庸俗，莎氏都有相當的貢獻。不過我們不要忘記，這是莎氏比較早年之作，在人物性格的創造與刻劃方面尙未臻成熟之境。

四　舞臺歷史

此劇自始即是一齣受大衆歡迎的戲，因爲裏面有一個好的故事。一六六〇年劇院重開之後此劇即行上演，但劇尾改爲大團圓。當時的日記作家 Pepys 曾記載着：『我一生所聽過的最壞的一齣劇，表演也極糟。』過後不久，莎氏此劇從舞臺上完全消逝，約有一個半世紀甚至還要更長一點的時間，被 Otway 的改編劇 The History and Fall of Caius Marius 所代替了。十八世紀中 David Garrick 恢復了莎士比亞的原劇上演，但仍有些微修改。等到十九世紀中葉莎士比亞此劇的本來面目才得在舞臺上重現，Charlotte Cushman 主演此劇曾接連上演八十四晚。現在此劇已在全世界流行，這一段淒艷動人的故事已成爲家喻戶曉的了。

五　幾點批評

莎士比亞的戲劇通常於主要的故事之外還有一個或一個以上的副故事，交織掩映，有充實繁簇之妙，但此劇則僅有一個戀愛的故事，並沒有副故事，羅薩蘭僅是一個不重要的陪襯而且根本未出場。故事雖然單純，但是頗有曲折，一開場就是熱鬧的打鬬，佈下了適當的氣氛，劇情隨着逐步發展，有懸宕，有高潮，始終能控住觀衆的注意。裏面沒有莎氏所慣用的「滑稽的穿插」，丑角彼得沒有多少發揮而且也沒有趣味。單純的一對不幸的戀愛者構成了全劇的單一性。

有一股青春的活力貫穿了全劇。羅密歐是一個癡情的青年，也是一個理想的追求者，與其說他愛的是一個女人，不如說他愛的是愛情，具備了一個眞正的十四行詩作者的身份，朱麗葉更是年青，只有十四歲，天眞衝動，也正是十四行詩中的理想女郎。一對情人都是傳統的類型。其他配角也大都是活躍的，年老的卡帕萊特與蒙特鳩都猶有童心，龍鍾的乳母（其實照年齡推算是不應該龍鍾的）也老當益壯。可是全劇雖然火熾，却缺乏深度。一般的悲劇主人公應該是以堅强的性格與命運作殊死戰，然後壯烈犧牲；這一對戀人所患者乃是父母的愚蠢，其命運是偶然的而不是悲劇性的。

儘管此劇不是莎氏的頂成熟的作品，毫無疑問的此劇是莎氏問世的第一部偉大的戲劇。這部戲代表一種新型的戲劇。當時的一般悲劇是受 Seneca 的影響的，這一部浪漫的戀愛悲劇是嶄新的。Brooke 的長詩未脫淸教的道德主義，他在序言裏明說："To this end, Good Reader, is this tragical matter written, to describe unto thee a couple of unfortunate lovers, thralling themselves to unhonest desire; neglecting the authority and advice of parents and friends; confering their principal counsels with drunken gossips and superstitious friars……abusing the honorable name of lawful marriage to cloak the shame of stolen contracts; finally by means of unhonest life hasting to most unhappy death." 而莎士比亞很明智的擺脫了這種說教的態度，以抒情的手法處理了這樣一段純粹戀愛的故事。

29 雅典的泰蒙 (Timon of Athens)

一 版 本

「雅典的泰蒙」在莎士比亞活着的時候沒有演過，沒有印過，至少沒有證據證明其曾經上演過。（有人說，細玩此戲的舞臺指導，似有曾經上演的跡象。）至於此劇的印行，則一六二三年十一月八日書業公會的登記簿上明明的記載着『以前未被人登記過』'not formerly entered to other men.'

此劇初刊於一六二三年的「第一對折本」。列於悲劇部門，在「羅密歐與朱麗葉」與「朱利阿斯西撒」二劇之間。這個位置本來是屬於「脫愛勒斯與克萊西達」的，（參看「脫愛勒斯與克萊西達」拙譯序頁五），爲了某種原故而臨時抽出，空出來三十頁，易以「雅典的泰蒙」。「雅典的泰蒙」較

「脫愛勒斯」爲短，少八頁之數，因此頁數號碼不能銜接，「雅典的泰蒙」開始的第八十一、八十二，兩頁號碼重出，其最後一頁第八十九頁不能與「朱利阿斯西撒」的第一〇九頁相聯。可見「第一對折本」的兩位編者當初可能並不想把「雅典的泰蒙」收在這個集子裏面。這個情形是很特殊之處。全劇情節有矛盾，文筆不勻稱，無韻詩中雜有韻語，五步十音節的無韻詩時常變爲不規則的自由詩，行中斷句(Mid-line Speech Endings)佔全劇行數百分之六十三，處處顯示莎士比亞此劇的「草稿」foul papers 實在是很「草」。因此此劇究竟是否全爲莎士比亞的手筆成了一個問題。有些學者們以爲莎士比亞是改編了別人的作品，其中有莎氏的手筆，有原作的部份的保留。原作是誰的作品呢？Delius 說是 George Wilkins, J.M. Robertson 說是 Chapman Dugdale、Sykes 說是 Day and Middleton，另有些學者們以爲原作是莎士比亞的，但由別人加以改竄，那改竄者又是誰呢？Verplank 說是 Heywood Parrott 說是 Chapman, Fleay 又說是 Tournour，無論是哪一派的學說，大家幾乎異口同聲的把劇中精彩的部分劃給莎士比亞，把較平淡的部分劃給另外一位作家。H.J. Oliver 說得好，這就像是一客李子布丁，把李子挖出來都給了莎士比亞。

近代批評家似是傾向於另一看法，認定「雅典的泰蒙」是莎士比亞的作品，但是一部未完成的作品。E.K. Chambers 有這樣的論斷：

『我認爲那是無疑問的，此劇乃莎士比亞所留下的未完成的一部作品，而且我相信這個問題之眞正的解決，一如很久以前 Ulrici 及其他人士之所指陳，便是此劇直到如今仍是沒有完成。』

(William Shakespeare, 1930, 1, 482)

Una Ellis-Fermor 有一篇論文 'Timon of Athens: An Unfinished Play' 發表在一九四二年的 The Review of English Studies(頁二七〇至二八三),對這一問題有最詳盡的分析。她發現此劇的詞句常是作者心中的一些零碎的詞句單位,尚未綴成「詩的段落」verse paragraph,甚或沒有組成無韻詩的形式,只是匆匆的筆記。我們知道,無韻詩並不能一氣呵成的,慢慢的加以整理乃是正常的寫作程序。近代的編者如 G.B. Harrison, H.J. Oliver 都附和此一學說。

二 著作年代

「雅典的泰蒙」的著作年代不能十分確定,因爲沒有外證可資依據,我們只能按照其內容的精神與文字的作風而判斷。假如我們承認此劇不是莎士比亞一人的手筆,則此種判斷必將遭遇更大的困難。大致而論,此劇與「李爾王」頗爲相近,泰蒙和李爾一樣的不聽忠告輕信阿諛,都有一個忠僕伴隨,結果都是因失望而瘋狂,咒罵整個的人類。「李爾王」著於一六〇五或一六〇六年,「雅典的泰蒙」想來也可能是作於一六〇六或一六〇七年。

泰蒙的故事與考利歐雷諾斯的故事極相近,而其故事來源又與「考利歐雷諾斯」及「安東尼與克利奧佩特拉」同樣的是 North 譯的普魯塔克的傳記,所以這三齣戲大概是著於同一個時期,那便是一六〇八年左右。泰蒙咒罵雅典與人類的兩段話(第四幕第一景之前四十行,第四幕第三景之前四十三行),很像是考利歐雷諾斯之咒罵羅馬(第三幕第三景第一一八至一三三行)。

總之，此劇著於一六〇六至一六〇八年之間是不至有誤的一個推斷，它屬於「李爾王」、「安東尼」、「考利歐雷諾斯」同一時期也是可信的。

三 故事來源

此劇的主要故事來源是 North 譯的普魯塔克的傳記（Plutarch: Lives of the Noble Grecians and Romans, 1579, 1595）中之「安東尼傳」裏的一段文字，寫的是安東尼於 Actium 一役戰敗之後，在海濱建屋隱居，名其屋爲 Timoneon，模倣泰蒙之行逕。泰蒙者，乃雅典一市民也，生於 Peloponnesus 戰爭之際，其事蹟見於柏拉圖與阿利多芬尼斯的喜劇，因激於世人之忘恩負義，變得傲慢，玩世不恭，嫉恨一切人類，獨善亞西拜地斯，因爲預知其將有爲害雅典之一日。與阿洎曼特斯亦有往還，因爲他也是一個恨世之人，二人臭味相投。有一天，泰蒙於市場登臺演說，說他家園有無花菓樹一株，因欲建屋，必需伐樹，盼大衆之欲自縊者乘樹尙未伐之際速往上吊。他卒於 Hales 葬於海濱，海水環繞，人跡難至。據說他曾自撰墓銘云：

Here lie I, Timon, who alive all living men did hate:

Pass by and curse thy fill: but pass, and stay not here thy gate.

我泰蒙睡在這裏：生時人人厭惡：

走過去，儘你罵：但莫停留你的脚步。

另一銘爲詩人 Callimachus 所撰：

Here lies a wretched corse, of wretched soul bereft:
Seek not my name: a plague consume you wicked wretches left!
這裏躺着的是可憐人的屍體一具。
莫問我的姓名：瘟疫毀滅你們這壞東西！

這便是普魯塔克的一段簡短的記載。莎士比亞無疑的也利用了普魯塔克的「亞西拜地斯傳」，雖然裏面有關泰蒙的只是一點點瑣節。

William Painter 的 Palace of Pleasure (1566) 之第二十八篇故事 'Of the straunge beastlie nature of Timon of Athens, enemie to mankinde' 是從普魯塔克衍變而來的，莎士比亞也許看過，但是沒有得到多少幫助。

現存的古典文學裏以泰蒙爲題材的最著名的是 Lucian 的一部對話：Timon the Misanthrope 寫的是泰蒙貧苦憤世，訴於天神 Zeus，天神派 Pluto（財富）與 Thesaurus（寶藏）陪同 Hermes 訪問泰蒙。泰蒙投以泥石，但神意不可違，終掘出黃金。從前的朋友們又復紛紛來覗，但又被他一一在咒罵聲中驅逐而去。這一篇對話在情節上（例如掘出黃金）有與莎士比亞的「泰蒙」近似之處，有些字句亦復略有彷彿，但是我們知道 Lucian 是二世紀時的一位作家，他的原作是希臘文寫的，莎士比亞的希臘文程度似不允許他直接閱讀原文，而他的對話當時並無英譯本行世，只有三個義大利文譯本和一個法文譯本，莎士比亞是否看過這些譯本我們無從而知。

研究莎士比亞的一位著名學者 Alexander Dyce 於一八四二年爲「莎士比亞學會」編印了一部舊手稿的「泰蒙」。這一部舊本「泰蒙」大概是上演於一六〇〇年。不過也有人指出這舊本「泰蒙」是在莎氏的「泰蒙」之後，而不是在前。無論如何，莎士劇中有兩點不見於 Lucian 的對話而見於舊本「泰蒙」，那便是（一）假宴會的一景（二）不惜一切犧牲的忠實管家。Steevens 和 Malone 以及近代的耶魯本編者都相信莎士比亞利用了這個舊本。編者 Dyce 本人則未置可否，聲稱留待後人研究。

四　舞臺歷史

「雅典的泰蒙」在莎士比亞生時沒有演過，以後也不常演，而且演的時候也都是使用多少經過修改的本子。第一個修改本的上演是在一六七八年十二月，演出的地點是 Dorset Garden，劇本的編者是沙德威（Thomas Shadwell），劇名爲 Timon of Athens, or The Man-Hater，飾泰蒙的是名演員 Thomas Betterton。沙德威在劇本獻詞裏說他把泰蒙的歷史『變成了戲』，他添入了兩個女角，一個是泰蒙即將與之結婚而在泰蒙貧苦之時又將泰蒙遺棄的一個女人，另一個是雖遭泰蒙遺棄而始終追隨不捨的女人。他又把孚雷維阿斯變成爲一個捨棄主人的惡僕。沙德威的本子被使用了很久，最後一次上演是在一七四五年四月二十日於 Covent Garden Theatre 獨霸舞臺幾一百年。

一七六八年 James Dance 即 James Love 刊行了他的修改本，他根據的是莎士比亞及沙德威，在 Richmond 演過，似尚受歡迎，但不知曾否在倫敦上演。

十八世紀的一個重要修改本是 Richmond Cumberland 所作，泰蒙有了一個女兒，爲亞西拜地斯所愛，此劇一七七一年十二月四日上演於 Drury Lane。

首次眞正嘗試恢復莎士比亞原劇本來面目是在一八一六年十月二十八日在 Drury Lane 上演的那一次。主演的是喜愛這部戲的著名演員 Edmund Kean, Leigh Hunt 曾有這樣的讚美：

『全劇最好的一景是與亞西拜地斯相會的那一景。我們不記得對照的力量會有比這更親切動人的場面。泰蒙在林中用鏟掘地，聽得有軍樂聲；他一驚，靜靜的聽那聲音的迫近，亞西拜地斯聲勢浩大的帶着人馬終於來了。這樣有效安排的場面眞是得未曾有。你先是聽到輕速的行軍樂在遠處奏起——Kean 略示驚異，注意傾聽，堅定而憤怒的依在鏟上，皺着眉頭，咬緊嘴唇，表示眞情，可是又沒有閉得太緊；他好像是下了決心不再受騙，甚至那沒有生氣的死東西儘管美妙也不能再騙他；——觀衆一聲不響；行軍的樂聲愈來愈近，雅典人的旌旗出現，隨後士兵開到，有樂聲陪奏，士氣壯盛；最後，這恨世者依然保持原來的姿勢。背向着觀衆，年輕英俊的亞西拜地斯出臺，滿懷着勝利的希望。這是希望與絕望的相逢。』(F.W. Hawkins: Life of Edmund Kean, 1869, pp. 398–9)

次一個偉大演員飾泰蒙的是 Samuel Phelps，他是在他自己作經理的 Sadler's Wells 劇院於一八五一年九月十五日演出的。從九月到耶誕節，演出了至少有四十場。有新的佈景，『不僅在考古學上是正確的，在圖案上也是美觀的。』

一八九二年四月十八日在斯特拉福的莎士比亞紀念劇院又有演出，由 F.R. Benson 導演，劇本縮編爲三幕。雖然 Benson 是喜愛這部戲的，此戲的演出仍被一般人當做一種有趣的希罕的實驗，而不當做是一部正規的偉大的戲劇之上演。這種觀點在以後幾十年中似乎是從來不曾改變過。

一九〇四年五月十八日此劇在 Court Theatre 演出，連演十晚。此次演出全無女性的點綴，甚至劇中僅有的兩個女角（亞西拜地斯的情婦）也實際變成了木偶。

英國著名的專演莎氏劇的 Old Vic 劇院在一九二二年，一九五二年，及一九五六年均演出過此劇。

一九四七年 Birmingham Repertory Theatre 以現代裝束演出此劇，先是在斯特拉福，後是在伯明罕。此劇比較的便於試用現代裝束，因爲劇中的「地方色彩」很少之故。

五　幾點批評

「雅典的泰蒙」在藝術方面不是一部完成的作品。不論此劇之作者是莎士比亞一人或於莎氏之外另有一人參加寫作，劇本本身顯示許多不諧和的和不够標準的地方，和同一時期的其他悲劇無法相提並論。一般批評家都承認，泰蒙不是莎士比亞的偉大人物之一，因爲在劇中沒有充分的「人物描寫」泰蒙好像是「揮霍金錢」和「嫉恨人類」兩種精神之「擬人化」，而不是一個有血有肉的人。但是此劇之所以停留在這樣粗糙的狀態之下與世人相見，可能不是由於莎士比亞江郎才盡，而是泰蒙的故事先天的不易發展爲偉大的悲劇。泰蒙是恨世者，他詛咒人類，他罵盡世人，他把人看做畜生，他認爲人全是壞的，他自己是全然孤立的，他沒有妻室兒女，他沒有朋友，他甚至也沒有單獨的仇敵。泰蒙的心理是單純得很，他沒有躊躇，沒有顧忌，沒有反省，沒有希冀，總之，他心裏沒有矛盾衝突。如果內心沒有矛盾衝突，如何能成爲一個悲劇之人物呢？也許 E.K. Chambers 說的對，大概莎士比亞自己也看出這樣的一個故事不能成爲偉大的悲劇，所以才拋在那裏沒有設法予以「完工的拂拭」。

但是爲什麼莎士比亞又要編寫這麼一齣戲呢？講到這裏我們就要指出，莎士比亞並未獨闢蹊徑，把古代一個恨世者的生平搬上舞臺，莎士比亞只是把一個大家所熟習的故事加以劇化。伊利沙白時代文學裏常常提到泰蒙，例如：Lyly, Greene, Nashe, Lodge, Dekker, Marston 的作品裏都曾提到過泰蒙的故事是家喻戶曉的。在十七世紀初年，莎士比亞正在心情沉重，他寫出了「脫愛勒斯與克萊西達」，「李爾王」，等等的幾齣戲之後，就選中了泰蒙的故事了。不過我們不要忘記，這是他最後一部悲劇，此後的作品便另是一個類型了。

無可否認的，此劇有幾段非常精采的戲詞，其中最著名的一段是泰蒙咒罵黃金(第四幕第三景)。金錢之爲害人間，古今中外的文學家類多慨乎言之。(我們的「晉書」隱逸「魯褒傳」內有一篇「錢神論」就是一篇出色的諷刺文。) 莎士比亞的這一段文字的確寫得深刻透徹。在資本主義形成的時候，金錢的勢力也許令人特別感覺得可厭。莎士比亞藉了泰蒙的瘋狂誕謾發揮了他的深刻的見解。但是我們沒有理由把泰蒙的恨世的看法全部的認定爲莎士比亞的主張。人性中含有可鄙的獸性，但是人不是獸。

30　朱利阿斯・西撒　(Julius Caesar)

「朱利阿斯・西撒」沒有什麼版本上的問題，因爲它初刊於一六二三年的「第一對折本」，前此並無「四開本」行世。此劇劇名爲 The Tragedie of Julius Caesar，但是在目錄上則爲 The Life and Death of Julius Caesar。此劇印刷上錯誤極少，爲莎氏劇中版本最優良的幾齣之一。中譯本常作「該撒大將」或「愷撒大將」，茲照英文原音直譯爲「朱利阿斯・西撒」。

一　著作年代

此劇可能是作於一五九九年。證據有四：

一、一個德國醫師 Thomas Platter 於一五九九年在英國旅行時有這樣的一段日記：『九月廿一日飯後，約二時，偕伴侶過河，於茅頂劇院中觀朱利阿斯大帝之悲劇，至少有演員十五人，演技甚佳。』（轉引自 E.K. Chambers: The Elizabethan Stage, II, 364–5）這是唯一的外證。

二、John Weever 之 The Mirror for Martyrs, or the Life and Death of Sir John Oldcastle 刊於一六〇一年，但據作者自述作於前兩年，內有如下之詩句：

The many-headed multitude were drawn
By Brutus' speech, that Caesar was ambitious.
When eloquent Mark Antony had shown

His virtues, who but Brutus then was vicious?

顯係襲用莎氏此劇之辭句。

三、Ben Jonson 之 Every Man out of His Humour 有句云："Then coming to the pretty animal, as reason long since is fled to animals, you know." 顯然是諷侃莎氏劇中安東尼的演說中的名句：

O judgment, thou art fled to brutish beasts
And men have lost their reason!

我們知道他在一部札記 Timber or Discovries（遺著於一六四一年刊）裏還批評過莎氏此劇，他說：

"Many times he fell into those things which could not escape laughter, as when he said in the person of Caesar, one speaking to him: 'Caesar, thou dost me wrong.' He replied: 'Caesar never did wrong but with just cause,' and such like, which were ridiculous."

可是莎氏劇中此處辭句與所引述者略有出入，莎氏劇云：Know, Caesar doth not wrong, nor without cause Will he be satisfied. 可能是莎氏改動了不妥的原文，亦可能是 Jonson 聽誤。

除了上述四項證據之外，我們還可注意一五九八年九月刊行之 Francis Meres 的 Palladis Tamia 曾列舉莎士比亞若干劇名，而並未包括「朱利阿斯·西撒」在內，可見爲此劇當時尙不存在之一反證。

二　故事來源

西撒的故事可能在莎士比亞以前即以小說、詩歌、或戲劇的形式而流行於世。例如，在一五八二年，就有一位 Dr. Richard Eedes 作 Epilogus Caesaris Interfecti，並曾在牛津大學上演。又如一五七九年刊的 Stephen Gosson 所作 School of Abuse 一書也提到關於西撒與龐沛的戲劇。無疑的，西撒的故事早已經人處理過，而且是莎士比亞所熟知的。

不過莎士比亞寫「朱利阿斯・西撒」，其主要故事來源只有一個，那就是普魯塔克的「希臘羅馬名人列傳」，此一古典傑作之原名如下：

The Lives of the Noble Grecians and Romanes, Compared together by that grave learned Philosopher and Historiographer, Plutarke of Chaeronea: Translated out of Greeke into French by Iames Amyot……and out of French into Englishe, by Thomas North.

這一部傳記的英譯本刊於一五七九年。作者普魯塔克生於紀元四十六年。書裏包括四十六篇希臘羅馬名人合傳，大部份於篇末附簡短之比較評論的文字。這些傳記不是正式傳記的體裁，常常缺乏正確的時間、地點、與事實的記載，只好算是傳記的或心理的研究。普魯塔克假設讀者早已知悉大部分的史實，他所致力的是人物描寫。所以他搜集名言軼事，他認為一個人的眞實性格往往在瑣碎的言行中表現出來，比轟轟烈烈的攻城略地的大事更能表現得淸楚。這樣的傳記正合於戲劇家的要求，因爲傳記本身注重人物性格描寫，已經有了濃厚的戲劇意味。莎士比亞從普魯塔克取得題材，有時甚至逐字逐句的襲取了普魯塔克。

莎士比亞利用了普魯塔克，但是他更進一步把故事編排得更緊湊生動。劇中最偉大的一景，安東尼發表演說煽動羣衆暴動的一景，可以說是莎士比亞的匠心獨運。把布魯特斯寫成爲一個斯多亞派哲學家，把凱西阿斯寫成爲一個伊比鳩派哲學家，這也是有趣而獨創的寫法。爲了戲劇的必需，莎士比亞把西撒於紀元四十五年九月凱旋羅馬至兩年後第二次腓力比戰役之間的史實大爲簡化。歷史人物的戲劇，其中的主人翁通常總是在第五幕死去而結束全劇，但是莎氏此劇至第三幕而西撒被刺，此後兩幕雖云有西撒的精神籠照，究是以布魯特斯等的覆亡爲主題，這也是莎士比亞融會普魯塔克幾篇傳記的結果。伊利沙白時代的觀衆對於政治是有興趣的，對於羅馬的政潮起伏的經過尤其感覺興趣。莎士比亞所編排的「朱利阿斯・西撒」正適合當時觀衆的要求。

三　舞臺歷史

前面提起過一五九九年九月二十一日此劇在圜球劇院上演，有一個德國人的日記記載着，應是此劇最初的上演紀錄。我們所知道的次一上演是在一六一三年，在宮庭；再次是一六三六——七年一月三十一日，在聖哲姆斯宮；在次是一六三八年十一月十三日，在鬪鷄場。不過此劇之廣受歡迎，並非上述幾個稀稀落落的記錄所能充分表示。

復辟後，此劇仍是常上演的幾齣莎士比亞戲劇之一。而且此劇是很少的幾齣莎士比亞劇之未受割裂改編者之一。十八世紀初，Robert Wilks 飾安東尼，James Quin 飾布魯特斯，均有優異之成績。Garrick 從未演過此劇，但是與他頡頏的 Spranger Barry 演安東尼却極爲出色。一七五〇年間，Peg Woffington 數度扮演波西亞，不過此一角色不甚重要，以後著名女演員甚少飾演。至十九世紀，則所有重要演員無不在此劇中露面。Kemble 叔姪與 Young, Macready 與 Davenport, Wallack, Charles Kean, J.B. Booth, Samuel Phelps, Beerbohm Tree 都演出過此劇中的主要角色。在美國最顯赫的演出是 Edwin Booth 與 Lawrence Barrett 在七十年代八十年代九十年代的登峯造極的雙雙的表演。

31 馬克白 (Macbeth)

一　著作年代

「馬克白」大約是作於一六〇六年。證據如下：

第一，莎士比亞的同時的一位醫生，名叫福曼(Simon Forman)，他留下了一部觀劇的記事簿，標題爲 "The Booke of Plaies and Notes Thereof"，裏面記載着於一六一〇年四月二十日在環球劇院觀看馬克白，並略述其情節。這是一個重要的證據，證明馬克白之寫作至遲不得過於一六一〇年。

第二，從劇情方面考察，此劇當是一六〇三年以後的產物，因爲一六〇三年是哲姆斯一世南下登極的那一年，而劇中情節有許多地方都是與哲姆斯一世登極後的情形有關，例如：全劇之蘇格蘭的風味，第四幕第一景中「二球三杖」之語，第四幕第三景中關於「瘰癧」的治療。以及關於巫婆的穿插，等等。

「馬克白」是作於一六一〇年與一六〇三年之間，是無可疑的了。第三，在第二幕第三景裏看門人的那段獨白，我們可以發見更有力的證據，證明「馬克白」是作於一六〇六年，因爲在那段獨白裏提到了兩件事，一件是關於「說雙關語者」，當係暗指一六〇六年三月間耶穌會徒 Garnet 被控一案，一件是關於因穀賤傷農而自縊的事，亦當係暗指一六〇六年的豐收。

二　版本歷史

「馬克白」在莎士比亞生時沒有付印過，一直到莎士比亞死後七年，即一六二三年，纔被收進對折本的全集裏。這本子的「馬克白」，在文字方面，舛誤甚多，有時將詩誤排爲散文，或任意割裂，不特音節凌亂，甚且意義毫無。此等舛誤在第二版對折本（一六三二年）裏改正了一些，有些後來經蒂拔爾德(Theobald)及其他校勘家改正，有些則至今仍成不可解的疑案。

第一版對折本之「馬克白」大概已不是莎士比亞原作之本來面目，無疑的是已經受過相當的改動，惟改動至若何地步則不易確定。有人以爲是會經彌德頓(Thomas Middleton)潤色過的，並且說可以指明其中非莎氏原作的所在，F.G. Fleay 便是這一派的有力的代表。彌德頓在一六一五年至一六二四年間曾繼莎士比亞之後爲皇家劇團編劇，潤改莎氏所作自然是在情理以內的事，不過若指劇中所有鄙陋粗拙之句爲必非莎氏原筆，則亦未免近於武斷。第一版對折本之「馬克白」大約是根據了經過删割竄改過的「舞臺本」而印的，故劇情有不聯貫處，音節有割裂處。至於彌德頓與「馬克白」間的關係，確切可以證明的是關於「妖婆」的那一部分。彌德頓所編「妖婆」("The Witch")一劇，是在一七七八年纔被發現稿本的，著於何年不可確定，有人以爲是作於「馬克白」之前，有人以爲在後。如係在前，則莎士比亞有抄襲之嫌；如係在後，則嫌在彌德頓。但此點可以不論，因無論其著作是在前在後，舞臺本之「馬克白」中關於妖婆的部分可以有被彌德頓竄動的可能，無論如何，第一版對折本之「馬克白」多少必有彌德頓的成分，殆無疑義。

「馬克白」在舞臺上一向是受歡迎的。復辟時代的日記家皮泊斯於一六六四年至一六六八年之間就看過了「馬克白」八次。不過到這時候「馬克白」已變了樣子，彌德頓的竄動僅僅是個開端，以後改動原作變成了風氣，莎氏劇中往往被羼入大量的樂舞以取悅當時的觀衆，所以「馬克白」幾乎有變爲「歌劇」的趨向，最能代表這種竄改風氣的是莎士比亞的義子 Sir Wm. Davenant 於一六七四年編的本子。

三　故事來源

「馬克白」的故事的綱領是採自何林塞（Raphael Holinshed）所編著「英格蘭與蘇格蘭史紀」("Chronicle of England and Scotland")。此書初刊於一五七七年，莎士比亞所根據的是一五八七年的再版改訂本。「馬克白」之歷史的事蹟差不多是完全取給於是。

莎士比亞不一定是第一個把馬克白的故事編爲戲劇的，在莎士比亞寫「馬克白」以前，這故事已經成爲文學的材料了。一五九六年八月二十七日書業公會的登記簿上記載着「馬克多白之歌」(Ballad of Macdobeth) 一項，而同時復記載着「馴悍婦」。此「馴悍婦」如爲一戲劇之名，則「馬克多白之歌」也許卽是「馬克白」之劇，不過我們究竟沒有確實證據來判斷所謂「歌」者是狹義的抑是廣義的。無論在形式上爲歌謠或戲劇，馬克白的故事是早已在文學上出現了。

關於蘇格蘭的歷史，在莎士比亞以前已有戲劇家發現了戲劇的材料。一五六七年掌管宮廷娛樂的官員曾有爲蘇格蘭王之悲劇製背景的記載；一六〇二年漢斯婁 (Henslowe) 在日記上又有蘇格蘭王瑪爾孔一劇之記載；與「馬克白」中考道伯爵叛變相類似的一段故事（卽 Gowry 之叛變），在一六〇四年亦已編爲戲劇。一六〇五年秋間哲姆斯一世偕后幸牛津，大學方面特於聖約翰學院大門前表演短劇以示歡迎，這短劇更是不容忽視的。這短劇的表演是先用拉丁文給國王聽，後改用英文給王后及太子聽。其內容大致是根據一羣巫婆向班珂預言他的子孫將有帝王之分那一段事。三個大學生穿起預言家的袈裟裝做巫婆的樣子，突然走到哲姆斯面前，告訴他說他們卽是當初向班珂做預言的巫婆，現在又回轉來了。然後這三個大學生舉起手來向哲姆斯敬禮高呼：

甲——敬禮了，你這統治蘇格蘭的王！

乙——敬禮了，你這統治英格蘭的王！

丙——敬禮了，你這統治愛爾蘭的王！

甲——法蘭西給你以尊號，還有別的國土，萬歲！

乙——不列顚向來分裂而今統一，萬歲！

丙——不列顚、愛爾蘭、法蘭西的大皇帝，萬歲！

莎士比亞的「馬克白」裏也正有類似的幾行，這次大學表演的脚本當時曾以紅絨裝幀分贈諸親貴，或者有一本是落在莎士比亞的手裏。他看出從這一段表演裏有編成一劇的可能，於是參照了何林塞的史記，「馬克白」因而鋪敍成篇了。

四　馬克白的意義

「馬克白」有什麼意義？批評家的解釋是不很一致的。約翰孫博士說：『野心的危險在此劇中有很好的描寫。』這是教訓主義的看法。德國批評家是常有離奇的解釋的，例如 H. Ulrici 說：『馬克白是超過一切的悲劇，莎士比亞在這劇中特別顯明的擁護着基督教的情緒，及一切事物的基督教的觀點。』如此看來，馬克白好像是表現野蠻與文明的衝突；這觀點之不合理，F. Kreyssig 駁斥得很清楚。大約近代的批評家全傾向於一種心理的解釋，朗斯伯萊(Lounsbury)的批評可以算是一個代表的——

『在馬克白裏，懲罰是加在那罪惡的丈夫和那罪惡的妻身上了。但這僅是附着而來的結果，若當做了目的來看，則在全劇進展上並不佔重要的地位。值得我們注意的是，罪惡一旦握着了一個人的靈魂，其逐漸使人變質的力量是如何偉大。這種力量在不同的性格上產生出不同的悲慘的效果，對於此種效果加以研究是非常饒有心理的與戲劇的意味的。』（戲劇藝術家之莎士比亞第四一五面。）

「馬克白」的意義卽在罪犯心理的描寫，由野心，而堅決，而恐怖，而猜疑，而瘋狂，這一串的心理變化，在這戲裏都有了深刻的描寫，這便是馬克白的意義。

但是除了這本身的意義與價值以外，莎士比亞當初寫這戲時或許尙有其他的用意，另有作用，簡言之，莎士比亞之寫「馬克白」也許完全是爲供奉內廷娛樂並且阿諛哲姆斯而作的，這一段經過也是不可不察的。

蘇格蘭王哲姆斯於一六〇三年南下創立斯圖亞皇朝。一六〇六年初夏丹麥王擬赴英格蘭拜訪，消息傳出，宮中爲之聳動，開始準備各種娛樂以宴佳賓。丹麥王是哲姆斯的內弟，自然要格外款待的。丹麥王於七月十七日到英，住到八月十一日，其間歡宴無虛夕，這是有記載可考的。莎士比亞所隸屬的劇團原是在哲姆斯保護之下的皇家劇團，召入內廷，獻技三次。三次所演的是什麼戲，雖然不得而知，但確知內中有一齣是新的作品，大約即是「馬克白」了。「馬克白」頗有急就章的痕跡。Hunter 說：『此劇頗似草稿性質，雖然不能說是未竣工的作品，但須修潤引伸之處甚多。』這說得很對。Bradley 教授亦曾指陳，「馬克白」僅有一九九三行，而「李爾王」則有三二九八行，「奧賽羅」則有三三二四行，「哈姆雷特」則有三九二四行，可見「馬克白」必非爲公衆劇院而作，必是爲私家或宮廷而寫。Dowden 亦贊同此說。

「馬克白」是含有多量的對於哲姆斯的阿諛。第四幕第一景所表演的「八王幻景」，以及第四幕第三景中「瘰癧」治療的一段之被羼入，這都是明顯的逢迎君主的鐵證，但最足以使哲姆斯心滿意足的一筆，則無過於關於妖巫的那些描寫。哲姆斯一世是一個極迷信的人，也深信世上眞有所謂巫蠱那樣的東西。他於一五八九年赴丹麥就婚，翌年歸國，往返均遭風浪，以爲巫婆作祟，遂大捕國內無辜老嫗，內有一嫗熬刑不過竟屈承『曾會同妖婆二百餘人……乘篩入海……希圖傾覆王舟』等語，於是株連益衆。鞫訊之日，哲姆斯親臨觀審，並且特製刑具以爲拷打之用。（詳見一五九一年「蘇格蘭紀聞」一書）審訊結果，全體被逼招供，處以絞刑，復焚其尸骸。一五八四年有名斯考特者刊印小冊，題爲「巫術的眞相」（"Discoverie of Witchcraft"），力斥巫術爲迷信之談，哲姆斯大忿，親撰「妖怪學」（"Demonologie"）一書以闢之，刋於一五九七年，此書在他登極時在倫敦是很流行的。第一次國會開會後八日就通過了嚴懲巫蠱的法律，斯考特的小冊且懸爲禁書。可見莎士比亞在「馬克白」中引入大量的巫術描寫，無疑的是爲迎合哲姆斯的心理。

莎士比亞寫「馬克白」原是爲供皇室娛樂，故內中雜以阿諛奉承之筆，然而這並無損於此劇的價值。此劇不僅奉承了哲姆斯，三百年來已供給了無數的觀衆以享樂，此劇原來之貴族的色彩早已隨着歷史而消失其重要了。巫術的描寫，在當初是劇中重要的一部，但就我們現在看來，重要的是描寫犯罪心理的部分。

32　哈姆雷特　(Hamlet, Prince of Denmark)

一　故事來源

十三世紀初有薩克梭格拉瑪提克斯著「丹麥史」(Saxo Grammaticus: "Historia Danica") 這書的卷三卷四便是哈姆雷特 (Amlethus) 的故事。這箇陋故事的內容與莎士比亞所作，微有出入，但大致仿彿。一五七〇年，法人貝爾佛萊（Francois de Belle-Forest Comingeois）譯薩克梭所述哈姆雷特故事爲法文，編入其所著「慘史」（"Histoires Tragiques"）卷五。「慘史」在法國行銷數版，但哈姆雷特故事至一六〇八年始有英譯本，譯者爲托瑪士帕維爾（Thomas Pavier），自「慘史」中摘譯而成「哈姆雷特之歷史」（The Hystorie of Hamblet）。但在此英譯本以前，哈姆雷特的故事似早已出現於英國舞臺之上。一五八九年似已有哈姆雷特之故事上演，因是年印在格林的「曼那風」（Green: Menaphon）卷首之那施（Thomas Nash）的一封公開信提起了這樣的一齣戲。在一五九四年漢斯婁（Henslowe）又於六月九日的日記上記載着這樣的一齣戲。此最早之哈姆雷特一劇，今已佚，亦不知其誰人之作（或疑爲Kyd 作品），而莎士比亞曾受此劇之暗示與影響，則無疑義。一七八一年有德文本「哈姆雷特」印行，係根據一七一〇年之手抄本而印行者，標題爲"Der Bestrafte Brudermord oder Prinz Hamlet aus Daennemark"。此德文本似即是十七世紀初年英國演員在德國獻藝時所用之脚本，而考其內容，則又似是英國已佚之最早的「哈姆雷特」的德譯本。此德譯本內容粗陋，殊無足取，當係莎士比亞的「哈姆雷特」以前的作品。

二 著作年代

莎士比亞的「哈姆雷特」的著作期，最早不能過一五九八年，最晚不能過一六〇二年七月。一般考證的結果，認定是大約作於一六〇一至一六〇二年間。

密爾士智慧的寶藏（Meres: Palladis Tamia）印行於一五九八年，曾列舉當時莎士比亞名劇十二種，而「哈姆雷特」不在內。故斷定最早不能過一五九八年。

「哈姆雷特」最初見於書業公會登記簿(The Stationers Registers)是在一六〇二年，雖未標明作者名姓，但注明是張伯倫勳爵保護下之劇團所用之劇本，故指莎氏所作無疑。此最初登記之「哈姆雷特」於一六〇三年出版，印有莎士比亞之名，即所謂「第一版四開本」，亦即莎氏之初稿。故斷定最晚不能過一六〇二年。

更就內部證據而論，亦可斷定「哈姆雷特」之年代。「哈姆雷特」中常提起西撒大將，關於鬼神迷信之事，以及復仇之觀念，二劇頗多相通之點，故「哈姆雷特」必緊接「西撒」之後而成，而「西撒」確作於一六〇〇至一六〇一年間。再哈姆雷特攻擊童伶之時尚，而童伶之得勢確始於一六〇〇年與一六〇一年之間。莎士比亞所隸屬之張伯倫勳爵劇團，於一六〇一年在宮廷失寵，或有哈姆雷特中所描寫之遊行獻藝之舉，亦正未可知。再就作風考察，亦與上文所擬定之年期恰合。故斷定此劇大約作於一六〇一至一六〇二年間。

三　版本歷史

最早的「哈姆雷特」是一六〇三年的「第一版四開本」。一六〇四年又刊印了「第二版四開本」，在標題頁上注明『按照眞確善本重印，較舊版增加幾乎一倍』。這兩種四開本的相互的關係，頗引起一般考據家的紛爭。第一版四開本只及第二版之半，並且內容支離凌亂，與第二版頗有歧異之處，對於哈姆雷特的性格描寫部分亦較粗陋不全。但主要的故事結構，第一版四開本是都具備了，第二版四開本於想像部分則大事增加，故前後二本，優劣顯然。

兩種版本何以有如許的差異呢？

第一版顯然的是「盜印本」，必是用速記法在劇院隨聽隨記的，所以舛誤甚多。但考其舛誤的性質，又不像全是由聽覺上的錯誤而來，有些地方明白的是抄寫人的筆誤。所以僅僅說第一版是「盜印本」，並不能完全解釋兩種版本的異文的根由，就內容論，有些瑣細的情節以及人名等等，兩種本子都有出入的地方。這可以證明第一版四開本與第二版四開本乾脆的是代表兩種底稿。第一版誠然是盜印的，但第二版並非僅僅改正第一版的錯誤。第二版乃是莎士比亞就初稿大加增潤的改稿。所以第一版是初稿，第二版是定稿。初稿在許多情節上與傳說的哈姆雷特故事很是接近，所以初稿是莎士比亞按照已佚的哈姆雷特舊劇改編而成，亦未可知，因爲我們知道莎士比亞常常是改編舊劇的。有人疑心第一版根本不是莎士比亞的手筆，這在未得滿意的證據之前，殊無置信之必要。

自「第二版四開本」刊行以後，「哈姆雷特」大受歡迎，新版陸續刋行，內容則大致無變動，僅字之拼法逐漸革新。一六〇五年之「第三版四開本」完全是重印第二版。「第四版四開本」刊於一六一一年。「第五版四開本」無年代，顯係重印本。「第六版四開本」刋於一六三七年，係第五版之重印。以後仍有許多四開本之刋行，現今統稱之爲「演員四開本」。

「第一版對摺本」刋於一六二三年，是爲莎士比亞作品第一次刋行之全集。「哈姆雷特」佔該本第一五二至二八〇頁。對摺本之劇文中，有約八十五乃至九十八行之數，爲「第二版四開本」所無者，但亦有二百一十八行見於「第二版四開本」，而爲對摺本所無者。此外無何差異，大概經二十年舞臺上之經驗，劇本難免不有增刪之處。故「第二版四開本」爲詩人莎士比亞之作品，對摺本則舞臺經理莎士比亞之作品，前者較多文學意味，後者更合舞臺需要。在校對方面，對摺本較四開本爲精審。

第二版對摺本刊於一六三二年，改正第一版之誤植。第三版刊於一六六三年，並一六六四年；第四版刊於一六八五年。內容均仍舊。

四開本之哈姆雷特均不分幕分景，對摺本僅分至第二幕第二景爲止。至一七〇九，桂冠詩人羅氏(Rowe)編莎士比亞全集出版，始將全劇分幕分景，添註演員之上場下場，及許多必要之「舞臺指導」，並劇中人物表。

四　舞臺歷史

「哈姆雷特」一起始就是很受觀衆歡迎的一齣戲，在「第一版四開本」的標題頁上就標明了常常上演的地方不僅是倫敦，還有劍橋、牛津及其他各處。李查白貝芝是第一個善演哈姆雷特的名伶。據說，莎士比亞自己還演過這齣戲裏的鬼。復辟時代最偉大的莎士比亞演員白特頓(Betterton)亦以演哈姆雷特著稱。一七四二年偉大的演員加立克(Garrick)開始演哈姆雷特，直至一七七六年從劇院退休時止，獨擅絕技，一時無兩。加立克所用的「哈姆雷特」脚本，是經過他自己刪改的，今已不存。一七八三年著名的坎布爾(J.P. Kemble)開始演哈姆雷特，態度嫻雅，歌德譽之爲「最好的哈姆雷特」。一八一四年濟恩(E. Kean)繼起，熱情流露，另爲一派之表現，影響及於 Macready, Fletcher, Edwin

Booth, Henry Irving 諸名家。

五　哈姆雷特問題

「哈姆雷特」在戲臺上是一齣很動人的戲，在伊利沙白時代如此，在現代仍然如此。觀衆大概都感覺這戲的偉大，雖然各人對這偉大的解釋是很不同。但是把「哈姆雷特」當做文學作品而精細加以研究的人，便要發見「哈姆雷特」在情節上在描寫上頗有矛盾缺漏的地方。例如，照劇中文字推算，哈姆雷特該是三十歲，他的母親該在五十歲左右了，而仍有亂倫之行，毋乃不倫？哈姆雷特之愛奧非里阿在父死之後不久，亦殊不近情理。何瑞修爲哈姆雷特之契友，何以到丹麥參加殯喪，差不多過了一個月纔與哈姆雷特相晤？何瑞修較哈姆雷特年長，且熟悉丹麥老王生前之事，何以又似非丹麥土著，竟不知丹麥宮庭縱酒之風？何瑞修究竟是丹麥人呢，還僅是威登堡的一個學生呢？哈姆雷特的母親，對於謀殺國王的事情，是否參加的呢？哈姆雷特對於奧菲里阿的愛情是否眞的？如是眞的，何以忽然又不愛她？更何以對她言談那樣的粗暴？在第一幕中鬼是人人都看見的，在第三幕又何以哈姆雷特看見而王后看不見？派哈姆雷特赴英格蘭，原是國王秘計，何以哈姆雷特似已知情，並知有秘信？如已知情，何以國王告以使命之時，又有驚異之狀？如其驚異係屬佯做，但彼究何以預知有吉羅二人伴行？秘信尚未寫，何以知有秘信？哈姆雷特之瘋，是眞瘋，是假瘋，還是半眞半假？如係眞瘋，何以不似眞瘋？如係假瘋，何以必須假瘋？哈姆雷特的性格，是英勇，還是憂鬱？是果決，還是遲懦？既欲爲父報仇，何不逕殺新王？何以延至四月之久，始於無可奈何之中與彼偕亡？凡此種種問題，有的我們可以設法代莎士比亞答解，有的直無從解釋。其中比較的最成爲問題的是最後一個。爲什麼哈姆雷特不立刻報仇？這是『哈姆雷特問題』的核心。

哈姆雷特見鬼的時候，天氣正在嚴寒，奧菲里阿埋葬的時候，花草正在繁茂，這其間至少要有四個月的光景。爲什麼哈姆雷特要忍耐這四個月？若說哈姆雷特在事實上沒有殺國王的機會，這理由殊爲薄弱，因爲哈姆雷特可以佩劍出入宮庭，國王並無戒備，要下手是隨時可能的。事實上王禱告的時候，哈姆雷特本想下手而又饒了他，後來殺普婁尼阿斯也是誤認做國王殺的。所以哈姆雷特之不早下手，非事實上的困難，而必是另有深藏的原因在。

歌德在 "Wilhelm Meisters Lehrjahre" IV iii–xiii V iv–xi 說：『據我看莎士比亞的原意是想要在這戲裏表現出一樁大事放在一個不適於施行的人身上所發生的效果。據我看全戲便是在這觀點下創作的。一棵大橡樹栽在一個值錢的瓶子裏，而這瓶只合插進幾枝鮮花：樹根膨脹，瓶可就碎了。』歌德把哈姆雷特看做一位公子，不是一位英雄，報仇的事他不配幹，所以遷延不決。這解釋似乎太簡單。

科律己在他的莎士比亞講演札記裏說：『哈姆雷特是勇敢不怕死的；但他因多感而猶預，因多慮而延遲，因決心的果斷而消失了行動的力量。』科律己是遵從施萊格耳的學說，以哈姆雷特爲一思想特別發達的人，所以行動特別遲緩。但是報仇的事有什麼可思索顧慮的呢？

烏里契(Ulrici: "Shakespeares dramatische Kunst" 英譯本二一八頁）說：『雖然國王的確有

殺兄之罪，但照基督教的意義講來，不經審判而自己動手殺他仍然是件罪惡。所以在哈姆雷特心裏我們可以看出基督徒與自然人的鬬爭……。』他驀地提出基督教的問題，却又是一種新鮮的解釋。

維爾德（Karl Werde: "Vorlesungen über Shakespeares Hamlet"）最有力量的駁斥歌德的學說。他在第四七頁說：『悲劇的復仇必須要有懲罰，懲罰必須要有公理，公理必須要令世界週知，所以，哈姆雷特的目標不是王冠，其首要義務亦不是殺死國王；他的事業乃是公正的懲罰殺父的兇手，雖然這兇手在世人心目中毫無嫌疑，他並且還要把自己處分之合理令丹麥民衆認爲滿意。』哈姆雷特所以不殺國王者，正欲留其活口，以爲異日迫其招供服罪之餘地。這解釋對於劇中情節似乎顧慮周到，較歌德一派的主觀見解略勝一籌了。但是戲文自始至終並沒有說哈姆雷特要設法向民衆證實國王之罪或設法執付有司；不特此也，哈姆雷特始終是口口聲聲的說要自己動手報仇。這情形維德爾又何以解釋？

柏拉德萊教授（A. C. Bradley）在莎士比亞的悲劇第三講裏採取一種心理的觀點，認爲哈姆雷特是有「憂鬱症」，對於人生及人生中一切均抱厭惡悲觀之態度，所以任何事都不能迅速敏捷的去處置。這是最新的一種解釋。這或者也許是比較最滿意的解釋。

無論怎樣解釋，「哈姆雷特問題」至今仍然不能消滅，因爲戲文中缺憾太多，所以問題總是存在的。我以爲這些問題不必定要解決。劇情的缺憾，就由它成爲缺憾。莎士比亞在藝術上的缺憾，我們原沒有必需設法彌補的。莎士比亞寫「哈姆雷特」原不是一氣寫成的，寫成後原不曾想印出來給人推敲，因爲不是一氣寫成的，所以第一版四開本和第二版四開本便是兩個樣子。初稿中的哈姆雷特便接近傳統故事中的哈姆雷特，亦接近 Kyd 一派「流血悲劇」「復仇悲劇」中的英雄。莎士比亞改稿之後，哈姆雷特的面目大變，不是一個單純的英雄，而是一個多思想的少年了。這改稿之間，難免不有顧此失彼和前後不貫之處，所以「哈姆雷特問題」也許正是大半由於改稿而起，亦未可知。定稿之後，在舞臺上一試成功。觀衆並不能發現漏洞，莎士比亞自然也就滿意，那有閒情逸致再咀嚼劇情上的瑣節。所以「哈姆雷特」之有問題。莎士比亞自己或許從不會發覺。後人聚訟，豈非徒然？心理分析學派且以哈姆雷特爲「兒的婆斯錯綜」之一例，益爲離奇！「哈姆雷特問題」還是交給考據家去研究，以哈姆雷特爲文藝而加以研究者，只須知其問題所在便可，固無須必先解答哈姆雷特之謎始足以言欣賞。(G.F. Bradby: The Problems of Hamlet, 1928. 提出問題所在，並試說明問題之所由來，亦不主强爲解釋，立論最警闢。)

33　李爾王 (King Lear)

一　版本歷史

「李爾王」最初在書業公會註冊簿登記的日期，是一六〇七年十一月二十六日，旋於一六〇八年出版，是爲「第一四開本」，其標題頁如下：

M. William Shakespeare: His True Chronicle Histories of the life and death of

King Lear and his three Daughters. With the unfortunate life of Edgar, son and heir to the Earl of Gloucester, and his sullen and assumed humor of Tom of Bedlam: As it was played before the Kings Majesties at Whitehall upon S. Stephans night in Christmas Holidays. By his Majesties servants playing usually at the Globe on the Bancke-side, London, Printed for Nathanael Butter, and are to be sold at his shop in Pauls Church-yard at the sign of the Pide Bull near St. Austins Gate. 1608.

此本現存者僅有六部，而其內容則六部並不一致，正誤之處非常凌亂，其中只有兩部內容完全相同。此本排印出版之倉卒可以想見。

但同於一六〇八年另有一四開本「李爾王」出現，內容大致相同，惟訛誤較前述本更多，殊無獨立價值。此本標題頁僅列出版人名姓而無地址，故「第一四開本」有 “Pide Bull edition” 之稱，無地址之四開本則爲「第二四開本」，又稱 “N. Butter edition”「第二四開本」大約是襲取「第一四開本」而成，此兩種版本間之關係，劍橋版莎士比亞集之編者闡述綦詳。有些學者還以爲「第二四開本」乃一六一九年之出品，標題頁雖標明「一六〇八」字樣，而實係僞託云云。

一六二三年「第一對折本」出版，其二八三面至三〇九面即爲「李爾王」。據 D. Nicol Smith 之估計，「四開本」約有三百行爲「對折本」所無，「對折本」亦有一百一十行之數爲「四開本」所無。其出入若是之鉅，二者關係究竟若何，實爲莎士比亞版本批評上難題之一。據一般學者研究之結論，「四開本」大概是在宮廷表演時的速記盜印本，而「對折本」則係經過删削之劇院實用脚本。但「對折本」往往保存了「四開本」的舛誤。這事實頗難解釋，也許是排印「對折本」的時候參考了「四開本」的緣故罷。

就大致論，「對折本」絕對的優於「四開本」。不過「四開本」亦有可取之處。例如：第四幕第三景爲「對折本」所全删，是很可惜的。現代通用的本子，大概全是集二者之長編輯而成。

英國復辟之後，經德萊頓之提倡，莎士比亞戲劇往往改編上演，以適合當時戲劇之環境。故當代桂冠詩人泰特(Nahum Tate)遂改編「李爾王」，於一六八一年出版並上演。此改編本，以愛德加與考地利亞相戀愛，並以情人團圓李爾復位爲煞尾，中間復羼入新景，「弄臣」一角則完全取消，與莎氏劇之本來面目大相逕庭。然後改編本霸佔舞臺一百數十年，直至一八二三年名伶 Edmund Kean 始恢復悲劇結局，然猶未恢復「弄臣」一角；十五年後名伶 Macready 始完全恢復莎氏劇之本來面目。到如今，改編本已成歷史上的陳跡了。

「對折本」之「李爾王」已有幕景之劃分。一七〇九年 Nicholas Rowe 編莎氏全集出版，爲最初之近代編本，在版本方面雖僅知依據「第四對折本」，無大貢獻，然其改新拼音，標點，加添劇中人物表，及劇中人物上下等等之舞臺指導，則厥功殊偉。「李爾王」之版本歷史至此可告一段落。自 Rowe 以後之各家編本則據 Furness 所列截至一八七〇年已不下三十餘種，益以最近數十年間出版之編本，當在六十種以上。

二　著作年代

「李爾王」之作大約在一六〇五之末或一六〇六年之初。其重要證據如下：

（一）據書業公會註冊簿，此劇初演係在一六〇六年十二月二十六日。

（二）愛德加所說的幾個魔鬼的名字係引自 Harsnet's "Declaration of Egregious Popish Impostures." 而此書乃一六〇三年出版者。故知「李爾王」之作不能早於一六〇三。

（三）第一幕第二景提起關於日蝕月蝕的話，這或者與一六〇五年九月間之月蝕及十月間之日蝕有涉的。

（四）據文體考察，「李爾王」當是莎氏晚年最成熟作品。例如：有韻脚之五步排句極少，僅有三十七對；不成行之短句有一百九十一行之多，爲莎氏劇中最高紀錄；散文所佔分量亦鉅。

平常在宮廷出演之劇，率皆新作，故「李爾王」既於一六〇六年冬演出，則姑斷其著作年代爲一六〇五或一六〇六，諒無大誤。

三　故事來源

關於「李爾王」的故事其來源甚古，自 Geoffrey of Monmouth: Historia Britonum 以降，以詩體及散文體轉述此故事者不下十餘家。但莎士比亞確曾利用過的材料恐怕也不外下述幾種：

（一）Holinshed's Chronicles——何林塞的史記出版於一五七七年，再版於一五八七年，莎士比亞戲劇之歷史材料常取給於此。李爾王的故事見該書英格蘭史卷二第五第六章。在這裏，李爾沒有瘋，沒有格勞斯特一段穿插，沒有放逐化裝之坎特，也沒有弄臣，也沒有悲慘的結局，故事的綱要略具於是，莎士比亞無疑的是讀過的。

（二）"The Faerie Queene"——斯賓塞的「仙后」之前三卷刊於一五九〇年，卷二第十章第二十七至三十二節便是李爾王的故事。在考地利亞這一個名字的拼法上，斯賓塞與莎士比亞是一致的。還有，國王之無意識的問詢三女之愛，及考地利亞之死於絞殺，這兩點也是斯賓塞的創造而莎士比亞採用了的。

（三）在莎士比亞寫「李爾王」之前，李爾王的故事已經被人編爲戲劇而上演了。一六〇五年出版的 The True Chronicle History of King Leir, and his three daughters, Gonorill, Ragan and Cordella. 作者不明。其內容完全按照傳統的李爾故事加以戲劇的安排罷了。此劇是莎士比亞所熟知，殆無疑義，莎士比亞不但襲用了此劇中一大部分的結構，卽字句之間亦有許多地方雷同。所以此劇可以說是莎氏劇的藍本。不過莎士比亞自出新裁的地方仍然很多，這是在比較之下就可以看出來的。

（四）Sidney's Arcadia——西德尼的小說「阿凱地亞」刊於一五九〇年，第二卷第十章有一段故事，與李爾王中格勞斯特一段穿插極爲類似，故曾予莎士比亞以若干暗示，殆無疑義。

上述四種，爲「李爾王」之主要來源，但劇中尚有一大部分則純爲莎士比亞之創造，例如悲慘的結局，弄臣之插入，格勞斯特故事之穿插，李爾之瘋狂，皆是。在這些地方，我出可以看出莎士比亞的編劇的手段。

四　藝術的批評

批評家大概都認定「李爾王」是一部偉大作品，但為什麼偉大呢？

詩人雪莉在「詩辯」裏說：『近代作品常以喜劇與悲劇相攙和，雖易流於濫，然實為戲劇的領域之一大開展；不過其喜劇之成分應如「李爾王」中之有普遍性，理想的，並且有雄壯之美，方為上乘。卽因有此原則，故吾人恒以「李爾王」較優於兒底婆斯王與阿加曼姆農。……「李爾王」如能經得起此種比較，可謂為世上現存戲劇藝術之最完美的榜樣。』雪莉此言是專從悲劇喜劇之混和一點立論。哈茲利特(Hazlitt) 則更籠統的說：『「李爾王」為莎士比亞戲劇中之最佳者，因在此劇中莎士比亞之態度最為誠懇之故。』像這一類絕口讚揚的批評，我們還可以舉出斯文本 (Swinburne)，雨果(Hugo)，布蘭兌斯 (Brandes) 等等。

「李爾王」之所以偉大，宜從兩方面研究，一為題材的性質，一為表現的方法。

「李爾王」的題材是有普遍性永久性的，這戲劇描寫的乃是古今中外無人不密切感覺的父母與子女的關係。父母子女之間的倫常的關係乃是最足以動人情感的一種題材。莎士比亞其他悲劇的取材往往不是常人所能體驗的，而「李爾王」的取材則絕對的有普遍性，所謂孝道與忤逆，這是最平凡不過的一件事。所以這題材可以說是偉大的，因為它描寫的是一段基本的人性。

單是題材偉大，若是處置不得當，仍不能成爲偉大作品。但是我們看看莎士比亞佈局的手段。

T.R. Price 教授說得好：

『「李爾王」的故事本身，自分析國王並與考地利亞爭吵以後……僅僅是一篇心理研究。……只是一幅圖畫，描寫一個神經錯亂的老人，因受虐待而逐漸趨於頹唐，以至於瘋狂而死。……所以這故事本身缺乏戲劇的意味，這是莎士比亞所熟知的，絕不能編配成劇的。我想卽因此之故，莎士比亞乃以格勞斯特與哀德蒙的故事來陪襯李爾與考地利亞的故事。……經過此番揉和，故李爾個性的描寫以及其心理潰壞的寫照成爲此劇美妙動人之處，而哀德蒙的情緒動作以及其成敗之迹乃成爲戲劇的骨格與活動。』（見 PMLA, Vol. ix, 1894, pp. 174–175.）

這一段話非常中肯，兩個故事的穿插配合不能不說是成功的技巧。

再看「李爾王」的煞尾處，莎士比亞把傳統的「大團圓」改爲悲慘的結局，雖因此而爲十八世紀的一些批評家所詬病，但以我們的眼光來看，「詩的公理」在此地是沒有維持之必要的。Tate 的改編本雖然也有一百五十七年的命運，終歸經不起 Lamb 的一場奚落！

就大致論，李爾王的題材與表現都是成功的，不媿爲莎氏四大悲劇之一。不過短處仍是有的，如 Bradley 教授所指示，至少有下列數端：

（一）格勞斯特之當衆挖眼是太可怕的。

（二）劇中重要人物過多；故近結尾處過於倉促，於第四幕及第五幕前半部爲尤然。

(三) 矛盾或不明晰處過多，例如：

甲、愛德加與哀德蒙住在同一家中，何以有事不面談而偏寫信？

乙、何以愛德加甘受乃弟矇騙而不追問買怨之由？

丙、格勞斯特何以長途跋涉至多汶僅爲覓死？

丁、由第一景至李爾與剛乃綺衝突，僅兩星期，而傳聞法兵登岸，據坎特謂此乃由於李爾受其二女虐待所致，但事實上瑞干之虐待李爾僅前一天之事，傳聞毋乃太速？

戊、李爾怨剛乃綺裁減侍衛五十名，但剛乃綺何曾言明數目？

己、李爾與剛乃綺各派使者至瑞干處並候回信，而李爾與剛乃綺亦均急速趕赴瑞干處，何故？

庚、愛德加何以不早向盲目的父親自白？

辛、坎特何以化裝至最後一景？自謂係有重要意義，究係何故？

壬、何以白根地有先選考地利亞之權？

癸、何以哀德蒙事敗之後良心發現不早解救彼所陷害之人？

(四) 動作背景之確實地點，殊欠明瞭。

當然此等瑣細處之缺憾，不能損及此劇之偉大，然缺憾如此之多，恐怕就不能使此劇成爲「完美的」的藝術品了。Bradley 教授說：『此劇爲莎士比亞最偉大之作品，但並非如哈茲利特所說，「最佳的作品」。』此語可謂不易之論。

托爾斯泰曾嚴酷的批評莎士比亞，以爲不能稱爲第一流作家，即以「李爾王」例曾詳加剖析，謂莎士比亞之作實遠遜於其藍本，這可以說是很大膽的批評。但至少在兩點上托爾斯泰的意見是不無可取的，一是莎士比亞的文字太嫌浮誇矯飾，太不自然，太勉强，一是李爾王的事蹟太不近人情，太不自然，太牽强。這是任何公正的讀者都有同感的罷？

34 奧賽羅 (Othelo, the Moor of Venice)

一 著作年代

「奧賽羅」是莎士比亞的四大悲劇之一，其著作的年代，最早不過一六〇一年，最晚不過一六〇五年，換言之，正是在莎士比亞的思想和藝術最成熟的時候。現在一般批評家所公認的，是一六〇四年。

就「外證」論，最有力的證據是一八四二年 Peter Cunningham 用莎士比亞學會的名義刋印的一部宮廷娛樂簿記('The Revel's Accounts')，此種簿記原是宮廷演劇費用支出的帳簿，前此已被利用過，據以論斷莎士比亞的著作的年代，但是 Cunningham 所發表的這一部簿記却是前此未被發現的一部分，據說這是「第十二冊」，內中記載斷自一六〇五年十一月。在該簿記的第二〇三頁上我們看見關於「奧賽羅」的一段驚人的記載，這段記載雖然冠以『一六〇五年』字樣，但據其他記載之比較研究，則「奧賽羅」實於一六〇四年十一月一日演於內廷。馬龍於一八二一年就發表過一段議論，懸擬（奧賽羅）的最初公演在一六〇四年，至是我們始得一確證。可惜的是，Cunningham 是一個非常狡獪的人，慣做僞據以愚人，他所據以刋印宮廷娛樂簿記的原本，現已不知下落，但據當時專家審閱的結論，以爲簿記是眞的，而關於莎士比亞的記載却是很可疑的。很多批評家斷定這是僞據，可是最近的學者如 E. K. Chambers 等又有承認其爲眞實文件的趨向。

再有一點值得注意的，「奧賽羅」裏有許多詞藻句法很明顯的是借自蒲林尼「自然史」之英譯，而該英譯是在一六〇一年刋行的，故「奧賽羅」之著作，當不能早於一六〇一年。

就「內證」論，我們看出第一版四開本的「奧賽羅」（刋於一六二二年）的內容和第一版對折本中的「奧賽羅」有一點頗有意義的出入，那便是四開本裏有許多咒罵發誓的詞句，而對折本則對於這些地方大事改削。可見得這是一六〇五年政府禁止戲劇界瀆褻神明的禁令的效果。四開本是根據最初演劇時使用的稿本印的，所以內容仍保持本來面目，而對折本必是根據一六〇五年以後曾經改削過的版本。故「奧賽羅」之作不能遲於一六〇五年，殆無可疑。

二　版本歷史

「奧賽羅」作於一六〇四年，以後曾屢次公演。是年十一月一日演於內廷白宮之宴會廳；一六一〇年四月三十日演於圜球劇院，觀劇者有德國威登堡之弗得利克親王；一六一三年二月間，於伊利沙白公主婚典時亦曾出演。此劇雖然是受歡迎，然於莎士比亞生時却從未付印，這也是一件怪事。

此劇之最初印行是一六二二年，是爲第一版四開本，其標題頁如下：

The Tragedy of Othello. The Moore of Venice. As it hath been diverse times acted at the Globe, and at the Black-Friers, by his Majesties Servants. Written by William Shakespeare. London.……

發行人的名字叫 Thomas Walkley，他在卷首寫了一短篇致讀者書，聲明「著者已死」，發行由彼自己負責云云。

翌年第一版對摺本出。

一六三〇年，第二版四開本出，內容係根據第一版四開本而又參酌對摺本修改而成，其修改處有合理者，亦有滑稽不通者。

一六五五年，第三版四開本出，係第二版之重印，殊無價值。所以，只有第一版四開本與對摺本有研究之價值，因爲這是兩個不同的版本。

第一版四開本與第一版對摺本優劣殊不易言。其差異處大約有兩項：（一）四開本之文字較近當時之方言，例如對摺本中之 have been 二字在四開本即拼作 ha bin'，此外如 em 代替 them, handkercher 代替 handkerchief 不勝枚舉。（二）對摺本大約有一百六十行爲四開本所無，而四開本亦有十餘行爲對摺本所無。此外文字中之差異，則互有優劣，未可强分軒輊。四開本大概是根據排演脚本而印，印時復有遺漏，故行數較少。

三　故事來源

意大利的短篇小說(novella)在伊利沙白時代的英國是很流行的，尤其是班戴婁(Bandello 1480–1561)和欽蒂歐(Cinthio 1504–73)的作品。這一派作品，繼承Boccaccio的風格，以描寫中產階級人物之形形色色爲務，故常爲寫實的，故到了莎士比亞手中往往就成了喜劇的好材料。而「奧賽羅」是例外，「奧賽羅」是根據這樣一篇小說編成的，但成了最偉大的悲劇之一。

欽蒂歐作故事百篇(Hecatommithi)，述一五二七年羅馬被掠後十個男女航海逃至馬賽時所講的故事，刋於一五六五年。這部集子，同「十日談」一般，是按照性質分組的，第三組的總標題是「夫與妻之不忠實」，「奧賽羅」的故事正是這第三組的第七篇。這故事對於莎士比亞是熟習的，因爲當時雖然沒有英文譯本出現，法文譯本在一五八四年是就刋行了的。

莎士比亞編過的劇情和意大利原文的情節微有出入。（一）動作在原文裏是較爲遲緩，摩爾與德斯底蒙娜在威尼斯已安居多日，然後纔有陰謀。（二）在原文裏，旗手私戀德斯底蒙娜而不得逞，遂以爲係卡希歐（營長）從中作梗，並以爲德斯底蒙娜亦愛卡希歐，故陰謀陷害以爲洩忿之計。（三）旗手之妻實參預其謀。（四）原文中營長家裏有一婦人描繪手絹之繡花樣，而莎士比亞劇中描繪花樣之事則係交托娼婦畢安卡充任，且伊又拒絕描繪。（五）關於德斯底蒙娜之死及其後事，原文與莎氏劇亦逈異。（六）政治的及軍事的背景，原文中幾全未備。莎士比亞利用一五七〇年之土耳其人攻略塞普勒斯之舉為全劇動作之背景。（攻塞普勒斯之役在欽蒂歐作品發表之後）。

四　奧賽羅的特點

此劇之特點，據布拉德萊（Bradley）教授看，可分做六點來說。第一，在結構方面此劇為莎士比亞作品中之最完整者，且其方法亦甚奇特。「衝突」發生得很遲，劇情進展甚速，逐步推演以迄於最後悲慘之結局；衝突開始之後，毫無「喜劇的調劑」之可言；一般讀者的感想總覺得「奧賽羅」裏沒有眞正的丑角。第二，性慾方面的嫉妒是極强烈的一種情感，「奧賽羅」因誤會而妒火狂熾，以至於犯罪，這題材是極動人的。「嫉妒」不比「野心」，「嫉妒」本身是可羞恥的，嫉妒可使人變獸。一個偉人，因妒而殺，殺死的又是最溫柔的女子，這是比別種謀殺都要悲慘的。第三，德斯底蒙娜的消極忍受也是一個特別苦痛的因素。她的無辜的受害，並且無告的受苦。第四，劇情的進展完全是依賴阿高的陰謀詭計，以陰謀詭計為劇情之中心者，「奧賽羅」殆為唯一之例。讀此劇者無不靜心屏息以觀其最後之結局，佈局若是之引人入勝，「奧賽羅」在莎氏劇中絕無倫比。第五，莎氏其他重要悲劇類皆描寫較悠遠之事蹟，惟「奧賽羅」則寫當時之近事，實為近代生活之描寫。土耳其攻塞普勒斯乃一五七〇年間事。並且劇情為家庭慘變，較以國家大事為題材者更易引人之領略傷感。第六，劇情範圍甚為狹隘，而黑暗的命運的勢力則逼人而來，令人無從脫逃。依阿高之計固毒，然非機緣巧合則其計亦不得售，好像命運也在幫助着惡人。這是莎氏別的悲劇所不能給的一種印象。（莎士比亞的悲劇第一七七至一八三面。

布拉德萊的批評的確是很精當的。在藝術方面講，「奧賽羅」是莎氏悲劇中最完美的一篇，最富戲劇性，編製得最緊湊，但不一定是最偉大的一篇。「奧賽羅」和「李爾王」正相反，「李爾王」是極偉大的，但在藝術上不是最完美的。「奧賽羅」是以緊張的形式講述了一段離奇的故事；「李爾王」是以鬆懈的形式講述了一段動人的故事。「奧賽羅」使我們慘痛；「李爾王」使我們哀傷。

35 安東尼與克利歐佩特拉 (Antony and Cleopatra)

「安東尼與克利歐佩特拉」是莎士比亞的戲劇中之最長的一部，計三千九百六十四行(據 Shakespeare Society Transactions, 1874, p.354) 也是分景的數目最多的一部，計五幕三十八景(據牛津本)。這齣戲是莎士比亞的三大羅馬劇之一，介於 Julius Caesar 與 Coriolanus 之間。這部作品，就整體而論，可能比莎士比亞的被公認的四大悲劇略有遜色，但其絢爛多姿之處在全集中仍佔着傑出的地位。

一 著作年代與版本

這部悲劇大概是作於一六〇七年之末或一六〇八年之初。

一六〇八年五月二十日書業公會登記簿上有兩項記載，書商 Edward Blount 同時登記了兩部劇本，一是 The booke of Pericles prynce of Tyre，另一部便是 Anthony and Cleopatra。雖然沒有寫明著者姓名，但顯然的即是莎士比亞的作品。前一部劇本翌年（一六〇九）出版，後一部則似乎是從未付印，可能是被劇團阻止，亦可能是已出版而未流傳至今，但後一可能性很小。但是這裏有一個問題，因爲一六二三年十一月八日書商 Edward Blount 與 William Jaggard 二人聯名一下子登記了十六部莎士比亞的劇本，其中六部悲劇包括了「安東尼與克利歐佩特拉」在內，並且說明這十六部劇本是「沒有被別人登記過的」，而我們知道 Blount 早已於一六〇八年登記過這部劇本。爲什麼「安東尼與克利歐佩特拉」要重複登記？ C. Knight 首先提出了這個問題，並且從而否定一六〇八年登記的那部劇本是莎士比亞的作品，更從而否定一六〇八年是這部戲的著作年代。這一問題似乎還沒有得到適當的解決。我們可否這樣揣想：一六〇八年登記的劇本假定是根本沒有出版，Blount 與 Jaggard 兩個人是一六二三年「第一版對折本」的共同出版商，那十六部劇本一次登記即可完成全部的登記手續，如果把「安東尼與克利歐佩特拉」剔除固未嘗不可，但重複登記亦無妨於事，何況前一次登記是 Blount 一人的名義，第二次是兩人的聯名，並且與「沒有被別人登記過」一語亦無矛盾，因爲 Blount「自己」當然不是「別人」。

總之，此劇沒有四開本，我們現今所能看到的只有一六二三年「第一對折本」裏的本子。莎氏之劇本如在對折本之前先有四開本行世，固可供校勘家參照比較，如果根本沒有四開本，亦可省却不少麻煩。

根據 Prof. Ingram 所作的「音節測驗」（見 New Shakespeare Society Transactions, 1874：

p.450)，「安東尼與克利歐佩特拉」一劇所顯示的使用 light endings 與 weak endings 之頻繁，足可證明此劇之寫作年代是屬於莎士比亞的寫作過程中之 "weak-ending period"，更確切的說，是莎士比亞的第二十六部戲。所謂「音節測驗」是確定莎氏作品寫作年代之一種可靠的方法。在莎氏創作生涯的前四分之三裏，他在一行之末很少使用 light-endings，如 am, are, art, be, been, can 等字，weak-endings 如 and, as, at, by, for, from 等字則幾乎絕對不用，到了他最後四分之一的創作生活中則一反此例，「安東尼與克利歐佩特拉」含有二十八個 weak-endings，以前任何戲最多不過兩個。

二　故事來源

在故事方面，此劇緊接着「朱利阿斯・西撒」，莎士比亞仍然是取材於普魯塔克的「安東尼傳」(Plutarch's "Life of Marcus Antonius")。他使用的是 North 的英文翻譯本（一五九五年刋）。這英文翻譯本是從一五七九年的 Amyot 的法文本轉譯的，但這英譯本的文字是非常優美而生動，是莎士比亞的好幾部戲劇的故事資料之主要的來源。

本劇的故事自西撒被刺後四年開始，即紀元前四十年，到安東尼之死，即紀元前三十年，前後十年。在開始時，安東尼是羅馬三巨頭之一，統治着富饒的東方，正是他的全盛時代，普魯塔克有相當完備的記載，但是莎士比亞照例的選擇幾個斷片加以安排，有時候非常忠於普魯塔克，幾乎是翻譯North 的精緻的散文為更精緻的無韻詩。例如安東尼初次會見克利歐佩特拉之一段絢爛的描寫（第二幕第二景），預言者與安東尼的一段對話（第二幕第三景），最後克利歐佩特拉死時的情節（第五幕第二景），都明顯的表示出莎士比亞甚至有時候在字句間也緊緊的追隨着 North 的普魯塔克。當然，這不是說莎士比亞在這一部戲裏缺乏創作性，相反的，莎士比亞在這戲裏發揮了高度的創作性，他創作人物，他創作對話，他創作深刻的人性的描寫。Coleridge 說：『在莎士比亞的所有的歷史劇裏，「安東尼與克利歐佩特拉」絕對的是最令人驚嘆的。沒有一部戲在細節上這樣的忠於史實，同時在很少的作品裏這樣深刻的令人感覺到一種美妙的力量……。』(Lectures on Shakespeare, p. 315)。

三　舞臺歷史

此劇分景過多，第三幕有十一景，第四幕有十三景之多，這對於伊利沙白時代之既無臺幕又鮮背景的舞臺是不成問題的，「第一對折本」根本就不分幕景，在開端處有「第一幕第一景」的字樣，以下卽沒有繼續標明幕景，在當時的舞臺上表演亦根本沒有分幕分景之必要。一段情節緊接着一段情節上演，無論變得如何迅速，觀衆是能理解的。但是在現代化的舞臺上，要換佈景，要產生寫實的效果，此劇便很難上演。從新古典主義者之依附「三一律」的觀點來看，此劇更是謬誤百出。因此，很不幸的，此劇在舞臺方面就被擱置了一百多年。在一六四二年以前此劇沒有上演的紀錄。復辟（一六六〇年）以後此劇更無上演的希望，因爲此劇的地位完全被德萊頓（Drydn）的 "All for Love"（一六七七——八年）所代替了。幾乎一個世紀之久，莎士比亞的這一齣戲被德萊頓所遮掩了。

德萊頓的這一部作品現在已很少人讀，雖然這一部作品是他的傑作。一般崇拜莎士比亞的人常無意中對這一作品加以過分的貶抑，其實這是不公道的。德萊頓的戲不是莎士比亞的作品的改編，完全是另起爐竈的創作，他根據當時的新古典主義的戲劇理論來處理這一段千古風流的故事。莎士比亞的戲是一個有世界規模的大悲劇，時而在羅馬，時而在埃及，德萊頓則把背景集中在亞力山大城，把時間縮短到安東尼在亞力山大城被圍以後，把故事範圍縮小，一方面是大將凡提底阿斯，朋友都拉貝拉，妻奧大維亞，一方面是克利歐佩特拉，雙方爭取安東尼的心。從舞臺技術看，德萊頓的戲是較適於近代舞臺的演出。德萊頓模仿莎士比亞的地方也不少，最主要的是他拋棄了他的雙行韻體而採用了無韻詩體。從若干方面看，德萊頓的戲和莎士比亞的戲比照對讀是極有興味的事。前者以修辭勝，後者以詩勝。

直到一七五九年莎士比亞的「安東尼與克利歐佩特拉」才被著名的演員加立克 Garrick 重新搬上舞臺，劇本是經過 Capell 刪改的，表演並不算成功，演了六次便撤回了。到了十九世紀，此劇才有不斷的上演的紀錄。被認爲是 Kemble 的修改本刋於一八一三年，標題上公然註明「含有採自德萊頓的若干節段」，其目的是要融和兩個作家的長處，表演的結果並不理想。假使 Mrs. Siddons 一再的拒絕 Kemble 的邀請而肯擔任戲中女主角，此次上演可能有高度的成功，她拒演的理由是如沒有果她按照理想去表演她將厭惡她自己。」一八七八年 Miss Rose Eytinge 在紐約上演此劇，連續數星期之久。一八八九年 Kyrle Bellew 在紐約再度演出此劇。Sardou 有改編本（未刋），由 Fanny Davenport 及 Sara Bernhardt 分別演出過。

36 辛伯林 (Cymbeline)

一、版　本

「辛伯林」在莎士比亞生時沒有付印，初刊於一六二三年之第一對折本，被列在卷末，作爲「悲劇」之一。實際上此劇應該是與「暴風雨」「冬天的故事」（有人還加上「波里克利斯」一劇）屬於同一類型，既非喜劇，亦非悲劇，通常被稱爲「羅曼史」romance，因爲裏面的故事離奇怪誕，常不在普通人生經驗範圍之內，而作者處理材料的態度也是極其浪漫而自由的。

此劇版本大體良好，錯字、缺漏、衍文、等等約有六十處，平均每頁兩處，情形是比較令人滿意的。分幕分景也很仔細。我們有理由相信這是根據莎士比亞原本排印的。Sir Walter Greg 認爲此劇是根據「提詞本」排印的，其中的「舞臺指導」繁簡不等，乃是經過不完全的删削所致。Dr. Alice Walker 認爲此劇版本是根據莎士比亞的原稿的一個抄本，其形成當在「提詞本」之前。

此劇有一部分好像不是出於莎士比亞的手筆，最啟人疑的是第五幕第四景波斯邱默斯的夢幻，不但文字拙劣，而且在結構上亦成爲贅疣。這一段夢幻可能是另有作者（有人認爲「國王劇團」中的George Wilkins）可能是專爲一場宮廷演出而穿插進去的，因爲此種近於 Masque（一種歌舞劇）的表演在哲姆斯一世是很時髦的。（一六二三至七三年的「宮中娛樂記錄」就記載着一六三四年一月一日「辛伯林」在宮中上演，『甚爲國王所激賞』。）除了夢幻一段之外，受人懷疑的地方還很多，例如有關白雷利阿斯的，以及最後一景中有關預言者及考尼利阿斯的若干部分。持懷疑之論最力者可推H. H. Furness 及 Harley Granville-Barker。但也有持相反的意見者，認爲全劇皆出於莎士比亞手筆，可推 Wilson Knight Hardian Craig 爲代表。

二 著作年代

與莎士比亞同時的一位醫生福爾曼(Simon Forman)有一部日記手稿，標題爲 Booke of Plaies，其中記載着他所看到的莎士比亞的三齣劇，那便是一六〇一年四月二十日的「馬克白」，一六一一年五月十五日的「冬天的故事」和未記明年月日的「辛伯林」，福爾曼於一六一一年九月十二日渡泰晤士河時落水死。他的日記大概卽是他的最後兩年的記錄。福爾曼所看到的「辛伯林」或「冬天的故事」並不能認定是新戲上演，因爲也有可能是舊戲重演，例如他所提到的「馬克白」在一六一〇年便不是新戲。不過我們可以相信他是在看到「冬天的故事」及「馬克白」的那個季節中看到「辛伯林」的，而「辛伯林」究竟是在哪一年寫成的則無法十分確定。就詩體及一般作風而言，「辛伯林」應是屬於莎士比亞晚年創作的階段，無韻詩體中的 run on lines，所謂「聯行」，佔總行數的百分之四十六，light endings 有七十八處，weak endings 有五十二處，行中斷句 mid-line speech endings 佔總行數百分之八十五，這都可說明「辛伯林」的著作年代之比較晚。一般人認定，「辛伯林」是成於一六一〇年。

Fletcher 的名劇 "Philaster" 作於一六一〇年十月，其中有若干顯示受了「辛伯林」的影響，亦可作爲「辛伯林」成於一六一〇年的一個旁證。

三 故事來源

「辛伯林」一劇之劇情，有關歷史方面者，其來源是何林塞的「史記」(Hollinshed's Chronicle of England)，這是莎士比亞常用的一本書。據何林塞，辛伯林是李爾王的後裔，他統治不列顚的時候是從紀元前三十三年到紀元二年，拒向羅馬納貢的是他的兒子吉地利阿斯，莎士比亞改爲辛伯林拒絕納貢，以期提高戲劇效果。關於薩克遜以前的不列顚的幾個國王，何林塞的記載通常是不詳盡，更有時是不翔實的，所以莎士比亞並沒有忠實的依據何林塞，這是和「亨利四世」「亨利六世」等劇的情形完全不同的。

波斯邱默斯所述不列顚獲致勝利經過，即所謂「狹路之戰」（第五幕第三景一至五十八行），是取自何林塞「史記」中之蘇格蘭部分，不過那是描述九七六年蘇格蘭人靠了農夫 Hay 及其二子之參戰擊退丹麥人之故事。這和辛伯林相距幾乎有一千年了。

此劇劇情之主要部分是關於伊慕貞的故事，而其主要關鍵在那一場打賭，即所謂 the wager-story。這一類打賭的故事在中古文學裏是習見的一種課題。莎士比亞似是取材於鮑卡邱的「拾日談」(Boccaccio's Decameron) 中之第二日的第九篇故事。但是「十日談」的英文譯本在一六二〇年以前似是沒有出版過。法文譯本首刊於一五四五年，在那一世紀中印行了十六次，莎士比亞可能讀過法文譯本。

在英國十六世紀還有一部英文的故事也可能是莎士比亞利用過的，書名爲 Frederikye of Jennen (=Frederik of Geuoa)，係譯自荷蘭文之 Historie von vier kaufmännern，於一五一八年初刊於 Antwerp，之後於一五二〇年及一五六〇年一再刊於倫敦。這一篇英文故事有一些細節與「辛伯林」相脗合，而是不見於「十日談」的，例如菲拉利歐家裏的客人有義岡基摩，還有一個法人，一個荷蘭人，一個翡冷翠人，一個熱內亞人，這一點便是這英文故事所特有的。但是在另一方面也有一些細節是僅見於「十日談」的，例如關於伊慕貞的寢室內部佈置之描述便是。所以我們可以說，莎士比亞主要的根據了「十日談」，但是也參考了其他的資料。

伊慕貞在山洞裏和她不相識的兩個哥哥在一起的生活，令我們想起古老的日爾曼童話「小白雪公主」(Sneewitchen)。二者情節有許多彷彿處，但以不能構成爲莎士比亞的故事來源，只能算是「類似的例證」(parallel)。

英國的一齣舊戲 The Rare Triumphe of Love and Fortune 作者姓名不詳，刊於一五八九年，可能也是莎士比亞參考過的，至少裏面的「菲地利亞」這個名字是被莎士比亞所襲用了。

四　舞臺歷史

「辛伯林」在十六世紀上演的記載只見上述的福爾曼醫生的日記及宮廷娛樂記錄，此外別無記載。復辟後此劇杳無消息，直到一六八二年 Tom D'Urfey 的修改本 "The Injured Princess or the Fatal Wager" 上演於 Drury Lane。修改本在劇情方面大體仍舊，但是人名全改了，而且皮雜尼歐有了一個女兒，而且爲了保護她不爲克婁頓所姦污，被克婁頓弄瞎了眼睛。此劇在舞臺上維持了五十年的記錄。這個修改者(1653-1723)是當時頗受歡迎的一位戲劇作家，上演過的劇本二十九種，還寫過不少的歌曲。在所謂「改良的」莎士比亞劇本中，這一齣劇還算是比較謹嚴的。

舞臺上的「辛伯林」之本來面目到了一七二〇年才得恢復，那是在 **Lincoln's Inn Fields Theatre** 上演的。在一七五五年及一七五九年陸續有新的舞臺本出現。這些對莎士比亞原本都多多少少的有所改動。加立克（Garrick）一七六一年演出是極成功的，他自己扮演波斯邱默斯，得到極高的評價，連演了十六晚，但是在劇本方面也曾大事刪削。「辛伯林」有三千三百三十九行，是不必要的冗長，在舞臺上有刪節的必要。

自從加立克以後，「辛伯林」常在舞臺上出現，許多著名演員都喜歡演出這一齣劇，值得記載的有如下述：

1767　Mrs. Barry (Imogen)
　　　Garrick (Posthumus)
1770　Mrs. Barry (Imogen)
　　　Garrick (Posthumus)
1785　John Philip Kemble (Posthumus)
1787　Mrs. Siddons (Imogen)

1812 Charles Kemble (Polydore)
1825 Charles Kemble (Posthumus)
1818 Macready (Posthumus)
1823 Kean (Posthumus)
Helen Faucit (Imogen)
1877 Adelaide Neilson (Imogen)
1896 Helen Terry (Imogen)
Henry Irving (Iachimo)

一九二三年 Barry Jackson 以時裝演出了「辛伯林」。

蕭伯納（Bernard Shaw）的 Cymbeline Refinished 把最後的一幕重新寫過，於一九三七年上演，雖然有其特有的生氣與機智，但並不值得重視。

一九四六年及一九四九年莎士比亞紀念劇院的上演劇目均包括有「辛伯林」，足以說明此劇在現代盛況未衰，雖然演出並不特別成功。一九五七年「辛伯林」再在斯特拉福上演，據說成績不惡。

五　評　論

約翰孫博士說：『此劇含有不少公正的意見，若干自然的對話，一些可喜的場面，但是却以甚多矛盾爲代價而獲致的。對於故事的荒唐行爲的怪誕，人名的混淆，時代的錯亂，以及在任何生活狀態下均屬離奇荒謬的事件，如果逐項加以批評的話，那簡直就是浪費筆墨於不值一提的幼稚，以及過於明顯的無以復加的錯誤。』約翰孫博士的見解代表十八世紀新古典的見解。

哈茲利特(Hazlitt)說：「辛伯林」是『莎士比亞的歷史劇中之最有趣的一部』，他又說『波斯邱默斯是此劇之表面上的英雄，實則此劇之美妙處乃在伊慕貞這個角色。……在所有的莎士比亞所創作的女人當中她是最溫柔最沒有心機的。』哈茲利特對於「辛伯林」的佈局也同樣的頌揚，他說：『佈局的重心顯然集中在最後一幕：故事以愈益急速的步驟向前展開；其錯綜的情節自遙遠之處輻湊於同一中心；主要人物亦被集合在一處，而且是處於一個緊張的局勢之中；劇中每一人的命運都被繫於一個問題的解決之上——那卽是義阿基摩如何囘答伊慕貞所提的問題，那卽是他如何從波斯邱默斯手中取得那隻指環。約翰孫博士以爲莎士比亞對於佈局的結束不大注意。我們以爲正相反。』

「辛伯林」的重點在於佈局，其故事穿插之離奇變化，已近似鬧劇。唯因其在佈局方面刻意經營，在人物描寫方面反而未能充分深入，伊慕貞是 Swinburne 所謂莎士比亞所創造的女性中之最高成就，Mrs. Jameson 也這樣說，但是從近代的眼光來看，伊慕貞縱然貞潔，却沒有趣味，Hazelton Spencer 許之爲『蠢笨的輕心的製造出來的白雪公主』，似也不爲過分。

「辛伯林」雖是莎士比亞的晚年作品，決不是成功的作品，約翰孫的指責不是全誣。不過我們必須以「羅曼斯」的角度來看這齣戲，不能視同悲劇，亦不能視爲實際人生之忠實深刻的反映。

37　波里克利斯　(Pericles)

一　版本及著作人問題

書業公會登記簿在一六〇八年有這樣的記載：

20 Maij. Edward Blount. Entred for his copie vnder thandes of Sir George Buck knight and Master Warden Sten A booke called. The booke of PERICLES prynce of Tyre. vjd.

不知為了什麼 Blount 沒有把這部戲印出來。第二年出版的「波里克利斯」是由一個比較不重要的出版家 Henry Gosson 印行的，其標題頁如下：

THE LATE, and much admired Play, Called Pericles, Prince of Tyre. With the true Relation of the whole Historie, aduentures, and fortunes of the said Prince: As also, The no lesse strange, and worthy accidents, in the Birth and Life, of his Daughter M A R I A N A, As it hath been diuers and sundry times acted by his Maiesties Seruants, at the Globe on the Banck-side. By William Shakespeare. Imprinted at London for Henry Gosson, and are to be sold at the signe of the Sunne in Pater-noster row, &c. 1609.

這個第一四開本銷行甚佳，在同一年內印行了兩版，這種情形是很少見的，過去只有「利查二世」於一五九八年之內印過兩次。但是這個四開本的來源可疑，很可能是盜印本，內有甚多誤植，而且散文偶然印成詩體，詩體印成散文，頗像是由於速記盜印的緣故。一六二三年第一對折本沒有收入此劇，其原因也許正在於是。否則這四開本是在莎士比亞生時印的，上面印了莎士比亞的姓名，沒有理由不被收在第一對折本裏。第一對折本的編者在一六二三年時一定是沒有找到比第一四開本更好的本子。

四開本在一六〇九印了兩版，一六一一年三版，一六一九年四版，一六三〇年五版，一六三五年六版。

一六二三年的第一對折本及一六三二年的第二對折本都沒有收入此劇，但是一六六四年的第三對折本第二版，及一六八五年的第四對折本都把此劇收進去了，根據的是第六版四開本。厥後，除了一七二五年 Pope 的編本之外，此劇一直成爲莎士比亞全集中的一部分，但是其著作人的問題也一直困擾着批評家們。如 Malone 在一七七八年所說，此劇是莎氏手筆，但是早年之作，這一說法似不能服人。一七九〇年 Steevens 說此劇是由兩人合作，這一說法便較勝一籌。問題是：莎士比亞寫了多少，哪一部分是他寫的，其餘的部分又是誰寫的？現在一般公認，前兩幕與莎士比亞無關，後三幕完全或大部分是莎士比亞的作品。前兩幕的作者是誰，各家揣測不一，Samuel Rowley, Thomas Heywood, George Wilkins, John Day 都被舉出來過，這是無法解決的一個問題。

二　著作年代與故事來源

在很久一段時間，大家相信此劇爲莎氏較早時期的作品。但是把內容較差較亂的作品一律視爲早年之作，也不全是正確的判斷。近年的研究一致認定此劇寫作當在較晚的一個時期，就在登記之前不久，在「馬克白」「安東尼與克里歐佩特拉」之後，「辛伯林」「冬天的故事」之前。大概是作於一六〇六與一六〇七年之交，甚而遲到一六〇八年之初。（參看 T.S. Graves: On the Date and Significanse of Pericles, Modern Philology, xiii, No. 9, Jan. 1916）。

「波里克利斯」的故事來源可以遠溯到中古時代及文藝復興時期，Apollonius of Tyre 的浪漫故事乃是那時候許多流傳故事之一，有關這一故事的中古的拉丁文鈔本約有百種之多，其中最早的屬於第九世紀，其共同的標題是 Historia Apollonii regis Tyrii。

但是此劇的直接來源主要的只有兩個：

（一）英國詩人高渥（John Gower）的 "Confessio Amantis"，這是一部故事集，其主旨是闡說人類的七大罪(seven deadly sins)，卷八說的是「淫慾」，裏面有 Antiochus 及其女兒的故事，正是 Apollonius 整個故事的前編。莎士比亞的戲在每一幕前都有 Gower 以 "chorus" 的身分出現，格外可以說明莎士比亞的作品與高渥的密切關係。

（二）Laurence Twine 的 "The Patterne of Painefull Aduentures" 乃是從法文轉譯拉丁文故事集 Gesta Romanorum 的第一百五十三篇故事。這英譯本登記於一五七六年，現存有兩個本子，一個年代不詳，一個印於一六〇七年，莎士比亞可能是利用了後一個本子。第四幕第三景 Cleon

與 Dionyza 的會晤便是取材於此。

三　舞臺歷史

這個戲早年在舞臺上是受歡迎的，看四開本之多卽可知之。一六〇七年招待威尼斯大使，一六一九年招待法國大使，演的都是這齣戲。一六三一年在環球戲院上演。一六五九年著名演員 Betterton 也主演過這戲。

但是到了復辟時代，由於風尙突變，此劇卽一蹶不振。直到一七三八年 George Lillo 改編過後方得重上舞臺，此一改編是删去前三幕，將第四第五兩幕改爲三幕，形式較爲整潔，易名爲 "Marina"，演出於 Covent Garden Theatre，連演了三次。「波里克利斯」以本來面目出現是在一八五四年十月十四日，Samuel Phelps 主演，删去了高渥及妓館各景。

此劇在近年很少演出，除了一九二一年在 Old Vic 演出過一次，一九四七年莎士比亞紀念劇院演出過一次。

莎士比亞的作品是誰作的

Dora Jane Hamblin 作

梁實秋 譯

注入西方文明主流中的以百萬計的文字當中，其文學作品受人翻譯之廣與引證之繁蓋無過於莎士比亞與聖經者。如果我們相信一切學者的話，那麽寫作莎士比亞作品的人幾乎是和寫作聖經的人一樣的多。

今年，正值愛文河上的斯特拉福之威廉莎士比亞誕辰四百週年紀念，莎士比亞的作品是誰作的這一個問題辯論得很是熱烈。很多極具權威的學者們，即所謂「斯特拉福派」，都認爲那作者即是傳統的斯特拉福的那個人。但是另有業餘的及職業的研究人員却推出了「眞正的莎士比亞」不下五十七位之多。

這一場辯爭的開始，像大部分的偵探小說一樣，是由於一連串的情節，再加上對某些人看來像是可疑的線索。這一場辯爭是關於那些交付給演員們或抄寫人員們之不朽的文字的寫作問題。一般人都承認莎士比亞（或不論其爲何許人）的戲劇，在印行之前是先在伊利沙白舞臺上演的。一六二三年出版的第一個全集本清楚的說明作者是誰：全集的標題是『威廉莎士比亞先生的喜劇歷史劇與悲劇，按照眞的原本付印的。』這一個「第一對折本」乃是在愛文河上的斯特拉福的一位名叫威廉莎士比亞死後七年問世的——據這書上說是他的兩位劇團共事的演員所纂輯的全集。當時似乎沒有人懷疑到著作人的問題。

到了十九世紀中葉，對於莎士比亞作品的著作人之懷疑才開始變得嚴重。早期的懷疑者以為莎士比亞作品乃是佛蘭西斯培根爵士獨自或會同其他諸人冒名撰寫的。在他們的論據當中，以及一切後起的人們的論據當中，都隱含着下述三個問題：

（一）任何一個人能傾洩出來威廉莎士比亞的十四行詩與戲劇之所有的美與眞理麽？簡短一生的智慧如何能對於以後的人生與時代發生那樣的密切關係呢？

（二）如果是一個人作的，這個人能不是那時代中享受特殊教育特殊權利的一個人麽？能不是接近權勢而且精通外國語言文學的一個人麽？

（三）斯特拉福的那個傳說中的人，不過是個鄉下出生的演員，可有任何證據證明他具備這些條件麽？

對前兩個問題的答案一向是「也許是的」，對第三個的答案則是個截然的「不」——雖然我們要公平的說並無證據足以證明他不具備這些條件。

雖然在伊利沙白時代，在文字方面提到莎士比亞及其作品的地方實際比那時代任何其他顯要更多一些，有關此人之私人的及官方的文件檔案還是很少。可得而言者不過是受洗的和婚姻的紀錄，以及一張遺囑，而這個人的姓有好幾個拼法，時而作 Shakesper，時而作 Shagspere。他從一五六四年起至一六一六年，居住在瓦維克縣之愛文河上的斯特拉福，及倫敦。他的簽名式的眞蹟現存有六個。文件可以證實他曾在倫敦做過演員，他或是某一個冒用他的名姓的人寫了不少的戲，他是英格蘭首要的劇團之部分所有人。他和安妮哈塔威結婚，比他該結婚的時期晚了幾個月；他有三個孩子。房地契約表示他積蓄了充分的錢財，在家鄉買下了最好的一棟房子，即所謂「新居」。他的遺囑規定把他的『次好的一張床』給他的寡妻，但並未提到任何戲或十四行詩或手稿。

明確的記錄，如此而已——此外便是那些轟轟烈烈的戲劇，抒情詩，以及包在全集中的驚人的睿識了。其成就是如此的驚人，以至於引起了——如今還在引起——一種崇拜的熱狂，和一場偉大的辯爭。

莎翁作品是誰寫的？ 每一候選人需具備幾項條件：他必須是能和伊利沙白朝廷保持接觸，對法律及文學界有相當認識，對戲劇界有更進一步的認識，精通外國語言，並且最重要的是必須有不用自己姓名發表作品的理由。下面是主要的候選人：

佛蘭西斯培根 培根是第一個認眞的爭取這一份榮譽的人，是幾乎一百年以來的首要的一個。他是在劍橋受教育的，學習法律，在宮廷方面走動，有一陣住在法國。作爲伊利沙白宮廷的一分子，他不便以自己的眞名發表政治性的戲劇，但是在法學科學哲學方面他是一位多產的作者。他有一次也曾寫過有關密碼的文字，有些培根派的人一向堅持說莎士比亞的作品裏到處都是密碼，其用意就是告訴讀者其眞正作者乃是培根。曾有一個「佛蘭西斯培根協會」，正式的鼓吹這一學說，從一八八五年起卽在致力於此。

集體創作說　莎士比亞的資料並不完全是獨創的。在結構，思想，甚至文字方面，他利用了很多可資利用的材料（包括奧維德、普魯塔克、巢塞、荷馬）。如果我們辨認出莎士比亞作品所使用的許多資料來源，卽不難下一結論認爲那些戲劇與十四行詩當初是由許多人所撰寫的。

集體創作說的候選人包括培根及瓦特拉雷爵士爲一隊，或以牛津伯爵爲首的一隊，輔以培根，馬婁，拉雷，德貝伯爵與勒特蘭伯爵，潘布婁克侯爵夫人。據幾位集體創作說的學者們說，莎士比亞是編輯者與校勘者一類的人，因通曉當時戲劇的方法與傳統而被雇用的。

德貝、愛塞克斯、及其他　擁護這幾位大人物的人，無論認爲他們是單獨寫作或集體寫作，主要的乃是根據他們的具有充分文件證明的公開生活，以及他們的良好教育和出入宮廷的便利。威廉斯坦萊卽德貝伯爵六世，對於法國及其文學的了解超過當時任何其他的英國人，並且有當代的文件指陳他在忙着『爲一般平民演員編寫喜劇。』擁護他的主要的是法國學者們。

羅伯德佛額，卽愛塞克斯伯爵二世，關於貴族戀愛有直接的認識，曾是伊利沙白一世的寵臣，並且又是一位軍人，很可能寫得出「亨利四世」「亨利五世」劇中戰爭的各景。

瓦特拉雷，由於他的航海與探險，一定是通曉「暴風雨」劇中的潮汐與風颷。在各種集體創作學說中他佔很顯著的地位。

馬婁　馬婁與莎士比亞印行的作品當中，在詩意與詞藻方面都有很大的相同之點，許多正統的斯特拉福派的人都承認莎士比亞作品中是有些地方襲取了馬斐。歷史上記載着，與莎士比亞同年生的馬斐是於一五九三年在一酒店裏和人毆鬭被殺的。但是一位美國學者咯爾文霍夫曼，在一本「眞正的莎士比亞其人之被殺」裏，强調說他並未被殺，是馬斐的朋友陶瑪斯華興安爵士故意揑造謀殺一案，以使這位作家免於遭受被控爲無神論者之迫害。這一派信徒們主張，馬斐於「被殺」後逃往大陸，寫了「莎士比亞的」早期作品，走私運到英國出版，後來隱居在華興安的寓邸中繼續寫作。他們指出署有莎士比亞姓名之最初作品——一首長篇情詩「維諾斯與阿東尼斯」——是在馬斐「被殺」後四個月出版的。

牛津伯爵 愛德華德維爾，即牛津伯爵十七世，是詩人戲劇家兼作家與演員之保護人，有一座勳紋上面畫着一頭獅子搖舞着一根矛槍。他當年因爲武藝超羣曾贏得「搖舞矛槍者」的諢名。他是大學畢業生，受過法律的訓練，在歐洲遊歷頗廣。他會說法文，拉丁與希臘文，翻譯過奧維德的作品，參加過宮廷演劇引以爲樂。曾有人指陳，十四行詩中的神秘的「黑女郎」即是黑髮的安妮瓦瓦塞，女王宮中之一員，牛津伯爵曾與之發生熱戀。牛津與宮廷的關係，使得他不可能在「莎士比亞的」作品上簽署他自己的姓名，但是他的擁護者們相信他也曾在戲劇與十四行詩裏塡進了不少的暗示，表明他的眞實的身分。

牛津學說已成近年來反斯特拉福派所喜歡引用的，大部分是由於陶樂賽奧格朋及其故夫與其子查爾頓奧格朋二世在一九五二年至一九六二年間所合寫的幾部頗爲動人的書。奧格朋一家人，連同許多別位反斯特拉福派的人，包括擁護馬婁的一派在在內，相信這個斯特拉福的人乃是一個不重要的戲劇界中人物，受雇買爲那眞正的作者出面做掩護的。

曲折的密碼　密碼和廻文對於伊利沙白時代的人，猶如現在的人之喜玩橋牌一般，凡是喜歡玩這把戲的人都可以在作品中發現誰是寫莎氏作品的人。例如，哀德文德寧勞倫斯爵士是一位培根派健將，在「空愛一場」劇中拈出了 "honorificabilitudinitatibus" 這樣的一個長字，利用一種邏輯的曲折的密碼系統，分成爲 Hi Ludi F. Baconis nati tuiti orbi 這樣的幾個字，這是一句拉丁文，其意爲『這些戲劇，培根的作品，乃爲世人而保留』。

在一九五七年，威廉與伊利沙白福利德曼，兩位都是密碼專家，寫了一部有決定性的書，「莎士比亞謎解」。他們的部分的結論是，『如果廻文之類是故意的放在劇文之內，含有密碼的意義，那麽便該只能表達一種明白的毫無疑義的涵義。而事實上，有多少位解謎的人便有多少種不同的解釋。』所有的認眞的反斯特拉福派的研究都是回到作品上去，然後指證出一些詞句，達成非常歧異的信念。例如，十四行詩集便是如今學者們聚訟紛紛的一個疑案。這部詩，按原出版家在序文所說，是奉獻給『W．H先生，這些詩之唯一的來源。』

「W．H先生」是誰？主張馬婁爲莎士比亞作品眞正作者的人們，認爲 W．H．即是 Walsing Ham 的標幟，即是華興安爵士，馬婁的好友。至少有一位作家相信 W．H．代表 Walter Raleigh，證明作者爲拉雷。

這一場爭辯，毫無疑問的，也有一點點成就。可以使後來每一代的人去研讀莎士比亞，作品在那優美的文字中間——英國文字中之最優美詞句中間——去尋求眞相。

至於我自己，我的一票是投給斯特拉福的威廉。就我而論，斯特拉福戲劇作家威廉莎士比亞早已答覆了有關出身、教育、及寫作的問題，因爲他說過這樣的一句話：『長得面孔漂亮，那乃是命運的餽贈；能寫能讀，那乃是來自天性。』此語見於「無事自擾」一劇。

莎士比亞與宗教

Aldous Huxley 作
吳奚真 譯

Aldous Huxley（1894–1963）為英國當代的小說家，詩人，及散文家。本文係他應美國一家文藝雜誌 Show 主編之請，為了紀念莎士比亞四百年誕辰而寫。Huxley 對於莎士比亞的認識闢而精深，關於宗教方面的學識也極為淵博廣泛，他酷愛藝術，而又關切心靈，實為敘述這個題目的最適當人選。

Huxley 與癌症搏鬪三年之久，終於在一九六三年十一月逝世。本文是他的最後一篇作品，在死的前一天脫稿。一位生命即將終結的偉大文人，在病榻上闡述自己對於死亡和永恆的見解，更使這篇文章格外具有獨特的價值。

一個名字已經家喻戶曉，掛在每一個人的嘴邊。多麽簡單明瞭！但是尋根究底的人却提出一些問題。莎士比亞究竟是怎樣的一個人？我們所謂的「宗教」（religion）和「宗教的」（religious）又是指着一些什麽現象？

別人要受我們的盤問，你可以不受。

我們儘管問了又問，你微笑不語。

不錯，這位詩人不曾寫自傳，他留給我們的只是「莎士比亞全集」。我們可以說，他是一位萬能的天才，什麽都拿得起來。講抒情詩罷，他的戲劇裏面滿是抒情詩。講商籟詩罷，他留下來一整卷商籟詩集。講叙事詩罷，在倫敦鬧瘟疫、作爲傳染病之溫床的戲院都關門的時候，他寫出了兩首令人讚賞的樣品——「維納斯與亞當尼」（Venus and Adonis）和「劉克瑞斯失身記（The Rape of Lucrece）。我們再看看他作爲一個戲劇家的成就。他能把用冷靜態度和愉悅心情觀察到的當代生活作寫實的反映；他能把傳記和歷史故事編成戲劇；他能編造神仙故事和幻想作品；他能創造以美與惡爲主題的宏偉的悲慘寓言（所用的題材常是最不容易獲致成功的），表現着一些近乎超人之角色的生活與常是令人厭惡的死亡。他能把崇高同哀感揉合，將悲痛同快樂、平靜、與愛心交融，使智力明敏同精神狂亂與智慧迸放時所發出之含義深長的言辭相混雜。

「宗教」又是怎麽一囘事呢？這兩個字被用以代表許多大不相同的東西，例如惡魔崇拜與禪宗，拜物與佛陀的徹悟，被稱做教會的秉具政治、宗教信仰、與財政性質的龐大組織和一個出神者的極爲私秘的幻想，都同樣地算是宗教。教友派（Quaker）的沉默是宗教，維爾廸（Verdi）①的「安靈彌撒曲」（Requiem）也是宗教。對於宇宙懷着恬適順應之感，是一種宗教的經驗；一個病弱的靈魂，處於一個上演着不斷毁滅和無可避免之死亡的世界裏面，懷着自我嫌惡、絕望、和罪孽之感，也是一種宗教的經驗。

具有多方面才識的莎士比亞，差不多對宗教的所有各方面都曾發表意見。例如，下面所舉出的，就是這位以超然而愉悅的態度來觀察人間喜劇的詩人，對於平民的宗教——也就是，社會上那些較爲愚昧而頭腦簡單的人們所瞭解和奉行的宗教——的想法。我們選的這段話，取自「亨利第五」裏面，女店主向巴多夫（Bardolph）報告約翰・孚斯塔夫爵士（Sir John Falstaff）之死訊的精采的一景。

巴多夫：我願和他在一起，不論他是在哪裏，天堂也好，地獄也好。

女店主：他當然不是在地獄：他是在亞瑟王的懷抱裏，如果任何人死後可以到那裏，他一定是在那裏的。他去世的情形是很安詳的；就像任何一個信基督的孩子那樣；他是在十二點與一點之間去世的，正在落潮的時候：因爲我看到他以手播弄被單，玩弄着花，對着他的指尖發笑，我就知道他只有一條路可走了；因爲他的鼻子尖得像筆頭，嘴裏嚅嚅的談着田野。「您怎樣了，約翰爵士！」我說，「怎麽，你要打起精神」。他喊了三四次「上帝、上帝、上帝！」我爲了安慰他，教他不要想上帝；我希望他還沒有爲這些念頭而煩惱的必要。

丁尼生勳爵（Lord Tennyson）很誠懇地斷言：「的確，誠實的懷疑裏面所含有的信心，要比半數的信念裏面所含有的信心爲多。」巴特勒（Samuel Butler）對於孚斯塔夫、巴多夫、和女店主等等人物感到更大的興趣——他們都是一個信仰的時代的產物。在這些人看起來，基督教救世計劃是一項不辯自明的眞理；在他們的心目中，末日審判和地獄之火都是不容置疑的事實。亞伯拉罕（Abraham）的懷抱②也是事實；如果不是亞伯拉罕的懷抱，也許就是亞瑟王（King Arthur）的懷抱罷？

歸終說起來，這二者又有什麽分別呢？懷抱就是懷抱，兩個名字的起首字母又都是A。他們對於信仰的胃口非常大，什麽都吞得下。完全一樣的，『我爲了安慰他，教他不要想念着上帝；我希望他還沒有爲這些念頭，而使自己煩惱的必要。』誠實信仰中的懷疑精神實在是很根深蒂固的。

對於上帝、天使、和聖徒懷着誠實的信心，也就意味着對於撒旦、魔鬼、以及與他們合作的女巫、男巫和術士們具有同等的信心。在莎士比亞所生存的那個時代裏，人們對於撒旦和他那些人類盟友們似乎具有一種非常强烈而深刻的印象。在十五世紀的末葉，兩位博學的達米尼克（Dominic）派僧侶——克拉摩神父（Father Kramer）和史普倫格神父（Father Sprenger）——對於巫術和鎭制巫術的法則做了一番頗爲生動的描述，他們那本「女巫之鎚」（Hammer of Witches）在以後將近二百年的一段時期中，一直是一個標準的教本。十六、七世紀時，在新教和天主教國家裏面，都有非常衆多的女巫和男巫們被逮捕、施以酷刑、絞死、或活活地燒死。像他的絕大多數同時代的人們（包括他的國王詹姆士一世在內，這位國王是一部有關巫術的淵博著作的作者一樣，莎士比亞必然相信巫術，而且認爲人類心靈有與魔鬼合作之可能。但是這種信心是被常識和冷靜的觀察所調劑着。因此葛蘭道渥（Glendower）宣稱他能從「大海底」召喚精靈。霹靂火（Hotspur）說：「噫，我也能，任誰都能；但是你喚他們，他們會來嗎？」大海底有許多精靈，同他們互通聲氣是可能的——可能，但是在可以觀察得到的實際上，却頗爲困難。魔法會發生作用，但是卽使由那些已經訂約把自己的靈魂交給魔鬼的人們來施行，也往往不甚可靠。

大多數後期的中世紀作家和早期的近代作家們都是反對教士的——像喬塞(Chaucer)，是以一種笑謔的態度反對教士，他對於那個僧侶的評語是：「除了他，沒有旁的夢魘」；像烏里契・封・赫騰(Ulrich von Hutten)或「新奇的十四世紀」的佛蘭科・薩凱蒂(Franco Sacchetti)，則是以一種野蠻的態度反對教士。相反地，莎士比亞並不經常對於教士懷有偏見。當然，他知道英國國教教會和他們所支持的政權乃是一些鞏固權力和獲取財富的龐大機器；他曉得黃金

這黃色的奴才
將合併分散宗教教派；降福給有罪的人；
使生痳瘋的人受人敬愛；擢任强盜，
給他們尊銜，敬禮，與讚揚。
和元老們同起同坐……

這個事實是明顯而可嘆的，但是他覺得大可不必反覆述說。

宗教不僅是行爲範型和組織的複合物，也是一套信仰。莎士比亞的信仰是什麽呢？這不是一個容易回答的問題；因爲，第一，莎士比亞是一個戲劇家，他使劇中的角色們表達適於自己的意見，而那些意見未必就是這位作者的意見。他自己在一生之中，是否毫無更異、改變、或偏重地始終懷着一些同樣的信仰呢？

這位詩人的基督教信仰，很優美地表達在「惡有惡報」(Measure for Measue)裏面，眞正具

有高尚品格的伊薩白拉（Isabella），向那位自以爲是的社會棟樑安哲婁（Angelo）指出上帝爲人脫罪的辦法，以及如果以那項辦法作爲信條，便應該發生怎樣的道德上的後果——應該發生，但是可惜實際上往往並不發生！

哎呀！哎呀！

唉，一切有生之倫都會犯過罪；
上帝可以懲罰他們，
但是想出了爲他們脫罪的方法。
如果那最高裁判者上帝
按照您的實在情形下一判決，
您將作何狀態？啊，想到這一點，
您就會像是一個新生的人，
口裏發出慈悲的話來了。

我認爲，這幾句話很清楚地表明了莎士比亞的基督教信仰的本質。但是基督教信仰的本質可以具有種種不同的宗派上的形式。一位在十七世紀末葉享有盛名的敎士戴維斯（Richard Davies），斷言莎士比亞「死時是一個天主敎徒」。他這種說法並沒有確實的佐證，從表面看起來也不像是眞實的；但是天下任何事都有可能，尤其是在一個人臨死之際。我們確實曉得，莎士比亞在活着的時候並不是天主教徒；因爲如果他是的話，他一定經常陷入法律方面的嚴重痲煩，有强烈的叛逆嫌疑。……（羅馬教廷的詭辯家們宣稱刺殺信奉異教的伊利沙白女王不能算是一項罪行；相反地，這種行爲應該被記錄爲謀殺者的一項功勞。）所以，我們有一切理由認爲莎士比亞生時是英國國教的教徒。可是，在他的劇本裏面所表現的宗教，並非一貫是新教的。在新教的世界景象裏面，是沒有煉獄的；但是在「哈姆雷特」和「惡有惡報」裏面，煉獄的存在却被視爲當然之事。

鬼對哈姆雷特說：

我是你父親的鬼，
我好命苦，夜間要在外邊遊行，
白天就要關在火焰裏面受罪，
一直要到把我陽間的罪孽
燒淨爲止。若非我被禁止
宣布獄中的秘密，
我不妨講給你聽聽，頂輕描淡寫的幾句話
就可以使你的靈魂迸裂，
使你的青春之血凝凍，
使你的兩隻眼睛像星球一般脫離了眶子……

在「惡有惡報」裏面，克勞底歐（Claudio）也吐露了同樣的恐懼。死亡的可怕，不僅在於它的各種實質的方面，尤其因爲煉獄的那種可怖的威脅。

是的，可是一死，我們不知走到哪裏去；
僵冷的躺在那裏，然後腐朽；
這有感覺的溫暖的活潑的生命就要變成爲
一塊爛泥巴；這習於安樂的靈魂
就要沉淪到一片火海裏面，或者住在
冰天雪地寒氣砭人的地方；
被無形的狂風所捲起，
繞着這世界被吹颳得團團轉；
可能有比我們胡亂想像的在地獄裏呼號呻吟的
更爲可怕的遭遇；這可是眞太可怕了！
最令人厭惡的塵世的生活
縱然受着衰老、病痛、貧窮、監禁的煎熬，
比起死亡的恐怖，也是天堂了。

在「李爾王」（King Lear）裏，莎士比亞向我們顯示另一幅世界景象，那幅景象既不是新教的，也不是舊教的。那裏有煉獄，不是在來世，而就在現世。

　　我是縛在火輪上的，我自己的淚
　　像熔了的鉛一般燙着我自己……

不論莎士比亞在其他方面的表現如何，他至少不是皮爾博士（Norman Vincent Peale）③的前軀。的確，在他的藝術已臻成熟的期間——也就是，在他寫出「哈姆雷特」、「脫愛勒斯與克萊西達」、「馬克白」、「惡有惡報」、和「李爾王」的那些年月裏——他似乎經歷了一種精神上的危機，使他不能輕易地從事任何積極的思維，或積極的感受。其他偉大作家——如狄更司和托爾斯泰——也曾經歷過相似的危機。托爾斯泰的消極主義促成宗教信仰的改變，和生活的改變。狄更司則藉着投身於業餘的戲劇表演，來消除自己的沮喪。莎士比亞如何處理他的私生活，我們不知道。

我們所知道的只是：如果他確曾經歷過一個充滿絕望的黑夜，他是一個十足的詩人，能够（用Wordsworth的話說）在富於創造性的寧靜之中來回憶自己的感情，並且以自己的經驗爲材料，接連着寫出一些悲劇，隨着悲劇之後，在他寫作生涯的最後幾年中，又寫出一批傳奇劇，在一種接受、原諒、認爲上帝在天上世間一切情形良好（儘管實際情形完全相反）的信念的氣氛之中，演出一些奇異而不大可能的事蹟。但是，在通往「暴風雨」那種最後的沉靜的途中，他一定面臨過多少的恐怖，忍受過多少的痛苦。濟慈說莎士比亞的悲劇是「永恆的處罰和充滿熱情的人身之間的一場兇猛爭辯」的記錄。但是那些劇本裏面所表現的，遠超過了本能與責任，個人慾望和受人尊重的傳統宗教理想之間的那種古典的衝突。莎士比亞的英雄必須在一個在本質上含有敵意的世界裏面從事他的道德的戰鬬。而這個在本質上醜惡可憎的宇宙還充滿了道德上的邪惡——動物階層的邪惡，人類階層的邪惡，和超自然階層的邪惡。所以「臭鼬」便成爲比女性爲畜生的辱駡語，因爲女人『只是自腰以上是上帝所有，自腰以下則全屬於惡魔。』

而男人的做惡本領，却比女人更强。「如果對每一個男人都賞罰分明，有誰能逃得了鞭笞？」一種道德秩序無疑地存在着。好人進天堂，惡人下煉獄和地獄。甚至在現世裏，有時也可以說：「天神是公正的，以我們的色慾的罪惡做爲懲罰我們的工具。」但是神的正義被神的惡意所調劑着「我們在天神掌裏，恰似蒼蠅在頑童手中，他們做爲遊戲就把我們殺了。」在神的惡意之外，還有人類自己的邪惡、愚蠢、和一個對於人類的理想和價值全然漠不關心的盲目的命運，都在對我們發揮作用。疾病、衰老、和死亡隱伏在那裏，等待着對每一個人施展威力。

明天，明天，又明天，
光陰就這樣一天一天的移步向前爬，
直到時間的記錄之最後的一字；
每一天都照耀着愚人走上歸塵的死路。
滅了罷，滅了罷，短短的燭火！
人生不過是個人行動的陰影，

在臺上高談闊步的一個可憐的演員，
以後便聽不見他了；
不過是一個傻子說的故事，說得激昂慷慨，
却毫無意義。

說這些話的人是馬克白；但是我們所知道的馬克白乃是莎士比亞創造出來的人物，把這種對於人生的看法放進馬克白口中的，乃是莎士比亞。在戲劇作者的思想和劇中人物的思想之間，縱然沒有同一性，至少必然有密切的關聯。

莎士比亞同米爾頓（Milton）或但丁不同，他不想成爲一個有系統的神學家或哲學家。他無意用一批形而上學的假定或一套邏輯上的觀念來「辯明上帝對人之道的正當」。他寧願「拿一面鏡子照一照人心和人性」。那是一面改變了時間之歷程的多面的鏡子，而它所改變、反映、並記錄下來的人心人性，乃是一個多元的神秘。他所給與我們的不是一個宗教的體系，而更像是一套集錦——由具有不同氣質和教養的人們對於人類的困境所提出的五花八門的見解，和形形色色的觀點。在許多情形之中，我們可以由莎士比亞的人物所做的暗示，而推測出莎士比亞自己的宗教。

研究莎士比亞的人們把他的生涯分爲四個階段——第一是工廠時期，在這個期間，這位年輕的戲劇家忙於磨練自己的技巧，使之臻於完美的地步。第二是現世時期，在這個時期中，這位成熟的巧匠在運用自己的能力把歷史、雜色的虛構故事，和傳記編成戲劇。第三是深淵時期，也就是我們剛才在討論的那個時期，在這個時期中，莎士比亞寫出一批陰鬱而不愉快的寓言，從「哈姆雷特」以至「惡有惡報」。最後是高峯時期。我們現在所要考慮的，就是這個高峯時期。

就我們所正在討論的宗教問題來說，這些後期劇本的意義何在呢？對於莎士比亞的這一段生涯，我們要做怎樣的推想呢？當然他有一種心情的轉變，這是不容置疑的。對於人生當中的奇異的反常事態，比以前更能接受，更能寬容。但是在宗教經驗的全部歷史之中，這種情形究竟相當於什麽呢？我們試以「暴風雨」（他的後期作品中的一部最著名最風行的劇本）爲例——莎士比亞所說的「暴風雨」是指着什麽呢？我們推測這是他最後的一個劇本，但是我們不能絕對地斷定，我們也不能斷定莎士比亞原意確是打算把它列爲最後的一個劇本。有一種臆說，認爲莎士比亞是在「暴風雨」中對於自己的生涯作了一種象徵的叙述，他就是普洛斯帕羅（Prospero）。由於上述的原因，我們很難於接受這種臆說。普洛斯帕羅是施行魔法的人，幻想詩的創造者，最後在非常成功地施行魔法之後，返回他的米蘭公國，決心把他的魔杖和咒書投入水中，在普通的人類的經驗之中度其餘生。但是，這位成功演員之回歸故鄉，作爲社會的棟樑，安度餘年，和一位被放逐的君主之返回故國，在那裏還必須對他的子民們的命運掌握着天神的大權——這兩件事情畢竟是不大相同的。

如果「暴風雨」確是作爲莎士比亞生平的比喩而寫出的，它是一篇很牽强的比喩，使我們奇怪這位藝術大師何以竟找不到一些更爲合適的題材。但是我們不要忘記，普洛斯帕羅是個施行魔法的人，就宗教方面來說，這個事實是最使人困惱的。魔法的使用在宗教裏面所佔的地位一直是曖昧不明的。

宗教要求人展開自己，讓一種超乎自己的東西從有機體流過，並且指導它的活動。在另一方面，魔法却要使自己完全控制一切。它是一種技術，使自己成爲全能，倣效上帝。但是任何宗教都不曾認爲這種種過份的倨傲是值得稱讚的；雖然在通往啓蒙的路上，一些非常的能力可能自動地顯示出來，但是精神生活中的所有的大師們都堅持認爲那些力量並不重要，如果追求啓蒙的人想要前進，必須放棄那些能力。

普洛斯帕羅當然十分明白這一點，所以在戲劇結束時，放棄了那些能力。但是在大半部戲裏，他都是以一個魔術師的身份出現的——固然是一位做美事的魔術師，但是這位做善事的魔術師却能對那個不幸的卡力班（Caliban）懷着深厚的惡意。他能運用大量的智巧，想出一些捕捉敵人的計謀。他具有一種能够看穿事物之終極性質的洞察力，曉得什麼事情非做不可，什麼事情絕對不能做。

我們的遊戲現在完了。
我們的這些演員，我已說過，
原是一些精靈，
現在化成空氣，稀薄的空氣：
頂着雲霄的高樓，富麗堂皇的宮殿，
莊嚴的廟宇，甚至這地球本身，
對了，還有地球上的一切，

將來也會像這毫無根基的幻象一般的消逝，
並且也會和這剛幻滅的空虛的戲景一樣不留下一點煙痕。
我們的本質原來也和夢的一般，
我們的短促的一生是被完成在睡眠裏面。

普洛斯帕羅是在說明虛幻女神（Maya）④的主義。世界是一個幻景，但是我們必須以認眞的態度來對待這個幻景，因爲就這個幻景所關涉之範圍，以及我們所能瞭解的現實的那些方面而言，它是眞實的。我們應該覺醒。我們必須尋出一些方法，來發現我們的自我中心的意識容許我們看見的那個虛幻部份裏面的全部眞實。我們不可毫無思慮，把我們的幻景當做全部現實，但是也不可思慮過多，總想逃出這個夢幻世界。我們必須不斷地當心那些可以擴大自己的意識的方式。我們絕對不可企圖生活於世界之外，因爲這個世界是分配給我們的，但是我們一定要設法改變它的形貌和性質。太多的「智慧」和太少的智慧一樣要不得，而且絕對不能使用魔法的把戲。我們必須學會不用魔術師的魔杖和咒書而達到現實。我們必須尋出一個方法，能够不置身於這個世界而又置身於這個世界。能够生活於時間之中，而又不完全湮沒於時間之中。

霹靂火在垂死之際，用下面的値得記憶的廖廖數語來概述人類的困境：

但是心是生命的奴隸，生命受時間的擺佈；
而時間籠照着全世界也總有個盡頭。

我們以爲我們知道自己是誰，應該怎麽辨，可是身爲這個星球的兼具心理和身體功能的生物，我們的思想是被自己目前經驗的性質所影響和決定着。換句話說，心是生命的奴隸。心是生命的奴隸，而生命顯然受時間的擺佈，因爲時間本身每時每刻都在變，而且還改變着外部和內部的世界，以致我們永遠不能在連續的兩個時刻中保持原狀。

心被生命決定，生命又被流逝的時間決定。但是時間的領域並不是絕對的，因爲「時間總要有個盡頭」，從莎士比亞寫作時所持的基督教觀點看來，這個話含有兩方面的意義。在世界末日，在宇宙終結的時候，時間一定終止。但是在前往這個普遍的終結的途中，時間還必定在個人的心靈裏面有一個終點，個人的心靈必須學會經常培養一種超時間的心情，或永恆的感覺。

【附　註】

① 維爾迪（1813—1901）——義大利作曲家。

② 據聖經所述，亞伯拉罕爲希伯來族之始祖。「在亞伯拉罕的懷抱中」(in Abraham's bosom)之義爲「與死去的祖先在一起安息」，或「進入天國」。亞瑟王的懷抱，意義相同，亦是與死去的老祖宗在一起安息之意。

③ 皮爾(1898—)——爲美國的牧師，以寫文章和在廣播電臺與電視臺演講而馳名，每週的讀者和聽衆有數百萬人之多。他主編一個宗教性的雜誌，叫做「標竿」(Guideposts)。

④ Maya——在印度哲學中，爲「虛幻」之義，常被擬爲一個女人。

（附記：本文中所有引用莎士比亞劇本的文句，均採用梁實秋先生譯文。）

王子復仇記的演出

蔣紹成

一九六四年四月廿三日，是大文豪莎士比亞(Shakerpeare)誕生四百週年的紀念日，舉世慶祝。世界各國劇團，均紛紛籌演莎翁名劇。有不少國家，還遻劇團到英國去參加演出。至於英國本土，更是熱鬧。除了在莎翁的故鄉斯特拉福鎮 (Stratford) 的莎士比亞紀念劇院一連幾個月公演莎翁劇本外，在倫敦及各大城市整年都在演出莎劇。

中華民國各界爲着紀念莎翁的四百年誕辰，也展開了不少活動。如：文壇月刊社和宜蘭青年雜誌社，都會出版莎翁紀念特刋，天主教耕莘文教學院舉辦莎翁名著講座；中華民國各界則聯合舉辦莎士比亞四百年誕辰慶祝大會，並邀請政工幹部學校影劇學系演出王子復仇記 (Hamlet)。兼任政工幹校影劇系主任李教授曼瑰，向學校當局洽商，除在校學生外，並調請畢業校友多人，回校參加排演。

該劇連續公演一星期，是爲中華民國中央政府遷臺灣以來首次公演莎翁戲劇。(政工校影劇系第八期學生畢業會演此劇，但非售票公演。) 該劇動員幹校影劇系師生校友及工作人員近百人，可謂『極一時之盛』。(附『王』劇職員及演員表於後)。

「王子復仇記」演出經費，除售票收入外，均由各界捐助。茲將捐款及售票收入附錄於後，可以

表示此次慶祝會的羣策羣力，確是發揮了許多機關團體和熱心人士的精力與財力。（附售票收入徵信錄）

四月廿三日，這一偉大的日子，不但屬於英國，而且屬於全人類，全世界。在英倫；在世界每一個角落，都在冠蓋雲集，競演着莎翁的各種名劇。人們聆聽着他的詩句語彙；欣賞着他的藝術；欽羡着他對人性的瞭解和追念着他對人類的偉大貢獻。

一個民族能有一個清晰的聲音來述說他種族的故事及榮耀是可羨的；而人類中能有一個和諧而强有力的聲音來敘述人類的快樂、悲傷、勇敢、怯懦、自私和感恩的情操，更是值得驕傲和慶幸。莎士比亞不祗是英國人所專有，而是代表着全人類的聲響和歌音。

附一　王子復仇記演出的話

李曼瑰

英國人曾誇耀他們帝國主義的成績，世界上每個角落都有大英帝國的殖民地，英國的國旗無時不在太陽光下耀武揚威。但是英國人更以莎士比亞爲傲，寧可失掉殖民地印度，却不願沒有這位大文豪。今日大不列顛已經喪失了印度，而莎士比亞仍給予其祖國無限的光榮。有一天即使大英帝國的名詞不復存在，莎士比亞的英名將永垂不朽，人類亦必永遠以人間曾有過這麽一個人傑爲榮。

莎士比亞不單是一個英國人，他是歐洲文藝復興全盛時代的代言人；而他還不單是代表文藝復興那一個時代，却如他的文敵班强生所說的：他不是屬於英國的，而是屬於宇宙的，他不僅屬於某一時

代，乃屬於永恆。

莎士比亞一生的貢獻是詩和詩劇，但他不單是一個詩人，一個劇人而已；他却是哲學家、歷史家、心理學家、其他有關法律、醫學、天文、地理、生理、動物、植物的學問，也無不精通。不少律師和醫生讀了莎翁的劇本，往往驚嘆本行的學問會在這位十三歲便輟學的劇人筆下發表得如此精到詳明。更有不少動植物學家把莎翁劇本所引的動植物爲研究對象，著述成冊。即晚近新興的心理學家分析莎氏劇中人的心理，思想，行爲，也不禁推崇他心理描寫的高明。

這位多才多藝，屬於宇宙，屬於永恆的人傑，劇聖，降生人間，今年恰是四百年。舉世將爲他的誕生慶祝。中華民國各界爲紀念這個大日子，定四月廿三日莎翁誕日在臺北市國立藝術館舉行慶祝會，並邀請本校（政工幹部學校）影劇系演出莎翁名著「王子復仇記」，「王」劇係莎翁四大悲劇之一，表現一個高貴的王子，一個模範青年的挫折，他事事求全而事事因循，以致造成悲苦的結局。取才淵博，題旨高遠，人物刻畫，尤爲深邃入微。古今戲劇家反映人生，鮮能與莎翁媲美，其藝術之造詣，確已登峯造極。

四百年來，歷代的名導演莫不以演員莫不以演出莎劇爲榮，尤其是「王子復仇記」。一個年青演員如能飾演哈姆雷特王子成功，他的舞臺地位也就奠定了。本系學生欣逢盛會，參加百年一度的大慶，曷勝榮幸！但目前尚在學習之年，排演莎劇，實有所未及。雖商調畢業同學數人回校參加演出，但距理想仍遠。不過大家的熱誠和努力却值得鼓勵。這次演出，籌備月餘，白天照常上課，晚間排練，舉凡佈景，服裝、道具、燈光、配音、效果的設計，以及一切製作，無不由教授，教官，和同學親自動手，往往爲求一件服裝或一個道具的切合，參考若干書籍或遠程向專家請教。這種精神是可貴的。演出成績雖非盡善盡美，尙望觀衆諸君本勉勵後進的雅量，不吝指教，多賜批評。幸甚！幸甚！

附二　王子復仇記職員表

演出執行人	李　曼　瑰	導　　演	王　慰　誠
舞臺監督	唐　　冀	前臺主任	徐　天　榮
後臺主任	張　永　祥	舞臺設計	崔　福　生
服裝設計	王錫茞　張　瑄	燈光設計	謝以威　朱　磊
音樂設計	夏　祖　輝	道具設計	李萬龍　沈振國
宣　　傳	趙琦彬、王慶麟、唐朝安	票　　務	張仁求、陳新民、蘭觀生、鍾宗雄

附三　王子復仇記演員表

劇中人	飾演者	劇中人	飾演者	劇中人	飾演者
哈姆雷特	沈毓立	莪菲莉霞	劉立立	國　王	崔福生
羅森克蘭茲	李萬龍	基騰史登	孟洪章	瑪昔勒斯	王永林

王后	張萍萍	霍拉旭	平振剛	霍魂	劉龍生
勒替斯	朱磊	普隆涅斯	張瑄	奧斯力克	張驥
勃那陀	胡明健	弗蘭西斯克	秦清夫	教士	吳煥文
	王務		董延慶		高方
貴族	楊培軍		張德模		延榮洲
	戴國俊		馬良驊		董丙銹
小丑	婁春喜	貴婦	校筱雲		汪曉梅
	郝漢英		李建平	水手	張厚卿
	陳良月	僕人	鄭修明	使者	杜滿生
士兵	王銘成		張湘生		黃程立
	周康生		蔡崇勳		朱永平
侍從	尹緒武		李俊航	伶人	陸廣浩
	歐陽布		徐中尊		范家玲
	何曙光				

附四、中華民國各界捐助慶祝莎士比亞誕生四百週年經費及「王子復仇記」售票收入徵信錄。

甲、捐款：行政院、一萬元。臺灣製片廠、二千元。國際婦女協會、二千元。國防部總政治作戰部、二千元。聯教中國委員會、一千元。中央黨部第四組、一千元。中央電影公司、二千元。亞洲協會、一千元。實踐家政學校、三百元。第二女中、四百元。國民大會、三百元。交通部、一百元。梁寒操董事長、一百元。彭總長孟緝、二百元。僑委會、二百元。賀主任衷寒、一百元。松山中學、二百元。蔡委員、四十元。文藝協會、二百五十元。中央研究院、二百元。淡江文理學院、二百元。藝術館、五百元。英國領事、五百元。曾代表寶蓀、一百元。美使館高參事、一百五十元。美國新聞處處長、一百元。師範大學、一百元。護專、三百元。臺北工專、三百元。臺大外文系、三百元。大同工學院、一百元。師範專科學校、三百元。陸總康樂大隊、一百元。淡江外文系、二百元。婦女寫作協會、二百元。國立藝專、一百元。銘傳商專、三百元。師大英語系、三百元。建國中學、四百元。中央黨部第五組、五百元。第一女中、四百元。師大附中、一百元。成功中學、二百元。東吳大學、三百元。臺銀毛松年先生、四百元。

乙、購票：電信管理局、一千元。青年救國團、二千元。陸軍總部、三千元。海軍總部、三千元。空軍總部、三千元。政工幹校、二千元。護理專校、三百元。强恕中學、二百元。臺銀陳董事長、一千元、交銀柳董事長、五百元。李業年先生、五百元。葉公超先生、五百元。劉文騰先生、五百元。李國鼎先生、五百元。卓東來先生、五百元。

丙、門票及特刊：門票：九千九百八十六元。

特刊：五百卌二元。

以上捐款、購票、門票、特刊總收入、共計新臺幣：五萬八千八百五十九元整。

富樂撫莎士比亞圖書館

陳紀瀅

一九六二年一月十二日，我於參觀了國會圖書館之後，袁同禮鄉長邀我到一家意大利菜館午餐。按照我的節目秩序，下午二時去富樂撫圖書館（The Folger Library）參觀，袁先生說路很近，他可以陪我走過去，而且說：「這個圖書館很值得看看。」袁氏是圖書館專家，他既說值得，當然非泛泛的讚譽。我受此暗示，就特別提高興趣，準備去發掘其價值。一個旅客，一個像我這樣「貪婪」的旅客，幾乎每小時都排有節目，十天下來，老實說，已變成機器，頭腦已接近痲木；既無時間做準備工作，也沒精神事事追究，僅是按預定履行節目單罷了。

果然，越過國會圖書館，沒走幾分鐘，就看見一幢白色建築物，據說就是富樂撫圖書館了。它的地位是國會東街二〇一號（201 E. Capitol St.），袁先生送到我門口，就告辭。

館長萊特先生（Louis B. Wright）因事不在，由一位女職員帶領我參觀。走過大廳與藏書室之後，我才瞭解袁先生所說「很值得看看」的理由。

原來這是以收藏莎士比亞著作以及有關莎氏文物均著名圖書館，所以也叫做富樂撫莎士比亞圖書館（The Folger Shakespeare Library）不僅莎氏的劇本，包括各種文字，這裏收藏最豐富、最完整，甚至於全世界著名劇團演出莎氏名劇所印節目單也搜羅齊備。其餘如莎氏用過的東西，也有保存。莎氏各種照片、手稿以及每一劇本的舞臺設計等等，都有大量存儲。

我在劇本陳列部份，也看見中文莎氏名劇譯本，包括梁實秋及朱先生等譯本，其餘如英、法、德、意、俄、西、葡、日等譯本，均極完整。可見他們在搜求方面，的確曾煞費苦心，力求普遍，做到名符其實的莎士比亞圖書館。

最使我驚歎的是，在大廳的盡頭處，有一座劇場，完全做照英倫南部莎士比亞故鄉的劇院所建築，無論形式、質料及一切設計，一模一樣，建造而成，僅是比原來的劇院縮小了。每年有定期演出和學術講演。

我在這個圖書館裏，足足看了兩小時，流連忘返，意興未盡。我曾對那位帶我參觀的女士說：「可惜我的時間不够，如果許可，我在這兒停留兩個月，就可以完成一本關於莎士比亞的著作。」她說：「我希望你將來有這樣機會。」

富樂撫是怎樣的人？

原來富樂撫莎士比亞圖書館的創辦人亨利・富樂撫（Henry Clay Folger）於一八五七年六月十八日生於紐約市。他的父親是一位女帽批發商。他是佛蘭克林（Benjamin Franklin, 1706–1790）外祖父彼得・富樂撫（Peter Folger）的嫡系後裔。彼得・富樂撫是漫煞文雅島（Martha's Vine-yard）

和南搭克特島（Nantucket）（註：兩島都在麻州東南）的殖民者。亨利，富樂撫早年教育是在紐約布魯克林區阿戴夫專門學校（Adelphi Academy in Brooklyn）。在那兒，他的同班波萊特（Charles M. Pratt）是洛克裴勒（John D. Rockefeller）夥伴之一的兒子。由於這點幸運的友誼，富樂撫與波萊特能共同進入阿姆赫斯特學院（Amherst College）。當一八七九年，這兩個年青人畢業時，波萊特的父親，就安置他們在石油企業內。

可是，當富樂撫一面服務波萊特的石油公司時，一面又在哥倫比亞大學（Columbia University）讀法律，並且於一八八一年榮獲法學博士學位。因爲他在哥倫比亞額外學習社會科學，阿姆赫斯特學院於次年又授予他碩士學位。一八八五年十月六日，富樂撫與卓旦（Emily C. Jordan）小姐結婚。他是瓦薩學院（Vasser College）畢業生。此後四十五年內，他與富樂撫分擔了收藏書籍的責任。

在阿姆赫斯特學院他聽到愛默生（Ralph Waldo Emerson, 1803–1882）最後幾次講演之一，對於愛默生有關莎士比亞的評論，受到鼓舞。在班上，他喜愛英國文學，並且因寫了一篇「狄更斯如同一位傳教師」的散文得到獎賞。在瓦薩學院，卓旦曾寫過一篇關於莎士比亞的論文，這也許就是幫助她後來形成興趣的原因。在離開學院後不久，富樂撫就買了一套廉價小本莎士比亞全集，一種携帶方便的版本，共十三集，由羅泰基（Routledge）出版。富樂撫圖書館至今仍然保存着這套書。從此開始，就發展成爲一個全世界最大的莎士比亞圖書館。一八八六年，富樂撫買到一本哈利威爾——非利浦斯（Halliwell–Phillipps）出版的「第一對摺本」（First Folio）複製本。幾年之後，他獲得首批善本書，那是一六八五年出版的「第四對摺本」，共付了一〇七·五〇元，在當時對他這是一個驚人的數字。

從此時起，富樂撫便成了莎士比亞著作特別熱心的收藏家。在一生中，他共收藏了一六二三年出版的「第一對摺本」七十九冊，一六三二年出版的「第二對摺本」五十八冊，一六六三至六四出版的「第三對摺本」二十四冊，一六八五年出版的「第四對摺本」三十六冊，富樂撫收藏這些版本的構思，是要從校勘中發現莎士比亞全集的異同。後來證明伊利沙白時代版本較受學生歡迎。

在這個時期，富樂撫經營商業甚有成就。但他已成爲美孚石油公司（Old Standard Oil Company）的部長。當公司因股東分裂改組後，他升任爲紐約新公司的總經理。這個職位自一九一一年迄一九二四年，他一直在保有。自一九二四年到一九二八年他退休時，他是董事會的主席。雖然他並非驚人的富有，可是他已獲得一宗很大的財產。因爲富樂撫夫婦沒有子女，他們就把財產奉獻於購藏書籍，並且開始計劃建築房屋，以儲存他們的獲得。

雖然富樂撫無饜足地搜求莎士比亞對摺本書籍，因此享有盛譽，以致促成專一收藏的興趣；但認眞說來，他的興趣實際更爲廣泛，他曾經在收藏中，建立都德（Tudor）和斯圖亞特（Stuart）王室時代的歷史與文學典籍的基礎。

可能是一樁遺憾的事實，在他有生之年，富樂撫並沒看見他的存書被人廣泛利用，以及圖書館之建築完成。富氏於一九三〇年六月十一日逝世，那時是圖書館剛剛奠基兩週，兩年後，圖書館建築完成。那些藏書被放置在書架時，引起工作人員許多懷念與感慨。在此以前，富氏夫婦當每個郵寄書籍包裹到達時，他們就把它解開，把書名登記在一個黑色記事簿內，爲了存放安全，便寄到遠處去。因爲在他們家裏，沒有房間可以容納。這種做法，曾引起大西洋兩岸的學者對他的苛刻的批評，說他是書籍的守財奴，並且指摘他把買下的書籍儲存到遠方去，使他們看不到。

除了他的夫人，很少人瞭解富樂撫的計劃，是使它成爲一個偉大的研究性圖書館。實際上，自一九三〇年春季起，在華盛頓東國會街與第二街的拐角處，這幢神秘的建築物，已在進行中；可是僅有他的法律顧問，建築師和造房人知道，其餘都不知道幢房屋將來有什麽用途。奇怪的，甚至於阿姆赫斯特學院院長，也是讀了紐約時報才曉得這樁事。

富樂撫遺囑，把財產的一部份捐購阿姆赫斯特學院。在一九五八——五九會計年度，該院曾自富樂撫收入中，獲得一六〇、四五四・三一元。

富樂撫夫人比富樂撫先生多活了六年，並且親眼看見圖書館開放於公衆。當一九三六年二月二十一日，她去世時，又把她的餘產捐贈給阿姆赫斯特學院，以有助於富樂撫圖書館。

館址的選擇

雖然富樂撫自己是紐約人，而且獲得阿姆赫斯特、哥倫比亞（兩校都設於紐約）兩校的學位，可是他却選擇與國會圖書館一街之隔的位置充做館址。他認爲華盛頓無可避免地將是研究中心。近似國會圖書館那樣，被學者們充份利用，他這樣希望着。他這種智慧的選擇，已經獲得顯著的證明。

關於建築方面，他挑選費城的克利特 (Paul Philippe Cret) 為工程設計。克利特工程師認為富氏心目中的伊利沙白一世時代的建築風格不適合於華盛頓。他把內部用白色大理石砌成，顯示其高貴，在單純中反映典雅，加重橫線與水平線的使用，令人看了是一座新的建築物，却不屬於任何時代。在北面牆上，有幾個浮雕，是經葛利高力 (John Gregory) 根據莎士比亞名劇描繪的。在展覽走廊的閱讀室內則充溢着伊利沙白一世時代的氣氛。在建築物的東端，一座伊利沙白一世時代風格的劇院重建在那裏，只是比原來的體積縮小了。

創辦人可能沒夢想到他的圖書館將吸引大量來自世界各國的學人。他想像着這個閱覽室僅有少數有興趣的人，在一種高雅氣氛中加以利用。結果則證明這個閱覽室缺少實際需要的設備，在不久的將來，以不破壞原來的建築美，予以改建。

搜求書籍時期

富樂撫圖書館於一九三二年正式開放。創辦人一生所收藏的書籍都貢獻於大家。但僅是藏書並不能代表圖書館。怎樣使藏書成為有效的研究工具，是一樁緩慢而須有耐性，也是專家的工作。

在最初兩三年內，圖書館忙於內部事務。第一個重要發展是一九三四年任命亞當斯 (Joseph Guincy Adams) 為館長。他是康乃爾大學講授伊利沙白一世時代文學的教授，他在這裏服務直到一九四六年十一月去世爲止。在此十二年間，圖書館有顯著的進步。

在二十世紀圖書館史上，一個最不尋常的機遇，便是富樂撫圖書館收購哈姆渥斯爵士（Sir Leicester Harmsworth）私人藏書一事。關於這段故事，曾由斯坦萊金（Stanley King）加以記載。在圖書館歷史中，很少遇見一個單獨收藏，於一夜之間，就立刻擴大了範圍，增加其重要性。哈姆渥斯爵士的藏書與富樂撫圖書館便是這種情形。前一天，它還是一個集中伊利沙白一世時代莎士比亞的收藏，第二天它便變成全世界英文存書四大圖書館之一。那些收藏都是一六四一年以前印行的，除莎士比亞有關著作之外，還有純文學與人文思想一類書籍，共有一〇五、〇〇種書目之多。

在亞當斯任館長時代，其他不尋常的收穫，是取得了另一批一六四一年以前印行的書籍。在一九四二年刊行的報告中，包括以前的收購，亞當斯列舉許多寶貴的獲得：如一批約有四五〇種項目的書籍，是不在前次從哈姆渥斯爵士收購單內，另在他馬廄中尋覓所得，由哈姆渥斯的信託人處購得；另一批書是罕見的伊利沙白一世時代的劇本。另外有許多種於一六四一年出版的雜著；多期珍貴的音樂出版物；一批戲劇稿本，由十五世紀的三個善本的寓言劇（Morality Play）開始，到十六、十七世紀的英文劇；一批值得注意的原稿，曾由薩里地方盧斯里館（Loseley House, Surrey）保藏。其中包括約翰·頓（John Donne, 1573-1631）①有關卜萊克佛萊斯劇場（Blackfriars Playhouse）的信札與公文。還有一批包括一三七種不尋常的公文收藏，多半是私人信札，時間始自十七世紀初期。

德雷敦（John Dryden, 1631-1700）② 收藏以及十七世紀末期重要圖書的獲得，對於富樂撫圖書館也是相當重要的，因爲完成了王權復興時代(Restoration period, 1660–1688)戲劇資料的收藏。這些典籍富氏本人已在著手尋覓，並且因此導致後來對於十七世紀書籍收藏的更大發展。

很少圖書館能在這樣短暫時間內，有如此成就。亞當斯是一位有辨別力而固執的書籍收藏家。富樂撫圖書館對於他在任內的成就，負有衷心虧欠。他竭盡全力收購書籍。一般事務性的工作可以慢慢發展，惟有像亞當斯搜求善本書與文稿那樣機會，將不會再有。

擴張與發展

富樂撫圖書館於成立後十六年內　，由於廣泛地搜求英國都德與斯圖雅特王朝每一時期的文化資料，使它成爲一個有效而急需的實用機構。一九四七年十月，阿姆赫斯特學院任命萊特爲館長。他是位歷史學家。那時候他正在加州聖馬力諾(San Marino, Calif.)亨丁頓圖書館和美術陳列館(Henry E. Hungtington Library)做研究員。他的任命於一九四八年七月一日生效。萊特在亨丁頓圖書館對於研究業務的發展貢獻頗大，並且使它由一個私人收藏圖書館，變爲大衆研究機構，而享有國際榮譽的工作上，他也努力最大。

他接受富樂撫圖書館館長任命時，董事會曾由阿姆赫斯特學院院長柯利 (Charles W. Cole) 和富樂撫委員會主席塞力曼 (Eustace Seligman) 共同簽署了一項文件，說明一般情勢和董事會的政策，希望新任館長遵循辦理。文件大意如下：

「我們曾對富樂撫圖書館與美國人民從事研究之關係加以研究，我們特別注意到一個學者們的機構，對於十六、十七兩世紀的文學、智慧、以及社會歷史研究工作方面的偉大潛力。自從獲得了哈姆渥斯爵士的收藏以後，富樂撫圖書館除去莎士比亞研究之外，負有義務擴大學術活動的領域。

「我們以及所有富樂撫委員會的委員們，已經與若干學者會商過，如何努力找出學者們所最需要這個圖書館的是甚麽，又怎樣才能對他們做最好的服務。從接到的建議中，很明顯地，謀求進一步發展的時機到來，以便使它變成為更有效的研究機構，並且在歷史的研究中，它擔任起更活躍的任務。

「因此，阿姆赫斯特學院董事會任命閣下為館長，切盼把這項活潑富有鼓勵性的研究政策實現出來；同時也希望您為了促進文學與歷史研究工作的實際發展，您可以採取一切必要的步驟。」

萊特根據指示，朝前邁進，已獲有相當成果。

一九四八——四九年之間，富樂撫圖書館為增進效能，經歷了許多物質與技術的改變。譬如一九四八年裝置空氣調節器，以遠應華盛頓炎熱的夏季。同時一個整個改善設備的計劃，在進行之中，各項存書位置加以調整，以便於閱讀。若干複製品的增購也開始辦理，國會圖書館的存書，有時被專家拿來在富樂撫圖書館參考使用。亨丁頓圖書館更容許它把十六與十七世紀的圖書目錄卡片影印。因此，富樂撫圖書館於一九四九年間增添了大批參考性質的收藏。

但是富樂撫圖書館，在這時間又繼續努力，獲得了一批十七世紀中葉與十八世紀初期的書籍。因為這一時代的書籍仍有發掘，而且價格還相當公道。又經過同樣努力，又購到一批文藝復興時代歐洲大陸書籍，特別有關人文主義的著作。爲了購書計劃，圖書館任命曾在亨丁頓圖書館服務富有經驗的畢澈小姐（Miss Ellanor Pitcher）負責其事，她的一半時間駐在歐洲，並以倫敦爲總部。畢澈小姐得有機會廣泛地與歐洲書商接觸，從愛丁堡（Edinburgh）到維也納（Vienna）她發現了許多重要書籍，再經過一番仔細考證，終於獲得了極有價值的原始資料。

截至到這一時期，富樂撫圖書館已收藏將近六〇、〇〇〇册重要書籍，其中一半以上是於一七〇〇年以前出版的，將近六、〇〇〇册是十八世紀出版。有一、一三二册英國書籍，出版的時間是一六四一年以前。有三十九種歐洲大陸出版物，是一五〇一年以前所印行。重要手稿無算。

雖然富樂撫圖書館在全世界已經是莎士比亞著作最大收藏機構之一，但是它仍然增加了約有五百種不同語文的書籍，有的是全集，有的僅是單獨的劇本。縱然無法獲得每一國家及每一種語文有關莎氏的全部出版物，可是經常不斷地收到來自世界各個角落的贈書，使這個圖書館隨年代之久遠，更加充實。可是圖書館也並沒有僅爲了好奇心，浪費金錢去購買有關莎氏的出版物。舉例來說，一本印在樹皮上西班牙文的「哈姆雷特」（Hamlet）曾以高價兜售，結果被拒絕了。

在過去十年當中，富樂撫圖書館曾收買不少小册子，都經過一番心血才得到的。購書部份保存着一份廣泛而急需的書目，隨時在留神購入。在全世界各地，也有代理人爲它購買書籍。

① 約翰·頓　英國詩人及傳教士。

② 德雷敦　英國詩人及劇作家，於一六七〇——一八九年，膺桂冠詩人頭銜。

萊特博士訪問記

原文載 U. S. NEWS & WORLD REPORT, April 27, 1964

胡百華譯

路易・萊特博士（Dr. Louis B. Wright）是一位國際著名的莎士比亞專家和伊利沙白時代的學者。在論述伊利沙白時代及美國早期文化方面，他有許多著作。一九四八年以來，他擔任美國華府之福哲莎士比亞圖書館（The Folger Shakespeare Library, Washington D. C.）的主任。一九六四年四月爲莎士比亞誕生四百週年紀念，世界各地盛況空前，「美國新聞及世界報導」雜誌特別訪問萊特博士，下面是他的精闢的答覆。

問：萊特博士，莎士比亞今年在美國似乎很是風行。你如何加以說明呢？

答：當然，有若干外在的因素促成莎士比亞的受人歡迎——例如，目前莎士比亞的四百週年誕辰。在我看來，似乎各學校，博物館，世界上的幾乎每一戲劇團體，都將做些事慶祝莎士比亞的四百週年紀念。

但是，莎士比亞在美國一直是非常有名望的。

大家有一種錯誤的觀念，認爲莎士比亞的盛名歷久不衰，是教師們的共謀所致。在學術研究上，教師們或許與此事有關連，但他們並不能使莎士比亞成爲極受歡迎的入物。

問：那麼，是什麼緣故呢？

答：我想使得莎士比亞歷久不衰的，是他的著作的通俗性——在當時及以後——他都不是一位自炫博學的詩人。

莎士比亞著眼於票房價值。他是一位務實的生意人，是想要成功的劇作家。他寫作，是爲了可能去環球劇院①的每一位觀衆能懂。

問：莎士比亞本人從劇本中賺到錢嗎？

答：莎士比亞是非常成功的。我說過，他是一位優秀的生意人。他賺到足够的錢，使他能够退休，而且像許多生意人一樣，一有足够的錢便退休了。他回歸故鄉斯特拉福（Stratford），做投資人，購買了鎮上最好的房子「新居」（New Place），過着悠閒的紳士生活。

他還在倫敦的戲劇界的時候，就把錢寄回斯特拉福，例如，買土地，買製造麥芽的大麥等。在當時到現在，斯特拉福是釀酒的大中心。

問：你提過莎士比亞在美國一直非常受人歡迎。他在英國亦復如此嗎？他有時被人忘記，有時受到過知識份子的討厭嗎？

答：我不願說他被人討厭過。但戲劇的風尚每一代都在變化，舉例來說，十九世紀初期，煽情主義在舞臺上很受歡迎。假如你是演出人，你必須安排大場面，大量的佈景和音樂。莎士比亞在各時代戲劇的遞嬗中常常被人忘記。

在更早的復辟時期②，莎士比亞的劇本常修改來配合當時的胃口。例如，「李爾王」(King Lear)修改爲團圓的結局。

在大衛嘉理克（David Garrick）執十八世紀英國戲劇界的牛耳的時候，他在恢復莎士比亞原劇本的演出上，曾作過很大的努力。但是他並未完全成功。事實上，「理查三世」(Richard Ⅲ）的修改本比莎士比亞的原著更受歡迎，到現在幾乎還是如此。

但在那時以後，我們已學會做得好些。我們已知道許多版本上的問題。演出人和學者都對這方面比以前更爲注意了。

問：莎士比亞的劇本在目前的演出，和劇作者當時的演出是一樣的嗎？

答：可能不是，當時的戲劇有更多演說性的臺詞，對話也大聲得多。這說明莎士比亞的劇本爲什麼有許多好的演講。

一部分吵鬧的觀衆站在「天井」(yard)，即我們稱爲正廳後部（pit）的地方，他們在嚼着堅果和生蘿蔔，喝着啤酒，把廢物拋向他們不喜歡的演員身上。演員們必須有能力掌握觀衆——演得好，說話大聲。

在「哈姆雷特」(Hamlet）一劇中，當演員出場說那句著名的獨白，「是活下去，還是不活下去」

(To be, or not to be)，他是在演說。他走到舞臺的前部，作長篇的演講。伊利沙白時代的人喜歡演說術。演說術很受歡迎。當時的劇院光線不好，後排觀衆能否看清演員面部的微妙表情，我很懷疑。

我的推測是，大部分的對話必須大聲說出。因此我們今天所演出的莎士比亞戲劇，和當時他本人在地球劇院演出者，很不相同。

問：你的這一席話，好像說莎士比亞劇本是由威廉・莎士比亞所作。有人認爲這些劇本是由培根(Bacon)或瑪婁(Marlowe)，或其他什麼人所寫道理何在？

答：我敢說這些劇本的作者是威廉・莎士比亞，因爲這位來自斯特拉福的莎士比亞是那些劇本的作者的證明，遠超過伊利沙白時代的任何戲劇家。

我們所忽略的是，沒有人夢想到莎士比亞會成爲世界人物，因此沒有人在他身旁記下他所說的每一句話，或留下他的著作的每一片紙。

在當時劇本並未被視爲文學，它們的地位好像是今天的電視脚本。

訴訟幫助我們認出莎士比亞是劇作者。他曾涉入土地訴訟中。一份法律文件顯示，他在倫敦謀生時在某一時期實際上居住何處。這一類的記錄很多——土地轉讓，法律檔案，賦稅記錄，當時對威廉・莎士比亞的批評。

所有這些證據共同作成了一份相當完整的記錄，說明莎士比亞爲何人，作何事，有什麼成就。

問：這些證據足能顯示他是一位有學問，受過好教育的人嗎？

答：是的，人們說，「十三歲離開學校的人，怎能眞受過好教育呢？」這是又一層錯誤。他們不了解英國當時的教育制度。

莎士比亞在斯特拉福的一所文法學校念書，它是英國的好學校。在伊利沙白時代，每一個人都在拉丁文法學校奠定基礎教育。莎士比亞就在此時期讀過拉丁文學，他甚至學會閱讀一些希臘文。問題在於我們把當時的文法學校，認爲與今日美國的中學相等。但是這二者是不能比較的。伊利沙白時代的大學並不教授現代文學或近代史。如果莎士比亞曾去牛津或劍橋大學念書，他所研習的科目可能已使他成爲牧師或律師。他實際上學不到什麼東西，以幫助他成爲劇作家。但是認爲他未受教育的觀念是錯誤的，當然他在書本上並不非常飽學，他在人性方面却是大有學問。

對於莎士比亞的過份崇拜應肇始於十九世紀，其時愛好莎士比亞的人們，認爲他是自有人類以來最飽學之士——這是完全無意義的。莎士比亞在劇本中誤以爲波希米亞（Bohemia）有海岸，他讓一人乘船從維洛那（Verona）到米蘭（Milan），他並曾犯過地理及歷史上的各種錯誤。

問：萊特博士，莎士比亞四百年來幾乎一直受人歡迎，這是創記錄的。在各國文學史之中，有其他人近於他的不朽嗎？

答：沒有。我不知道有其他人如此，法國喜劇作家莫利哀（Moliére）很受歡迎，但在規模上不可同日而語。德國詩人和劇作家歌德（Goethe）被翻譯成許多文字，但在享受盛名的時間上。還差一些。但丁（Dante）也被迻譯成許多文字，美中不足的是他很艱深難懂。

在比較之下，其他作家都有某些缺陷。但丁也許僅次於莎士比亞。你從但丁的作品中所獲得對於人生的瞭解，超過任何作家，莎士比亞或許是例外的一個。

問：莎士比亞能這樣長時期使衆多的人們發生興趣，他的特質是什麼？

答：莎士比亞對人性的瞭解，幾乎可說超出我們所知道的任何作家。他把他對人性和人生的一切觀察，用簡單清晰而富有詩意的文字寫出，他把簡單的日常生活揉在詩裏。他是大自然和人性的敏銳觀察者。

問：莎士比亞在各國受到普遍的歡迎，你認爲是由於他超人的觀察力和感覺嗎？

答：是的。他探討人性的一般現象。他對於人的性格有深刻的了解。每人不一定有兩個不義的女兒。但大家都了解「李爾王」一劇中所描繪的忘恩負義。大家都了解「奧賽羅」（Othello）所描寫的妬嫉，「馬克白」之中的野心。他討論的是人類的通性，每一種族和每一時代都可能發生的事。

問：你曾說過莎士比亞在美國得到廣泛的歡迎。難道這些年來他一直受到歡迎嗎？

答：確是如此。莎士比亞的劇本在美國最先係作誦讀表演，以後才在舞臺上演出，然而早在十八世紀中葉，已開始有演員們演出他的劇本了。例如，一七五二年在維琴尼亞州的威廉堡（Williams-burg, Va.），就有莎士比亞戲劇的演出。在獨立戰爭以前，巡廻劇團把莎士比亞戲劇帶至所有各殖民地。在獨立戰爭以後，而鐵路未達到中西部新開闢地以前這一段時期，這些地區就已有數百場的莎士比亞演出的記錄。他的劇本在穀倉，倉庫，以及河船等處演出。

問：你是說莎士比亞使人們離開新開闢地的酒館嗎？

答：有時劇本就在酒館中演出。在舊金山有案可稽的一次，是由業餘演員演出「威尼斯商人」(The Merchant of Venice)。爲了波西亞 (Portia) 在劇中所穿的律師衣服，他們僅能找到的是一條長褲，紅襯衣和寬邊帽。那是當地治安推事穿的；因此波西亞穿那套服裝上場。

在美國各地旅行的演說術教師們 (elocution teachers)，作莎士比亞的誦讀表演。這些表演者非常受歡迎。人們付出很多的代價去聽他們。他們的節目總免不了莎士比亞的若干段文字。波西亞請求赦罪的演說是大家所愛好的。「如願」(As You Like It) 中的「人生的七個階段」一節，同樣深受歡迎。

地方報紙的編輯們長篇地引述莎士比亞的話。他們把莎士比亞的話作爲多餘篇幅的「補白」。由於新聞闢地的報紙的補白，莎士比亞的話語大量地摻入美國話之中。

問：美國總統華盛頓，傑佛遜，林肯等人熟悉並引述莎士比亞的話嗎？

答：是的。林肯熟讀聖經和莎士比亞。傑佛遜了解莎士比亞尤深。華盛頓也引述莎士比亞的話，但他對莎士比亞的知識不如傑佛遜。

問：目前已有多少種莎士比亞的譯本？

答：英國伯明罕 (Birmingham) 的公共圖書館，儘力收集莎士比亞的各種譯本，他們的收藏量很是可觀。去年他們報導已有七十八種語言的譯本。

在福傑莎士比亞圖書館，我們有數種語言的莎士比亞譯本，他們並未列入。我們有安東尼哀悼西撒的演說，是用洋涇濱英語改寫——這是一位朋友從新幾內亞寄給我的。莎士比亞已被翻譯爲各種非洲語言。目前，埃及有一件令人感到興趣的計劃，就是把莎士比亞全集譯成阿拉伯文。

如果莎士比亞描寫的不是人類的共同性格，他的作品如何能翻譯成這樣多的不同語言，並且超越三個半世紀呢？

問：莎士比亞時代的人們說話，眞的像是他的劇本中的人物嗎？

答：他們當然不用無韻詩說話。

問：但他們用同樣的語彙嗎？

答：莎士比亞使用很多的字彙。他怎樣獲得這樣廣博的字彙呢？人們由閱讀增進語彙。莎士比亞顯然是一位最能融會貫通的讀者。他能完全吸收他的讀物。在若干歷史劇中，他源源本本地充分援用資料，他簡直把何林塞（Hloinshed）的「史記」，有時整段一字不易地改寫爲無韻詩。

有人持這樣的說法，「莎士比亞是鄉巴老，他怎樣知道那麽多貴人命婦和君王們的事蹟呢？」這眞是無意義的話。事實是，他從何林塞的作品中獲得了他所需要的一切。他的劇本並未含有君王貴人命婦的神秘資料。

讓我再回頭來答覆你的問題：在伊利沙白時代，的確有人像莎士比亞的劇中人物一般地談吐。我們從書信和著作中知道，當時人們說話比較誇張。

問：你說過莎士比亞是一個優秀的生意人，他着眼於票房收入，但美國康涅狄克州的斯特拉福（Stratford，Conn.），加拿大安大略省的斯特拉福（Stratford, Ont.）等等地方③，把莎士比亞予以「商業化」。是否爲相當最近的事情呢？

答：不。戲劇事業成功的時候，總是商業性的。古希臘把戲劇作爲國教的一部分，可能是唯一的例外。伊利沙白時代的戲劇必須商業化，以求生存。在莎士比亞的時候，政府對戲劇沒有津貼。

問：但莎士比亞節日及其他商業性的戲劇活動激起了整個社會——這些活動是新近才有的嗎？

答：大衞·嘉理克靠莎士比亞賺過一大筆錢。一七六九年嘉理克在斯特拉福舉行第一次莎士比亞節日——即所謂的 The Shakespeare Jubilee。

那次的慶祝會令人不敢相信。節日持續了三天，儘管大雨在該地區汜濫成災，最後還是在泥濘的跑道上以賽馬爲結束。但是嘉理克計劃了三天的大節目，並打動了英國的每一位人物前來參加。包斯威④穿著科西嘉軍服（Corsican uniform），携帶毛瑟槍來了。在那時，包斯威非常熱心科西嘉島的獨立。

遊客們必須睡在馬車上，因爲所有的酒館和客棧——吃飯和睡覺的地方——都告客滿。人們不免會抱怨當地客棧業的老闆要價過高。顯然地，有人在大賺其錢。

紀念莎士比亞的藝術品的製造，在那時以前即已開始。生長在莎士比亞所居住之「新居」的園中的一棵桑樹。據說是莎士比亞親自種的。十八世紀中葉，前往參觀「神聖桑樹」的遊客很多，擁有該地方的一位牧師感到不勝其煩，便把那樹砍倒，把房子毀去。

斯特拉福的居民很是憤怒，把牧師趕出該鎮。但他們把那棵桑樹留了下來，當地的工匠把它做成各種東西——茶葉罐，鼻煙盒，小壺等。在福哲圖書館，我們有極大一堆的這類木器。我們出售此類的一些「聖器」。

我們的圖書館有極多的莎士比亞用品，都是爲售賣而製造的。

問：因此莎士比亞爲優伶，演出者等等以外的人們帶來了好處。

答：當然。在安大略省斯特拉福的莎士比亞劇院，舉例來說，已爲那個鐵道旁的老市鎮帶來繁榮。

問：你是說莎士比亞當前已成爲一種實業（industry）嗎？

答：是的，而且是規模很大的實業。我想寫一本有關這方面的書，但是艾佛·布朗(Ivor Brown)已先我一步。他寫的書稱爲「莎士比亞實業」(The Shakespeare Industry)。莎士比亞在廣告上非常有用。莎士比亞和佛蘭克林⑤被人引述得最多最廣。

問：爲了使「莎士比亞實業」這觀念具體化，你估計過這實業有多少收益嗎？

答：我未計及此點。細想起來，「實業」這名辭可能會產生錯誤的含義。

莎士比亞沒有幫助大多數人賺很多錢。但因爲莎士比亞對許多人具有吸引力，他成了許多戲劇演出，歷史研究，以及觀光事業的媒介——這些都能賺錢。舉例來說，每年有幾十萬的人，包括英國本國人和外國人，其中有大量的美國人，爲了莎士比亞而前往遊歷英格蘭的斯特拉福。

問：你說英格蘭的斯特拉福是一個釀酒中心。你認爲該地靠莎士比亞的收入，超過釀酒的收入嗎？

答：雖然該地能釀很好的啤酒，我敢說這些年來，莎士比亞爲該地帶來的收入，超過啤酒業。

問：演出莎士比亞的商業活動，在興盛和不景氣時代都是一樣嗎？他在經濟恐慌的時期如何呢？

答：在美國經濟大恐慌的時期，莎士比亞的貢獻還是很大，因爲「作品促進會」（the Works Progress Administration）使得許多演員有事做。

問：也許是無需付出劇本演出費有助於——

答：毫無疑問，那是有幫助的。上演莎士比亞，永遠不需要付出劇本費。

問：幾個世紀以來，莎士比亞的劇本那些最受人歡迎？

答：「哈姆雷特」和「馬克白」，無疑是最受歡迎的。在美國的新開闢地，要算「理查第三」最常演出。

問：莎士比亞寫的全是好劇本，其中有壞作品嗎？

答：是的，他的有些劇本很不成功。「泰特斯·安莊尼克斯」（Titus Andronicus），我向來認爲最糟糕。數年前，我在倫敦看勞倫斯·奧立佛爵士⑥演出此劇，我意料將會看到一齣沈悶的戲，但使我驚奇的是，我自始至終津津有味地看完了。我仍然不知道，那戲的成功是由於莎士比亞，還是得力於奧立佛。

問：有人懷疑「泰特斯·安莊尼克斯」不是莎士比亞寫的嗎？

答：有些莎士比亞學者偏愛地認爲他並未寫此劇，但充分的證據指出是他寫的。那是他早期所寫的劇本之一。

問：全世界對莎士比亞的興趣，正繼續的滋長中，你認爲會達到停頓的時候嗎？

答：不——不會的，除非在此次慶祝莎士比亞四百週年之際，我們對他的熱心表現得過度了。我的猜測是，到了一九六五年，我們將需要宣佈它爲安靜年。但即使我們停止談論莎士比亞，我們仍將繼續閱讀他的作品。

人們對於莎士比亞的興趣是不會減低的，我衷心地如此想。莎士比亞的四百週年紀念，將會是研讀莎士比亞的眞正的鼓勵。人們的好奇心自然地會被邀起。從未想到閱讀莎士比亞的人將會說：「既然有這麽多人談論他，我應該閱讀他的作品。」

一九六四年會有許多無聊的談話——其中有些非常令人討厭，但其純益或結果將是理想的。莎士比亞四百週年紀念，將把大家的注意力集中於一位偉大的作家。它使人們閱讀莎士比亞，使人們自己從那些戲劇的詩行中尋找永恆的價值，去發現趣味和靈感。

① The Globe Theatre：位於倫敦的 Bankside 區，其設計係以巨人雙肩揹着地球，因而得名。莎士比亞的事業與地球劇院有密切關係，並有股份。他的大部分財產均從此劇院賺來。

② the Restoration：指英王 Charles II 於一六六〇年之復辟，在位期間爲一六六〇——八五年，此時期政風和文風都突然與舊標準相去甚遠。

③ 此二城鎮與莎士比亞的出生地同名，均以莎士比亞戲劇的演出爲號召，收入可觀。安大略省的斯特拉福每年一度在夏天舉行的莎士比亞節日，係由加拿大國有鐵道局主辦，自一九五三年開始以來，吸引遊客極多。

④ James Boswell, 1740–95, 蘇格蘭律師及作家，曾著 Samuel Johnson 傳記。

⑤ Benjamin Franklin, 1706–90, 美國政治家，科學家，發明家及作家。

⑥ Sir Laurence Olivier, 1907, 英國著名的演員及莎士比亞戲劇的演出者。

關於莎士比亞

Boris Pasternak 著
梁實秋 譯

這些年來我翻譯了莎士比亞幾部戲：哈姆雷特，羅密歐與朱麗葉，安東尼與克利奧佩特拉，奧賽羅，亨利四世（上下篇），李爾王與馬克白。對於簡單而可讀的翻譯本，有很大的而且好像是無窮盡的需要。每一位譯者都懷着一個希望，以爲他比別人更能適合這個需要。我也未能免俗。

我對於翻譯文學作品之目的與問題也並無什麼特殊的意見。我，和許多別人一樣，認爲所謂忠於原作者，並不專賴逐字的確切或形式上的相同。就好像繪像一樣，如無活潑而自然的表現方法，便不能做到逼眞。譯者，就像作者一樣，必須受使用他自己的語彙的限制，並且避免牽涉到風格的一切文學技巧。像原文一般，譯文必須創造一個活生生的印象，而不是一堆拖泥帶水的文字的印象。

莎士比亞的詩調

莎士比亞的戲劇在觀念上是帶有深度寫實性的。在他的散文的段落及含着動作在內的詩體的對話裏，他的筆調是談話式的。其餘部分則其無韻詩體之運用甚爲藻飾，有時過份藻飾，以至於矯揉造作。

他的意象（imagery）也是瑕瑜互見。有時是極美妙的詩，有時只是舞文弄墨，常用幾打的不恰當的字來代替就在他的舌端而他一時想不出來的一個正確的字。無論是最美妙的或是最拙劣的，他的譬喻連篇的文字是很適合於眞正寓言體的要素。

由於人的生命太短促，而其所負起的工作又過於長期偉大，二者之間不成比例，其結果便是譬喻的文字。唯因如此，他觀察事物必定有如鷹隼之敏銳，用閃電的方式表達他的見解，令人一看便懂。詩正是如此。傑出的人物用譬喻作精神方面的速記法。一個阮伯蘭（Rembrandt）一個邁克安哲婁（Michelangelo），或一個提紳（Titian），其下筆塗抹有如狂飈一般的迅速，並非是他們審愼選擇後的結果。他們深感有描繪這宇宙的需要，他們不能用別的方式去畫。

莎士比亞的筆調是包括了兩個極端。他的散文是整潔而漂亮的。這可以說是在描述喜劇細節方面的一個天才的成就，也可以說是一個下筆確切的大家作風，也可說是對於世間一切希奇古怪的東西善於摹擬的結果。與這個完全相反的是他的無韻詩。服爾德與托爾斯泰都曾被它的內在的及外表的雜亂無章所駭絕。

莎士比亞的人物，常是要經過好幾個完成的階段，先用詩體說話，然後用散文。在此種情形中，詩體各景令人有一種印象，覺得那只是素描，散文的各景則是完整的定稿。詩體是莎士比亞的最急速倉卒的表現方法，是寫下的他思想之最快速的方法。這是一點也不假的，所以他的許多詩體的段落讀起來頗似他的散文的草稿。他的詩的力量乃是來自它的印象的作風，又雄渾，又奔放，又恣肆，又豐瞻。

莎士比亞的節奏乃是他的詩之基本原則。其氣勢之強弱可以決定其速度，其對話中之問答的層次，以及其詞句與獨白之長短。這節奏足以反映出英語之可艷羡的簡潔的素質，這種素質可以把由兩個或兩個以上的相反的話題而合成的一句整個的話，緊縮成爲一行抑揚格的詩。這是一種自由語言的節奏，也是一個無偶像崇拜的人的語言，所以是誠實的而簡潔的。

哈姆雷特

莎士比亞之使用節奏，在哈姆雷特裏最爲明顯，並且發生了三個效用。它被用做爲人物描寫的方法，它使觀衆感覺到那籠罩全劇的氣氛而且支持那氣氛於不墜，它提高了語調，並且使得某幾景的粗暴性變得柔和一些。

各個人物，靠了他們的語言的節奏，而有顯著的差異。波婁尼阿斯，國王，吉爾丹斯坦，羅珊克蘭茲，說起話來是一個腔調，賴爾蒂斯，奧菲利亞，何瑞修及其他，又是一個腔調。王后之輕信人心，不僅表示在她的字句裏，也表示在她的唱歌一般的拉長了的母音上。

至於哈姆雷特本人，其節奏的性格表現尤爲顯着，令人覺得像是一種「導旋律」(leitmotif)，他一出臺好像是有音樂性的詞句隨之而出，其實並無這樣的「導旋律」存在。他的人格的跳動聲都好像是可以令人聽得見。一切都包括在裏面：他的不連貫的姿勢，他的堅決而大邁的步伐，他的傲岸的半轉的頭，以及他在獨白中發表內心思想之斷斷續續的方式，他在朝臣環繞中所作的機智答語之狂慢無禮，還有他對遙遠的空冥之凝視的姿態（父親的鬼魂曾一度喚他到那空冥中去，而且隨時還會再對他發出指示）。

哈姆雷特的語言中的音樂，以及整個戲劇的音樂，是無法在此加以引證的；舉任何一例以供參證，是不可能的。不過，雖然其性質是頗爲抽象，這音樂却是如此象徵的，並且嚴密的編織在整個悲劇中間，就樂旨而言，我們不免要認爲那是屬於斯坎丁那維亞的，並且是適合於幽靈出沒之區的。在這音樂中，莊嚴與騷亂有規律的交互參差，並且把氣氛攪到最高的濃度之後，可以表達出主要的情調。這情調是什麼呢？

據一般有地位的批評家看來，哈姆雷特乃是有關意志力的悲劇。這是對的。但是在怎樣的意義之下而有此認識呢？在莎士比亞時代，意志力之缺乏是不能成爲題材的。它不能引起興趣。莎士比亞所描寫的哈姆雷特，既明晰而又細緻，根本不是一個神經衰弱症患者。哈姆雷特生爲王子，從無一刻忘記繼承大位的權利；他乃是一個古代朝庭中一個嬌養慣了的寵子，而且是因多才而自負。就莎士比亞所賦予他的品質而言，決沒有孱弱的性質在內；這根本就沒有被列入在內。寧可說，實在情形正好相反：觀衆知道他有光輝的前途，而他爲了更高的目的而犧牲了他的前途，觀衆當能判斷他是如何的偉大。

從鬼魂出現時起，哈姆雷特就放棄了他的意志以便「執行派他來的那個人的意志」。哈姆雷特不是一部有關怯弱的戲劇，而是寫義務與克己。外表與實際矛盾——甚至是隔絕了——這時節用鬼靈來傳達消息而且由鬼來命令哈姆雷特爲父報仇，這都是不重要的。重要的是，機緣湊巧，哈姆雷特不得不扮演一個角色，做選擇自己時間的裁判者，作未來的奴僕。哈姆雷特是一齣偉大命運的戲劇，寫的是奉獻於命中註定的英雄事業的一個人的生命。

這是全劇的主要情調，被節奏弄得非常緊湊，幾乎是顯而易見的了。不過這節奏的原則還另有適用的一面。某些粗暴的景，靠了這節奏而獲得柔和的效果，否則難以令人忍受。

例如，他教奧菲利亞到尼姑庵去的那一景，哈姆雷特是在對一位愛他的小姐講話，而他把她踩在脚底下，用一種唯我獨尊的拜倫式叛徒的殘忍態度對待她。他的諷刺與他對她的愛甚不調和，他把自己的愛情苦痛抑制下去了。但是我們看這無情無義的一景是怎樣安排的。恰在此景之前便是著名的「有生命還是沒有生命」那一段，那一段獨白中的音樂在哈姆雷特與奧菲利亞初交談時的詩句中尙有迴音未絕。在此獨白中哈姆雷特的煩惱叢集糾纏不清而無法解決，其間有一種苦澀參差之美，令人想起在貧祭曲開始之前在琴上試奏的那幾聲戛然而止的和音。

這獨白放在這殘忍的結局開始之前，是無古怪的了。獨白放在前面，猶如祭儀放在埋葬前面。爲後來不可避免的預先打開了一條路，隨後發生的事都可說是預爲刷洗、補救、而顯得不失體面，不僅是靠了那些口中說出的思想，而還是靠了在其中閃耀的淚珠之熱誠與純潔。

羅密歐與朱麗葉

如果在哈姆雷特裏節奏有如此之重要，那麽在羅密歐與朱麗葉裏應當更爲重要。若不是在一個有關初戀的戲劇裏，請問在什麽地方和諧與韻律能有自由發揮的機會？但是莎士比亞對和諧與韻律有令人想不到的使用方法。他表演了給我們看，抒情的風格並不是我們所想像的那樣。他沒有譜出獨唱曲調，沒有二部合唱。他的直覺引他走上另一條路子。

在羅密歐與朱麗葉裏，音樂是消極的角色。音樂是在與情人作對的各種力量那一方面，是在人情虛僞和日常生活的喧嚣那一方面。在遇到朱麗葉以前，羅密歐對羅撒琳是充滿了想像的熱情，而羅撒琳從未在舞臺露面。他的浪漫作態是頗合於他的當時的時尚。他因熱戀而夜間獨自出行，在白晝補足睡眠，關起百葉窗讓屋裏沒有一點陽光。在這樣進行戀愛之際，在這戲的前幾景裏，他一直是用押韻的詩體很不自然的講話，抑揚頓挫的按照當時交際場中的習慣說了一大套廢話。可是他在跳舞會裏一見到朱麗葉，在她面前便呆住了，他的帶有腔調的表現方法一點痕跡也不見了。

和別種情緒相比較，愛情是一個基本的宇宙性的力量，帶着柔和的化裝。其本身是簡單而不附任何條件的，猶如知覺、死亡、氧或鈾。它並不是一種心理狀態，它乃是宇宙的基礎。唯因其是如此的基本而原始，所以它和藝術的創造是不分上下的。它的尊嚴並不較低，它的表現亦不需要什麽藝術的裝飾。藝術家之所最希冀的便是偷聽它的聲音，把捉它的隨時花樣翻新的語言。愛情不需要什麽調和的音調。存在它的心裏的是眞理，不是聲音。

像莎士比亞的一切的戲一樣，羅密歐與朱麗葉之大部分是用無韻詩體寫成的，戲中的英雄與女英雄彼此對話也是使用無韻詩體。但是韻律並不加重，從不明顯。沒有滔滔的雄辯。形式從不過份誇張以至犧牲掉十分小心安排的內容。這是上乘的詩，凡上乘的詩無不清新簡單一如散文。羅密歐與朱麗葉談話是用半音，他們的談話是謹愼的，斷續的，秘密的。那正是緊張情緒的聲音，亦正是夜間性命交關的危險懸在頭上時的聲音。

喧囂而有强烈節奏的各景只是擠滿了人的內景與街景而已。在蒙太溝與卡普賴兩族喋血的街頭，鬬毆的刀劍齊鳴。厨子在厨房裏準備着無窮盡的宴席時也是刀聲鏗鏘的在吵。這厮殺與烹調的吵鬧聲，恰似一個嘈雜的樂隊之銅樂的節奏，描寫情感的這一部靜靜的悲劇便按着這節奏而展開，兩個同謀的情人大部分是用低聲耳語來交談的。

幕景之劃分

戲之分幕分景並不是莎士比亞自己做的，而是後來的編者所代加的。但是也不是勉强加上去的。因其內部結構而很容易如此劃分。原來的版本都是一直排下去，中間沒有停頓，居然能站得住，那完全是靠了劇情之結構與發展的力量，在我們這時代是很少見的。

這特別適用於通常放在戲的中部的主題發展——換言之，主題發展在第三幕或第二與第四幕之間者。這一部分是關鍵之所在。

在戲的開端與結尾處，莎士比亞很隨便的編排一些細節，並且同樣隨便的態度打發了那些細節。迅速變化的各景都是充滿了生活，都是用極度的自由與驚人的想像從自然界直接汲取來的生活資料。

但是在戲的中段，他不肯這樣自由了，線索都已抽緊，須要開始解脫；在這一點上莎士比亞顯得他是他的時代的產兒與奴隸了。他的第三幕都是緊釘在佈局的結構中間，這是以後幾世紀中戲劇藝術裏所不會有過的，雖然是向他學習到了一點點誠摯與大膽的作風。第三幕都是被邏輯力量之盲目信仰所支配，及倫理觀念確實存在之盲目信仰所支配。開始時之活潑的人物影像，黑白分明，栩栩欲生，現在都代之以美德與罪惡之擬人化了。動作的層次也不自然了，整齊得好像是理性的演繹一般，又好像是推論中的三段論。

莎士比亞童年時，英國鄉間舞臺上還上演道德劇，那都是根據中古學院哲學的正式規則而編寫的。他很可能看過這些道德劇。他的古老的編排佈局的方法很可能是他兒時印象的殘留。

他的作品有五分之四被開場與結尾佔去。使觀衆嬉笑與哭啼的正是這一部份；他的名譽也是建立在這上面，一般人之所以稱讚他的藝術忠於人生，與死板的奄奄無生氣的新古典主義成一對比，也是由於這一點。

不過一件事，我們可以觀察正確，而解釋錯誤。我們常聽人過分的稱道哈姆雷特中之「捕鼠器」，或某一情感的發展之鐵一般的必然性，或某一種罪惡之必然的後果。此種讚美是本自錯誤的前提。捕鼠器沒有什麼可讚美的，可讚美的乃是莎士比亞在極不自然的寫作中亦能表現出的天才。應該使人驚異的是，佔全部作品五分之一的常是勉强造作生意索然的第三幕，並不曾妨礙他之偉大。他不是靠了第三幕而生存至今，他是能撇開那第三幕而生存至今。

奧賽羅

奧賽羅一劇雖然是熱情與天才的力作，雖然是備受觀衆歡迎，上面所說的依然大部分可以適用。在此劇中，我們有威尼斯的繁華的碼頭：布拉班希歐的官邸，兵工廠；元老院夜間緊急會議，奧賽羅之陳述他與底斯地蒙娜如何互相的漸漸開始戀愛。然後賽浦勒斯海岸外之突起風暴，衛士們之夜間酗酒鬪毆。結尾之前，有底斯地蒙娜準備就寢之著名的一景，還有更著名的「青柳歌」之歌唱，在最後可怕的終場之前有此一景却是非常悲慘而自然。

但是中間發生了什麼事呢？把鑰匙轉幾下，就像是給一架鬧鐘上絃一般，依阿高把他的被害人的猜疑就勾起來了，然後那猜疑的行逕，很明顯的而又很吃力的，就發作起來了，像一座生銹的機器抖顫着吱吱作響。有人要說，猜疑的性質就如此的，或是說，這是遵照舞臺慣例不能不做得過分的明顯。也許是的。但是，如果是一個較小的天才這樣的恪遵慣例，或者在遵守時表示較少的貫徹，那麽損害就會比較輕些了。

在我們這時代，此劇另有一方面值得注意。劇中英雄是黑人，其所鍾愛的是白人，這是偶然的嗎？這膚色的選擇有何用意嗎？是否只是表示一切人對於人類尊嚴有同等權利？莎士比亞的思想比這更進一步。

民族平等的思想在他的時代裏是不存在的。但對於機會平等當時却存在着一種不同的並且較廣泛的見解，而且此種見解甚爲活躍。一個人出身如何，莎士比亞不大感興趣，他感興趣的是這個人達到了什麼地步，被改造成什麼樣子，變成了何等樣人。依莎士比亞的看法，黑色的奧賽羅是一個人，是生於古代的一個基督徒，格外使他感覺興趣的是奧賽羅身邊有個依阿高，他是白種人，但他是個不信教的史前時代的野獸。

安東尼與克利奧佩特拉

莎士比亞有幾個悲劇如馬克白與李爾王都創造出它們自己的世界，獨特而自成類型。有幾部喜劇屬於純想像的境界而且是浪漫主義的搖籃。有幾部英國歷史劇，那是歌頌英國的，而且是由最偉大的一個英國人來歌頌的；這些歷史劇中所描述的事件有一部分對於他的時候是有後果的，所以他的態度亦不能冷靜超然。因此，他的作品雖然是浸淫於寫實主義之中，要想在這些戲劇的任何一部裏尋找客觀性，那是徒然的。不過在他的有關羅馬生活的戲，却有其客觀性。

凱撒大將並不是爲了詩而寫的，也不是爲了愛好藝術而寫的，安東尼與克利奧佩特拉則尤其是如此。這兩齣戲都是他研究平凡的日常生活的結果。每一表現的藝術家都是熱心致力於此種研究的。此種研究導發了十九世紀寫實主義的小說，並且可以解釋佛樓拜、柴霍甫、及托爾斯泰何以有那樣格外引人入勝的妙處。

但是爲什麼莎士比亞要在那樣遙遠的古代羅馬去尋求他的寫實主義的靈感呢？這答案是一點也不足異的，恰是因爲時代古遠，莎士比亞可以直指其事其人而無所顧忌。關於政治倫理以及任何他選擇的事物他可以言所欲言。他處理的是一個外國的遙遠的世界，一個久已不復存在的世界，一個早已完結了的消極的世界。這世界能引起什麼欲望呢？他只是要描寫它而已。

安東尼與克利奧佩特拉是一個流氓與一個蕩婦的故事。莎士比亞描寫他們倆如何的狂蕩一生，使用了合於眞正的古典意義所謂「狂歡」的那種祭儀的腔調。歷史家曾說：安東尼與克利奧佩特拉（連同和安東尼同宴的伴侶與克利奧佩特拉朝中的親信在內）都不曾預料那達到祭儀地步的荒淫作樂會能有什麼好的結果。他們的結局早已在意料中，所以遠在結局未到之前他們卽已自承是在做不朽的自殺，而且預先允諾同歸於盡。

這是這悲劇的結局。在這緊要關頭，死亡成爲一個製圖者，給這一直顯得七零八落的故事以一個貫穿全局的綱領。背景是一片的征伐、焚燒、陰謀、失敗，但是有兩次我們完全不見這兩個主要角色。在第四幕裏，主角自殺而死，女主角在第五幕裏也自殺了。

觀　衆

莎士比亞的英國歷史劇裏有許多地方暗示出當時的情形。那時節沒有報紙，人民要想知道新聞便聚集在酒店與劇院裏。戲劇用暗示的方法說話。一般平民懂得暗示，因爲那些暗示是涉及在大家身邊的事實。

當時政治上的公開秘密是與西班牙作戰之困難重重，開始時興高采烈，後來變成爲煩惱了。戰爭拖了十五年，在陸上，在海上，在葡萄牙海外，在荷蘭，在愛爾蘭。孚斯塔夫之模擬軍人談吐使得簡單的和平的觀衆大爲開心，他們顯然明白其用意何在，他們看到他強迫徵兵那一景（被徵者可以賄賂免役）更要大笑不置，因爲他們憑經驗知道那是不假的。

還有一例則更爲可驚，那也是有關當時觀衆的理解力的。莎士比亞的作品，和一切伊利莎白時代作家的作品一樣，充滿了引證歷史、古典文學、以及神話上的事蹟與名字。在我們這一時代，要想充分了解那些引證的東西，縱然手邊有參考書，也非一個古典學者不辦；但是據說在當時每一普通的倫敦市民都能在半空中領悟其典故，而且毫無困難的消化下去。我們如何能相信呢？

答案是，當時的學校課程與我們的不同。拉丁文的認識，在如今是高等教育的標幟，在當時乃是求學之最低級的一個步驟，恰似教堂用的斯拉夫文之在俄國一般。在小學，當時所謂文法學校，——莎士比亞曾進過一所文法學校——拉丁文是口頭的語言，據歷史家脫利衞連（Trevelyan）說，學校兒童就是在遊戲時也不准說英語。倫敦的學徒及店員之能讀能寫者，都熟悉「命運之神」、赫鳩力士、耐歐比，猶之現代兒童都熟悉內燃機與電學常識。

莎士比亞恰好生在那個時代，一個普遍奉行的百年之久的生活方式依然存在。他的時代是英國歷史上的一個輝煌的時代。到了下一朝的末年，一切事物的平衡便已被破壞了。

天才的本色

莎士比亞的作品是一個整體，他到處都不失其本色。一看他的詞彙，便知道那是他的作品。他所創造的某幾個人物在各劇中以不同的姓名出現，他以不同的調子屢次的唱同一個歌。他有一種重複自己並且解說自己的習慣，在哈姆雷特中尤爲顯着。

在和何瑞修在一起的一景裏，哈姆雷特告訴他說，他是一個人，不能像一隻笛子似的任人玩弄。再過幾頁，他以同樣的意義問吉爾丹斯坦是否要玩笛子。

在第一演員說起命運之神如何殘酷竟置浦賴阿姆於死地的那段獨白裏，他禱求衆神懲罰她，把象徵她的權力的那個輪子敲碎，把碎片從天堂投到地獄裏去。過幾頁，羅珊克蘭茲與國王說話時把國王的威權比做矗立山頂上的巨輪，如其基礎動搖，則滾溜而下將傷及一切。

朱麗葉從死了的羅密歐身上抽出短刀而自戕時說：「這是你的鞘。」再往下幾行，她的父親也用同樣的幾個字說那把刀竟停放在朱麗葉的胸膛裏而沒有安置在羅密歐皮帶上的刀鞘裏。諸如此類，幾乎俯拾卽是。這是什麼意義呢？

翻譯莎士比亞是一件需要時間與精力的工作。一經開始，最好把工作分爲若干段，每段不要太長，以不令人生厭爲度，每天完成翻譯一段。這樣逐日進展，譯者會覺得把作者的經驗從新體認了一遍。一日復一日，他把作者的活動覆述一遍，不禁便被引入了作者的秘密，不是在理論上如此，而是從經驗中有此收獲。

遇到我上述的重複處，並且發現其相距甚近，譯者便不能不吃驚的問他自己：「誰的記憶力能這樣的壞，纔在幾天之前寫下的東西就不大記得了？」

翻譯者能以傳記家或學者所無的把握來看清莎士比亞的人格與天才。在二十年間莎士比亞寫下了三十六部戲，詩與十四行集還不在內。平均起來每年被迫要寫兩部，他沒有時間修改，並且常常忘記前一天所寫下的，匆忙間他重複了他的詞句。

講到這一點，所謂「培根派」的學說實在愚蠢得格外驚人。莎士比亞一生經歷是簡單的並無不近情之處，何必穿鑿附會用一團神秘故事來代替呢？勒特蘭（Rutland）、培根、或騷賛伯頓（Southampton）會這樣拙劣的化裝，冒一無名小卒之名或巡用虛僞化名，瞞過伊利莎白及其時代，而隨隨便便的對後世顯露其本來面目，這能令人相信嗎？這才高膽大的人無疑的是確有其人，他筆下偶有差誤亦並不覺慚愧，他面對着歷史而大打哈欠，記憶自己的作品比現代中學生所能記憶的還少，這其間難道還有什麼陰謀詭計不成？他在他的弱點中顯示出了他的力量。

還有一件令人困惑的事。爲什麼沒有天才的人對於偉大的人物那樣熱烈的感覺與趣呢？他們對藝術家有其特有的見解，這見解是無聊的，舒適的，但是錯誤的。他們開始時假設莎士比亞是如他們所理解的那樣的一個天才；他們用他們的尺度去量他，而他不够尺寸。

他們發覺，他的一生是太不顯赫，太平凡了，與他的大名不相稱。他自己沒有一個圖書室，他在遺囑上的簽字式是塗鴉。他們感覺可疑，一個像普通人一般的人熟悉當地的土壤、穀類、鳥獸、以及日夜作息的時間，居然精通法律、歷史、外交、以及朝廷上的禮儀習慣。於是他們困惑了，詫異了，他們忘記了這偉大的藝術家一定是對於人事無所不通無所不曉的。

亨利四世

莎士比亞一生各階段中之最不容置疑的是他的青春。我是在想到他剛來到倫敦的時候，一個從斯特拉佛來的沒沒無聞的年青鄉下人。可能他在郊區住了一陣子，距離市中心可能是相當的遠，以他出的車資恐怕車夫還不肯載他去的那麼遠。可能，在郊區，有一種類似 Yamskaya 的鄉村。往返倫敦的客旅在途中要休息，那個地方一定是頗爲熱鬧，有如現代的火車站一般：那裏大概少不了湖沼、森林、市園、驛舍、酒家、攤棚、遊藝場等等散佈在鄰近一帶。也許竟還有劇院。倫敦的時髦人物來此尋樂。

那世界是頗似前一世紀中葉莫斯科郊區河那邊的 Tverskaya Yamskaya——四週遭是九位藝術之神，高深學說，三頭馬車，酒店老闆，吉卜賽歌詠隊，以及愛好藝術的受過教育的商人——最著名的俄國的莎士比亞的後裔 Appollon Grigoryev 與 Otrovsky 曾在那裏生活掙扎。

這年青人並無固定職業，只是有一非常光明的吉星高照。他相信命運，所以來到了首都。他尚不知將來扮演什麼角色，但是他的生活體驗告訴他必能扮演得很好。

無論他做什麼，都已有人在他之前做過。已有人作編劇，上臺表演，款待來賓，並且拚命的設法謀生。但是這年青人不論做什麼事，覺得精力非常充沛，顯然的是最好打破傳統慣例而自行其是。在他之前，只有人爲的與古老的才被認爲是藝術。人工的藻飾是必需的，而且對於精神貧乏是很好的外套，對於不善描繪者亦是很好的掩護。但是莎士比亞眼力高，手段强，打破當時的傳統對他是有利的。他曉得他能討多少便宜，如果他走向人生，而不是對人生保持距離，用他自己的雙腿走向人生，而不是踩着高蹺，站在人生之前衡量一下自己，而且逼迫人生在他的定睛凝視之下首先低頭不敢仰視。

有一個劇團的人，包括演員作者及保護人，從一個酒店走到另一酒店，逗弄客人，冒着生命危險譏嘲世間一切。其中最放肆的一個，一直還沒吃過苦頭（他做什麼事情都能逃脫得一乾二淨），最無節制而又最爲清醒（從不酗酒），最能使觀衆哄堂但又最爲拘謹，這個人便是那個面容淒慘的少年，他已經穿起長途靴子大踏步的走上他的前程了。

也許當時眞有一位胖胖的年老的孚斯塔夫和那些年青人在一起廝混。也許是莎士比亞後來創造出這樣的一個人物，作爲那個時代的代表。

這種青春放蕩的生活對他如此之親切難忘，並不僅是因爲爲一段輝煌的回憶。是在這一期間，莎士比亞產生了他的寫實主義。這樣的一個人物並不是在他的靜靜的書齋中創造出來的，而是在清晨一家旅舍的淩亂的房間裏創造出來的，那房間充滿了生活猶如一尊炮充滿了火藥。莎士比亞的寫實主義並不是一個回頭的浪子之豐富的經驗，也不是以後獲得的陳腐的人情世故。他的藝術中之最誠摯最嚴肅最悲慘最基本的特質乃是來自他早年荒唐生活中所感覺到的成功與力量、創造性、以及隨時都會遇到的性命之憂。

李爾王

李爾王的上演總是過於叫囂。其中有一個倔强頑固的老頭子，有在迴聲震盪的宮室中聚集的人羣，叫喊、命令，後來是與風吼雷鳴混合在一起的絕望的詛咒與哭泣。但是事實上，劇中唯一喧嘩的東西是夜間的風暴，偎集在棚裏的受駭的人則是在彼此低聲細語。

李爾王是與羅密歐同樣的平靜，而且是基於同樣的理由。在羅密歐裏，是情人們的戀愛在遭受迫害而藏藏躲躲；在李爾王裏，是孝心遭受迫害，也可以廣義的說是對鄰人之愛，或對眞理之愛。

只有李爾王裏的幾個罪人是滿口的仁義道德；只有他們是口若懸河，說得頭頭是道，邏輯與理論幫助他們行騙、逞兇、殘殺。所有的好人都閉口無言，沉默得好像是彼此之間沒有什麽個性可辨，再不然就是說些引人誤會的模稜矛盾的話。眞正積極的英雄是弄臣、瘋子，垂死的與被毁滅的。

這便是此劇之內容，是用舊約中的先知們所使用的文字寫成的，事情之發生是在基督降生前的野蠻的傳說時代裏。

喜劇與悲劇

莎士比亞的戲劇無純喜劇亦無純悲劇。他的作風是介乎二者之間，並且是由這兩種所組成。所以它是比任何一種都更接近人生的面貌，因爲在實際人生中可怕的與可喜也是混和在一起的。英國的批評家從約翰孫 (Samuel Johnson) 起到伊利奧特 (T. S. Eliot)，無不認爲這乃是莎士比亞的一個優點。

對於莎士比亞，悲劇與喜劇之分別並不僅是崇高的與平凡的或理想的與實際的之分別，他使用悲劇與喜劇的形式，猶之音樂中的長音階與短音階的音調。在編排他的資料中，他使用詩與散文，並且從詩變爲散文又由散文變爲詩，亦猶如音樂中之變化一般。這變化乃是他的戲劇藝術之主要的特徵；這乃是他的舞臺藝術之核心，這表達了他的內在的思想與情操之節奏，在論及哈姆雷特已經提到過了。

他的所有的戲劇都是由悲劇與笑鬧各景迅速交插組成的。這種方法有一點特別顯著。在奧菲利亞的墳墓邊緣上，觀衆聽了掘墳者的慷慨議論而不能不哄堂大笑。在朱麗葉的屍首被抬出來的時候，僕室中的人看了那請來參加婚禮的樂隊而咻咻的笑，奶媽要打發樂隊而樂隊還要和她交涉不休。克利奧佩特拉自殺之前先出現了那半癡的埃及捉蛇人，他還說了一些有關蛇蟲的用途的話——這一切幾乎像是梅特林克或安得烈夫的作品裏才有的！

莎士比亞是寫實主義之父或先知。他對普式金、雨果及其他詩人的影響是衆所熟知的。德國浪漫派諸子均向他學習。施萊格耳兩兄弟之一曾把他譯成德文，另一位則由他那裏得到了他的「浪漫的諷刺」的學說。象徵主義的浮士德作者歌德是他的嫡裔。最後，就大體而論，作爲一位戲劇家他也可以說是柴霍甫與易卜生的先驅者。

就是以這種傳給了後起者的精神，他使得平凡庸俗的人物哇啦哇啦的闖進了他的最終樂曲裏之葬儀一般肅穆的氣氛裏去。這種人物之湧現，使得本已渺茫遙遠之死的神秘跑得更遠了。那崇高可怖的境界與我們自己之間的距離顯得更大了。藝術家與思想家所見到的境界都不是最後的；每一境界都是與最後的尙隔一間。好像是莎士比亞生怕觀衆過分相信他的作品結局都是最後的。在結尾處他打破這種節奏，以便重新建立「無窮」(infinity) 的意味。按照近代藝術的風格，並且與古代世界之宿命論恰恰相反，他把個人之現實的塵世的成分融化在它的不朽的宇宙的意義裏。

馬克白

馬克白一劇大可以稱之爲「罪與罰」。我在譯此劇時一直感覺到它很像朶斯托夫斯基的小說。

馬克白在計劃謀殺班珂時對他雇來的兇手們說：

「你們的英勇流露出來了。頂多再等一小時，我就告訴你們埋伏在哪裏，告訴你們偵察的結果，動手的時間；今晚一定要幹成功，在離宮稍遠的地方……」

稍後在第三幕第三景裏，兇手們準備伏擊班珂，看見賓客從園中到達：

「第二兇手：『那就是他：其餘的那些在被邀名單之內的都已經到了宮內。』

「第一兇手：『他的馬牽到後面去了。』

「第三兇手：『幾乎還有一哩：他平時－像大家一樣－從那邊到宮門慢慢徒步走過去……』」

謀殺是一件拼命的危險之舉。一切均須妥爲籌劃，一切可能性均須料及。莎士比亞與朶斯托夫斯基都是把他們自己的先見之明和想像，他們自己的適合時宜的、瑣細不捐的、準確無訛的能力，賦給他們作品中的主角。這小說與戲劇都有偵探與偵探小說所具有之尖銳的高度的寫實主義：有像犯人一般的屢屢回頭的警察那樣的小心謹愼。

馬克白與拉斯考爾尼克夫都不是生來就是犯人或天性邪惡。他們是被錯誤的辯解，被虛僞前提所演繹出的結論給變成罪犯了。有一次，是女巫的預言刺激了馬克白，使他的野心狂熾。另一次，是他心理起了極端虛無主義的假想，以爲如果沒有上帝，便無事不可爲，所以謀殺和任何其他的人類行爲都是一樣的。

二者之中，馬克白特別覺得安全而不怕報應。什麼能嚇倒他？一座能走過平原的森林？一個不是女人生的人？這是荒誕無稽從來沒有過的事。換言之，他可以肆無忌憚的殺人流血。在任何情形之下，他一旦奪到王權，自己便成爲唯一的法律的來源，還怕什麼法律制裁？這一切全好像很淸楚而合邏輯！還有什麼比這更簡單而明顯？於是罪行連續而來——一段長時期內發生了許多罪行——一直等到森林忽然活動並且向前移，一位不是女人生的復仇者也來了。

順便一提，馬克白夫人，——冷靜與意志力並不是她的特出的品質。我以爲她的最强的一點乃是一些比較更合於一般女性的品質。她是最積極活潑的妻子之一，是她的丈夫的助手，他的支持者，丈夫的利益便是她自己的，信任他的計劃便不再猶豫。她對他的計劃不加討論，不加判斷，更不加選擇。思考、懷疑、設計——這都是她丈夫的事，這是他應注意的事。她是他的執行者，比他自己更堅決而貫徹。她估錯了她的力量，擔起過重的負擔，被毀滅了。可不是被良心所毀滅，而是被精神的枯竭、悲苦與疲憊所毀滅。

「關於莎士比亞」一文，發表於一九五六年夏季的「文學的莫斯科」(Literary Moscow)，本文英譯刊於英國的「二十世紀」(Twentieth Century)月刊，「美國新領袖」(The New Leader)是年十月十三日一期特予轉載，本文乃根據新領袖所載譯出。

關於莎士比亞的翻譯

梁實秋

我從民國二十年開始翻譯莎士比亞，到如今已有三十多年，其間經過一場八年的戰爭，勝利之後又遭逢巨變，一再流徙，生活不能安定，翻譯的工作只是斷斷續續的進行，到今天只能先拿出二十種付印，這是很寒傖的事，我感覺非常慚愧。翻譯進展之遲緩，不能完全諉過於環境不良，在文藝界有多少從事翻譯的人，其環境遠不如我，但是他們的成績比我多，比我好。我只應怨我自己懶惰，以至事功未竟，年已蹉跎。我本打算努力把全集譯完，再行付梓。這幾年來許多位友好敦促，囑先將譯畢的一部份印行，也有人以爲我放棄了譯事而橫生誤會，但是我依然未改初衷，只是慢慢的譯，以蝸步前進，並且我從來沒有寫過任何文字報導我的翻譯的經過。直到最近，忽然聽說今年是莎士比亞誕辰四百週年紀念，全世界的熱心文藝運動的人士都興奮起來了，我們臺灣也感到了一些漣漪蕩漾。蕭孟能先生在好幾年前就建議把我的譯稿付印，我遲遲未敢應命，今年四百週年紀念好像是無可抗拒的一個壓力，所以我就答應先把這二十種印出來。翻譯的經過也似乎應該有一點說明，對讀者作個交代，這就是我寫此文的緣由。

翻譯莎士比亞的事，是胡適之先生倡議的。民國十九年胡先生就任中華教育文化基金董事會編譯委員會的主任委員職。他有一個很大的翻譯計劃，莎士比亞戲劇的翻譯只是其中的一項。這個編譯委員會的成績以後都陸續交由商務印書館印行，我記得有關琪桐先生譯的哲學書多種，如倍根的「新工具」，笛卡兒的「方法論」等不下十幾種，在文藝方面有張穀若先生譯的哈代小說數種，羅念生先生譯的希臘悲劇數種，梁遇春先生譯的康拉得小說，陳綿先生譯的小仲馬作品如茶花女之類，此外還有誰譯的魯濱遜飄流記，馬可波羅遊記等等。這個翻譯委員會的工作逐漸開展，一直到抗戰初期才告停止。當初我們怎樣籌劃莎士比亞的翻譯，我現已記憶不清。幸而我翻出了幾封胡先生給我的幾封信件，擇要鈔在下面，也可以看出當初計議時的一個輪廓。

實秋兄：兩信都收到了。

編譯事，我現已正式任事了。公超的單子已大致擬就，因須補注版本，故尚未交來。頃與 Richards 談過，在上海時也與志摩談過，擬請一多與你，與通伯，志摩，公超五人商酌翻譯 Shakespeare 全集的事，期以五年十年，要成一部莎氏集定本。此意請與一多一商。最要的是決定用何種文體翻譯莎翁。我主張先由一多志摩試譯韻文體，另由你和通伯試譯散文體。試驗之後，我們才可以決定，或決定全用散文，或決定用兩種文體。

報酬的事當用最高報酬。此項書銷路當不壞，也許還可以將來的版權保留。

我很希望知道你和一多對此事有什麼批評。金甫太侔，也請一商。我另有信給志摩通伯了。我一月五日出北京，搭津浦南下，九日開會，月半可北上。若有法子寬籌旅費，當來青島看看你們，打破「青島難通」的迷信。

恭賀　新年

適之　十九、十二、廿三

四十生日在此過了，明年整生日當設法找你們同樂一樂。

實秋兄：

謝謝你的快信。我今天南下。

我可以來青島一遊，約在一月十七八日，定期後當電告。前函說及旅費，乃是記實，並非暗示向青大討旅費也。

志摩昨日到平，贊成譯莎翁事。

祝你和金甫、太侔、一多、春舫諸友　新年大吉。

適之

一多
實秋兩兄：

二月十三日的信收到之後，公超來這裡，讀了此信，他大體都贊成。我因爲志摩就要來了，故等他來了再覆你們的信。志摩昨天到了，也看了我根據你們的計劃略略修改的計劃，他也贊成。

現在寄上我修改的計劃，大致與實秋所擬全同，祇有（六）是我改的，（九）（十）二條是我擬加的。

（六）條似較原擬辦法容易一點。

（九）條是實秋在青島的提議。

（十）條是預備收受外來的好稿。

以上諸條，請　你們審查決定見告。

通伯來信，說他不敢任翻譯，只能替你們任校對。我現在把這計劃抄送給他，看他回信如何。

適之　二十、二、二十五

關於今年暑假開年會的問題，我們都主張在北京，不甚主張青島。

擬翻譯莎翁全集辦法

（一）擬請聞一多梁實秋陳通伯葉公超徐志摩五君組織翻譯莎翁全集委員會，並擬請聞一多爲主任。

（二）暫定五年全部完成。（約計每人每半年，可譯成一劇。校閱需時略相等。）

（三）譯稿須完全由委員會負責。每劇譯成之後，即將譯稿交其他四人詳加校閱，糾正內容之錯誤，並潤色其文字。每人校閱一劇，不得過三月。

（四）於每年暑假期內擇地開會一次，交換意見，並討論一切翻譯上之問題。

（五）關於翻譯之文體，不便詳加規定，但大體宜採用有節奏之散文。所注意者則翻譯不可成為 Paraphrase 文中難譯之處，須有詳細註釋。

（六）為統一譯名計，每人譯書時，宜將書中地名人名之譯音，依原文字母分抄譯名表，以便彙交一人負責整理統一。

（七）關於經費一項，擬定總數為〇〇元，用途有三項：

①稿費　暫定每劇報酬〇〇元，包括一人翻譯四人校閱之報酬。合計共〇〇元。

②書籍　約〇〇元。

③雜費　包括稿紙，年會旅費，委員會費用等項，約〇〇元。

（八）預支稿費，每月每人不得過〇〇元。如半年內不能譯完一劇，以後即不能預支。

（九）譯書之時，譯者可隨時用原本作詳細之中文註釋，將來即可另出一部詳註的莎翁戲劇讀本。此項讀本之報酬與出版辦法另定之。

（十）委員會以外，若有人翻譯莎翁戲劇，願交與委員會審查者，委員會得接受審查。如有良好譯本，可由委員會收受校閱出版，並酌定報酬辦法。

〔附記〕全集應如何分配，可於第一次年會決定。現爲進行便利計，先每人認定一種，立卽試譯。現假定每人認譯一種如下：

徐志摩　Romeo and Juliet

葉公超　Merchant of Venice

陳通伯　As You Like It

聞一多　Hamlet

梁實秋　Macbeth

實秋兄：

莎翁集事，你和一多卽動手翻譯，好極了。公超也想試譯，並且想試一種 verse 體。志摩剛來，稍稍定居後，大概也可以動手試譯一種。

……………………

適之　廿、三、廿一

實秋：

昨天與公超談，他說你告訴他轉問翻譯莎翁的事，並問何時聚會商量。我本想邀各位早點開會，但我知道志摩爲母喪奔走，公超爲結婚事忙，都沒有動手譯書。公超說你也沒有動手。一多怎樣？如大家都沒有試譯，似不如等大家暑假中有點成績時再定期開會。你們以爲如何？請一問一多兄，並乞　示覆爲感。

適之　廿、六、廿一

公超三十日結婚，七月底可囘北平。

以上我發表了胡先生的幾封信，可以窺見我們當初是怎樣的計議翻譯的事，用胡先生的原函來說明經過，比我靠囘憶來敍述更爲親切可靠一些，同時我也願藉此表示對於胡先生的欽佩與懷念，若沒有胡先生的熱心倡導，我根本不會走上翻譯莎翁的路。胡先生自己對於莎士比亞並無深入的研究，但是他知道翻譯莎翁之重要，並且他肯負責的細心的考慮這一個問題。

事實上我們並未完全按照計劃行事。根本就沒有開過第一次年會。通伯不肯參加，志摩在二十年十一月裏就不幸逝世，公超一多都志不在此，結果只賸下了我一個人孤獨的開始這漫長艱巨的工作。我記得我那時是住在靑島魚山路七號，我除了每週教十二小時課之外，就抓着功夫譯書。那時我手裏沒有多少參考書，學校是新創辦的，圖書館裏也沒有多少收藏，我便開始蒐購我自己的一個小小的莎士比亞圖書室，積五六年的功夫也略有規模，比任何學校的設備還要强一些，但是我開始的時候參考資料是如何的貧乏！我那時有的只是一股熱心，我想愚公可以移山，我也要一步一步的去作，作多少算多少，至少對於我自己是件有益的工作。我對於莎士比亞所知不多，從前在學校裏只讀過「威尼斯商人」「哈姆雷特」「朱利阿斯西撒」「馬克白」「亨利四世」等幾齣戲，認識很淺，在外國也只看過 Walter Hampden 演的「哈姆雷特」和 Warfield 演的「威尼斯商人」幾齣戲，所見不廣。居然就敢動手譯書，實在不自量力唐突莎翁。假使我們五個人按照原訂計劃通力合作，不但全集早已譯完，而且交相校閱，也可減少一些失誤。原計劃之未能實現，不能不說是一大憾事。

我着手翻譯所遭遇到的第一個問題就是版本的選擇。有些文藝作品沒有多少版本問題，可是稍微古老一些的作品往往就有版本問題，而且可能很嚴重。莎士比亞不算古老，生於四百年前，約當明末，所用的文字也算是「近代英文」，不過他的作品是戲劇，而戲劇在當時不算是「文藝作品」，只是劇團的一項財產，所以莎士比亞不曾以作者的身分發表過他的戲劇作品。十六部四開本，優劣不齊，有的是劇團提供的脚本，有的是單詞拼凑的，有的是偷聽偷記的。全集是在莎士比亞死後七年(一六二三年)由他的兩位同事演員負責刊行的。因此，莎士比亞的版本問題頗為複雜。再加以那時候印刷廠的技術並不高明，廠裏有一個「讀者」，又有若干「排者」，其間也容易發生舛誤。而且莎士比亞的筆跡，就我們所知，也不是很容易辨識的。所以，莎士比亞的版本校勘成為一種專門的學問。

幸好自十八世紀以還，學者輩出，把莎氏作品已整理得大致不差，未分景幕者爲之分景分幕，拼法不正規者予以現代化，舞臺指導不齊全者加以補充，我們平常讀到的莎氏劇本便是這種現代化了的劇本。可是在校勘方面，往往各家提出不同的見解，所以詞句之間也常有出入。讀者可以隨便檢取一種現代化了的莎氏劇本來讀，譯者不能這樣作，他必須選擇一種作爲翻譯的根據。我最初選擇版本時頗費躊躇。我在 Kittredge 教授班上聽講的時候用的是美國 Rolfe 的編本，我不曉得他爲什麽要我們用這一個本子，也許是因爲這是美國人編的比較最適合教室用的一個本子。我的選擇的標準，是不注意其註解部分是否豐富，因爲我要參考一切可能弄到手的編本，所以哪一本比較註解多對我不發生影響，我要注意的乃是莎士比亞的原文 text。譯者沒有能力自己去做校勘的功夫，甚至也沒有功夫去仔細比較前人所作的校勘的成果。譯者把作品從原文迻譯成另一種文字，已經够他應付的了。因此，我只能選一本比較爲大衆所接受的本子，我終於選定了牛津大學的編本，W.J. Craig 編，這個本子銷行很廣，美國耶魯大學的編本也是根據這個本子編的。

一般學校使用的教科書式的莎士比亞，有一個共同的缺點，那便是都多多少少經過删節。所删節的即是所謂猥褻的部份。莎氏的觀衆在當時是很複雜的，以站着看戲的小市民爲主要組成分子，他們的品味不是很雅緻的。像在任何時代的大衆劇院一樣，莎士比亞的觀衆喜歡聽一些帶着粗俗淫穢色彩的笑話，莎士比亞就不能不供給他們這種笑話。於是「頭上生角」的烏龜忙八 (cuckold) 幾乎沒有一齣劇裏不提到的，甚至男人的褲襠 (codpiece) 也是取笑的材料，至於因同音的字而影射男女之事更是所在多有。英國一八一八年有一位 Thomas Bowdler 刋印一部删節本的莎士比亞全集，把莎士比亞劇中猥褻部分完全删去，據說可以放在家庭裏供任何人閱讀而不感羞慚。此人的這一善舉，本身成爲笑談。戲劇裏的插科打諢，本身有其時代背景的意義。縱然涉及猥褻，亦無傷大雅，有時且可表示一種心理健康的意味。牛津本是個完整的本子，沒有任何删節，我翻譯時也沒有顧及任何忌諱，我努力試行適如其分的把原文忠實的翻譯出來，以存其眞。

莎士比亞原文約三分之一是散文，這一部分譯成中文的散文沒有大問題。原文大部分是「無韻詩」，卽每行五步十音節，抑揚格，不要脚韻，這種詩體到了莎士比亞手裏已經不嚴格遵守其原有的規律了，往往於十音節之外再加上一兩個音節，而且每行讀起來並不全是自成起落，時常要好幾行連貫下去，所以莎士比亞所使用的無韻詩實際已很接近散文。要把中國的白話散文譯得聲調鏗鏘，也許可以略微彷彿莎士比亞的無韻詩，但是無韻詩的那種節奏仍是不易完全移植在另一種文字裏。我的譯文完全是散文。我老實講，我無法顧到原文的節奏。若能把原文的意義充分的正確的表達出來，據我看，已經是極爲困難的事。當初胡先生提議請聞一多徐志摩試譯爲韻文體，卽無韻詩體，原是一種很高的理想，以白話詩譯莎士比亞豈不是更爲出色？這工作需要詩人去擔任，因爲詩人有他一套運用文字的本領。可惜志摩早死，一多鑽到故紙堆裏去，都未能參加這一工作。我譯的散文本，只能算是以備一格。原文中的押韻的對句 (rhymed couplets) 也不少，尤其是在他的早年作品裏，押韻的句子特別多，到了成熟之後押韻的詩行就大大減少。這些押韻的詩行，有不少是强勉湊韻的，大部分是內容空虛而字面上冠冕堂皇的，我都試照原樣譯成中文，也强勉的加上了韻脚。總之，我的譯本是以散文爲主，如果能有人把原文的無韻詩譯成爲中文的無韻詩，那當然是最好不過的事，我們應當馨香以求。不過所謂無韻詩並不是等於把散文拿來分行排印，這是很重要的一點。

我也會細心體味，莎士比亞的原文的節奏究竟怎麼一回事。是不是僅僅用「五步十音抑揚格」這一個定義即可闡釋無遺呢？我想不。莎士比亞的藝術手段沒有那麼簡單。我讀了 Percy Simpson「莎士比亞的標點符號」一書，好像得到一點啓示。莎士比亞使用的標點符號，似乎不大正規，其實是自成體系，莎士比亞的目的乃是藉以指點演員們在舞臺上如何背誦臺詞，如何產生抑揚頓挫的效果。根據此一說明，我便決定在譯文中儘可能的保存莎士比亞原文的標點符號。其結果是有一句原文，便有一句譯文。譯文以原文的句爲單位。不是直譯，逐字直譯將成爲令人無法卒讀的文字。也不是意譯，意譯可能譯成爲流暢的文字，但與原文的語氣與節奏相差太遠。我所採用的以句爲單位的譯法，也許可以多少保留一些原文的節奏，亦未可知。

地名人名的翻譯也是時常很惱人的。我主張照原文之一般普通的讀音翻成爲我們的國語的讀音。我不主張把外國人名地名縮短成爲中國式的人名地名。外國人就常有那麼囉嗦的古怪的姓名，我們何苦賜姓賜名給他們呢？莎士比亞四個字已經通行，不必管它。其他的人名地名有細加推敲的必要。我手頭的參考書只有兩種：

A Pronouncing Dictionary of Shakespearean Proper Names by Theodora Irvine

Shakespeare's Names: a Pronouncing Dictionary by Helge Kokeritz 在原則上我採用現代英文的讀音，不採用莎士比亞時代的讀音，我採用英國的讀音，不採用希臘拉丁法文義大利文的讀音。例如 Julius Caesar 許多人都譯作「凱撒大將」或「凱撒大帝」，我不知道有何根據，我寧可老老實實的譯成爲「朱利阿斯西撒」。像 Antony and Cleopatra 我也不願譯成電影片名一般的動人的標題，我寧可老老實實的譯成爲「安東尼與克利奥佩特拉」，也許嫌累贅一些，也許樸拙一些，但是我覺得這樣做比較心安理得。當然，有些名字只好譯意，無需譯音，例如織工 Bottom 譯爲「線團」，因爲這個字本來是「線團」的意思，與織工的身分相合。Hotspur 我譯爲「霹靂火」，原意是「鹵莽性急的人」，「霹靂火」三個字也許是更爲大家所熟悉的一個綽號。

雙關語（pun）是莎氏時代受歡迎的一種時髦玩藝兒，作者遇到使用雙關語的機會決不放鬆，觀衆也頗能欣賞。所謂雙關語，即是一個字同時涵有兩個或兩個以上的意義，例如 light 這個字就有三個意義，一是光明，二是輕，三是輕佻。再例如 gilt（金）與 guilt（罪）同音，讀起來是一樣的，soul（靈魂）與 sole（鞋底）同音，讀起來也是一樣的，使用起來便可以扯來扯去的糾纏不清。近代英文那時正在漸漸定型，吸收了大量的古代的現代的外國字彙，人們對於文字感覺興趣，於是對於文字遊戲亦感覺興趣。從我們現代眼光來看，雙關語偶一爲之，未嘗不可，如果使用過多過濫，令人易生煩厭。在翻譯的時候，雙關語非常令人爲難，幾乎是無法翻譯，如果完全置之不理又覺得對原文不忠，無可奈何只得加上一個註解，以爲交代。

在文字上眞正的困難尙不在此。莎士比亞的英文雖是近代英文，但與我們現行的英文有時候還是有一些出入。在表面上看，莎士比亞所使用的某一個字，可能與現代英文完全一樣，但是它的涵意往往不同，我們若是一不小心便可能發生舛誤。有些英文字本來意義不簡單，有原義(radical sense)，有引申義，有假借義，有舊義。譯者須隨時注意，莎士比亞使用某一個字的時候是使用哪一種意義。如果冒失的按照現代英文的字面上的普通意義去譯，很可能發生很大的偏失。問題常常發生在我們以爲沒有問題的時候。我隨便舉幾個例證：

acre 有時是 furlong 之意，約 220 yards，不是「畝」。

neat 當名詞用，是生角的牛，不是形容詞「齊齊整整」。

doubt 常是 fear 之意，不是「懷疑」。

speak 有時是「戰鬪」的意思。

virtue 常是 valor 之意，不是「美德」。

complexion 有時是 temperament 的意思，不是「容顏」。

flag 有時是「菖蒲」，不是「布旗」。

worm 有時是「蛇」，不是「肉蟲子」。

clowm 有時是「鄉下人」，不是「小丑」。

paint 常指女人之搽臙抹脂，不是「畫」。

pledge 有時是擧杯祝飲，不是發誓賭咒。

nerve 常是 sinew 之意，不是「神經」。

will 有時是 lust 之意，不是「意志」。

port 有時是「城門口」，不是「港口」。

worry 是指犬狼之類撲噬人的頸項，不是「煩擾」。

coat 常是 coat of arms 之略，不是「外套」。

in blood 即 in perfect health 之意，不是「倒臥血泊中」。

in the tub 爲患梅毒之委婉語。

look upon the hedge 爲小便之委婉語。

fifth hour 爲上午十一時，因爲從六時算起。

in by the week「被捕獲」之意，不是「一星期中」。來源不明。

以上一些例，只是譯者遇到的一小部分有趣的資料，這種困難比較容易克服，在譯時多加小心，勤於翻譯各家註解，即可履險如夷。只有在自己粗心大意，或不肯參考註釋時，才容易發生錯誤。

翻譯，不算是學術研究，所以歷來學術機關常常不大重視翻譯。我在翻譯過二十本莎士比亞之後，得到一點經驗，那便是翻譯有時候也能牽連上一點點研究性的工作。譯者面對着原文，時常搔首躊躇，不敢落筆，總想把原文懂得比較透徹一點才可以減少遺憾。於是便不得不廣爲參考十八世紀以還各家的註釋。有註釋的莎士比亞劇本，種類繁多，我手邊常備的有下列幾種：Arden, Hudson, Rolfe, Yale, Deighton, Clarendon Press, Kittredge, Harrison, Craig, New Cambridge, New Variorum, Warrick, Scholar's Library 等等。其中尤以 New Variorum 本，內容最爲豐富，不但在校勘訓詁方面搜羅資料最多，而且附有許多參考研究資料，可惜的是全部尚未出齊，而且早年出版的幾本也顯著有一點過時了。這些註釋，從學術的立場來看，只能算是第二手的資料，因爲這只是前人研究的成果。但是不要輕視這些第二手的資料。如果不把這些第二手資料盡量的吸收，我們便無法直接進入第一手的資料裏去。把各家註釋瀏覽一遍就需要很多的時間與精力。遇到各家學說不一致的時候，譯者還不能不自己思索思索。所以我說，有時候翻譯也要牽連上一點點的研究工作。

參考書籍當然不以註釋本爲限，舉凡與莎士比亞有關的書籍文字都應該置我案頭供我披閱。但這是何等的奢望！我嘗夢想，如果能到莎士比亞紀念圖書館，或是福爾哲莎士比亞圖書館，那該有多麼好！不是到那地方去匆匆巡禮一番，而是坐下來工作三年五年，充分利用那些藏書。此一夢想不得實現，只好退而求其次，自己就力之所及搜購一些適合工作需要的參考圖書。在抗戰前，這不難辦到。我和英國一家舊書店建立了很好的信用，書目經常寄來，我也經常選購一些平常不易見到的圖書，日積月累，我的收藏雖然還很寒傖，比起國內任何大學圖書都還要壯觀一些。例如，Shakespeare Society Transactions（莎士比亞學會論文集）我就弄到了一大堆，這是相當陳舊的印刷品，但內容極有價值。抗戰軍興，一切都無從談起。我記得在後方的時候，聽說「新集註本」有一冊新的編本行世，我眞是夢寐以求，苦於不得到手，幸而有一位朋友一位親戚有到美國去的機會，我便千求萬托的乞請他們代爲購買，結果是人去了，人囘來了，禮物送我一大包，書沒有買，提都沒有提一下。我不是在埋怨，我是表示書之難得。赤手空拳到臺灣後，我極力想補充十幾年來在莎士比亞文獻上所形成的一段空虛，因爲十幾年來英美的莎士比亞研究並未中止，實際上作品很多，而我在這十幾年中却陷入了冬眠狀態。可是買書的便利限制重重，自己的資力有限，外滙又不自由，由學校申購則手續繁複效率遲緩到不能令人相信的程度。有一次，一位美國朋友善意的願意幫忙，要我開個書單，我喜出望外的把書單送去，如石沉大海，很久以後我才得到囘覆：「很對不起，書單送到敝國政府，被批駁了，理由是這些書都是有關一個『英國』作家的。」我只有苦笑的份！

我所譯的二十種戲，最早譯成的是：「哈姆雷特」，「馬克白」，「李爾王」，「奧賽羅」，「威尼斯商人」，「如願」，「暴風雨」。大概是在譯成這幾本之後，基金會才送到商務印書館去印。所以最早的這幾本都是在二十五年五月至十一月間陸續印出來的。當時商務印書館裏有一位韋慤先生，審查我的譯稿之後關於「奧賽羅」提出了幾點意見，經由胡適之先生轉來給我，胡先生還附了這樣的一封信：

實秋兄：

頃得商務印書館來信，其中有一頁對於你的奧賽羅有三四點小疑問，想請你覆核一遍。今將

譯稿送呈，附上原函，此係學問上的商榷，想你不至介意。匆匆留呈，即祝

大安

適之　廿五、四、十一

「學問上的商榷」，當然「不至介意」，胡先生的這種慇懃囑咐，是非常令人感動的。翻譯的事很難做到盡善盡美，只求少出大錯，便已是初步的滿足。如有人能在付印之前指示失誤，眞是感激之不暇。商務提出的「三四點小意見」，我虛心的覆核了，除了一點之外我都承認原譯在語氣上確實是應該加以修改的。不料書印出來之後，我所認爲不該修改的那一處也被修改了。關於此事，基金會的關琪桐先生在二十六年一月五日給我的一封信裏說：

「奧賽羅已出版，茲奉上十册。商務自做聰明，在第六頁第九行內，無故加了一個不字（第二字），弄得與原意相乖。先生可去函責斥，以儆將來。」

我沒有「去函責斥」，因爲他們雖然給我誤添一字，其實他們也是好意。我的譯文中之有問題的地方一定不少，絕不只這三四處。他們指出三四處，我已感激不盡。

抗戰初期，翻譯委員會先後改由張子高任叔永主持其事，我接到通知說莎士比亞的翻譯最多每年只可接受一本。其實我一年一本也交不出了。我起初只譯了一本「第十二夜」於二十八年九月在香港出版。後來又譯了一本「仲夏夜夢」，於勝利後我直接交給商務印書館，版排好了，我也校過了，就

是不付印，據說是因爲當時通貨膨脹，紙價飛漲，白紙一印上黑字便不再値錢，只好暫時擱在那裏。這校樣我帶來了臺灣。勝利後我譯了「亨利四世」上下篇，上篇在臺灣的明華書局出版過。其他各劇都是到臺灣之後陸續譯的。

莎士比亞的戲是沒有版權的，誰都可以譯。沒有人能够「包辦」。胡先生當年倡議也不是由我一個人譯，而且也歡迎我們五個人以外的譯稿。在我着手翻譯前後，我看見過的中文翻譯有下列數種：

（一）田漢譯「哈姆雷特」，「羅密歐與朱麗葉」。

（二）顧仲彝譯「威尼斯商人」。

（三）張采眞譯「如願」。

（四）楊晦譯「雅典人臺滿」。

（五）曹未風譯「該撒大將」，「凡隆納的二紳士」等若干種。

（六）孫偉佛譯「該撒大將」。

（七）邱存眞譯「知法犯法」。

（八）曹禺譯「羅密歐與朱麗葉」。

（九）朱生豪譯悲喜劇共二十七種。

（十）虞爾昌譯歷史劇十種。

（十一）孫大雨譯「璨琊王」。

(十二) 夏鼐譯「朱利奧愷撒」與「卡里歐黎納士」。

此外一定還有我所未看見過的譯本。在以上所舉的譯本當中，特別值得指出的是朱生豪虞爾昌兩位先生的翻譯合起來可以成爲「全集」。還有孫大雨先生的翻譯，那是唯一的用白話詩體來翻譯莎士比亞的嘗試。

我譯的二十本，因前後相距時間很久，在體例上有一點不甚相符，那便是前幾種註釋較少，後幾種註釋較多。我當初有一種妄想，我以爲譯本是給中國人看的，我試想把譯文做到可讀的地步，不需要註釋亦能一目了然，所以我根本就未加註釋。後來譯成好幾本之後，胡先生要我補加註釋，我只擇要的加以補註。此後的翻譯，我對註解部分也逐漸增加興趣了，於是註解的數量也增加了。現在無法徹底整理，一切的補充修正都只好寄望在將來印行全集時再說了。

最後關於我的譯本裏的插圖也要說明一下。所有的插圖都是取自 Charles and Mary Cowden Clarke 編莎士比亞全集，大約是刋於一八六四年，其中有插圖三百餘幅，爲蕭孟能先生所藏有。把這些蝕刻版的插圖翻印下來，使得我的譯本增加不少生氣，這也是蕭先生的一番好意，我順便道謝了。

五二、五、十六

附錄

上文提起朱生豪先生，他是翻譯莎士比亞作品在多的一個人，臺灣世界版全集含有他譯的二十七個戲，可惜他去世太早，未竟全功，茲將朱先生的「譯者自序」及其夫人之「譯者介紹」附錄於後：

莎士比亞全集譯者自序

朱生豪

於世界文學史中，足以籠罩一世，凌越千古，卓然爲詞壇之宗匠，詩人之冠冕者，其唯希臘之荷馬，意大利之但丁，英之莎士比亞，德之歌德乎。此四子者各於其不同之時代及環境中，發爲不朽之歌聲。然荷馬史詩中之英雄，既與吾人之現實生活相去過遠；但丁之天堂地獄復與近代思想諸多抵牾，歌德去吾人較近，彼實爲近代精神之卓越代表。然以超脫時空一點而論，則莎士比亞之成就，實遠在三子之上。蓋莎翁筆下人物，雖多爲古代貴族階級，然彼所發掘者，實爲古今中外貴賤貧富，人人所同具之人性。故雖經三百餘年以後，不僅其書全世界文學之士所耽讀，其劇本且在各國舞臺與銀幕上歷久搬演而弗衰。蓋由其作品中具有永久性與普遍性，故能深入人心如此耳。

中國讀者，耳聞莎翁大名已久，文壇知名之士，亦嘗將其作品譯出多種，然歷觀坊間各譯本，失之於粗疏草率者尚少，失之於拘泥生硬者實繁有徒。拘泥字句之結果，不謹原作神味，蕩然無存，甚且艱深晦澀，有如天書，令人不能卒讀，此則譯者之過，莎翁不能任其咎也。

余篤嗜莎劇，嘗首尾研誦全集十餘遍，於原作精神自覺頗有會心。廿四年春，得前輩同事詹文滸先生之鼓勵，始着手爲翻譯全集之嘗試。越年戰事發生，歷年來辛苦搜集之各種莎集版本及諸註釋考證批評之書，不下一二百册，悉數毀於砲火。倉卒中惟携出牛津版全集一册及譯稿數本而已。厥後輾轉流徙，爲生活而奔走，更無暇晷，以續未竟之志。及卅一年春，目覩世變日亟；閉戶家居，擯絕外務，始得專心一志，致力譯事。雖貧窮疾病，交相煎迫，而埋首伏案，握管不輟。凡前後歷十年而全稿完成。（按譯者撰此文時，原擬在半年後可以譯竟，詎意體力不支厥功未就，而因重病輟筆）。夫以譯莎工作之艱鉅，十年之功，不可云久，然畢生精力，殆已盡注於茲矣。

余譯此書之宗旨，第一在求於最大可能之範圍內，保持原作之神韻；必不得已而求其次，亦必以明白暢曉之字句，忠實傳達原文之意趣；而於逐字逐句對照式之硬譯，則未敢贊同，凡遇原文中與中國語法不合之處，往往再四咀嚼，不惜全部更易原文之結構，務使作者之命意豁然呈露，不爲晦澀之字句所掩蔽。每譯一段竟，必先自擬爲讀者，察閱譯文中有無曖昧不明之處，又必自擬爲舞臺上之演員，審辨語調之是否順口，音節之是否調和。一字一句之未愜，往往苦思竟日。然人力有限，未能盡符理想；鄉居僻陋，既無參考之書籍，又鮮質疑之師友。謬誤之處，自知不免。所望海內學人，惠予糾正，幸甚幸甚。

原文在編次方面，不甚愜當。茲特依據各劇性質，分爲「喜劇」、「悲劇」、「雜劇」、「史劇」四輯，每輯各自成一系統。讀者循是以求，不難獲見莎翁作品之全貌。昔卡萊爾嘗云，「吾人寧失百印度，不願失一莎翁」。夫莎士比亞爲世界的詩人，固非一國所可獨佔，倘因此集之出版，使此偉大詩人之作品得以普及中國讀者之前，則譯者之勞力，庶幾不爲虛擲矣。知我罪我，惟在讀者。

生豪於卅三年四月

第一集提要

本輯選集莎氏喜劇九種，代表作者各時期不同的作風。

在早期傑作仲夏夜之夢裏，莎氏運用他豐富的詩人的靈感，展開了一個抒情的夢想的境界，在這世界中遊戲追逐的神仙和人類，除了爲戀愛而苦悶之外，都是不識人世辛酸爲何物的；那頑皮刁鑽的仙童迫克，也就是永遠的青春的象徵。

威尼斯商人、無事煩惱、皆大歡喜、第十二夜，都是莎氏第二期作品。他在喜劇上的才能，在這時期已經發展到了最高峯。無事煩惱以下三劇，是被稱爲 Three-Sunny Comedies（愉快的三部曲）的，威尼斯商人則是一本特出的傑作，在輕快明朗的喜劇節奏裏，插入了猶太人夏洛克這一個悲劇的性格，格外加强了戲劇的效果。

把莎氏的初期喜劇——仲夏夜之夢、愛的徒勞、錯誤的喜劇、維洛那二士——以至於同一時期的抒情悲劇羅密歐與朱麗葉和第二期的幾本喜劇相比較，可以發現一個顯著的不同點，即在初期的各劇中，無論主角或配角，他們的性格都是很單純的，幾乎沒有一個是壞人；次期作品中，則莎氏對於人物的創造已經有了更充分的把握，我們不但發現像夏洛克和唐約翰（無事煩惱）一類的「壞人」，並且還有玩世不恭的托培裴爾區爵士（第十二夜）和飽經憂患參透人生意義的亞登林中亡命的公爵（皆大歡喜），以及其他許多各色各樣或善或惡的角色。這表明作者自身已經接觸到更廣大的世界，獲得更豐富的人生經驗，所以才能在他的作品中添上一重更親切的人情味；然而支配這些喜劇的中心人物卻是鮑細霞、羅瑟琳、琵菊麗絲、薇娥拉，這一羣聰明機智活潑伶俐的女性，她們就像一朶朶初夏的薔薇，在燦爛的陽光中爭妍鬬媚，同時也反映了作者全生涯中最光明的黃金時代。

自此以後，莎氏似乎在精神上受到一度重大的打擊，使他對於人生的痛苦，虛偽的世相，和複雜的人性，有了更深的理解。在他創作生活第三期中，他幾乎傾其全力於偉大的悲劇，但它們都充滿着辛辣的譏刺，和前期作品中輕快的情調顯然異趣了。

莎氏在完成他的最後一本悲劇傑作英雄叛國記（Coriolanus）後，差不多已經殫盡他的畢生的精力，他的晚期只寫了一本幻想劇暴風雨，兩本傳奇劇冬天的故事和還璧記（Cymbeline），它們共同的特色，就是有一段悲歡離合的情節，而最後以復和寬恕和團圓作爲結束，正像一個老翁在閱歷人世滄桑之後，時間的磨鍊，已經使他失去了原來憤世嫉俗的不平之氣，而對一切抱着寬容的態度。這裏我們選取暴風雨和冬天的故事二劇，代表作者晚期的作風。

從熱情的仲夏夜的幽夢，到感傷懷舊的負曝閒談，這不但顯示了莎氏整個創作生活過程，也恰恰反映了人生的全面。我們的詩人雖然輟筆了，可是密蘭達與弗迪南，珀娣妲與弗洛利澤身上，我們卻可以看出他把新生的希望完全寄託與這些下一代的青年男女。我們的詩人老了，然而他永遠是年青的。

生豪誌於三十三年四月

第二集提要　（暫缺）

第三集提要

本集收羅前二集中所未收的喜劇悲劇傳奇劇等共十種，它們在莎氏集中都是屬於次要的作品，然而瑕不掩瑜，即使在這些次要的作品之中，我們也可以隨處發現燦爛的珠玉，同時為了認識莎氏整個的面目起見，這些作品更不容我們忽視。各劇的性質略述如下：

愛的徒勞是莎氏第一本寫成的喜劇，它的主旨在諷刺當時上流社會輕浮虛誇，掉唇弄舌的習氣，故事極簡單平淡之至，但全劇充滿了活潑的詼諧與機智的鋒鋩。

維洛那二士是莎氏早期試作的戀愛喜劇，從全體說是失敗了的，但第一幕第二場描寫裘麗霞接到情人的來信時底心理，却是一段絕妙的文字。

錯誤的喜劇、馴悍記、溫莎的風流娘兒們，都不是純正的喜劇，祇能認為笑劇(Farce)，最後一本是莎氏奉伊麗莎白女王之命而寫的，因為他在史劇亨利四世中，創造了約翰福斯泰夫爵士這一個丑角，獲得絕大的成功，所以伊麗莎白叫他就用福斯泰夫作為主角，另寫一個劇本，結果就產生了這一本在薄伽邱式的幽默之上加一些英國鄉土色彩的趣味洋溢的笑劇。

血海殲仇記是莎氏早期試作的悲劇。也許因為一方面受到當時舞臺上流行的所謂「悲劇」的影響，一方面作者尚未能把握及運用悲劇的技巧，使本劇成為全集中最失敗的作品。除了野蠻的殘殺和報復之外，粗疏陋拙，不近人情，簡直一無可觀。然而我們所以對本劇發生興趣者，乃因莎氏在經過這一次失敗以後，卽絕筆不再寫此種文字，而在較後數年之中，接連產生了該撒遇弒記，漢姆萊脫這一連串偉大的悲劇，這中間的驚人的進展，不能不令人咋舌。

特洛埃圍城記在形式上不屬於喜劇，也不屬於悲劇，我們無寧稱之爲「罵劇」倒比較更適當一些。它的題材係取喬叟（Chaucer）的 Troilus and Cressida 爲藍本，對荷馬史詩中半神性的希臘英雄作一次翻案的文章；在莎氏的筆下，這些天神式的英雄完全變成了一羣糙塗，庸妄，自私傲慢，奸詐懦怯的傢伙，然而不公道的天道，却偏偏使忠勇正直的赫克脫失敗在他們的手裏。在作者全部作品中，這是最辛辣的一本。

假如援照特洛埃圍城記的例子，那麽黃金夢也可以同樣稱爲「罵劇」，雖然它是用悲劇的形式寫成的。從本劇的文字上觀察，似乎並不是純粹出於莎翁的手筆。

還璧記是與第一集中冬天的故事同類的傳奇劇，劇中女中角伊慕琴是莎氏最出力描寫的女性中一個；全劇的結構與文字均極優美，較冬天的故事有過之而無不及；但普修默斯在獄中見鬼見神這一段，不但是蛇足，簡直是狗尾，大大地貶損了本劇的價值。

沉珠記也是一本傳奇劇，但在莎氏戲劇第一次彙訂本的所謂「第一對開本」中，並未將其列入，而該劇的體裁亦與莎氏其他作品廻異，據人考定，其中祇有少數幾行出於莎氏之手。所謂體裁與各劇不同之處，即伶人表演所不能盡情處，由 Chorus 一人（譯者援中國雜劇傳奇楔子中例譯爲副本）說明補充。這是莎士比亞以前伊麗莎白時代戲劇中常見的格式，但在莎氏劇本中，這一種幼稚拙劣的方法，差不多已經被完全取消了。

生豪誌於三十三年四月

譯者介紹

清如

當我一想起生豪的時候，好像他還是坐着，握着筆出神凝思的樣兒。然而這畢竟是憧憬，是幻想，他再也不回來了。雖則這一段淒涼的悲劇的尾聲，也許會激起永久的回響，但對於他本身，對於我，都是無補的了。

我眞不知道要怎樣的介紹，才能使不認識生豪的人，也能對他略爲了解，略爲同情。因爲生豪活着的時候，就挺不愛在人前表現自己，誇耀自己。要不然的話，也許他成名的機會，早就多的是。他文學上的天才，在中學時期，就有驚人的表現。可是他太謹慎，自己的標準太高，直到大學畢業後，還不願把作品輕易問世。實際他特長的詩歌，無論新舊體，都是相當成功的。尤其是抒情詩，可以置之世界名著中而無遜色。結果，他把全部才力精力，集中在譯述莎劇全集的工作上，而終因用心過度，體力不支，再加上惡劣的環境(在敵僞勢力下)磨損他的精神，使他沒有全部完成，便長辭人世。我每回想起他的殫精竭力，忠實殉道的態度，總不免傷心淚下，悲不自勝。

我初次認識生豪的時候，是在民國廿一年的秋天。在錢塘江畔，秦望山頭，極富詩意的之江大學中間，那時候，他完全是個孩子，瘦長的個兒，蒼白的臉，和善天眞，自得其樂地，很容易使人感到可親可近。之江的自然環境，原是得天獨厚的所在。不論是山上的紅葉歌鳥，流泉風濤，或是江邊的晨暾晚照，漁歌螢火，那一處不是詩人神往的境界。他受着這些淸靜與美的撫育和薰陶，便奠定了他那清高自愛，與世無爭的情性。他時常不修邊幅，甚至一日三餐也往往不耐煩按時以進；嘴裏時常掛着小歌，滿顯出悠然自得的神氣。但是，正是爲了這太柔和的環境，才使他成爲一個不慕虛榮，不求聞達的超然的人物，不能盡量表現他的才能而默默地夭折了。

二十二年的暑天，他脫離了大學生活，入世界書局當英文編輯。那時他實際年齡還不到廿二歲，正似一隻自由歌鳥，投進了籠子。寂寞的歌人，投入了寂寞的環境。工作的餘暇，惟有讀書，可以補充他的空虛。他每回寫信，都向我訴說：「我寂寞，我悲哀，我再沒有詩了。」歌聲也漸漸從他嘴邊消失。他邁上了成人的不平的途徑。

…………從此我埋葬了青春的遊戲，肩上人生的負擔，做一個堅毅的英雄。…………

——別之江

那時詹文滸先生也在世界書局，他發現這個青年的伙伴如此酷愛詩歌，具有那樣卓越的詩歌天才，而且在中英兩種文字上都有那麽深厚的造詣，便勸他從事莎劇全集的移植。從此他便發下心願，要把這一位英國大天才的作品，全部介紹給中國的文壇。

的確，那是他轉變的時期。

以後，他便努力地搜集各種版本的莎劇，加以比較研究。一面他更實地研究戲劇的藝術。無論電影或話劇，只須是較出名的故事他都加以欣賞批評。他的意見，很多發表在給我的信上。因爲他不愛找朋友聊天，唯一的消遣便是寫信。而現在，當我再檢起這些寶貴的遺跡的時候，還可以想見他那默默地沉思底神態。

正是廿五年的秋天，他寄給我他所譯出的第一部暴風雨，更告訴我譯事的計劃。他估計全集有一百八十萬字左右，可以在兩年內譯完。接着譯出的有威尼斯商人、仲夏夜之夢、第十二夜第一部份喜劇及雜劇。到廿六年秋天，順利地成功的大概有七八部，那時因爲和世界書局訂了約，譯成後，隨即交向局方。但不幸的戰爭，曾使他的譯稿遺失了一部份。因此現在刋印的威尼斯商人、溫莎的風流娘兒們等幾部，都已是第二次的譯稿了。

八一三的炮火在上海發出吼聲，使他從滙山路寓所半夜踉蹌出走，丟了個人全部財產，祇帶着一本莎氏劇集和一些稿子。他暫時回到了老家嘉興。但不久又因爲嘉興將近淪陷而輾轉遷避。爲了生活的不安定，譯事無法進行。一年以後，才從鄉村回到了孤島「上海」，仍在世界書局任職。

廿八年秋天，抗戰的風雨益趨緊張，上海的地位益顯特殊，生豪應詹文滸先生的邀請改入中美日報主編國內新聞版，中美日報是那時上海唯一的政府報，各方視聽各屬，時常受到敵僞的壓迫，他協助詹先生擔起艱鉅的責任，有着相當優良的成績。但也爲了工作太繁重，使他全力貫注，日以繼夜，毫無閑暇，對於莎劇工作，差不多是完全停頓着的。牢獄式的報館生活，挺艱險也挺愉快的，就在那樣的情形下，經過了兩年多。當他告訴我報館中某某兩同事失踪消息時，我眞爲他捏一把汗。

太平洋的砲火在十二月八日清晨響起，又把他從報館轟了出去。失掉了職業，可也恢復了自由，他一離開報館，立刻在窄小的亭子間內工作起來。同事們陸續向重慶撤退，他却爲了不願再使譯事延擱下去所以決計不走，而且爲了幾個朋友的鼓勵，便在卅一年五月一日和我舉行了簡無可簡的婚禮。

以後，我們離開了上海，理由是避免物質生活的高壓。他在故鄉閉戶寫作專心致志。不說是足不涉市，沒有必要時簡直樓都賴得走下來。而實際物質生活的壓力，依舊追隨着我們。以極低微的收入，苟延着殘喘，所以他譯述的成果，一天天增加，而精神體力，却一天天的損減了。

莎翁劇集中全部悲劇、喜劇、雜劇、以及歷史劇的一部份，都在兩年中次第譯就。

三十二年秋，他日益虛弱的身體，因過於辛苦而患着齒病。好幾個牙齒都發着炎，熱度很高。但爲了窮，他抵死不肯醫治，我沒法勉强他。結果齒病是痊癒了，身體元氣，却從此大傷。惡毒的結核種子，偸偸地在他身上茁長。那年冬季，他老是被小病牽纏着。隔不到半個月，便連續有發熱現象。他不但不肯醫治，只要略有一些精神，就繼續他那唯一的工作。可恨的是我在那時候，忙着照管孩子，全不曾注意到他病勢的嚴重性。直到三十三年六月一日，他突然患着肋骨疼痛，發着高熱，而且有手足痙攣的現象，這下我才着了慌。徵得他的同意，初次延醫診治。診治的結果，據說是結核性肋膜炎，加有肺結核腸結核合併症。「肺病，像我這樣人不得肺病，那有更適合的患者。」他苦笑地說。但我知道痛苦嚙着他的心，正如嚙着我的一樣。像生豪那樣的敏感，一切的欺騙都是無所施其技的。但在初病時，希望依舊在我們面閃爍，我絕不敢想像黑暗的影子，將逐漸向我們伸展。然而可惡的潮熱，一天都不停地損害着他。藥物、針劑，都毫無效力。延至十一月，病情驟然加重。終於十二月廿六日下午未時正，無可奈何地棄我而逝。年僅三十二歲。他神志始終清楚，自憐病至垂危，腦力却絲毫未受影響——這時他該是怎樣地增加了痛苦。臨終時使他最抱遺憾的便是抛下我和孩子以及尚未完功的莎氏劇集。他遺命囑胞弟文振代爲續成。病危時他還表示，早知一病不起，拚着命也要把他譯完。他對莎劇的精神眞可謂「鞠躬盡瘁，死而後已」了。

追想生豪的爲人，是太偏於內向的。唯一的原因也是爲了幼失父母，無邪的天眞，被環境剝奪得太早了，養成了耿介自愛，沉默寡言的性格。好多生疏的朋友，對於他不甚了解；而他自己也大有不求人知，超然高蹈，與世無爭的態度。他在自己的環境中，絕不能同流合汚，同任何人都保持相當的距離。所以他全然是個外貌溫柔而實際嚴毅剛强，具有稜角的人。在學校時代，篤愛詩歌，對於新舊體，都有相當的成就，淸麗，自然，別具作風。可惜他自己編訂的幾冊詩集（舊詩詞——古夢集；新詩——丁香集，小溪集），都因離開中美日報時太匆忙，忘却從書桌中帶走，大概無從查考了。尚有一部留存在我處的，不久可能付印。他在英國詩人中，除了對莎翁心悅誠服以外，對雪萊，濟慈，但尼生，勃郎寧等，都有相當的研究。他在高中時期，就已經讀過不少英國諸大詩人的作品（因爲他讀文科，那時高中也分文理科的。）感到莫大興趣，所以他們的因緣，實在不淺。他原想在莎劇全集譯成之後，再賈餘勇譯出莎氏全部十四行詩，然後再從事翻譯高爾基全集。誰料到這些計畫全成爲泡影。他在中國詩人中，特別愛陶淵明，當然因爲淵明的恬淡淸高正和他相似之故。

至於他譯述莎劇的經過和態度，大致已經在他自序中講得够詳了。但是因爲他大半工作的成功，都有我在左右，所以對於他的感受，特別覺得親切。有時他苦思力索，有時恍然有得，我們分享其中的甘苦。他工作的時間，總是全神貫注着，每當心領神會時，不知有莎翁，或劇中人物或自己的分別。他決不願意有一句甚至一個字大意放過；也不願意披閱各家譯出本。爲的是在自己未譯就時，怕受到無形的暗示，影響自己的作風。從譯述的辛苦中得到了樂趣，可也耗盡了心力。我眼看他一天天的消瘦，爲了家境的困苦，無法挽回可怕的命運。生豪有知，一定會抱怨我和社會對他太無情的虐待。

關於莎氏劇集譯筆的優劣，我不想爲他誇張或文飾，因爲賢明的讀者，自有公平的評論。但我可以順便提及的，便是在他譯就三十一本又半的中間，譯者自己的文筆，有着顯著的進步。自從他開始譯述至死亡爲止，中間經過整整底十年，筆力方面，有着相當的差別。大概說起來，最初成功的幾部，多是喜劇部分，如暴風雨、仲夏夜之夢等，文筆是可愛而輕快自然。而後成功的那些悲劇，雜劇、史劇等，却顯得老練、精闢、流利、正是所謂爐火純青的境地。尤其是羅密歐與朱麗葉、漢姆萊脫、女王殉愛記、該撒遇弒記、麥克佩斯、李爾王、奧瑟羅等，更是他得意的作品。但在用語體詩譯出的部份，却是早期的譯作，更較優美自然。也許只是年齡的關係，剛脫離大學生活的朱生豪，完全是一個詩人。有一個朋友說過「朱生豪本身，便是一首詩」，這當然不是無所根據的。然而十多年前見到這一首悠然自得的詩人，如何能想像到，十多年後這一首詩，會由苦難而逝去了呢？

現在距離他死亡的時間，已在一年以上。我不想時間的老人，將會醫治我沉重的創傷。爲了惡劣的環境，使生豪無法逃避慘酷的命運。但我相信一個天才的夭折，該是整個民族文化的損失，要不是短壽，他的心血準會在這荒涼的文藝園地裏，灌溉出更絢爛的花，對中國文壇的貢獻，決不止此。現在我唯有希望他這僅有的成績——使他嘔盡心血的成果，留着深刻的印象，在讀者的記憶裏，如同他的精神，永遠在我的記憶裏一樣。

三十五年春如書於嘉興秀州中學

英國慶祝莎士比亞年見聞錄

金開鑫

一　前言

一九六四年四月廿三日，是英國伊麗莎白時代大詩人兼劇作家威廉莎士比亞（William Shakespeare）四百週年的生辰。他的故鄉愛芬河上的斯屈特福（Stratford-upon-Avon），一時之間，成爲世人囑目的中心。王公貴族，專家學者，新聞記者，觀光旅客，蜂湧而至；斯屈特福窄窄的街道上，堆滿了各式各樣汽車，擠滿了各色各類人種，成爲了一個活的展覽會。

每年年底時各報紙循慣例推舉當年最活躍的人物，一九六四年有家頗負盛名的報紙，把莎翁從墳裏請了出來。理由是：老莎雖然屍骨已寒，可是對英國貢獻及影響，遠超過活人。他的劇作上演時，賣座依然很盛；事實上，每個劇團每年得推出個把老莎的戲。中小學生得死啃他的作品，以應付考試。他的劇作及研究他的批評書籍，可以媲美暢銷書；靠莎士比亞過活的，上至大學教授，下迄賣明信片的老太婆，散佈世界各地，此人已造成了一種莎士比亞企業（Shakespeare Industry），每年爲英國賺取大量的外滙。

慶祝莎士比亞四百年生辰的活動，雖以四月廿三日在斯屈特福舉行的盛會為高潮，却不限於一時一地。事實上，一九六三年十月二十二日下午六時半，英國國家戲院正式成立，假演莎劇馳名世界的老維克劇院(The Old Vic)，演出勞倫斯・奧立佛(Laurence Olivier)，所導之「哈孟雷特」(Hamlet)，可稱為莎士比亞四百年生辰紀念的揭幕式。自此而後，一個活動緊接另一活動，直到一九六五年九月六日才算正式結束了莎士比亞四百年生辰的慶祝。就地點來說，斯屈特福雖幸運的是莎士比亞故鄉，可是把慶祝莎士比亞的活動放在斯屈特福舉行是莎士比亞死後一百五十多年的事。一七六九年，名演員大衛・加立克(David Garrick)，心儀莎翁的偉大，乃興致冲冲邀請了一批畫家木匠，在斯屈特福臨時蓋了一座房子，當作舉行盛大舞會及宴會之用。加立克本人朗誦了一首崇敬莎翁的頌辭，可是這件事與莎翁的生日並無關聯，老莎的戲一個也沒演出，老莎的詩一行也沒朗誦過，並且斯屈特福其時旅館也不敷用，很多人必須在馬車中睡覺，不幸的是，當夜大雨傾盆，土質稀鬆，馬車深陷泥中，大家只得自認晦氣；一位先生化了九鎊多錢，找個地方，睡了六個小時，問問時間化了二個先令，由是推想那次活動是不十分理想的。直到一八六四年，莎翁三百年誕辰時，慶祝活動才移到他的故鄉盛大舉行，莎劇也演了四個。真正使得斯屈特福，成為英國觀光重點之一的，是在一八七九年之後。當地一個富酒商集資蓋了一座紀念戲院，專演莎劇，再加上班生戲團(Frank Benson's Company)努力，斯屈特福的名聲，才越來越大。因而一九二六年，該戲院毀於火之後，各方踴躍捐獻，很快蓋成了今日之皇家莎翁戲院(The Royal Shakespeare Theatre)。

筆者一九六三年九月抵英，正巧趕上了莎士比亞四百年誕辰，加上自己研習科目也以莎士比亞爲主，乃就經濟能力及時間所及，盡量觀賞莎劇，參與各種慶祝活動。深覺實爲生活中一段有趣經歷，乃追記所見所聞於次。

二　不列斯托的學院氣氛

我在英國兩年多的時光中，雖然去過斯屈特福七、八次，有時停止一、兩天，有時呆上個把星期，最長一次是在莎翁研究所唸暑假學校，住了七個多禮拜；雖然爲了搜集研究資料及觀賞著名演出，常去倫敦，牛津，渠亭漢等地；畢竟停留時間有限，不克參加當地有關慶祝莎翁的各種活動。倒是不列斯托（Britol）因爲自己就讀的大學在此，故而能親身參加一切有關這方面的活動，特先爲報導。

不列斯托（Bristol）是英國西部的中心，在伊麗莎白時代是大港之一，貿易頗盛，莎士比亞的劇團當時常常來此巡廻演出，而且莎翁劇團所演出的戲中，有一個是以不列斯托爲背景的，該劇名叫「不列斯托的淑女」（The Fair Maid of Bristol），行文有數處頗有莎翁風格，今世學者咸認爲該劇與莎翁多少有些關連。由於這層關係，不列斯托居民均以與莎翁扯得上邊而沾沾自喜，不惜集重資，以慶祝其四百年的生辰。再加上不列斯托大學的英語及戲劇兩系頗負盛名。主持英語系的 L.C. Knights，是當代莎學之大批評家之一，系中教授如 B.L. Joseph，亦爲當代大家。戲劇系是全英大學中首創此系者，系主任 Glynne Wickham 專門研究中古及文藝復興時代戲劇，系中教授如 Richard Southern 是以研究伊麗莎白時代戲院建築構造而成名，Iris Brooke 對該時代服裝有獨到的研究，Marion Jones 對該時代之兒童戲劇活動有精湛的研究。並且不列斯托素爲英國戲劇中心之一，在十八世紀時與附近小城 Bath 同爲英國夏季戲劇活動之中心，不列斯托的皇家戲院，建築至今已有二百年左右，爲英國最古而仍在使用的劇院。全城人口約五十萬，戲院有三家，城中戲團 The Bristol Old Vic 水準很高，並附設演員訓練學校，以訓練演古典戲劇的演員爲矢志。由於這種條件，當地人民出了錢，有東西可看，有東西拿得出來，爲地方增光不少。

不列斯托的節目設計很周全，大學與社會也協調得很好。演出的劇本均經慎重的考慮。整個計劃的目的；不但要表顯出莎士比亞的天才，而且也要指示出莎士比亞所受的無形的戲劇教育；也就是說：一方面就莎翁悲劇、喜劇、歷史劇、各擇一而搬上舞臺，另一方面給予觀衆一個欣賞，較莎翁略早及同時人所寫的戲，這些劇本或多或少對莎翁有些影響，或者受到他的影響。

在豪華宏麗的皇家戲院中，由老維克劇團演出三個莎翁的戲，分別代表他多方面的才華。在悲劇中，選的是「奧塞羅」(Othello)，喜劇方面是「愛的徒勞」(Love's Labour Lost)，歷史劇方面「亨利五世」(Henry V)，每個戲排演時間大約是一個月左右，演出約三個星期，後來由於演出的成功，受到英國一個文化宣傳機構 The British Council 的補助，得在歐陸巡迴演出月餘。歐陸歸來，假國家劇院的場地與倫敦觀衆見面，而後又在英國各大城市演出，各處皆受歡迎。

在設備較爲簡陋，場地較小的 Little Theatre 中，演出了英國最早的喜劇「誇口的道哀斯特」(Ralph Roister Doister) 以及「老媼葛頓的針」(Gammer Gurton's Needle)。稍後又演出馬魯(Christopher Marlowe) 的「愛德華二世」(Edward II)。每劇演出時間均爲二週。

在大學的小戲院中，所演出的戲學術性較重，偏重在莎士比亞之先後作者的作品。Everyman 是個道德劇，由此可以看出中世紀戲劇的教訓氣味，大學的演出運用現代服裝，若非文字較陳舊，當宛如近人之作，因其教訓之主旨在趨善避惡，時至今日仍有振奮人心，變化氣質之作用。Fulgens and Lucrece，代表莎翁之前戲劇中的娛樂成分，演出場所佈置得與都鐸時代 (The Tudor Age) 貴族之大廳相似，房屋三面圍以棹椅，並備菜點，中間是演出的空間，觀劇者均似回到四百多年前，置身貴族府第，餐後以戲劇消遣。King Johan 是英國最早之歷史劇，全文太長且枯燥，我們只選其中一段，故事內容是用新教的觀點，衡量約翰王被教宗剝奪王權之事；Respublica 是瑪麗女王時代人寫的用天主教的觀點，衡量約翰王被削王權一事。Nice Wanton, Calisto and Melibaea, Johan Johan, Tib his Wife and Sir Johan, Mary Magdalene, The Longer Thou Livest The More Fool Thou Art，均爲都鐸時代娛樂性的挿劇 (The Interlude)。在一年中，我們自己或與其他學校合作演出了下列數種伊麗莎白時代的戲，由一羣小學生演出，John Lyly 爲兒童所寫的 Mother Bombie，一個男子中學學生演出莎士比亞的「馬克白」(Macbeth)，一個女子中學學生演出莎翁的「羅米歐及茱麗葉」(Romeo And Juliet)，本校學生劇團演出莎翁的「李爾王」(King Lear)，老維克戲劇學校學生演出 Ben Jonson 的 Volpone，本校戲劇學生課外作業的 The Fair Maid of Bristol。本系暑期學校學生結業演出，莎士比亞與傅萊琦(John Fletcher)合作的 Two Noble Kinsmen，這些下自小學上達大學學生的業餘演出，雖然在技巧上頗有商榷的餘地，效果未臻善境，然而學生們不但有機會聽與看，也有了機會親身經驗，同時這些戲與莎翁均有相當淵源，學生們能直接或間接地從「做」上，增進了許多對他們本國最輝煌時代的文學的了解，不能不說是大學當局的一項德政。

不列斯托的另一項有趣的紀念活動是學術講演，學校當局特別撥了一筆錢，邀請了六位專家作了六次演講，總題是：「莎士比亞、劇作家及詩人，一五六四——一九六四。」茲誌講演人的姓名簡歷講題如次：

1. Imaginative Energy or Why Read Shakespeare，主講人是 L.C. Knights，本校英語系主任，重要著作有：The Explorations, Some Shakespeare Themes, 及 Drama And Society In the Age of Jonson。
2. Imagination Bodied Forth，主講人是 B. L. Joseph 博士，本校英語系教授，重要著作有：The Elizabethan Acting, The Tragic Heroes 等。
3. Emblem And Picture，主講人是 Glynne Wickham， 本校戲劇系主任 ，主要的著作有：The Early English Stage 三巨冊。

4. Shakespeare And The English Language，主講人是倫敦大學知名教授 Quirk，語言學專家。

5. Shakespearian Soliloguy，主講人是 Nevill Coghill，牛津大學名教授，重要著作有：Shakespeare's Professional Skill，及喬塞（Chaucer）坎城故事（The Canterbury Tales）現代英詩譯本。

6. Shakespeare Wanted Art，主講人是 George Rylands，劍橋大學研究教授，早年曾導演甚多莎劇，著作亦多，最使他出名是指導劍橋學生社團Marlowe Society錄製了一套莎士比亞全集的唱片。

這一連串的講演，大致說來均能兼顧平易近人及發揮講演者的個人獨特見解，聽衆也很踴躍。上述的講演是學校當局所舉辦的，另外各系及學生社團所辦的講演會也不少，其中給我印象最深刻的是，文學研究會辦的一次，被邀請發表演講的人是 G. Wilson Knight，此公年青時曾作個演員，導演，以後轉入學術界曾任里芝大學（Leeds University）的英語系主任，著作等身，在三十年代是紅透半邊天的批評家。據說此公係一神秘主義者，尊老莎爲至聖，每讀莎著，必正襟危坐。其著作晦澀費解。那一天，慕名而去的人很多， Knight 先生也沒給題目，漫談一番，弄得大家都糊裏糊塗。此外，我們校長邱吉爾爵士（Sir Winston Churchill），把別人籌集爲他做九十大壽的錢，捐給英語系一部份，作爲講演費用。學校邀請了當代德國最負盛名的 Clemen 教授主持講座二個月，筆者能有機會個別請益，實爲一幸。

不列斯托也舉辦一個小型的展覽會，陳列的多係複製品，但也給大家對當時生活狀況，有一個簡明的了解。

在不列斯托的紀念莎翁四百年活動中，我還有一件難忘的事。記得出國前梁師實秋曾囑咐我要設法參加戲院的活動。一九六四年元月間系裏通知我，要我做奧塞羅演出的實習導演。跟 David Scase 學習，每週得寫報告，因此我能得到機會與演員們生活一個半月之久，結交了一些演員朋友。憑良心說，英國的演員待遇並不好，工作着實辛苦，早上十時進戲院排練，中午午餐時間一小時，下午一直排練到五點鐘，晚上七時就得粉墨登場，一直到十點多才能回家休息。這段期間排練時，我必須出席，晚上回家唸書。David Scase，爲人頗輕鬆幽默，香烟一根一根不斷，又喜歡喝幾盅，但是工作態度很嚴肅認眞，規定我必須做筆記，提意見，發問題，然後他在酒吧中詳加解答，有時我沒問題，他會反問，一直搞到他認爲我懂了爲止。這一個半月，雖少唸了些書，可也增添了不少實際經驗。

不列斯托附近有個小鎭叫 Bradford-on-Avon，建立於盎格魯薩克遜時代，居民約萬餘人，但是他們也舉辦了一個「伊麗莎白週」，場地是該鎭的具有歷史性的穀倉，節目大部分是從外地邀請來的，但是他們自己卻貢獻了一個特殊的節目叫 The First Night of Twelfth Night，內容是依照耶魯大學 Dr. Leslie Hotson 對演出「第十二夜」的考證與假定，其重點謂伊麗莎白女王爲款待義大利貴賓，特約莎士比亞的劇團在 Whitehall Palace 的大廳之中演出此劇，觀衆四面圍坐，演出場地爲廳之正中。該劇的演出找了些小孩子們扮演伊麗莎白，貴族及侍從等，服裝五彩繽紛，非常壯麗。演後之第二天，邀約學者專家辯論檢討 Dr. Hotson 的學說，可謂很恰當的機會教學。

三　初訪莎翁故鄉

我第一次拜訪莎翁故鄉是在一九六三年十一月間，機會是很偶然的；在一次系主任主持的鷄尾酒會上，我認識了 British Council 在不列斯托主管外國學生事務的官員，也是個莎劇迷，他發現我在研究「莎士比亞」，就問我去過斯屈特福沒有，我告訴他我曾去信設法買票，結果早已售完，很是掃興。他答應願爲我設法，因爲 British Council 在莎翁故鄉也有一機構，通常控制着一小部份票。結果第二天，他打電話到系裏來，謂一切都安排好了（包括便宜旅館），希望當天我趕去。他們在那個周末安排了一項招待外國教員與學生的活動，有人嚮導一切不致於自己瞎闖，省掉些時間。到達斯屈特福當晚，看了二部短紀錄片，記得一部是莎士比亞的生平，另一部是關於莎士比亞與大自然的。第二天上下午都是參觀活動，我們看了莎士比亞的故居，他妻子的茅舍，他母親的家園，他長女與女婿的房子，他發跡之後所購買的巨宅。他領洗與埋葬的教堂，這些地方除了他發財後所買的巨宅已被拆除，僅房基可尋，供人憑弔外，其餘雖歷代均有修整，尙能維持原來的格調，其陳設亦採取都鐸時代的傢俱，雖然是否曾被莎士比亞親手用過，無人敢肯定答覆。現代這些建築均改成各種博物館，藏有頗多關於莎翁的原始資料，導遊者也受過相當好的訓練，講解不厭其煩，入場劵頗貴。因之每年收入也可觀。晚上在皇家莎翁劇院看戲，演出的是玫瑰戰爭三部曲之一。（註：玫瑰戰爭三部曲，係莎翁早年作品「亨利第六」三部與「理查第三」合編而成，曾榮獲英國一九六三年最佳演出之榮銜。）第二天上午是參觀威廉·絡綏大厦，據說老莎年幼時在偷鹿遭罰，因而逃往倫敦，參加戲班子，近世學者考證出此說不確，但是大厦本身建築宏偉，內藏藝術珍品頗多，值得一看。當日下午晚間看了玫瑰戰爭三部曲之其餘二部。節目排得非常緊湊，自己想逛逛街，散散步都苦無時間。只有在第三天清晨等車回家時，才能仔細欣賞這人口僅二萬左右，名望却很響亮的小鎮；街道仍舊狹窄，建築尚稱古樸，秀麗的阿方河，雖不清澈如鏡，但是兩岸綠草油油，百花叢生，五彩繽紛，柳條垂若髮絲，隨風輕飄，婀娜多姿，河面天鵝戲水，扁舟輕泛，悠然自得，實在是一幅寧靜無憂的美景。這次到斯屈特福最大的收穫是結識了些當地朋友，日後來來往往，就方便多了。

四　莎翁四百年生辰大慶

我第二次到莎翁故鄉，是一九六四年的復活節假期，參加 British Council 的一項爲期一週的講習會，得以參與慶祝莎翁生辰那一週的主要活動。許多人特地由歐陸及美國趕來凑熱鬧，而我適在其地，可謂一大幸運。

斯屈特福的慶祝節目，不止當天開會，遊行就罷了。全部節目分六段時間舉行，由四月廿一日開始，直到九月六日正式結束，將近六個月之久。而正式結束後，戲院照常演出，名勝古蹟依舊招徠遊客。各項慶祝節目內容包括：正式儀式（開會，遊行，憑弔、宴會、紀念禮拜等），學術演講，展覽會，音樂演奏，新詩朗讀，影片放映，土風舞表演，戲劇演出等等。四月二十一日 B.B.C. 交響樂團演奏莎士比亞時代的音樂引導全部節目的開始，翌日，莎士比亞研究所邀請美國 Folger 莎士比亞圖書館主持人 Louis B. Wright 演講，題目是 Shakespeare And the Common Touch，大意是莎士比亞的世界性，兼談各地慶祝活動，其中有點很使我興奮的是：Wright 先生特別報告了些臺灣慶祝老莎節目的活動，進而詢問在座的英國人士中共有什麼活動沒有，結果全場啞然無聲，坐在我旁邊的一位英國朋友，用肘推了推我，我側頭望去，相互微笑，心中實在高興極了。當日下午莎士比亞中心開幕，關於這個中心，容後稍加詳述。廿三日是老莎的生日，一切活動進入了高潮，清晨三一教堂的鐘聲，響徹雲霄，把我們由睡夢中喚醒。九時許，皇家工兵樂隊奏樂如儀，接着升萬國旗，各國人士都站在自己國旗附近，行致敬禮；可惜我們與英國沒邦交，因而沒有我們的旗幟，當然也沒有去看共匪血腥旗，及身着列寧裝的中共外交人員的道理，只好帶着遺憾的心情，向莎士比亞的旗幟致敬。十時許大遊行開始，隊伍的排列很像宗教儀式，由執權杖者爲前導，接下來是斯屈特福的市長及王公貴族，各國使節，演員學生民衆等，人手鮮花一束，由莎翁誕生之所，經果其晚年隱退之處，其受教育之學校（愛德華第六學校，原建築物仍存在未改，想係紀念老莎之故。）至其埋葬的教堂。他的墓前鮮花堆得有小山般高。廿三日另一項高潮是駙馬爺愛丁堡公爵代表女王來參與盛典，當然也帶來了女王的頌辭，愛丁堡公爵是出名的美男子，因之，車過之處，人山人海，都想一睹「芳」容。駙馬爺主持了莎士比亞展覽會（註：此一展覽會與莎士比亞中心同爲最吸引遊客之處，容後稍加詳述。）中午爲慶祝大會盛宴的首席貴賓，下午皇家莎翁劇團來了一次御前演出，演的是「亨利第四」上部，主要的是爭斯塔夫的戲，我們參加講習會的外國學生也被邀陪駙馬爺同樂。據報紙報導，有幾個女生在前一天所說駙馬爺要看戲，不打聽淸楚，竟冒失的澈夜排隊等候購票，結果大失所望，到處抱怨。晚間是盛大的舞會，咱們無福參加，只好在酒吧中聊天，等候十一時半放煙火。十時半左右（英國酒吧法定關門時間），警鈴大作，救火車一部又部向戲院方向疾駛，大家也跟着向戲院空場湧，以爲戲院又遭回祿之災。（註：原戲院建立於一八七九年，火毀於一九二六年），結果是一場虛驚，有人說是酒會中一位仁兄喝得大醉，誤觸警鈴，又有人說某君赴宴過遲，不得其門而入，誤把警鈴當門鈴，造成這場插曲。但也有人發表議論，認爲現有的戲院設計太陳舊，有的地方聽不淸，有的地方看不淸，不如燒了蓋新的倒好，反正打着莎士比亞的招牌，不愁募不到錢，衆說紛紜，倒打發了不少苦等的時間。十二時煙火結束，也結束了這多彩多姿的一日。

斯屈特福當日的另一件事是，紀念郵票的首日發行。英國郵票票面是千篇一律的國家元首像，此次破例發行紀念郵票，又在斯屈特福首日發行，自然產生瘋狂擠購。這套郵票計分五種，另有紀念航空郵簡二種，票面設計精美，橫長方形，右側是女王像。左側是莎翁像，中間配以莎劇中之著名鏡頭繪畫。郵局上午八時半開門，可是四時半左右去排隊已大有人在了，可是買郵票與買首日封地點不同，加蓋首日郵戳之處只有郵政總局，因此這套手續沒三個小時是完不了的。據報紙發表的統計謂，斯屈特福郵局當日之內處理了卅萬封信，高出聖誕節最忙時間的三倍，某君獨以五百英鎊，掃數購置紀念郵票，想來再過一、二世紀，必成實物。

五　莎士比亞中心與莎士比亞展覽會

前文中我曾提過，莎士比亞年最吸引人的兩處是新建的中心與展覽會。前者是永久的，服務的範圍較狹窄，後者是臨時的，範圍要廣大得多。

莎士比亞中心位於莎士比亞誕生的屋子之右側，爲了顧及觀瞻，兩棟房子的高度也相去不遠，新舊並列，成爲遊斯屈特福的人不能不到之處。建造的原意是表現國際間合作給老莎的生日禮物，耗資二十萬英鎊（約合新臺幣二千餘萬元。當然資金最大的來源是美國，所以其開幕典禮是由美國世界銀行前任董事長 Black 先生所主持，其他各國也各有貢獻。（日本的莎士比亞學會就爲此事募集了好幾千鎊。）其他個人的捐獻也不少，筆者於初訪斯屈特福時就捐了相當一塊小木料的錢。今後莎士比亞故宅管理處，莎士比亞研究所及皇家莎翁戲院的藏書，將歸倂於此，供給學人學子研究。

整個中心的建造是由不同的藝術家設計的，各有其獨特的風格，大門左側是一塊大理石刻的紀念牌，言明建造之經過。右方的磚牆上，堆砌着一大塊銅製物，狀若河中漩渦，意指莎士比亞對世界的影響。正廳以玻璃爲牆，玻璃上鐫刻着莎劇中的重要人物：安東尼與克里奧佩特拉，理查第三，馬克白及其夫人，李爾王與他的小女兒科底麗亞，黑人將軍奧塞羅及其妻戴絲德夢娜，仙后提塔麗亞與巴頓，哈姆雷特與莪菲麗亞，愷撒大帝，羅米歐與朱麗葉，孚斯塔夫，夏洛克與波西亞；及鐫刻者是John Hutton，因鐫刻卡芬垂大教堂西方窗子上的天使而成名。進門後有一座莎士比亞站立之銅像，右手執筆，面容嚴肅目光炯炯。銅像高達八呎六吋，重一千八百餘磅，是Douglas Wain-Hobson塑造的。圖書館的牆壁上也有一件有趣的裝飾品，是塊由各種不同木料拼凑起來的大木板，面積約佔整個牆壁的三分之一，上面刻着莎士比亞與其同時代人的簽名式。整個建築的藝術性，是爲遊覽者所讚賞的。

莎士比亞展覽會，位於阿方河旁的草原上，與戲院遙對。由幾個大帳幕組成，遠遠看出好似馬戲團所紮的營地。可是其內容却價值連城，建造的費用也是二十萬鎊，所展出的畫像，書籍、手飾，均係由皇宮、收藏家及大英博物館借出來的，珍品投保二百萬鎊，約合新臺幣二億二千萬元，其貴重可想而知。

展覽會的目的在通過藝術的手法，使觀衆對於莎士比亞及他所生存的環境有一個具體的了解。體裁是採取編年式的；由莎士比亞的出生到他的逝世；由一五九四年他的亨利第六(中)的出版，（註：莎劇的寫作與演出開始得很早，但是伊麗莎白時代的出版商，總是要等劇本在戲院裏演紅了之後，認爲有利可圖，才加以盜印或出版。）到一六一三年他的朋友 John Heminges 及 Henry Condell 印行他的全集第一對折本；其間之重要世界大事，英國要聞，文壇狀況，莎翁的經歷與著作，均有詳實的記載。

一進會場，我們就彷彿到了一五六四年的斯屈特福，當地的地勢風景，人民生活環境與風俗習慣，都歷歷在目。我們可以看到三一教堂中有關莎翁出生的原始紀錄，他的家世，他可能受過的教育及讀過的書，大自然與書本對年幼的莎士比亞的影響。接着我們可看到的是他的婚姻與子女的出生，這段時間莎士比亞究竟在那兒？究竟在作些什麽事？衆說紛紜，至今尚無足够的證據，供我們作一正確的結論。再接着，我們看到莎士比亞經過牛津去倫敦，這兒我們看到了牛津的教育制度，倫敦的皇宮及當日的權要，大教堂及倫敦橋，法律學校（Inns of Court）及學生們的業餘演戲活動，當代的文壇要角如斯賓塞（Edmund Spenesr）及西得尼爵士（Sir Philip Sidney），及大學才子派的戲劇作家；莎士比亞初到倫敦的生活，結交的恩主 Southampton，早期的劇作與長詩。接着我們看到老莎在倫敦名望越來越大，社會公認他是大詩人，與 Southampton 交往也更親密。（註：十四行詩大約是在這段時間開始寫的，有人猜測老莎與他的恩主，同時對一個黑膚女郎有意思，大約也在這段時間。）再接着是一五九六到一六〇三年間的莎士比亞，他的喪子之痛，爲父親掙到紳士的頭銜，並且在家鄉置產；莎士比亞在史劇與喜劇都到達了高峯，同時我們也可以看到女王寵臣 Essex 的叛變及死刑，老莎恩主 Southampton 的被囚，及女王之死。一六〇三年新王登極，老莎的劇團改組了，也更發達了，新王對戲劇的喜好尤甚於女王，賞識也較闊綽，莎士比亞也進入了藝術創造最光輝的時代，這是他寫作擧世聞名的悲劇的時代，在展覽會中有一個重建的環球戲院（The Globe 是莎劇團的戲院，老莎爲一股東，莎劇多在此演出。）觀衆必須假想置身於十六世紀末年的環球戲院中，在此，我們可以聽到本世紀傑出演員，朗誦莎翁成熟期的作品，燈光效果及錄音帶都是用電腦控制的，是展觀會最生動之一環。再接着我們看到了莎士比亞的歸隱家園，女兒的婚事，及寫作晚期的悲喜劇。一六一六年，一代人傑與世長辭，到了一六二三，全集始首由朋友設法出版。展覽會場出口處，是一尊莎翁沉思的雕像，與第一對折本。

展覽會的設計人是 Richard Buckle，一個年青的建築家。聘請了莎士比亞專家十餘人任顧問，各部門工作的各類藝術家近百人，工人自然更多，仔細看完整個展覽會約需二個半小時。確爲莎士比亞年的一件鉅構。

六　莎士比亞研究所

我第三次去斯屈特福是一九六四年七月間，停留得也最久，共計七個星期另幾天。此行的目的是就讀伯明罕大學的莎士比亞研究所的暑期學校。該所成立於一九五一年，設立的目的是爲促進對伊麗莎白時代之歷史、文化、文學、社會的研究，學生可以來修習碩士或博士學位，每年也舉辦暑期學校，招收國內外大學的研究生，英語教員來研習，供給他們較完備的圖書，引導他們看戲及參觀，聘請了一批已有成就的學者指導學生學習。創立人是 Allardyce Nicoll 教授，現已退休，新任主任是 T. J. B. Spencer。暑期學校的學生約有一半來自美國，（註：許多美國學校承認將莎士比亞研究所修習的課程，折爲研究生應該選修之二至四學分。）也有不少來自歐陸各國（包括東歐在內），東方學生絕少，一九六四僅我一個。報名入學手續很複繁，又要推薦信，又要考英文，收費也很高。我很幸運地得到了一筆獎學金入學，有了好幾十塊美金。

暑期學校的課程約可分為三部分：一為演講課程，一為討論課程及論文習作，其他是團體的課外活動。來擔任講座多是已有名氣與著作的教授，有些先生把在此的講稿加以整理，即可出版成書，A. P. Rossiter 的名著 Angel with Horns，就是在暑期學校的講稿。討論與論文習作，給予教授們個別指導學生的機會。集體參觀活動，促使學生儘可能多了解時代背景，同時把書本與經驗印證。

一九六四年莎士比亞研究所聯各其他機構安排了很豐盛的講演活動，完全與慶祝活動配合，斷斷續續由四月到九月，共計達七十六次，分為如下數類：

一、讚揚莎士比亞成就的演講共四次，時間是在莎翁生辰的那一星期，關於 Louis B. Wright 的那次，前文中已提了些，另外一次也頗值得一記，是牛津的歷史學家 A. L. Rowse 講莎翁的人格。Rowse 先生是那半年被談論最多的人物，原因是他寫了一部莎翁傳記，自稱解決了一些傳記中的難題，特別是關於十四行詩方面的。書本一出，莎學界譁然，激起很熱烈的論爭，Rowse 先生主要的對手是編纂新劍橋版「莎士比亞」的 John Dover Wilson 先生。Rowse 先生在正題之前，先發一頓牢騷，說他願意談十四行詩。整個講演結束後，莎士比亞研究所主任 Spencer 先生宣佈 Wilson 先生也在座，請他簡短說幾句話。大家以為定有一番風暴，結果 Wilson 先生走出來，握着 Rowse 先生的手說：「你是牛津的歷史家，我是劍橋的歷史家。」說完一陣哄堂大笑，笑聲中 Wilson 先生走回原位。（註：Wilson 先生早年在劍橋學歷史，一九一九年起接受劍橋大學出版社邀請，編纂新劍橋「莎士比亞」，直到一九六四年才完成，可謂盡了畢生精力，我見到他時，他身體健康不太好，走路需要人扶持，眼睛近視得很厲害，耳朵也要靠助聽器幫助。）

二、五月間莎士比亞的環境的三篇，分論莎士比亞時代的斯屈特福，莎士比亞時的倫敦，及莎士比亞時的英國與英國人。

三、六、七月間關於莎士比亞時代的藝術的九篇，分論建築、繪畫與音樂。及莎士比亞時代的歷史劇，「莎士比亞」批評簡史。

四、七月間關於莎士比亞與他同時詩人劇作家的十五篇。

五、八月間關於莎士比亞與戲劇藝術的十二篇。

六、九月間國際莎士比亞會議邀請的演講十次，談的多是現存的批評方面的問題。

七、八月間皇家莎翁劇院所舉辦，關於莎劇演出的十七篇。

八、七月間 The British Council 所舉辦的六次，討論範圍很廣，內容較平易。

這些演講除了五月間與九月間的幾次外，我都去聽過了，獲益匪淺。

唸莎士比亞暑期學校的人，每人必需要撰寫一篇論文，及參加二項專題討論會，成績及格，才能畢業。我們唸碩士或博士的人，通常趁此機會撰寫碩士及博士論文中之一章。專題討論會中也必需把自己的心得提出口頭報告，所選的題目多係較有價值與趣味的，雖然有關書本及論文已經很多，但仍有商榷研究之必要者，茲簡誌題目與主持人於後，以供國內學子參考：

一、莎士比亞的悲劇之結尾（Professor Leech）。

二、伊麗莎白時代戲劇中之法律（Professor Merchant）。

三、莎士比亞晚年的劇作（Dr. Wells）。

四、莎士比亞的歷史劇（Lloyd Evans）。

五、莎士比亞之浪漫喜劇與諷刺喜劇（Dr. Matheson）。

六、莎士比亞的 imagery 與 symbolism（Professor Muir）。

七、不萊德雷悲劇理論重研判（Professor Hunter）。

八、莎士比亞的散文（B. A. Harris）。

九、莎劇演出研究（Paul Morby）。

十、莎劇中之壞蛋（Dr. Matheson）。

集體參觀活動所包括的範圍很廣，除了偶而的看風景之外，大部分均與莎士比亞有直接或間接的關係，有許多是我前兩次來斯屈特福已經看過的。有一部分是以往沒機會看，而不與莎士比亞有密切的關係的，簡述如次。

這段時間看了兩次展覽；一次是十九世紀莎劇演出佈景的圖片；另一次是世界各國文學所翻譯的「莎士比亞」，關於中文部分很不齊全，在我離開英國時，特別把手頭的一套朱生豪、虞爾昌先譯的集子，另加上幾本梁師實秋的譯本，郵寄贈送給莎士比亞研究所。

在慶祝莎士比亞生日那一週，有許多音樂演奏會與舞蹈表演都因爲收費過高，沒法觀賞。此次莎士比亞研究所特別爲我們安排了二次音樂演奏會，讓我們對伊麗莎白時代的音樂能有點印象。另外，當地一羣小學生爲表演了莎士比亞時代的遊戲節目，包括當時流行的一些舞蹈如 Nine Pins，Ribbon Dance 等，日常遊戲如 Nine Men's Morris，兒歌如 Little Boy Blue，Old King Cole 等，另外尚表演了「仲夏夢之夢」中奧白朗（Oberon）與提塔麗亞吵架（Titania），及有關小精靈(fairies)的那幾景，是一個很愉快的下午。

愛德華第六學校的學生（據說莎士比亞曾就讀此校，但無紀錄可資佐證，惟依據當時一切情況而論，莎翁曾在此就讀的可能性很大。）爲我們表演了一個很特殊的節目，大意是一羣流浪演員來到斯屈特福，要求演戲，莎士比亞的父親其時任市長，招待他們，並携眷觀賞，演的戲是現 The Famous Victories of Henry V（在學者公認莎翁受此劇影響頗大）。演完後，莎士比亞的父親特約演法國公主的小孩回家小住，此時大家發現：原來是莎士比亞偷偷的支使劇團中扮演公主的那個小孩走開，自己演起法國公主來，也許這就是莎士比亞最早與戲劇發生關係的情形吧！誰知道？老莎又沒留自傳或回憶錄。

這段時間我們也看了不少由莎劇改編的影片，有些在臺灣是已看過，大部分都攝製得好，其中最生動的要算英國的「理查第三」，「亨利第五」，「哈姆雷特」，美國的「奧塞羅」，日本的「馬克白」，俄國的「羅米歐與朱麗葉」芭蕾舞劇。

莎士比亞一生共寫了十部歷史劇，除了約翰王與亨利第八外，其餘八部由理查第二到理查第三，時間上是連續的。莎翁的歷史劇富有教育性，是學者與批評家所公認的事，據說邱吉爾曾謂其對英國那段時間的歷史知識，得自「莎士比亞」，可見影響之深。八部戲很清楚的可分爲兩個四部曲，第一個四部曲的主題是玫瑰戰爭時英國之混亂，與伊麗莎白的祖父統一全國，第二個四部曲，是理查二世王位被奪，到亨利第五的輝煌成功。就因果關係而言，理查二世被殺是這段歷史的開端，可是在技巧上第一個四部曲顯然是早期作品。斯屈特福的皇家莎翁劇院，在莎士比亞年所演出的，就是這八部戲，我前前後後有的看過三遍，有的看過四遍，覺得每多看一次，領悟就稍爲深刻一點，特別是孚斯塔夫這角色，初看時只覺得此人是個製造笑料的懦夫，慢慢覺得此人也值得同情，無怪乎討論他的書本也多得夠受的，無怪乎有人看哈姆雷特二、三十遍之多，就是古典文學作品之神妙。

這段時間又看了牛津大學劇社（Oxford Stage Company）在斯屈特福演出的「馴悍婦」與「仲夏夜之夢」，兩者均在露天演出，前者用了一個類似我們歌仔戲的舞臺，後者連舞臺也沒有，但是後者是極成功的，一者由於此戲最適合業餘演員，再則沒有舞臺，演員活動範圍大，正是此劇所要求的。因而當派克（Puck）說：「我可以在四十分鐘內環遊世界一週」時，演員拔脚飛奔，竄入叢林，觀衆確有此印象，認爲言之不虛。

七　多彩多姿的倫敦慶祝活動

倫敦是個國際性的都市，也是英國文化的首都，因此倫敦的慶祝活動是國際性的，也是多彩多姿的。可惜是這些活動收費均極高，而且買票也極難，一有好的演出往往被大旅館搶購一空，以應付觀光旅客。若求之於黃牛，實非窮學生所能負擔，好在一般戲院總還控制百把張票，當日發售，若能竟夜排隊，也還有機會。因此我的報導是極簡單的，有很多資料得之於新聞報導。

倫敦大學有一連串的講演，這些講稿已收集成爲一本書叫 Shakespeare's World，其他演講尙多，惟筆者無緣領教。

展覽方面也很多，重要而有趣者如下：

一、大英博物館：莎士比亞與馬櫓（Christopher Marlowe）之珍本、善本、孤本、及當時之地圖等。

二、國立人像畫廊：一六〇〇到一八〇〇年間，莎士比亞之畫像，雕刻像，及瓷器與玻璃器皿上之刻像等。

三、藝術促進會之畫廊（Art Council Gallery）：展出兩方面的資料，一爲將莎劇中名景變成的畫，一爲由莎劇啓發所作的畫，共計六十幅。

四、Victoria And Albert Museum：展出莎劇之佈景設計。

五、Public Record Office 展出莎士比亞簽名式及有關文獻。

演奏由莎劇所啓示而創作的音樂，是倫敦慶祝活動的一大特徵。大音樂家如貝多芬、柴可夫斯基、貝里遼士、莫札特、孟德爾遜、浮爾第，卜里頓（Britten）等人均因由莎劇中得來靈感，寫了些音樂作品。莎士比亞年中，重要的倫敦愛樂交響樂團，倫敦交響樂團等，多半是演奏是類音樂。最受好評的有浮爾第歌劇。「馬克白」、「孚斯塔夫」與「奧塞羅」，卜列頓的歌劇「仲夏夜之夢」。芭蕾舞劇有「哈姆雷特」與「仲夏夜之夢」，馬可芳婷所主演的「羅米歐與朱麗葉」更使人瘋狂，我很幸運的在電視上看到了一部分。其他交音樂曲更多不勝錄。

英國廣播電臺與電視臺在慶祝活動中也不落人後。慶祝的特寫文章播出得多，聽衆雜誌選擇最有價值的編了一本專集，莎劇改爲廣播劇播出的有「仲夏夜之夢」、「量罪記」、「暴風雨」、「脫愛勒斯與克麗西達」、「安東尼與克麗奧佩特拉」。電視也編纂了一個特寫節目叫 In Search of Shakespeare，電視劇有在丹麥拍的「哈姆雷特」，及現代服裝演出的「愷撒大帝」。

倫敦演出的莎劇在量上說不算特別多，可是在質上多係精心傑作，一個莎劇大約上演三、五個月是沒有問題的。

國家劇院的「哈姆雷特」我在前面已提過，另外一大供獻是「奧塞羅」，由勞倫斯．奧立佛（Laurence Olivier）飾演主角。奧立佛的演技是臺灣觀衆所熟知的，既擅長悲劇又擅喜劇。莎翁悲劇主角，他大部分都演過，只有奧塞羅是例外，並且又常告訴記者他想演此戲，因而事前的宣傳就已很成功了。上演之後，劇評家意見頗不一致，有的認爲整個製作是失敗的，有的謂奧立佛是本世紀最偉大的奧塞羅(此戲已拍成電影，但願能來臺放映。)我排了一夜的票，才擠到一個座子，倒算是幸運。

皇家莎翁劇團在倫敦也有個劇院叫 Aldwych，舉辦了一個世界戲劇節，邀請了法、德、義、愛爾蘭及希臘劇團上演他們的名劇。

另一家演古典的戲院是 Mermaid，上演「馬克白」很不成功，倒是他們演的老莎同時劇作家 Thomas Dekker 的 The Shoemaker's Holiday，及 Fletcher 的 The Maid's Tragedy 却很賣座。

露天劇場在 Regent's Park 也演了幾個莎劇。

很別緻的是一家專演新戲的戲院，把「哈姆雷特」稍加改編，用殘酷戲劇(Theatre of Cruelty)的風格演出。

八　結　語

上面所叙述的是英國慶祝莎士比亞的活動之一部分，其他各地我雖然也略參觀了些，多半是看戲，在此也不贅述了。

慶祝活動是多彩多姿的，轟轟烈烈的莎士比亞年雖然已經過了，一切並未平靜。學生仍然要死啃劇本，準備考試，戲院仍然要演些莎劇，學者們還仍在研究寫作。假如我們追問這些戲究竟是否斯屈特福的小鄉巴佬寫的，我們迷惑了。（關於莎劇是否馬櫓所作，梁師實秋於民國四十四年三月曾在「自由中國」發表過一篇文章叫「莎士比亞之謎」，解釋很詳盡，華興安的墳早已開了，霍夫曼一無發現，要有，也只是他自己的影子而已。）這個問題對於欣賞莎劇影響不大，但常常被人問起，截至目前，尚無新資料出現，因此問題還是解決不了。最後錄下一則聽來的故事，以爲本文的結束。

主張莎劇是培根所作的人，組織了一個 Bacon Society，支持的人頗多。一九六四年，一位富孀死了，把鉅額財富整個捐給這個機構。這一下子，惹火了他的兒子，到法院去控告 Bacon Society 是一歛財機構，因爲莎劇是莎士比亞所作，不容置疑。財產自然也該由他繼承。結果法院傳了許多專家辯論。結果如何，我們也用不着關心了。

研究莎士比亞的重要書目

金開鑫

一 前言

這是一張爲大學外文系同學所開的研讀「莎士比亞」的書目。「莎士比亞」批評淵於他剛開始寫戲的不久之後，莎翁同時的大學才子派（The University Wits）劇作家 Robert Greene，生性放浪形骸，最後弄得生活蕭條，寫了一本懺悔錄式的書叫做 Groatsworth of Wit（一五九二），其中有一段譏諷莎士比亞剽竊他人作品，裝飾自己的門面。幾年後，一個批評家 Frances Meres 把老莎與羅馬的 Ovid, Plautus 及 Seneca，等量齊觀，讚美他的詩作，喜劇，及悲劇。不過，今日看來 Meres 的批評眼光畢竟有限，因爲也把老莎與當時的幾個老學究看成一般偉大。在老莎生時，事業雖頗有成就，作品却未受任何殊榮，倒是他的爲人却頗受讚譽。在王朝復辟時代（The Restoration），老莎的戲雖然經常在舞台上演出，却支解得不成原形；許多文人雖然時而讚譽，時而唾罵這個一代奇才，却缺乏卓越的見解。嚴格說來，第一個最了不起的「莎士比亞」批評家是十八世紀的約翰孫博士（Dr. Samuel Johnson）。自此而後，「莎士比亞」的批評與研究，年年有新猷，累積至今，確有汗牛充棟之感。莎士比亞的聲譽有愈來愈盛的趨勢，每個不同的時代，每個不同文學派別對「莎士比亞」都可找到自圓其說的解釋。舉例來說，二次世界大戰之後，存在主義大行其道，在文學藝術上前衛派（The Avant-Garde）異軍突起，不久以前有位波蘭作家寫了一本書叫做 Shakespeare, Our Comtemporary，甚爲暢銷，這個波蘭佬的一些見解被幾個年青而名望甚高「莎士比亞」的導演如 Peter Brooke, Peter Hall 所採用，導演出幾個近年來最受歡迎而值得紀念的好戲（其中最著名者爲 Peter Brooke 所導，Paul Scofield 所演之「李爾王」，曾巡廻歐美演出，一時哄動）。基於上述「莎士比亞」的批評與研究的簡略發展，任何研究「莎士比亞」的人，難得盡讀有關老莎之書，也難得避免自己的偏見，做到絕得客觀的地步。因而，這張書單只代表作者此時的看法，深望讀者以參考資料視之。

開這個書單根據着下面的幾個原則：①顧慮學生課餘所可能化在這方面的時間，力求精約。②散見學術期刊，或在學會宣讀之論文，而未彙集成冊者，因爲搜集不易，故而不錄。③版本問題的研究，別饒趣味，自成一系，但因在臺資料過少，而且好的現在版本（modern edition）均有關於用字分歧點的意見（textual notes）故而在此方面的專書不錄。④純學術性的論爭和莎翁其時之環球戲院（The Globe）究竟有多大多高之類，其結果無助於吾人對莎翁之了解與欣賞者不錄。⑤所錄作品，兼顧英美之批評家，不局限於一小圈子。⑥每類之著作，擇其精賅者略加解釋，而有關之大部頭或過於艱深之書，僅錄其名，以供參考。

二　我們究竟該讀那些戲？

莎士比亞一生究竟寫了多少戲？是個不易確定的問題。他的朋友 John Heminge 及 Henry Condell 在一六二三收集了三十六部戲，而成爲著名之第一對折本 (The First Folio)。後世學者再加上 Pericles，而形成傳統所謂的三十七部戲。事實上，這三十七部戲是否完全出自莎翁手筆，仍有辯論的餘地，其中關於亨利第六 (The Henry Ⅵ Plays) 及 Titus Andronicus 等早期的戲，以及 Pericles 和 Henry Ⅷ 等晚期的戲，都顯然不完全出自他的手筆；另一方面有許多其他伊麗莎白時代的戲中也不難找出老莎的氣息，C.F. Tucker Brooke 在 The Shakespeare Apocrypha (Oxford, 1908) 一書中就搜集了十幾個這類的戲。假如可能把這五十幾個戲，逐字讀一遍未嘗不可。不過費時過大，所得不一定完全補償得了時間的開支。筆者認爲要了解老莎，至少得讀上七、八個戲，悲劇、喜劇、歷史劇各湊一部分，故提供如下之意見：

(一)要了解早期的莎士比亞，似可就 Richard Ⅲ，Love's Labour Lost 及 The Comedy of Errors 三戲之中擇其一二而速讀之。三戲共同之特點在於我們由此可見老莎早年如何努力學習。在「理查三世」中，我們可以看得出老莎所受 Seneca 的影響，另一方面也可以看出老莎如何安排史書中的歷史事實，增添新情節，以促成戲劇的效果。「愛之徒勞」是個 Romantic Comedy，在文字上受 John Lyly 的影響頗大。有人說，老莎在進戲院之前，先教了幾年書，去倫敦時口袋中裝着「錯誤的喜劇」，此說雖難證明，但可說明老莎受羅馬喜劇影響之深，劇本的情節就是採用 Plautus 的 The Menaechmi 的故事，老莎只不過錦上添花而已。

㈡ A Midsummer Night's Dream, Romeo and Juliet, Richard Ⅱ 三戲寫作時代很接近，代表老莎寫抒情詩時代的風格，就中「仲夏夜之夢」與「羅米歐及朱麗葉」當併而讀之，事實上，羅米歐及朱麗葉的鑄情故事，與仲夏夜之夢中的插劇 (Play-Within-A-Play)，Pyramus And Thisbe 的故事甚爲接近，多少可以看出老莎這段時間對悲劇的看法，及寫悲劇的手法。

㈢老莎描畫最生動的喜劇角色是佛斯塔夫(Falstaff)，此一肥胖、懦弱、好吹牛的武士出現於 1, 2 Henry Ⅳ 及 Merry Wives of Windsor 三劇中，惟「溫莎俏婦」中，老武士已失盡光彩，淪到只有挨罵受氣的分，與在其他二戲中迥然不同，可不讀。在二部「亨利第四」中，我個人比較喜歡第二部，歷史、悲劇、喜劇溶合一處，而佛斯塔夫仍舊光芒萬丈。（佛斯塔夫之被放逐，是弄老莎的人，最愛討論課題之一。）

㈣老莎最理想的皇帝是亨利第五，這是一部必讀之戲。在此戲中，我們可以看得出老莎如何把文藝復興時代學者們公認爲做理想元首的要件戲劇化。在二次大戰英國最艱苦的時代，勞倫斯奧利佛 (Laurence Olivier) 特將此戲改編爲電影，以激勵民心士氣。

㈤老莎成熟的喜劇中，可就 As You Like It, Twelfth Night 兩戲中，擇一而讀。

㈥老莎眞正能超越國界與時間限制的作品，是他的悲劇，大約在 Julius Caesar 之後所寫的悲劇如 Hamlet, Othello, King Lear, Macbeth, Coriolanus, Antony and Cleopatra 等，各有其特點，均值得一讀，讀者可就自己喜好，任擇若干，仔細研讀。在讀這些戲時，我們所該注意的不是其故事情節；而是劇中人的心理的狀態，人物與人物之間的關係，景與景之間的關係，劇中不同人物所表現對人生不同的看法，各劇所討論的主題（themes）；所用的技巧，詩的 images 及節奏。我們如果仔細研讀，不難可以發現一個成熟的劇作家，如何溶合戲劇的形式與內容而爲一體。

(七)在老莎寫悲劇的一段時間，也寫了一些問題劇（The Problem Plays），繼續探討人生的經驗與眞諦，就中「量罪記」(Measure for Measure) 值得一讀。

(八)老莎晚年，息影家園，又寫了幾個戲，其形式，內容，題材與前此作品頗相異，過去未受重視，近年來始受批評家所探討，讀者可就 The Winter's Tale 及 The Tempest 二戲擇一而讀。

三　較好的近代版本

讀莎劇選擇版本是件重要的事，舊的如四開本，對折本，Rowe, Johnson, Malone 等版本，還是留給專家去研究，我們需要選擇合用的新版。因爲老莎死去久矣，無法討版稅，而莎劇的銷路又好，故各書店競相推出，使人有眼花撩亂之感，下列是一般公認較佳的本子。

(一)在全集中，Peter Alexander，Hardin Craig，G. B. Harrison 等人的本子都不錯，而且臺灣也都翻印了，價錢不貴，可擇一購置。其中 Peter Alexander 是自己編輯的版本，大體說很合用，費解之處少有由於編纂而產生的結果。Hardin Craig 及 G.B. Harrison 的本子，均大致根據標準本 (The Globe Text)，在運用參考書籍與字典索引之類時，甚爲方便，而且兩書均有不錯的介紹及脚註 (Introduction and Footnotes)。

㈡以一戲一本爲單位出的版本中，劍橋版的 The New Shakespeare，開始編纂於一九一九年，由 Sir Arthur Quiller-Couch 及 John Dover Wilson 同主其事，而後由 Wilson 一人獨任，而聘少數學者協助之，到一九六四年才算出全。版本很好，也有很詳盡的介紹，包括版本問題。故事來源研究，該劇的批評略史，及上演記錄，而書後附錄許多註解及字解。該書惟一缺點是出版歷時卅餘年，有關批評方面的東西，常有陳舊之感，而 Wilson 年事已高，即在最近出版的幾種中，仍常持舊見。

㈢與劍橋版可以抗衡的是 The Arden Shakespeare，舊的爲紅色封面，開始於本世紀初，良莠不齊。新阿登是最近十幾年編的，編者多英國各大學少壯派的學者，有些人剛做上系主任，因而在批評方面意見較新，容忍精神也較大。每書書首有詳盡的介紹（每篇約百頁左右。）介紹項目，大致與劍橋版相似。讀這個版本的好處是可知道，前人在某戲上，化了些什麼工夫，已經做到了什麼地步，自己做研究工作可以按圖索驥。而且註解放在每頁的底端，檢查方便。

㈣美國出的 The New Variorum，是龐然巨著，工夫很深，出版年代較久遠，多少有些大而不當之感，而且其中許多已絕版。

㈤美國的 The Kittredge Shakespeare，頗享盛名，惜筆者僅用過一小部分，不敢置評。

㈥上述各書價格均昂貴，當由圖書館購置，非專攻莎學者可借閱之。在經濟實惠的版本中，哈佛大學教授 Alfred Harbage 所主編的 The Pelican Shakespeare，很值得向讀者推薦。

㈦在經濟實惠的版本中 The Signet Classic Shakespeare 是最值得推薦的。該書每本均包含下列內容：(1)關於莎翁的簡介。(2)關於該劇的簡介。(3)劇本本身附帶尾註。(4)討論各版用字不同的小文(Texual Notes)。(5)討論劇本故事來源之短文。(6)收集討論該劇批評文字若干篇，雖然殘缺不全，在今日臺灣找書困難情況之下，不無小補，(7)一個研究該劇的簡略書目。

㈧莎翁學者 Oscar James Campbell 也編了一套類似 The Signet Classic Shakespeare 的單集，惟校對不精，舛誤頗多，似可以不必浪費金錢。

順便也略談「莎士比亞」的中譯本，在臺灣最易收集到的是梁實秋先生的譯文（文星版），及朱生豪先生的譯本（世界版）。朱先生富才華，譯文頗有獨到之處，惟未註明所本何版，無法一一對照檢閱，勉强爲之，發見頗有遺漏錯誤之處，且在難譯之處未加註解，使原作有減色之處。梁先生中英造詣均高，復致力於莎學數十年，見識之廣，功力之深是國內譯莎著者最有資格的人。我曾把梁先生亨利第四上篇與原文一字不漏對照過，發見非常翔實，註解也相當豐富。只是介紹之論文，略嫌簡短，對有關該戲批評研究作品介紹得不够多。假如重版時，如能加重介紹的分量，在每頁上加上行數編號，則對於用中文寫作討論「莎士比亞」論文的人，在引用檢閱上，又有不少方便，梁譯本當可成爲中文「莎士比亞」的標準本。

四　一般性的參考書籍

研究莎士比亞的重要工具書，就筆者所知者，簡錄如次：

(一)關於文字方面：有人曾編過大部頭的「莎士比亞字典」，不過 C. T. Onions 的 A Shakespeare Glossary (1911, Oxford) 厚度僅達二六三頁，已勉强够用。E. A. Abbott 的 A Shakespearian Grammar雖成書於一八六九年，至今仍有研讀價值。Ifor Evans 對於莎士比亞詩與戲中語文的使用，曾作有系統之研究，寫 The Language of Shakespeare's Plays (1952, London)。此外，Sister Miriam Joseph 之名著 Shakespeare's Use of the Arts of Language (1947, New York)，討論文藝復興時代之修辭字，以及當時文字理論與莎翁作品之關係。原書甚巨，讀之頗爲吃力，現已由原作者删減爲二百餘頁，甚有參考價值。删節本定名爲 Rhetoric in Shakespeare's Time 已在美國發行軟面版。莎士比亞時代的人多喜歡玩弄雙關語，作文字遊戲，因而使中國讀者常覺迷惑，M. M. Mahood 所著的 Shakespeare's Wordplay 頗有參考價值。莎劇中用了許多穢語，據 Eric Partridge 的研究，此類文字與對劇本的了解有相當密切的關係，其所著 Shakespeare's Bawdy 値得一讀。

(二)有關研究莎著的書籍，論文，講稿等，有人加以搜集，整理，分類，彙集目錄，印成專書，以供後世學者瞭解前人已作之工作及由何處可找到該等資料 。在這類書中 The Cambridge Bibliography of English Literature，較切合實用，一般大學圖書館均當購置，同學們可以隨時參閱。劍橋版已編至一九五五年，向後各年新猷，可檢閱各該年出版之 The Year's Work in English Studies 以及 Shakespeare Survey， Shakespeare Quaterly等專門性學術雜誌。

㈢有時學者們在寫討論批評文字時，引用莎著原文而不註明出處，逐行檢查，費時費力。因而一般較好圖書館都該備有 John Bartlett 的 A New And Complete Concoordance to Shakespeare 以供讀者參考。

㈣關於莎士比亞許多常識問題，諸如其生平與作品，其親屬友朋，其同時代名演員及劇作，歷代莎劇之名演員及導演，不同之版本概要，印刷者與出版者，歷代之重要批評家與學者之類，由 F. E. Halliday 收集編纂成 A Shakespeare Companion 1564–1964 (Penguin, 1964)，頗有參考價值。

㈤關於莎士比亞時代英國社會構造與狀況，人民生活之類背景的研究的作品最權威的要推 Shakespeare's England (2vols., Oxford, 1916) 及 M. St. Clare Byrne 的 Elizabethan Life in Town and Country (一九六一年修訂本。) 兩書。 John Dover Wilson 用類似方式，搜集當代人所作之散文編，成 Life in Shakespeare's England (1913)，讀之興味頗濃。

㈥關於莎士比亞如何引用原始資料的討論與輯印，工夫下得最大的要算時是倫敦大學教授 Geogffrey Bullough Narrative and Dramatic Sources of Shakespeare (1957–)，預計六巨冊，現已出版其四。在討論莎翁悲劇與喜劇的源流方面 Kenneth Muir 的 Shakespeare's Sources (Vol. I, 1957) 比較簡約，可爲參考。另外莎翁使用最多之兩本著作：Holinshed's Chronicle 及 Plutarch's Lives 二書分別由 A. Nicoll 及 T. J. B. Spencer 編輯，分別收集在人人叢書與企鵝叢書之中，價格不甚昂貴。

(七)關於英國在莎士比亞時代文化背景方面的書籍，值得研讀的有 Hardin Craig 的 The Enchanted Glass: the Elizabethan Mind in Literature; E. M. W. Tillyard 的 The Elizabethan World Picture 及 J. B. Bamborough 的 The Little World of Man。其中 Tillyard 之大著，爲必讀之作，全書不大，却介紹了文藝復興時代如何在思想上承襲中世紀，對文學欣賞頗有幫助。

(八)關於中世紀及伊麗莎白時代戲劇活動的發展，大部頭的書甚多，E.K. Chambers 編了二大本 The Medieval Stage 及四大本 The Elizabethan Stage，吾師 Glynne Wickham 的 The Early English Stage 預計二卷三冊，現已出版二冊，均爲專攻此一時代戲劇學者必讀之書，一般讀者似可暫時忽略。

(九)關於莎劇上演之環球劇院的構造，研究者衆多，因資料不全，爭論亦多，一般讀者若能閱讀下列二本小書，在欣賞莎翁時，必有相當幫助及：C. W. Hodges, The Globe Restored (1953) 及 A. M. Nagler Shakespeare's Stage。

(十)莎士比亞所受前人的影響是不容忽略，這些影響有的是形式上的也有的是內容上的。Theodore Spencer 所著 Shakespeare And the Nature of Man，從神秘劇（Mystery Plays）道德劇（Morality Plays）內容進而討論到莎翁的悲劇與晚年劇，是必讀之書。

五　有關莎士比亞傳記方面的書籍

莎士比亞活着時也算得是個名人，可是他沒寫過自傳，也沒人為他寫傳記；他沒留下日記，也沒人在寫回憶錄這類文字時提過他；除了少數商業書信外，我們既沒發現代寫給別人的信，也沒有別人寫給他的函，更少有同時代人書信往還時提到他。關於莎士比亞傳記的資料，除了不算太多有關他家族的紀錄，他出生，結婚，生兒育女，以至死亡的正式文件，他在倫敦事業上活動情形之外，就是一大堆傳說，而這些傳說多是後人搜集的。輾轉傳遞，其正確性是頗值得懷疑的。老莎同時代的人有關莎翁性情人格方面的描寫，只不過是「溫文有禮」而已。

第一個為老莎寫傳記的人是 Nicholas Rowe，時間距莎翁逝世之年約百年。全文不長，而可信度不高。很多人嘗試這方面的著述，（大致說來均附印於莎翁全集之內。）其結果是傳說愈來愈多，彼此之間矛盾之處亦多。到了本世紀，寫莎士比亞傳幾乎成為一時時尚，就中 Sir E. K. Chambers 的 William Shakespeare: A Study of Facts And Problems (Oxford; 1930)，二大卷，收集資料最豐富，一般讀者恐難消化。同一性質而份量較輕的是普林斯頓大學教授 G.E. Bentley 所編著的 Shakespeare: A Biographical Handbook，是一部值得向一般讀者所推薦的書。

另一種寫莎士比亞傳記的方式是，作者運用已有資料，綜合劇本中的題材，運用自己的想像力所寫的。這類作品讀來往往饒有興味，而可信度究竟如何，仁者見仁，智者見智。但假如作者態度嚴謹，所得結論，尚不致於過份荒謬。在這類作品中值得向讀者推薦約有二本，一爲 Ivor Brown 的 Shakespeare，行文極爲流暢，布朗筆下老莎的愛情生活，是很生動的描述。另一本是 Marchette Chute 的 Shakespeare of London，作者運用我們已有關於伊麗莎白時代的知識，假定自己是莎翁同時代的人，去看他，了解他，其結果是部非常好的傳記。

六　有關莎劇的研究與批評方面的

這類書是最易協助讀者了解莎劇作品的，但是份量也特別重，如之派別複雜，選擇起來也就特別難了。

首先我願意介紹幾本對於全部作品批評的書：

㈠哈佛教授 Alfred Harbage 的 William Shakespeare: A Reader's Guide，該書純爲一般讀書所寫。全書分五章：一、討論莎劇的一般性的常識，特別着重在用字遣辭之妙。二、討論莎翁在一五九六年前之三三部巨著：「仲夏夜之夢」，「理查第二」，及「羅米歐與朱麗葉」。三、討論一五九七至一六〇六年間之重要作品：「威尼斯商人」，「亨利第四(上)」，「如願」、「愷撒大帝」。四、討論四大悲劇：「哈姆雷特」、「奧塞羅」、「馬克白」，及「李爾王」。五、討論晚年二部重要作品：「冬天的故事」與「暴風雨」。

㈡英國的 The British Council 出了一套叫作家與作品的小冊子，每冊分量不大，但言簡意賅，並附有相當詳盡的書單，及豐富挿圖。作者均係對該作家研究有素的教授。其中關於莎士比亞的有十本，簡誌如次：

(1)C. J. Sisson 的 Shakespeare，是對莎翁批評史的一般性的檢討，書後附有 Ivor Brown 所選的書單。

(2)Derek Traversi 討論莎翁早期喜劇：「錯誤之喜劇」，「馴悍妻」，「維洛那二世」及「愛之徒勞」。

(3)Clifford Leech 討論「亨利第六」，「亨利第四」，「莎俏始」及「溫亨利第八」。

(4)L. C. Knights 討論「理查第三」，「約翰王」，「理查第二」，以及「亨利第五」。

(5)G. K. Hunter 討論「仲夏夜之夢」，「無事煩惱」，「如願」，以及「第十二夜」。

(6)Kenneth Muir 討論四大悲劇。

(7)Peter Ure 討論「問題劇」。

(8)T. J. B. Spencer 討論莎翁以羅馬爲題材所寫的幾個戲。

(9)Frank Kermode 討論莎翁晚年之劇作。

(10)F. T. Prince 討論十四行詩及長詩。

上述諸書均可當入門引導書用，但也可以引發讀者繼續研究，所以值得推介。

㈢牛津的 The World Classics 中收集了三本「莎士比亞」論文選集，作者多係英國批評家，選得也公允，值得一讀。

⑴第一本的範圍是由一六二年至一八四〇年間之重要作品，編者是 D. Nichol Smith。

⑵第二本的範圍是由一九一九年至一九三五年間的重要論文。編者是 Anne Bradby。

⑶第三本收集的是一九三五至一九六〇年間之重要作品，編者是 Anne Ridler。

三部書合起來可以當「莎士比亞」批評史讀，每本涉及的範圍都相當廣，各批評學派的重要文章，大致都顧到了。

㈣Leonard F. Dean 所編的 Shakespeare: Modern Essays in Citicism 也是一本很不錯的選集，本書編選的原則大致是每個重要的戲都有一篇重要的論文，有時一篇論文，討論幾個重要的戲，所收集的論文有好多篇是在臺灣不易搜求的。

㈤A. C. Bradley Shakespearean Tragedy 的是一九〇四年在牛津演講「哈孟雷特」，「奧塞羅」，「李爾王」，「馬克白」的講稿。雖然 Bradley 過份强調劇中主角之分析，而忽視了人物與故事動作間正確的關係，因而在卅年代備受年青的批評家指責，然則全書優點甚多，至今仍爲必讀之書。

㈥研究莎翁悲劇的書籍與論文，已經多到難以應付的階段，而每年新作仍繼續不斷的出版。每個批評家都想要提供一種學說，來概括所有的作品，自成體系，結果造成一種非常混亂的局面，使初學者有無所適從之感。 Bradley 劃時代的作品，雖成書於本世紀，而精神上仍然是十九世紀的。本世紀中討論莎翁悲劇的作品，值得我們特別注意的有如下數書：

(1)E. E. Stoll 的 Art and Artifice in Shakespeare，用伊麗莎白時代戲劇的俗規(convention)來解釋劇中人物的一些前後不一致之處。Stoll 闡釋了這些俗規的作用，特別強調一個詩劇作者所用的手法不一定是寫實的。

(2)Lily B. Campbell 的 Shakespeare's Tragic Heroes，用伊麗莎白時代的心理學，來分析悲劇的人物。

(3)L. C. Knights 在一九三三年之講稿 How Many Children Had Lady Macbeth? 時針對 Bradley 過分强調人物而忽略故事動作意義及全劇意義的批評方法，所提出的矯正意見，該文收集於 Knights 的 Exploration 一書中，值得一讀。 Knights 的另一本好書 Some Shakespearean Themes，討論劇中之題材，也不容忽視。

(4)G. Wilson Knight 寫了好些本關莎翁戲劇的書，雖然有時過份神秘，而至於晦澀費解，但是他的影響力很大，他討論悲劇與問題劇的成名作 The Wheel of Fire 是一本必讀之書。

(5)A. P. Rossiter 的 Angel with Horns (1961) 中有幾篇討論莎翁悲劇的文章，頗有見地。

H. P. F. Kitto 是當代有數希臘批評家之一，在其 Form And Meaning in Drama 一書

中，收集了一篇比較希臘悲劇與英國文藝復興時代悲劇的文章，一篇用希臘悲劇的觀點用來討論「哈孟雷特」的文章，均值得一讀：C. J. Sisson 的 Shakespeare's Tragic Justice (1962)，是本薄薄小書，也值得一讀。

(七)與討論悲劇的書相較，討論莎翁喜劇的書本就相形見拙了。這方面的書雖然出了不少，大都缺乏深度。最近幾年來出版了兩本很不錯的書，頗值得介紹。一本是 C. L. Barber 的 Shakespeare's Festive Comedy (1959)，研究莎翁喜劇與當時民間娛樂的關係，對劇本有甚多精闢的見解。另一本是 John Russell Brown 的 Shakespeare and His Comedies，初版於一九五七，一九六二的修訂本更加完美，全書着重莎士比亞喜劇中愛的觀念。

(八)關於歷史劇 E. M. W. Tillyard 的 Shakespeare's History Plays 用都鐸時代(Tudor)英國歷史哲學的觀點來研究莎翁之史劇，爲必讀之書。另外 Lily B. Campbell, M. M. Reese 等人在這方面的作品也可以參讀。

(九)關於莎士比亞所用 imagery 方面的研究，雖然起始甚早，但在卅年代才大行其道，至今保持不衰。其中有一部書頗值得讀「莎士比亞」的人之注意：Caroline Spurgeon 的 Shakespeare's Imagery And What It Tells Us，全書用的是科學統計之法，但不十分精確，而根據數字所作的結論，也有頗值得懷疑之處，但是是本必讀之書。W. H. Clemen 的 The Development of Shakespeare's Imagery 比起 Spurgeon 的書來，要平實得多，也很注意 imagery 與全劇意義的關係。

(10)自王朝復辟後，莎劇的演出多被篡改剖裂，本世紀之大導演 Harley Granville Barker 對於使莎劇恢復舊觀貢獻頗大，Barker 所著 Prefaces to Shakespeare 值得一讀。

七、結　語

上面這個書單相當簡略。在寫這篇文章時，我曾參考了些英國大學修習此科的參考書目。研究「莎士比亞」的人，不可能不受其他同行的影響，往往一個批評家會附合或批駁另一批評家的意見，讀者因而可以由讀一本書，而擴展到讀好幾本書，逐漸形成自己的見解。

中華語文叢書

莎士比亞誕辰四百週年紀念集

作　　者／梁實秋 主編
主　　編／劉郁君
美術編輯／本局編輯部

出 版 者／中華書局
發 行 人／張敏君
副總經理／王銘煌
地　　址／11494 台北市內湖區舊宗路二段181巷8號5樓
客服專線／02-8797-8396　　傳　真／02-8797-8909
網　　址／www.chunghwabook.com.tw
匯款帳號／華南商業銀行　西湖分行
179-10-002693-1　中華書局股份有限公司

法律顧問／安侯法律事務所
製版印刷／經典數位印刷有限公司　海瑞印刷品有限公司
出版日期／2023年8月再版
版本備註／據1966年9月初版復刻重製
定　　價／NTD 650

國家圖書館出版品預行編目（CIP）資料

莎士比亞誕辰四百週年紀念集/梁實秋主編. -- 再版.
-- 臺北市：中華書局, 2023.08
面；　公分. --（中華語文叢書）
ISBN 978-626-7349-01-4(平裝)
1.CST: 莎士比亞（Shakespeare, William, 1564 - 1616)　2.CST: 傳記

784.18　　112011279

NO.H2148
ISBN 978-626-7349-01-4（平裝）